L'INTELLIGENCE ÉCONOMIQUE DANS UN MONDE VUCA

Les Afriques de demain

Collection dirigée par Driss Guerraoui et Alioune Sall

La collection « Les Afriques de demain » vise à promouvoir les publications axées sur l'analyse des transformations que connait l'Afrique pour en dégager les inflexions majeures et les ruptures fondamentales, identifier les facteurs et les acteurs du changement, et mettre en exergue la prospective des stratégies de développement pouvant permettre aux États et aux peuples du continent de lutter contre les nouvelles générations d'insécurité, de risques et de guerres.

Le champ d'action de la collection englobe les questions économiques, sociétales et géostratégiques, les sciences politiques, l'histoire et les problématiques de nature culturelle et civilisationnelle.

Déjà parus

Driss Guerraoui (dir.), *L'intelligence économique en Afrique et dans le monde. État des lieux et nouveaux champs, 2024.*

Vidal I. Ibarra-Puig, *Les relations économiques entre l'Afrique, l'Amérique latine et les Caraïbes. Histoire récente et perspectives dans un monde en crise*, 2024.

Xavier Aurégan et Thierry Pairault (dir.), *L'Afrique et ses présences chinoises*, 2024.

Driss Guerraoui, *L'enseignement et la recherche en sciences économiques dans les universités publiques marocaines*, 2024.

Driss Guerraoui (dir.), *L'Afrique de l'innovation. Politiques nationales et partenariats panafricains*, 2023.

Driss Guerraoui (dir.), *Marocains et Portugais. Regards croisés*, 2023.

Benyounes Rahouti

L'INTELLIGENCE ÉCONOMIQUE DANS UN MONDE VUCA

Incertitude et insécurité des organisations

Préface de Driss Guerraoui

L'Harmattan

Editions L'Harmattan, 2024
Collection «Les Afriques de demain»
5-7, rue de l'École Polytechnique, 75005 Paris
http://www.editions-harmattan.fr
ISBN : 978-2-336-49912-3
EAN : 9782336499123

REMERCIEMENTS

Au moment de clore la rédaction de cet ouvrage, issu de ma thèse de doctorat, fruit de longues années de labeur assidu, de challenges intellectuels et de rencontres fructueuses, je tiens à profiter de cette tribune pour adresser mes remerciements les plus sincères à toutes les personnes qui, de près comme de loin, m'ont apporté leur soutien et ont contribué à l'accomplissement de ce manuscrit.

Mes premières pensées de reconnaissance reviennent à mon Directeur de thèse le Professeur Rahhal Lahrach qui a cru en moi et a su, à travers sa bienveillance et ses encouragements, m'accompagner tout au long de mon parcours doctoral. Je souhaite, également, exprimer toute ma gratitude aux membres du jury de soutenance qui ont grandement contribué, par leurs commentaires et conseils judicieux, à améliorer la qualité de mes écrits.

Mes secondes pensées sont dédiées, avec un profond sentiment de fierté, au Forum des Associations Africaines d'Intelligence Economique (FAAIE) qui m'a fait l'honneur de m'attribuer son Prix de thèse et à rendre possible la publication de cet ouvrage. Un remerciement tout particulier est dû à son Président, le Professeur Driss Guerraoui pour cette prestigieuse distinction, mais surtout pour avoir eu la gentillesse d'accepter de préfacer ce livre. Je saisis également la présente occasion pour exprimer ma sincère gratitude au Comité scientifique du Forum, Professeurs(es), Mouna El Haddani (France), Nisha Sewdass (Afrique du Sud), Many Camara (Mali), Mohammed Benabid (Maroc), Badra Macalou (Niger), Adoum Youssouf Ibrahim (Tchad), Zeca Emilio Jovendo (Mozambique), Mamadou Sylla (Mali) et Shitaye Lemma (Éthiopie), pour avoir pris le temps de lire ma thèse et pour m'avoir fait le grand privilège de me choisir comme lauréat de l'Édition 2023. Ces remerciements s'adressent, aussi, aux autres membres du Forum pour leur confiance et leur générosité.

Je témoigne, finalement, de ma gratitude à tous les acteurs ayant généreusement accepté de me recevoir et de partager leurs expériences dans le cadre de mon enquête de terrain. Qu'il trouve ici l'expression de toute ma reconnaissance et de mon profond respect pour leur disponibilité et collaboration. Sans eux, l'aboutissement de cette recherche n'aurait pu être possible.

PRÉFACE

Pr Driss Guerraoui

Président de l'Université Ouverte de Dakhla et du Forum des Associations Africaines d'Intelligence Economique

Avec le développement de l'intelligence artificielle et les progrès impressionnants réalisés en matière de conception et de gouvernance des Big Datas, l'information devient un enjeu crucial pour les dirigeants de toutes les organisations, qu'elles soient publiques ou privées, gouvernementales ou non gouvernementales, centrales ou territoriales, financières ou non financières, locales, nationales, continentales ou transnationales. Aussi, est-elle aujourd'hui au cœur des décisions que ces organisations sont appelées à prendre, aussi bien pour accroitre leurs performances globales, que pour se protéger contre les ennemis potentiels et les concurrents légitimes et se projeter sur l'avenir. Car, détecter les menaces, identifier les opportunités, anticiper les risques, prévoir les catastrophes, maitriser les aléas et renforcer la sécurité de ces organisations en dépendent grandement.

Parce que l'intelligence économique est avant tout une démarche portée par des pratiques de management fondées sur la construction d'écosystèmes informationnels pertinents à finalités opératoires, elle est au carrefour de cette problématique. Elle l'est parce que cette construction est essentielle au développement d'une veille stratégique des entreprises, des territoires, des administrations et des divers centres de décision poursuivant des objectifs d'innovation, de création de valeurs, de sécurité et de prospective. Son importance est devenue telle, aujourd'hui, qu'elle concerne tous les champs de l'activité humaine, comme le montre le dernier ouvrage paru sous notre direction en octobre 2024 dans le cadre d'une coédition entre l'Université Ouverte de Dakhla-Maroc et l'Harmattan- Paris France, dans la Collection « Les Afriques de demain » sur « l'Intelligence économique en Afrique et dans le Monde, Etat des lieux et champs nouveaux ».

Le présent travail, tire son originalité du fait qu'il examine cette question majeure dans un contexte exceptionnel qu'une certaine pensée stratégique qualifie de VUCA. Ce terme, paru en 2008, est emprunté aux académies militaires américaines pour qualifier un Monde volatil (Volatility), incertain (Uncertainty), complexe (Complexity) et ambigu (Ambiguity).

Tout au long de ses investigations, le Professeur Benyounes Rahouti fait de cette démarche le fil directeur de son analyse, et ce en appréhendant l'intelligence économique sous le prisme de l'incertitude et de la difficulté à prévoir l'avenir des organisations. Aussi, nous livre-t-il une étude compréhensive, tentant d'explorer, dans un contexte inédit, comment les acteurs de l'intelligence économique appréhendent la notion d'incertitude et comment celle-ci peut-elle être évaluée à la lumière de cette démarche.

Pour ce faire, l'ouvrage, examine à grand trait l'histoire de la pensée économique en exposant la genèse et la controverse théorique et épistémologique relative au concept d'incertitude. A cet égard, il apporte un éclairage riche et bien documenté sur les deux grands courants dominants, dont les fondements sont radicalement différents au regard de l'action des agents économiques en matière de prise de décision dans un monde incertain. « D'un côté, le courant de la théorie subjective de la probabilité, dont les principaux porte-parole sont Ramsey (1931), Finetti (1937) et Savage (1954) (...). Et de l'autre, Knight (1921) et Keynes (1921, 1936), qui sont résolument sceptiques au traitement mathématique du raisonnement en incertitude ».

L'ouvrage aborde, également, l'état de l'art de l'intelligence économique en distinguant l'origine et l'évolution des concepts et des définitions sur la base d'une typologie fondée sur les spécificités culturelles des différents pays et régions du monde, l'objectif étant de fournir les éléments nécessaires à « la compréhension d'un construit riche, complexe, multidimensionnel et multisectoriel », pour déboucher selon l'auteur sur « la question de l'intelligence économique en tant que processus de résolution du problème décisionnel en vue d'approfondir les connaissances sur les paramètres qui gouvernent le processus d'aide à la prise de décisions ».

A une autre échelle, l'auteur s'est attaché à approfondir de la connaissance des soubassements théoriques du concept « VUCA », tout en mettant en exergue les solutions managériales les plus appropriées pour toute organisation évoluant dans un environnement volatil, incertain, complexe et ambigu.

Il a, aussi, mis en lumière le cadrage général qui charpente la partie empirique de sa recherche à partir de trois études de cas. Ce cadrage a permis à l'auteur de préciser son positionnement épistémologique, sa démarche méthodologique et le mode opératoire mobilisé pour la collecte et l'analyse des données. A ce niveau, l'auteur a eu recours à une grille d'analyse thématique construite à partir d'un équilibre intelligent entre la pratique et la théorie, le tout assorti d'une analyse comparative des cas objet de l'étude empirique au moyen d'une approche transversale qui cherche à identifier les tendances majeures, les éléments de convergence et de divergence entre les trois cas d'étude.

Au terme de ces analyses, se pose alors une question fondamentale. Est-ce que l'auteur a abouti à réaliser tous les objectifs qu'il a assignés initialement à sa recherche ?

Pour répondre à cette question, force est de constater trois limites. D'abord parce que, comme il le reconnait le Professeur Benyounes Rahouti lui-même, quel que soit l'efficacité d'un écosystème d'information, la pertinence d'un processus de décision et l'efficience des pratiques managériales, il est très difficile, voire impossible de construire des prévisions dans un monde incertain. Ensuite, en raison des limites du modèle théorique proposé par l'auteur aux acteurs de l'intelligence économique pour évaluer les différentes incertitudes générées par un environnement VUCA. Par ailleurs, sur le plan méthodologique, l'ambition de généralisation des résultats de l'étude empirique ne peut être ni appropriée, ni représentative, ni apte à l'universalité à cause de la faible taille de l'échantillon des trois cas, sans oublier les biais que soulève le choix de l'auteur de privilégier l'entretien semi-directif comme principale méthode de recueil de données.

Mais, au-delà de ces limites, sommes toutes objectives, à l'issue de la lecture de cet ouvrage, le lecteur objectif ne peut pas ne pas être impressionné par la richesse de l'état de l'art relatif au champ de l'intelligence économique, par la maitrise des nouvelles approches du management des organisations en situation d'incertitude et par la pertinence de l'analyse des études de cas. A ces trois niveaux le Professeur Rahouti apporte une réelle valeur ajoutée, qui concerne les modalités d'appréhension du cycle d'information, et d'évaluation qualitative des incertitudes dans un environnement « VUCA » pour une meilleure prise de décision dans des situations atypiques et complexes. Ce faisant, l'auteur a réellement enrichi la connaissance dans le domaine de l'intelligence économique, en particulier grâce à son essai original de combiner démarche théorique et modélisation de l'écosystème d'information et de décision appliquée au management des organisations dans un monde incertain.

On comprend dès lors pourquoi ce travail a été primé par le Forum des Associations Africaines d'Intelligence Economique, en attribuant au Professeur Benyounes Rahouti le Prix de la meilleure thèse de Doctorat dans le cadre de l'édition 2023 du Prix de l'Intelligence Economique en Afrique.

INTRODUCTION

"L'inconnu est autour de nous à chaque moment.
C'est là que tu dois rechercher la connaissance."

Frank Herbert

L'ignorance coûte bien plus cher que l'information[1], tel est l'adage sur lequel se fonde l'intelligence économique et que certains académiciens ou praticiens se plaisent à utiliser pour promouvoir la démarche et juger de l'importance de la maîtrise de l'information pour l'appui à la prise de décision.

De nos jours, toutes informations comptent et sont susceptibles d'être sources de menaces ou d'opportunités. Et de fait, que ce soit en secteur privé ou public, la pratique de l'intelligence économique (I.E) tend par le biais des activités de la veille stratégique à remédier au problème de l'asymétrie informationnel et à apporter une meilleure compréhension des enjeux stratégiques auxquels sont confrontés les décideurs et dirigeants, tant économiques, politiques, géopolitiques, financiers, technologiques que sociaux et écologiques. À ce titre, le pouvoir de l'intelligence économique tient dans sa capacité à emprunter la voie de l'enrichissement de l'information afin de ne pas sombrer dans l'abime de l'obscurité de l'avenir. Là où la notion d'incertitude se présente, néanmoins, comme le reflet majeur de cette ignorance ou bien de cette incapacité à pouvoir prévoir, avec une certaine précision, les changements et les conséquences des événements à venir (Milliken, 1987). Un facteur dont l'importance est devenue encore plus évidente et particulièrement cruciale depuis l'avènement de la crise de la Covid-19.

1. Citation célèbre de John Fitzgerald Kennedy, ancien Président des États-Unis.

Le 11 mars 2020[2], Tedros Adhanom Ghebreyesus, le Directeur général de l'Organisation mondiale de la santé (OMS) a décrété l'état de pandémie mondiale après l'apparition d'un cluster de cas de pneumonie virale d'origine inconnue en décembre 2019, à Wuhan en Chine. Lors de ce point presse, il a déclaré que l'OMS a recensé plus de 118 000 cas positifs au nouveau coronavirus, nommé SARS-CoV-2 (ou Covid-19), dans 114 pays et 4291 individus ayant perdu la vie. Extrêmement préoccupé "à la fois par la propagation et la gravité" de la maladie, le Directeur a souligné qu'il était nécessaire de prendre des mesures de prévention urgentes et agressives pour limiter la propagation du virus. Après un peu plus de deux ans de pandémie, Tedros a indiqué, dans un discours[3] prononcé le 22 mai 2022 à Genève, que le nombre de décès a dépassé le cap de six millions de personnes en attirant une attention particulière sur le caractère inédit de la crise, il y a déclaré que "ce virus nous a sans cesse surpris - telle une tempête qui a frappé les communautés encore et encore, et dont nous **ne pouvons toujours pas prédire la trajectoire ni l'intensité**. Nous baissons la garde à nos risques et périls"[4].

Au-delà du nombre de contaminations et des pertes supplémentaires en vies humaines, la pandémie de Covid-19 et le Grand confinement qui s'en est suivi ont eu également des répercussions profondes aux plans économique, social et politique (Pleyers, 2021). Par mesure de prévention, des décisions de fermetures partielles ou générales se sont enchainées dans de nombreux pays développés et en développement entraînant la mise à l'arrêt presque total de multiples activités économiques, menaçant ainsi l'emploi de millions de personnes à travers le monde. Ainsi, à peine un mois après l'annonce officielle de la pandémie par l'OMS, le PIB mondial a chuté de 19 % tandis que le commerce mondial a reculé de 25 % (OFCE[5], 2020). En termes d'emploi, l'Observatoire a estimé qu'aux États-Unis, pays le plus touché au monde, les destructions d'emplois peuvent être les plus massives, soit 22,4 millions de salariés.

Nonobstant le plus inquiétant encore dans cette crise est le ***manque de visibilité*** vu que toutes "les politiques de lutte contre la pandémie sont mises en œuvre avec

---

2. Allocution liminaire prononcée lors du point de presse sur la Covid-19, https://www.who.int/fr/dg/speeches/detail/who-director-general-sopening-remarks-at-the-media-briefing-on-covid-19---11-march-2020.
3. Allocution prononcée lors de la soixante-quinzième Assemblée mondiale de la Santé de l'Organisation mondiale de la Santé (OMS) tenue du 22 au 28 mai 2022 à Genève (Suisse),
https://www.who.int/fr/director-general/speeches/detail/who-director-general-s-opening-address-at-the-75th-world-health-assembly---22-may-2022.
4. Mis en gras par mes soins.
5. L'Observatoire français des conjonctures économiques (OFCE), "*Évaluation de l'impact économique de la pandémie de COVID-19 et des mesures de confinement sur l'économie mondiale en avril 2020*", Policy Brief n°69/5, juin 2020.

des informations très limitées" (Haas et coll., 2020, p. 2). De multiples incertitudes ont pu miner la motivation de tant de politiciens et de décideurs par manque de perspective. Elles ont généré de sérieux doutes[6] quant à leur politique de gestion de la pandémie (Dab, 2022).

Dans ce contexte assez particulier et sans précédent, l'incertitude est devenue :

- "L'incertitude est devenue **la norme**" (Chevallier, 2020, p. 2) ;
- "L'incertitude est devenue **un thème récurrent** pour les marchés, les économies et les populations partout dans le monde" (Wilding et coll., 2022, p. 2) ;
- "L'incertitude est devenue le quotidien" (Marchal, 2022, p. 24) ;
- "L'incertitude est devenue **la principale caractéristique** du monde du Covid-19" (APEC[7], 2021, p. 12) ;
- "Les routines et les structures quotidiennes ont été perturbées et l'incertitude est devenue la **nouvelle norme**" (Castro et coll., 2020, p. 14) ;
- "Après près de deux ans de vie et d'adaptation au Covid-19, pour nos clients, l'incertitude est devenue la **seule constante** à laquelle ils ont dû s'habituer" (Santander[8], 2022, p. 10) ;
- "En ces temps où l'incertitude est devenue la **norme**, il est difficile de prédire à quoi ressemblera l'autre côté de l'onde Omicron" (Lopez-Pacheco[9], 2022, p. 1) ;
- "Covid a mis à l'épreuve les systèmes énergétiques asiatiques où l'incertitude est devenue la **nouvelle norme**" (WEC[10], 2021, p. 30) ;
- "L'incertitude est devenue le **thème dominant** de l'investissement d'aujourd'hui" (Menon[11], 2022, p. 1) ;

---

6. Notamment la fiabilité des différents types de masques de protection ; la place des jeunes enfants dans la dynamique épidémique ; la capacité du virus à acquérir des variations le rendant plus résistant aux vaccins disponibles ; le manque de certitude sur la durée de l'immunité vaccinale ou naturelle ; le peu de données probantes sur les connaissances ; les attitudes et les pratiques de la population à l'égard de la menace de Covid-19.

7. Rapport sur la planification urbaine intégrée de la Coopération Economique pour l'Asie-Pacifique - APEC (2021), "*Combining Disaster Resilience With Sustainability*", du mois de mars.

8. Rapport annuel de la banque britannique Stander UK pour l'année 2021, "*Becoming a digital bank with a human touch*", publié le 1er mars 2022.

9. Journal numérique de l'Institut canadien des mines, de la métallurgie et du pétrole (CIM) du mois de février 2022, "*Market upswing : 2022 looks bright for juniors that can capture the attention of both new investors and traditional players*", Vol. 17 n°1.

10. Rapport d'Enquête sur les enjeux énergétiques mondiaux (World Energy Issues Monitor) du Conseil mondial de l'énergie (World Energy Council - WEC) pour l'année 2021.

11. Discours préliminaire de Ravi Menon, Directeur général de l'Autorité monétaire de Singapour

- "Nous sommes au bord du début d'une nouvelle aube pour l'humanité et l'incertitude est devenue notre **nouvelle normalité**" (Amman[12], 2021, p. 1) ;
- "L'incertitude est devenue une **préoccupation majeure** dans le monde entier" (Groshenny et coll., 2021, p. 20) ;
- "À une époque où l'incertitude est devenue **la nouvelle norme** et où le changement se produit à une vitesse fulgurante" (Deloitte[13], 2022, p. 1) ;
- "Le sentiment d'incertitude est devenu la **norme**" (Gazar, 2021, p. 35) ;
- "L'incertitude est devenue la **norme** ; il faut s'attendre à des perturbations et à des catastrophes" (Carraro et coll[14]., 2022, p. 195) ;
- "Nous vivons dans un monde en évolution rapide et l'incertitude est devenue la **norme**" (Hui, 2020, p. 14) ;
- "De nouvelles variantes du virus ont été découvertes et l'incertitude est devenue la **nouvelle norme**" (Pope et Brandão, 2021, p. 8).

Bien qu'elles soient succinctes, ces quelques citations touchent de près à l'objet de cette étude et mettent le doigt sur l'importance que revêt la notion d'incertitude dans les débats sur l'aspect le plus frappant de la pandémie de Covid-19. Que ce soit pour l'économie mondiale, la finance, le social ou même pour les futures décisions gouvernementales, les perspectives ont été fortement soumises à l'incertitude liée à l'évolution de la pandémie et au succès des différents vaccins anti-Covid. De surcroît, depuis le début du mois de février 2022, l'absence de visibilité quant à l'avenir s'est vu s'accroître et a risqué de perdurer encore longtemps vu le spectre d'une troisième guerre mondiale qui s'est profilé par la suite avec l'invasion de l'Ukraine par la Russie et où cette dernière n'a pas hésité à évoquer le recours à l'arme nucléaire en cas de menace existentielle. La conjoncture a été particulièrement morose et l'accès à la bonne information est devenu un axe prioritaire et stratégique pour les entreprises soucieuses de leur pérennité.

---

lors d'une conférence de presse "*SuperReturn Asia*" organisée le 20 septembre 2022 à Singapour.

12. La 14e édition de l'Austria Connect North America sur le thème "*Thrive in the new normal*" organisée du 9 au 11 décembre 2021 à Denver de l'État du Colorado aux États-Unis.

13. Communiqué de presse du 18 octobre 2022, disponible sur le site web officiel du cabinet Deloitte, https://www2.deloitte.com/content/dam/Deloitte/be/Documents/about-deloitte/press-releases/annual-results-fy22_deloitte-be_press-release_20221018_en.pdf, p. 1.

14. Rapport du groupe consultatif de haut niveau réuni à l'initiative du Commissaire à l'économie de l'UE Paolo Gentiloni sur les défis économiques et sociaux post-Covid, dont le titre "*A New Era for Europe - How the European Union Can Make the Most of its Pandemic Recovery, Pursue Sustainable Growth, and Promote Global Stability*", publié le 1er mars 2022.

Désormais, confrontés à cet environnement international marqué par des mutations profondes, rapides, complexes et difficilement prévisibles, typiques d'un monde VUCA[15], les dirigeants devaient ajuster leurs stratégies en fonction de cette nouvelle normalité et de faire preuve d'agilité afin de pouvoir s'adapter et anticiper en permanence l'évolution de leurs activités. Et c'est dans ce cadre que l'intelligence économique prend toute son ampleur et rejoue son rôle fondamental en tant que démarche stratégique de maîtrise de l'information et d'aide à la prise de décisions. Elle constitue une arme redoutable au service de la stratégie de l'entreprise permettant d'améliorer sa compétitivité et son agilité à travers un usage stratégique de l'information. L'intelligence économique se rapporte à un ensemble d'actions et de méthodes légales qui se déclinent usuellement en trois volets primordiaux (deux offensifs et un défensif) :

- La veille stratégique consiste à acquérir, analyser, diffuser et exploiter l'information pertinente qu'elle soit d'ordre technologique, commerciale, concurrentielle, réglementaire, sociétale, etc. ;
- L'influence consiste à conduire des actes de pression (de lobbying) sur l'environnement global de l'entreprise en délivrant, au moment opportun, des informations appropriées afin de détourner à son profit les règles du jeu ;
- La protection du patrimoine informationnel et la sécurité des données sensibles constituent des mesures indispensables à adopter pour se prémunir contre les risques de cybersécurité ou d'espionnage.

De fait, elle allie de manière étroite pensée et action, et contribue, par la même, à réduire l'incertitude pour aider à la mise en œuvre de stratégies.

Dans ce livre, en me saisissant du concept d'incertitude, je m'intéresse à la phase tout à fait en amont du processus du cycle de renseignement[16] structurant le premier volet de l'intelligence économique, en l'occurrence la définition du besoin ou du problème décisionnel. En fait, je juge que, pour favoriser le succès de la chaîne de l'information utile à la prise de décision, il serait pertinent et particulièrement intéressant d'apporter a priori une évaluation de l'incertitude qui entoure le dispositif d'intelligence économique et qui présente potentiellement des influences sur sa mise en œuvre. Faute de modèle approprié disponible dans la littérature existante, cet ouvrage s'inscrit dans un essai de modélisation d'évaluation

15. VUCA est un acronyme américain issu dans les académies militaires, visant à décrire un monde hautement volatil (Volatility), incertain (Uncertainty), complexe (Complexity) et ambigu (Ambiguity).

16. Le cycle de renseignement fait souvent référence à un modèle informationnel composé de l'ensemble des étapes du processus de veille, à savoir l'expression des besoins d'informations, la collecte, le tri, le traitement et la diffusion de l'information.

adaptée à la démarche et qui tient compte non seulement du contexte VUCA, mais également des dimensions humaine, technique et organisationnelle. Tout l'enjeu, par ce travail de recherche, est d'offrir aux acteurs de l'intelligence économique une appréciation globale sur l'ensemble des paramètres susceptibles d'être des sources potentielles d'incertitudes.

De par la particularité et l'originalité du contexte de cette étude, la problématique de recherche est construite d'une jonction de trois faisceaux. Le premier faisceau repose sur le concept de l'incertitude qui s'impose, depuis le début de la pandémie de coronavirus, comme le maître-mot et le fil rouge dans les débats politiques, académiques, médiatiques ou dans le monde des affaires. Le deuxième faisceau porte sur l'anagramme VUCA qui, d'une part, met en évidence les caractéristiques d'une situation inédite, telle que la crise sanitaire et, d'autre part, offre une manière de penser (une grille de lecture) qui me semble pertinente pour l'objet de ma recherche. Le dernier faisceau se rapporte à la démarche d'intelligence économique qui se présente, aujourd'hui plus que jamais, comme l'outil incontournable au service des décideurs qui veulent profiter d'une activité de production de connaissances pour agir et se protéger contre les aléas du futur.

Sur cette base, la problématique vise à acquérir une meilleure compréhension de la notion d'incertitude dans un environnement inédit, à décrire comment les protagonistes de l'intelligence économique perçoivent ce concept et enfin comment celle-ci peut être évaluée dans la démarche d'I.E compte tenu du contexte VUCA. Le but est de mieux cerner cette notion à travers le vécu, le perçu et l'expérience quotidienne des acteurs de l'I.E.

Pour répondre à ces objectifs, ce travail de recherche s'articule autour de six chapitres.

Le premier chapitre propose un survol dans l'histoire de la pensée économique afin de découvrir l'origine et la chronologie du débat philosophique et théorique controversé sur l'interprétation et l'évaluation du concept d'incertitude. Un panorama historique dans lequel deux grands courants se sont illustrés, affrontés et ont donné lieu à deux conceptions radicalement différentes de la décision et de l'action des agents économiques dans un univers incertain.

Le second chapitre tente d'appréhender l'objet d'intelligence économique en discernant, d'une part, ses fondements historiques et conceptuels et d'autre part, les multiples définitions qui ont été proposées par la littérature et, enfin, les différentes formes qu'elle revêt dans des pays très disparates culturellement. Un éclairage préalable nécessaire à la compréhension d'un construit riche, complexe, multidimensionnel et multisectoriel.

Le troisième chapitre se propose de se pencher sur les bases théoriques qui éclairent le concept militaire américain "VUCA" à travers une analyse approfondie de chaque élément de l'acronyme. Chacun d'eux constitue un défi majeur et particulier pour tout dirigeant soucieux d'évoluer dans un environnement chaotique, tel que celui de la pandémie de la Covid-19. En surcroît, ce chapitre propose un tour d'horizon sur les solutions managériales (qualifiées d'antidotes) les mieux appropriées au monde VUCA et les plus viables pour répondre aux changements qui s'instaurent dans l'environnement des entreprises et des organisations.

Le quatrième chapitre permet de décrire en détail le design de recherche. Il présente le positionnement épistémologique, la démarche méthodologique adoptée ainsi que le mode opératoire mobilisé pour la collecte et l'analyse des données. Il expose également de manière synthétique les trois études de cas choisies.

Le cinquième est dédié à l'analyse intracas, première phase de traitement du corpus de données, en recourant à une grille d'analyse thématique développée à l'issue des allers-retours entre la revue de littérature et le terrain. Les trois cas d'étude sont traités de manière séquentielle (cas par cas) dans le but de dresser un *portrait* approfondi et détaillé.

Le sixième et dernier chapitre porte sur l'analyse comparative intercas ou intersites. À travers une analyse transversale, il met en évidence, à lumière des orientations de la grille d'analyse thématique, les éléments de convergence et de divergence entre les trois cas d'étude.

CHAPITRE 1

INCERTITUDE : DÉBAT HISTORIQUE AUTOUR D'UN CONCEPT POLYSÉMIQUE

> "*Certains prévisionnistes professionnels se prennent pour des experts alors qu'ils ne le sont pas. Si l'on se base sur leurs résultats, ils n'en savent pas plus sur leur sujet que le commun des mortels, mais ils sont beaucoup plus doués pour inventer des histoires - ou, pire, pour nous enfumer avec des modèles mathématiques complexes. Ils sont, en outre, plus enclins à porter une cravate.*"
>
> Nassim Nicholas Taleb

L'objectif de ce chapitre est de soulever la première difficulté que j'ai rencontrée quand j'ai parcouru l'état des connaissances sur l'incertitude. Cette investigation dans la littérature révèle rapidement que la définition de l'expression "incertitude" suscite des ambigüités et des confusions. En effet, différentes disciplines (mathématiques, philosophie, économie, management, etc.) vont s'emparer du concept et lui donner une multitude de facettes et des définitions aux contours imprécis et en faire un concept polysémique.

Bien qu'il n'y ait pas de consensus sur la définition de l'incertitude parmi les économistes, l'incertitude a été un concept central en théorie des organisations (Dill, 1958 ; March et Simon, 1958 ; Burns et Stalker, 1961 ; Lawrence et Lorsch, 1967 ; Thompson, 1967 ; Duncan, 1972), en théorie de l'information (Conrath, 1967) et en stratégie (Mintzberg, 1973 ; Porter, 1980). Étymologiquement parlant, l'histoire du mot "incertitude" remonte aux premiers fondateurs de l'économie politique.

1. Les origines de l'incertitude dans la pensée économique : Smith et Hume

Adam Smith, philosophe et économiste écossais des Lumières au 18e siècle, considéré dans l'histoire comme le père de la science économique moderne et fondateur du libéralisme, délivre dans son célèbre ouvrage la Richesse des nations (1776), l'une des premières citations de référence en science économique sur le sens de l'incertitude :

> "That of the Yorkshire cloth, which is made altogether of English wool, is said indeed, during the course of the present century, to have fallen a good deal in proportion to its quality. Quality, however, is so very disputable a matter, that I look upon all informations of this kind as somewhat uncertain." (Smith, 1776, p. 244)

L'incertitude chez Adam Smith dépend de la qualité de l'information détenue par l'agent économique. Et pour illustrer cette incertitude, Smith soutient que, dans certains emplois, les salaires varient suivant la particularité de chaque apprentissage de la profession[17] et par conséquent, la chance de succès par exemple d'un avocat ou de celle d'un cordonnier n'est pas du tout chose facile à prédire.

> "Fifthly, the wages of labour in different. employments vary according to the probability or improbability of success in them.
> The probability that any particular person shall ever be qualified for the employment to which he is educated is very different in different occupations. In the greater part of mechanic trades, success is almost certain ; but very uncertain in the liberal professions. Put your son apprentice to a shoemaker, there is little doubt of his learning to make a pair of shoes ; but send him to study the law, it is at least twenty to one if ever he makes such proficiency as will enable him to live by the business. In a perfectly fair lottery, those who draw the prizes ought to gain all that is lost by those who draw the blanks. In a profession where twenty fail for one that succeeds, that one ought to gain all that should have been gained by the unsuccessful twenty. The counsellor-at-law who, perhaps, at near forty years of age, begins to make something by his profession, ought to receive the retribution, not only of his own so tedious and expensive education, but that of more than twenty others who are never likely to make anything by it." (ibidem, pp. 120-121)

Et quand Smith aborde la problématique de la stabilité fiscale, indispensable à toute activité économique, il met en lien l'effet rétroactif de certaines modifications des taxes à l'incertitude, mais à des dégrées différents :

> "The certainty of what each individual ought to pay is, in taxation, a matter of so great importance that a very considerable degree of inequality, it

17. Soit : l'agrément ou le désagrément des emplois ; la facilité ou la difficulté d'apprentissage ; l'occupation constante qu'ils procurent, ou les interruptions auxquelles ils sont exposés ; le plus ou moins de confiance dont il faut que soient investis ceux qui les exercent ; la probabilité ou l'improbabilité d'y réussir et du degré de confiance accordée à l'ouvrier.

appears, I believe, from the experience of all nations, is not near so great an evil as a very small degree of uncertainty." (ibidem, p. 352)

C'est pourquoi l'État dans la pensée d'Adam Smith joue un rôle fondamental et strictement régalien. Baisser l'incertitude et accroître la sécurité, telles étaient la mission principale de l'État.

Par ailleurs, toujours dans sa perception de l'incertitude, Smith rejette toute affirmation selon laquelle la probabilité de tous les résultats futurs possibles pour un décideur peut être calculée dans l'exactitude et avec une parfaite précision. Ce qui reflète un certain scepticisme chez Smith à l'égard du recours général et systématique au calcul des probabilités[18] :

> "The world neither ever saw, nor ever will see, a perfectly fair lottery ; or one in which the whole gain compensated the whole loss ; because the undertaker could make nothing by it." (ibidem, p. 79)
> "The lottery of the law, therefore, is very far from being a perfectly fair lottery ; and that, as well as many other liberal and honourable professions,are, in point of pecuniary gain, evidently under-recompensed.." (ibidem, p. 111)

La thèse défendue par Adam Smith est de privilégier le raisonnement moral "juste", "sincère" et "équitable" d'un "spectateur impartial". L'action de ce dernier est la voix, non pas de son point de vue (le Moi), ni celle de son semblable, mais elle est plutôt reconnue par "la position et avec les yeux d'une troisième personne qui n'a aucun rapport particulier avec nous et nous juge avec impartialité"(Smith, 1759, p. 198), autrement dit par "l'humanité"[19] (au sens smithien).

Par ailleurs, David Hume, grand philosophe écossais et un ami très proche d'Adam Smith, exhorte dans son Traité sur les principes universels de la nature humaine, son scepticisme à l'égard du rationalisme dogmatique du XVIIe siècle (où seule la raison était reconnue comme source de toutes les connaissances).

Dans sa philosophie sur la raison humaine, Hume introduit une classification épistémique des connaissances associées à différents niveaux d'incertitude, à savoir *la connaissance*, *la preuve* et *la probabilité* :

> "[...] that from knowledge, from proofs, and from probabilities. By knowledge, I mean the assurance arising from the comparison of ideas. By proofs, those arguments, which are derived from the relation of cause and effect, and which are entirely free from doubt and uncertainty. By probability, that evidence which is still attended by uncertainty." (Hume, 1874, p. 423)

---

18. Une aversion partagée des années plus tard par Keynes et Knight.
19. cf. Eugenio Garin (1942), "*L'illuminismo inglese. I moralisti*", Milan, Bocca, p. 229.

La connaissance dans la pensée philosophique de Hume découle des relations entre les idées sans aucun recours à l'expérience, par opposition aux preuves et aux probabilités qui sont plutôt liées aux faits, dites de causalité. Selon Hume, cette connaissance dérivée de l'intuition et de la démonstration (telles les mathématiques), dont on ne peut concevoir comme fausse, se voit certaine et n'exige pas d'être fondée. A contrario, ce qui est dit des "preuves", ce sont des arguments impliquant l'inférence causale et qui n'engendre aucune certitude, mais uniquement de la "croyance". En dernier lieu, les "probabilités", elles aussi impliquent l'expérimentation, c'est-à-dire l'inférence causale et elles représentent des questions de *croyance irrationnelle* accompagnées d'incertitude.

Dans la théorie humienne, l'argument de rupture, avec le rationalisme classique de Descartes, est représenté par ce que l'on appelle aujourd'hui *le problème de l'induction*. Hume, dans cette quête de découverte des lois de la nature, va orienter principalement sa pensée philosophique sur le principe de causalité (la cause et l'effet).

En tant que penseur empiriste et phénoméniste, Hume suppose que toutes les connaissances humaines proviennent des sens, autrement dit, des informations perçues par les sensations[20]. Pour illustrer son argument, il donne l'exemple du choc de deux boules de billard :

> "When I see, for instance, a billiard-ball moving in a straight line towards another; even suppose motion in the second ball should by accident be suggested to me, as the result of their contact or impulse; may I not conceive that a hundred different events might as well follow from that cause? May not both these balls remain at absolute rest? May not the first ball return in a straight line, or leap off from the second in any line or direction? All these suppositions are consistent and conceivable. Why then should we give the preference to one, which is no more consistent or conceivable than the rest ? All our reasonings a priori will never be able to show us any foundation for this preference." (Hume, 1975, pp. 29-30)

Hume suggère par cet exemple que nous inférons les conclusions de la relation causale du passé à celle du futur en l'absence de tout argument. C'est-à-dire que lorsque l'esprit observe les deux balles de billard (une en mouvement et une autre stationnaire), il peut s'attendre en toute confiance, par induction, à ce que la deuxième balle acquière un mouvement et cela avant même qu'elle soit touchée par la balle en mouvement. La théorie humienne stipule alors que les raisonnements causaux sont fondés sur des coutumes et des habitudes. En d'autres termes,

20. Ce sont d'ailleurs ses études sur la causalité qui tireront Kant de son *sommeil dogmatique* (comme ce dernier l'affirme dans "*la Critique de la raison pure*" (1781)).

les raisonnements expérimentaux ne procèdent que de la coutume (sentiment psychologique d'habitude), et non de la raison.

> "This principle is Custom or Habit. For wherever the repetition of any particular act or operation produces a propensity to renew the same act or operation, without being impelled by any reasoning or process of the understanding, we always say that this propensity is the effect of custom. By employing that word, we pretend not to have given the ultimate reason of such a propensity." (ibidem, p. 36)

Ce problème de l'induction induit non seulement de l'incertitude dans les conclusions dérivées de l'induction, mais également dans celles tirées de la déduction. Le paragraphe ci-après reflète d'autant plus ce style atypique de Hume :

> "Nothing so like as eggs ; yet no one, on account of this appearing similarity, expects the same taste and relish in all of them. It is only after a long course of uniform experiments in any kind that we attain a firm reliance and security with regard to a particular event. Now where is that process of reasoning, which, from one instance, draws a conclusion, so different from that which it infers from a hundred instances that are nowise different from that single one ? This question I propose as much for the sake of information, as with an intention of raising difficulties. I cannot find, I cannot imagine any such reasoning. But I keep my mind still open to instruction, if any one will vouchsafe to bestow it on me." (ibidem, p. 33)

Ce scepticisme radical dans la pensée philosophique de Hume était clairement influencé, à l'instar de Smith, par l'incertitude. Ce qui ouvrira la voie à de nouvelles réflexions sur le risque et les probabilités.

2. La révolution marginaliste

Le début des années 1870, trois économistes de nationalités différentes publient quasi simultanément et sans se concerter trois ouvrages en économie : "*The theory of political economy*" de l'économiste britannique William S. Jevons (1871), "*Grundsätze der Volkswirtschaftslehre*" de l'économiste autrichien Carl Menger (1870) et enfin "*Éléments d'économie politique*" de l'économiste français Léon Walras (1874). Les trois auteurs fondent leur analyse économique sur la base du raisonnement *à la marge* et seront ainsi désignés de *marginalistes*, lesquels deviendront au XXe siècle les *néoclassiques*.

Avant d'introduire cette révolution marginaliste basée sur la théorie de l'utilité marginale, je commencerai par un retour historique sur l'origine du concept d' "utilité".

À cette période fortement marquée par le mouvement des Lumières écossaises, une nouvelle doctrine morale et politique émerge après la publication d'un ouvrage devenu célèbre, "*Introduction to the Principles of Morals*" (1789) dans lequel Jeremy Bentham, philosophe et jurisconsulte britannique, a exposé les principes de base de l'utilitarisme. Par sa philosophie du bonheur, il va véritablement conceptualiser et systématiser le concept d'utilité.

Bentham a fait valoir que les êtres humains sont motivés uniquement par la recherche permanente du plaisir et l'évitement de la douleur. Autrement dit, les individus ont tendance à obéir non pas à une conscience morale, mais plutôt à leur intérêt propre. Du coup, ils cherchent à maximiser leur bonheur, exprimé par le surplus de plaisir sur la peine.

> "Nature has placed mankind under the governance of two sovereign masters, pain and pleasure. It is for them alone to point out what we ought to do as well as to determine what we shall do. On the one hand, the standard of right and wrong, on the other the chain of causes and effects, are fastened to their throne."

Il rajoute :

> "The principle of utility recognises this subjection, and assumes it for the foundation of that system, the object of which is to rear the fabric of felicity by the hands or reason and of law." (Bentham, 1789, p. 11)

Pour Bentham, le principe d'utilité va être l'élément principal du calcul *félicifique*. Une formule algorithmique dont l'objectif est de déterminer le statut moral de n'importe quelle action et de décider par conséquent d'approuver ou désapprouver cette dernière : une action jugée normalement bonne si elle procure du plaisir et elle est mauvaise si elle procure du malheur. Cette arithmétique des plaisirs et des peines, selon Bentham, devrait prendre également en compte des variables, dites *circonstances* à savoir : l'intensité, la durée, la pureté, la certitude, la proximité, la fécondité ou encore l'étendue d'un plaisir.

> "[...] that property in any object, whereby it tends to produce benefit, advantage, pleasure, good, or happiness (all this in the present case comes to the same thing) or (what comes again to the same thing) to prevent the happening of mischief, pain, evil, or unhappiness to the party whose interest is considered " (ibidem, p. 12)
> "By the principle of utility is meant that principle which approves or disapproves of every action whatsoever. according to the tendency, it appears to have to augment or diminish the happiness of the party whose interest is in question : or, what is the same thing, in other words, to promote or to oppose that happiness." (Bentham, 1780, p. 2)

En somme, l'axiome fondamental de cette philosophie Benthamienne est que la morale sociale et la législation gouvernementale devraient chercher à produire "le plus grand bonheur pour le plus grand nombre". Une phrase inspirée du philosophe français Claude Adrien Helvétius (1715-1771) et dont l'objectif est d'assurer le bonheur de la population dans sa globalité.

Si l'utilitarisme benthamite était à l'époque une théorie morale et politique, il sera comme même au cœur de l'avènement d'une "révolution marginaliste" et d'une base intellectuelle au calcul utilitariste de la prise de décision dans l'incertitude.

En effet, l'économiste anglais William Stanley Jevons (1835-1882) influencé par la doctrine utilitariste humienne, énonce dans son livre "*The Theory of Political Economy*" 1871, le concept d'utilité marginale[21].

> "Whatever can produce pleasure or prevent pain may possess utility. J.-B. Say has correctly and briefly defined utility as "la faculté qu'ont les choses de pouvoir servir à l'homme, de quelque manière que ce soit." The food which prevents the pangs of hunger, the clothes which fend off the cold of winter, possess incontestable utility; but we must beware of restricting the meaning of the word by any moral considerations. Anything which an individual is found to desire and to labour for must be assumed to possess for him utility. In the science of Economics, we treat men not as they ought to be, but as they are. Bentham, in establishing the foundations of Moral Science in his great Introduction to the Principles of Morals and Legislation (page 3), thus comprehensively defines the term in question : "By utility is meant that property in any object, whereby it tends to produce benefit, advantage, pleasure, good, or happiness (all this, in the present case, comes to the same thing), or (what comes again to the same thing) to prevent the happening of mischief, pain, evil, or unhappiness to the party whose interest is considered." This perfectly expresses the meaning of the word in Economics, provided that the will or inclination of the person immediately concerned is taken as the sole criterion, for the time, of what is or is not useful." (Jevons, 1871, pp. 39-40)

Le raisonnement dit marginal correspond au degré d'utilité supplémentaire de l'unité d'un bien induite par une unité supplémentaire de ce bien. Cette utilité marginale décroît en définitive avec l'accroissement de la quantité de biens déjà consommée, d'où le principe de l'utilité marginale décroissante, une des lois fondamentales chez les marginalistes. In fine, sa représentation mathématique est que l'utilité serait représentée par une fonction et l'utilité marginale en serait la dérivée.

---

21. Johann Heinrich von Thünen (1783-1850), l'auteur de la théorie de l'État isolé, fut le premier économiste à avoir utilisé le mot "marginal". Par ailleurs, c'est à Philip H. Wicksteed, le disciple de Jevons, que l'on doit le vocable d'"utilité marginale" (marginal utility), dans son "*Alphabet of Economic Science*" (1888).

> "In the same way, a very wealthy person may be quite unable to form any accurate statement of his aggregate wealth; but he may nevertheless have exact accounts of income and expenditure, that is, of additions and subtractions.." (ibidem, p. 52)

S'inspirant de la pensée de Bentham, Jevons (1871) suppose que l'objectif d'un consommateur est de chercher à maximiser son utilité. En d'autres termes, pour qu'il puisse continuer d'acheter, il faut que l'utilité marginale du produit acheté soit supérieure au déplaisir de payer. Ce comportement décisionnel se rapporte ainsi à un problème d'optimisation individuel fondé sur la rationalité.

Par ailleurs, la théorie de l'utilité marginale s'est présentée comme une solution plausible au fameux *paradoxe de la valeur* (paradoxe de l'eau et du diamant) soulevé par Adam Smith dans De la richesse des nations (1776) :

> "The word value is to be observed, has two different meanings, and sometimes expresses the utility of some particular object, and sometimes the power of purchasing other goods which the possession of that object conveys. The one may be called 'value in use'; the other 'value in exchange.' The things which have the greatest value in use have frequently little or no value in exchange; and, on the contrary, those which have the greatest value in exchange frequently have little or no value in use. Nothing is more useful than water; but it will purchase scarce any thing; scarce any thing can be had in exchange for it. A diamond, on the contrary, has scarce any value in use; but a very great quantity of other goods may frequently be had in exchange for it." (Smith, 1776, p. 21)

Comme solution à ce dilemme, les marginalistes préconisent que la valeur d'échange d'un bien ne provienne pas de la quantité de travail nécessaire pour l'obtenir (valeur-travail), mais c'est plutôt de l'utilité marginale de ce bien. Autrement dit, l'utilité marginale des diamants est bien plus supérieure à celle de l'eau, bien que l'utilité totale de l'eau soit supérieure à l'utilité totale des diamants.

La théorie de l'utilité marginale du courant marginaliste devient incontestablement le point de rupture avec le raisonnement de l'école classique représentée par des figures telles qu'Adam Smith, David Ricardo ou bien John Stuart Mill. Les marginalistes imposent alors une méthode d'analyse des phénomènes économiques (raisonnement microéconomique) par le recours à la science, à la science mathématique en particulier.

> "It is clear that Economics, if it is to be a science at all, must be a mathematical science. There exists much prejudice against attempts to introduce the methods and language of mathematics into any branch of the moral sciences. Many persons seem to think that the physical sciences form the proper sphere of mathematical

method, and that the moral sciences demand some other method—I know not what. My theory of Economics, however, is purely mathematical in character. " (Jevons, 1871, p. 3)

Pour Jevons, l'utilisation du calcul des probabilités dans des secteurs économiques à risque tels que les assurances ou même dans la politique, était une base suffisante face à l'incertain et cela en se basant simplement sur des données historiques satisfaisantes. La probabilité est la "création la plus noble de l'intellect" (ibidem, p. 200). Il cite :

"In selecting a course of action which depends on uncertain events, as, in fact, does everything in life, I should multiply the quantity of feeling attaching to every future event by the fraction denoting its probability. A great casualty, which is very unlikely to happen, may not be so important as a slight casualty which is nearly sure to happen. Almost unconsciously we make calculations of this kind more or less accurately in all the ordinary affairs of life; and in systems of life, fire, marine, or other insurance, we carry out the calculations to great perfection. In all industry directed to future purposes, we must take a similar account of our want of knowledge of what is to be." (ibidem, p. 36)

Le raisonnement mathématique de Jevons le pousse à se plier systématiquement à l'usage des probabilités dans le traitement de la question de l'incertitude.

"If the probability is only one in ten that I shall have a certain day of pleasure, I ought to anticipate the pleasure with one tenth of the force which would belong to it if certain" (ibidem, p. 36)

En revanche, cet enthousiasme de Jevons pour l'approche mathématique de l'économie n'était pas partagé par une deuxième figure du courant marginaliste en l'occurrence l'économiste autrichien Carl Menger.

Étant le fondateur de l'École autrichienne d'économie, Menger s'est aligné au raisonnement d'utilité à la marge dans l'analyse des phénomènes économiques, mais avec un regard épistémologique et philosophique différent du scientisme mathématique de l'économie défendu par Jevons. En effet, il s'écarte de la vision hédoniste de la valeur d'utilité basée sur la simple maximisation des satisfactions personnelles (l'utilitarisme à la Bentham ou Jevons) et impose des conditions dans son analyse de l'activité humaine.

"Things that can be placed in a causal connection with the satisfaction of human needs we term useful things.1 If, however, we both recognise this causal connection, and have the power actually to direct the useful things to the satisfaction of our needs, we call them goods.2

If a thing is to become a good, or in other words, if it is to acquire good character, all four of the following prerequisites must be simultaneously present :

1. A human need.
2. Such properties as render the thing capable of being brought into a causal connection with the satisfaction of this need.
3. Human knowledge of this causal connection.
4. Command of the thing sufficient to direct it to the satisfaction of the need.

Only when all four of these prerequisites are present simultaneously can a thing become a good. When even one of them is absent, a thing cannot acquire good character, 3 and a thing already possessing good character would lose it at once if but one of the four prerequisites ceased to be present.4" (Menger, 1871, p. 52)

Afin de fonder sa théorie de l'utilité marginale, Menger porte une attention méticuleuse à la notion de "besoin" et à la relation causale de satisfaction qui relie cette dernière à un bien économique. Il pose comme base à son raisonnement un classement des biens en rangs suivant leur degré de proximité avec la satisfaction des besoins. Les biens de consommation sont classés au premier ordre, tel qu'un morceau de pain. Les biens qui sont directement nécessaires à la production d'autres biens sont classés dans un ordre supérieur (rang2, rang3....), tels que la farine, le blé, le champ et la charrue. C'est-à-dire qu'au final, ce schéma d'interdépendance entre les biens à différents ordres engagera en conséquence une dimension temporelle. Un décalage temporel ancré au cycle de transformation progressive de biens, de rang supérieur en biens de consommation, influera du coup sur la rationalité des décisions que prennent les agents économiques. Ces derniers seraient contraints d'amasser plus d'informations sur le processus de production afin d'anticiper l'avenir et planifier à l'avance les biens qui contribuent directement ou indirectement à l'accomplissement de leurs besoins.

"However great these differences between the various branches of production may be, and even though the progress of civilisation tends to diminish the uncertainty involved, it is certain that an appreciable degree of uncertainty regarding the quantity and quality of a product finally to be obtained will always be present, although sometimes to a greater and sometimes to a less extent, according to the nature of the case." (ibidem, p. 70)

Pour Menger, l'approfondissement de la connaissance permet aux agents d'atténuer l'incertitude entourant leur activité économique afin de pouvoir prendre leurs décisions. C'est d'ailleurs, cette prise en considération des différents facteurs (temps, connaissance et incertitude) qui offrira à l'école autrichienne une base théorique de référence à l'étude de la théorie de l'entrepreneur.

"The greater or less degree of certainty in predicting the quality and quantity of a product that men will have at their disposal due to their possession of the goods of higher order required for its production, depends upon the greater or less degree of completeness of their knowledge of the elements of the causal process of production, and upon the greater or less degree of control they can exercise over these elements." (ibidem, p. 71)

Le dernier des protagonistes du courant marginaliste est Léon Marie Esprit Walras, économiste, socialiste français et fondateur de l'école de Lausanne. À l'origine de la théorie de l'équilibre générale[22], il a été considéré par l'économiste autrichien Joseph Schumpeter comme "le plus grand de tous les économistes" (Schumpeter, 1954, p. 827). Ferveur opposant à l'approche classique de la théorie objective de la valeur, Walras met le terme "rareté" (l'intensité du dernier besoin satisfait) au centre de son raisonnement sur l'utilité marginale de la valeur. Pour Walras, la valeur d'un bien dépend certes de l'utilité (comme Jevons), mais également de la difficulté à obtenir ce bien.

"In political economy, however abundant a thing may be it is scarce whenever it is useful and limited in quantity, just as in mechanics a body has velocity whenever it travels a given distance within a given time." (Walras, 1874, p. 66)

À l'image de Jevons, Walras revendique également l'usage légitime de la logique mathématique en science, économie et politique.

"If the pure theory of economics or the theory of exchange and value in exchange, that is, the theory of social wealth considered by itself, is a physico-mathematical science like mechanics or hydrodynamics, then economists should not be afraid to use the methods and language of mathematics." (ibidem, p. 71)

Néanmoins, cet engouement pour le calcul mathématique l'amènera à écarter systématiquement toute notion ou situation relative à l'incertitude.

"There may be a small element of uncertainty which is due solely to the difficulty of foreseeing possible changes in the data of the problem. If, however, we suppose these data constant for a given period of time and if we suppose the prices of goods and services and also the dates of their purchase and sale to be known for the whole period, there will be no occasion for uncertainty." [...] "Here again, there may be some uncertainty because of the possibility of changes in the data of the problem and because of the difficulty of foreseeing these changes. But if, as

22. Dans la théorie de l'équilibre générale, Walras stipule que dans une économie concurrentielle, il existe un système de prix qui assure un équilibre stable entre l'offre et la demande.

before, we remove this possibility of change for a given period of time, and if we suppose the prices of goods and services and also the dates of their purchase and sale to be known for the entire period, we eliminate all occasion for uncertainty." (ibidem, pp. 317-318)

En somme, cette révolution marginaliste va contribuer fortement, par la suite, à l'émergence et au développement de la pensée économique néoclassique. Plus libéraux, les néoclassiques vont connaître leur apogée dans la seconde moitié du XIXe siècle. Leur scientisme, par le recours aux statistiques et aux probabilités dans la vie quotidienne, a pu dépoussiérer les doutes de Smith et Hume sur l'incertitude et la mathématisation de l'économie.

Si Menger a toute de même mis l'accent sur l'imperfection des connaissances et l'impact de l'incertitude sur la prise de décision, Frank Knight et John Maynard Keynes vont raviver les controverses en économie autour du problème décisionnel dans l'incertain.

3. Knight et Keynes : le paradigme d'incertitude fondamentale

Frank Hyneman Knight est un économiste américain et pilier de la première école d'économie de Chicago[23]. Après la parution de son ouvrage "*Risk, Uncertainty and Profit*", publié en 1921, Knight s'est fait connaître par sa célèbre théorie de l'incertitude comme source de profit pour l'entrepreneure et en introduisant une distinction capitale entre la notion de risque et celle de l'incertitude.

Avant d'examiner plus à fond ces théories, il convient d'énoncer le pluralisme méthodologique de Knight quant aux approches d'analyse de l'action humaine[24].

Il a jugé nécessaire d'assigner des limites précises au mouvement déterministe de l'hédonisme et de la psychologie utilitariste benthamienne du bonheur. L'acteur économique dans la philosophie knightienne n'est plus un agent "mécanique" répondant à un simple stimulus sensoriel de satisfaction des besoins, mais plutôt un agent "libre" et "actif" en quête de découverte et d'autodétermination dans un environnement social interconnecté.

"An intelligent approach to the study of man must be "pluralistic"; a human being palpably is at the same time a physical mechanism, a living organism, an animal with his place in the taxonomic system while to these is superadded a unique mind, of intelligence, feelings, imagination, loyalties, and ideals, and a most

---

23. Il a été reconnu pour son mentorat d'économistes qui ont reçu le prix Nobel, notamment Milton Friedman, George Stigler et Robert Lucas.

24. D'ailleurs, il a été considéré comme "le philosophe de la contre-révolution" (Breit et Ransom, 1982, p. 193).

mysterious power to decide, a "will." Men in society act, upon themselves to begin with, and upon each other, though "knowing" each other, as minds, through intercommunication. This process as active must be radically distinguished from mechanical "interaction", and the knowledge it yields distinguished from the observation and inference of natural science." (Knight, 1957, p. 161)

Pour comprendre cette hostilité à l'hypothèse de maximisation de l'utilité étant le cœur du noyau théorique de la pensée néoclassique, Knight fournit une description plus explicite des lacunes inhérentes au raisonnement marginaliste.

Premièrement, l'hypothèse de maximisation des désirs sous-entend une prévoyance parfaite : dans un marché parfaitement concurrentiel, l'individu économique rationnel ayant connaissance des prix d'équilibre sur le marché peut accomplir automatiquement sa satisfaction des désirs compte tenu de ses ressources limitées. Autrement dit, le modèle économique néoclassique se résume en un simple processus mécanique de maximisation des désirs humains basés sur une parfaite connaissance des besoins, des moyens, des contraintes et des résultats au présent et au futur, mais en faisant abstraction à toutes communications ou interactions sociales, c'est-à-dire in fine une activité économique asociale parfaitement rationnelle.

"We assume that the members of the society act with complete "rationality". By this we do not mean that they are to be "as angels, knowing good from evil"; we assume ordinary human motives (with the reservations noted in the following paragraphs); but they are supposed to "know what they want" and to seek it "intelligently". Their behaviour, that is, is all "conduct", as we have previously defined the term; all their acts take place in response to real, conscious, and stable and consistent motives, dispositions, or desires; nothing is capricious or experimental, everything is deliberate. They are supposed to know absolutely the consequences of their acts when they are performed, and to perform them in the light of the consequences." (Knight, 1921, pp. 76-77)

Knight qualifie de tels modèles économiques de *Crusoe economies*. Un modèle idéaliste, mais surtout irréaliste dans un environnement dynamique ancré à des changements d'ordre juridique, politique et social.

"Economic theory based on utilitarian premises, which is to say all "economic" theory in the proper sense of the word, is purely abstract and formal, without content. It deals, in general, with certain formal principles of "economy" without reference to what is to be economised, or how; more specifically, price-economics deals with a social system in which every individual treats all others and society merely as instrumentalities and conditions of his own Privatwirt-shaft, a mechanical system of Crusoe economies." (ibidem, p. 11)

Deuxièmement Knight dénonce la thèse de la mathématisation inéluctable de l'économie. Il reproche aux néoclassiques d'être encloses dans leur paradigme scientiste de l'économie, restreint à modéliser rationnellement par des formules mathématiques la conduite des agents économiques supposés suivre un schéma individuel et mécanique de maximisation de l'utilité. Pour Knight, les désirs humains sont conditionnés et construits socialement. Il défend l'idée que l'économie est une science sociale, ce qui écarte toute analogie avec les sciences naturelles.

> "The fundamental propositions and definitions of economics are neither observed nor inferred from observation in anything like the sense of the generalisations of the positive natural sciences, or of mathematics, and yet they are in no real sense arbitrary. They state "facts", truths about "reality"-analytical and hence partial truths about "mental" reality, of course-or else they are really "false".2 Economics and other social sciences deal with knowledge and truth of a different category from that of the natural sciences, truth which is related to sense observation-and ultimately even to logic-in a very different way from that arrived at by the methodology of natural science. But it is still knowledge about reality." (Knight, 1940b, p. 154)

La pensée knightienne cherche par sa philosophie sociopsychologique à élargir le champ d'analyse du comportement humain au-delà de la sphère *homo economicus*. Les besoins des agents sont régis par des normes sociales historiquement constituées qui orientent et contraignent leurs comportements.

> "Individual is a given datum. The individual is largely formed in and by the social process, and the nature of the individual must be affected by a social action. The individual comes into the world destitute and helpless before he can become an individual with capacity for membership in an organisation of responsible units. Prior to the individual, thus, is the family. Some sort of family life, and far beyond that, some kind of wider primary-group and cultural-group life, of a considerable degree of stability, must be taken as they are, as data, a society at any time." (Knight, 1947, pp. 69-70)

Troisièmement, Knight remet en cause le bienfondé des hypothèses de base du modèle théorique de concurrence pure et parfaite. Et celle qui a suscité le plus de divergences figure la rationalité des agents économiques affranchie de l'hypothèse de connaissance parfaite du marché. Une ligne de rupture se dessine alors entre deux visions contrastées du monde économique. D'un côté, l'économie marginaliste néoclassique "idéale", mais statique et irréaliste, et de l'autre côté, l'économie knightienne "réelle" et dynamique, mais assujettie à l'imperfection de la connaissance.

> "We have seen that the historic body of economic theory rests upon the assumption of perfect competition, but that the precise character of this assumption has been partially implicit and never adequately formulated. We do not criticise the older economists for making abstract assumptions in order to simplify and analyse their problem, but contend that the assumptions actually made and their implications need to be brought to the surface and emphasised. To display these implicit premises of theoretical reasoning is, we have argued, to explain the problem of profit, the absence of which is the essential distinction between theoretical and actual economic society." (Knight, 1921, p. 51)

Dans cette configuration non statique de l'économie, les agents seront amenés à prendre des décisions dans des situations où les changements seront dynamiques et surtout imprévisibles. Knight va alors mettre en évidence le rôle primordial de l'incertitude dans l'analyse économique.

Par ailleurs, dans le prolongement de sa théorie d'incertitude, Knight a soulevé, néanmoins, une différenciation majeure entre les concepts de risque et d'incertitude sur la base de la possibilité ou non de construire une distribution de probabilité des événements possibles. Cette corrélation entre les problèmes de décision en économie et la notion de probabilité l'a amené à distinguer trois types de probabilité en matière de décision (probabilité a priori, probabilité statistique et estimation). La première situation de probabilité a priori (ou mathématique) correspond à des événements qui se répètent d'une manière aléatoire et indépendante avec une présomption d'équiprobabilité des résultats possibles. La seconde situation de probabilité statistique correspond à un calcul statistique des probabilités sur la base d'un historique d'observations empiriques. Enfin, la probabilité estimée reflète des situations où il n'existe aucune base empirique pour classer les cas possibles ou calculer leur probabilité d'occurrence.

> "[....] we shall find the following simple scheme for separating three different types of probability situation :
>
> 1. A priori probability. Absolutely homogeneous classification of instances completely identical except for really indeterminate factors.
> 2. Statistical probability. Empirical evaluation of the frequency of association between predicates, not analysable into varying combinations of equally probable alternatives.
> 3. Estimates. The distinction there is that there is no valid basis of any kind for classifying instances" (Knight, 1921, pp. 224-225).

Pour l'auteur, l'incertitude (non mesurable) est naît de cette dernière situation (estimation) dont la détermination objective de probabilité devient impossible étant donné la singularité de l'événement traité (l'événement ne peut être intégré dans une classe ou une sous-classe de situations). Alors que les deux premiers types de probabilité (probabilité a priori et probabilité statistique) reflètent une situation risquée (mesurable) dont il est possible d'assigner des probabilités.

> "The practical differences between the two categories, risk and uncertainty, is that in the former the distribution of the outcome in a group of instances is known (either through calculation a priori or from statistics of past experience); while in the case of uncertainty this is not true, the reason being in general that it is impossible to form a group of instances, because the situation dealt with is in a high degree unique." (ibidem, p. 233).

Au final, dans des situations incertaines, l'information n'est ni complète ni parfaite. Knight préconise le recours au jugement intuitif (où une éventualité (une option) est choisie) pour guider le comportement et les décisions des agents. Autrement dit, cette estimation se réfère inévitablement à un jugement subjectif issu de la confiance à l'expérience personnelle ou de l'intuition, contrairement au risque où les propriétés mathématiques et statistiques des probabilités ont une dimension irréductiblement objective.

Par une coïncidence singulière dans l'histoire de la pensée économique, dans la même année 1921, l'économiste anglais John Maynard Keynes publie sa première œuvre théorique "*Treatise on Probability*" (Traité sur la probabilité) dans lequel la prise en compte de l'incertitude était au cœur de sa réflexion sur les fondements épistémologiques de la théorie des probabilités.

Dans son traité, Keynes manifeste son scepticisme à deux méthodes classiques de la théorie des probabilités, en l'occurrence le principe de raison insuffisante de Bernouilli et l'approche fréquentiste de la probabilité.

Traditionnellement, l'approche classique définit la probabilité d'un événement comme le rapport entre le nombre d'alternatives favorables à l'événement et le nombre total d'alternatives. Une loi qui sous-entend que lorsqu'il n'existe aucune information permettant de distinguer l'occurrence des événements, une distribution uniforme sur l'ensemble des résultats élémentaires est par conséquent affectée (sphère de l'équiprobabilité). Autrement dit, "Lorsque qu'on ne voit aucune raison qui rende l'une plus probable que l'autre, parce que, quand bien même il y aurait une inégale possibilité entre elles, comme nous ignorons de quel côté est la plus grande, cette incertitude nous fait regarder l'une comme aussi probable que l'autre." (Laplace, 1774, p. 635). Selon Keynes, dans des situations complexes du réel notamment de la vie sociale, cette base d'analyse laplacienne du jugement de la probabilité dans l'incertain n'est plus valide.

Attribuer une probabilité égale aux résultats élémentaires quelle que soit la complexité de l'événement dans l'incertain devient totalement arbitraire, voire impossible (ex. les élections). L'objection de Keynes au principe de raison non suffisante de Bernouilli, qu'il rebaptise *le principe d'indifférence*, a fini par introduire une distinction entre deux concepts : celui des probabilités mesurables et celui de probabilités non mesurables.

> "The determination of equality between probabilities has received hitherto much more attention than the determination of inequality. This has been due to the stress which has been laid on the mathematical side of the subject. In order that numerical measurement may be possible, we must be given a number of equally probable alternatives. The discovery of a rule, by which equiprobability could be established, was, therefore, essential. A rule, adequate to the purpose, introduced by James Bernoulli, who was the real founder of mathematical probability, 2 has been widely adopted, generally under the title of The Principle of Non-Sufficient Reason, down to the present time. This description is clumsy and unsatisfactory, and, if it is justifiable to break away from tradition, I prefer to call it The Principle of Indifference." (Keynes, 1921, p. 41)

Dans la mesure où la théorie orthodoxe a prouvé ses limites pour contenir le problème de connaissance parfaite en environnement incertain, Keynes a introduit, en alternative, la théorie logique des probabilités qui appréhende la probabilité comme le résultat d'un jugement rationnel évaluant un degré de croyance en une proposition qui se manifestent dans l'esprit des individus. Autrement dit, pour Keynes, la probabilité est une relation logique et objective (non soumise à un *caprice humain* de jugement de probabilité) entre deux propositions ou ensembles de propositions à la lumière du corpus de connaissances auquel les propositions sont rapportées. Dans cette optique, la rationalité chez Keynes prend une dimension dite "pratique" des jugements puisqu'on accorde plus d'importance à l'action de l'individu à percevoir et à juger du degré de crédibilité (ou *degré de croyance rationnelle* selon Keynes) des informations détenues concernant le futur plutôt qu'à la décision. Ce processus mental consiste à faire un premier tri dans les informations collectées afin d'identifier les preuves jugées "pertinentes" et celles "non pertinentes" et ensuite effectuer un deuxième tri pour déceler les preuves dites "favorables" de celles "non favorables". De ce fait, plus le nombre des preuves sur lequel les prémisses du jugement sont basées augmente, plus cela aura pour conséquence l'augmentation du degré de croyance, et non pas le degré de probabilité de l'état du monde sur lequel porte ce jugement ; Keynes parle ainsi du *poids du jugement* ou *poids de l'argument*. Le choix raisonnable d'individu est basé ainsi sur le jugement dont le poids est élevé que celui qui conduit à une plus grande probabilité. De ce fait, cette rationalité de "l'induction" ou, alternativement, *la logique inductive* va l'opposer nettement de la rationalité formelle et déductive promue par le courant néoclassique.

> "To this extent, therefore, probability may be called subjective. But in the sense important to logic, probability is not subjective. It is not, that is to say, subject to human caprice. A proposition is not probable because we think it so. When once the facts are given which determine our knowledge, what is probable or improbable in these circumstances has been fixed objectively, and is independent of our opinion. The Theory of Probability is logical, therefore, because it is concerned with the degree of belief which it is rational to entertain in given conditions, and not merely with the actual beliefs of particular individuals, which may or may not be rational." (ibidem, p. 4)

Keynes se lève également contre le courant fréquentiste des probabilités des Ellis, Boole et Venn. Le fréquentisme est une approche purement statistique où la probabilité d'un évènement futur peut-être estimée simplement par la mesure des fréquences empiriques d'occurrence réelle d'une classe d'événements. Dans cette optique, l'évaluation de l'incertitude est fondée uniquement sur l'observation des événements passés. Plus le nombre d'observations est élevé, plus la fréquence empirique a de chances de s'approcher de la vérité et de réduire l'incertitude quant au futur. Cette répétitivité des événements en vertu de lois statistiques sous-entend l'uniformité (l'homogénéité) dans le temps. Or, pour Keynes, une approche de calcul de la fréquence basée sur une observation des événements passés ne peut permettre à elle seule de prédire l'avenir de façon certaine et avec une exactitude complète. Cette divergence de raisonnement s'explique essentiellement par le faite que la théorie de jugement de probabilité keynésienne est conçue sur une relation logique entre des propositions (prémisse et conclusion) en opposition à la vision fréquentiste construite sur une simple mise en relation d'une classe d'*événements*. Un lien logique dont la vérité ou l'erreur à long terme est relative à la fois à l'individu avec son *degré de croyance rationnelle* (logiquement fondée) du lien unissant prémisse et conclusion, et également au facteur "temps" dont l'incertitude impacte impérativement son choix raisonnable.

> "In most cases the statistical frequency is not given in experience for certain, but is arrived at by a process of induction, and induction, he admits, are not certain. If, in the past, three infants out of every ten have died in their first four years, induction may be based on this the doubtful assertion, All infants die in that proportion. But we cannot assert on this ground, as Venn wishes to do, that the probability of the death of an infant in its first four years is 3/10 ths. We can say no more than that it is probable (in my sense) that there is such a probability (in his sense). For the purpose of coming to a decision, we cannot compare the

value of this conclusion with that of others until we know the probability (in my sense) that the statistical frequency really is 3/10 ths. The cases in which we can determine the logical value of a conclusion entirely on grounds of statistical frequency would seem to be extremely few in number." (ibidem, p. 99)

En 1929, le Krach boursier de Wall Street et la Grande Dépression qui s'en est suivie ont suffi à faire plonger le monde dans une crise économique et financière internationale, entraînant une baisse importante de la consommation et l'émergence d'un chômage de masse durable. Profondément affecté par les conséquences désastreuses de cette crise, Keynes rédige sa deuxième œuvre majeure, la "*Théorie générale de l'emploi, de l'intérêt et de la monnaie*", parue en 1936. Il réaffirme son désaccord absolu avec les postulats de la pensée économique classique et aussi celle des néoclassiques (les deux écoles sont regroupées sous la même appellation "classique" dans son livre). Il désapprouve le laisser-faire cher aux classiques et également le recours systématique des néoclassiques aux méthodes "scientifiques" susceptibles de pouvoir aider les décideurs à prédire les valeurs actuarielles de certains événements économiques. Pour lui, l'économie est avant tout une science morale et surtout pas une science naturelle. Considérée comme "la révolution keynésienne" dans l'histoire de la pensée économique, la Théorie générale de Keynes propose d'étudier sur le court terme les relations et les équilibres entre les agrégats économiques dans un univers soumis à l'incertitude et l'ignorance. D'ailleurs, par la manière ironique dont Keynes répondit à ses détracteurs, il avait eu cette repartie célèbre : "À long terme, nous serons tous morts".

Dans un article du Quarterly Journal of Economics publié en 1937 et présenté comme une sorte de résumé répondant aux critiques de son livre de 1936, Keynes réexprime et remet en avant de manière très succincte les points essentiels soulevés dans sa Théorie générale.

En tout premier lieu, Keynes insiste sur l'impossibilité de prédire avec certitude le résultat de nos actions futures ni même notre comportement de demain. En avenir incertain et indéterminé, l'ensemble des décisions économiques ainsi que leurs conséquences sont soumis à des bases de connaissances plus incertaines, fluctuantes et vagues. Ce qui rend tout phénomène économique aléatoire d'emblée incalculable à l'aide de quelconque traitement statistique ou mathématique.

"Actually, however, we have, as a rule, only the vaguest idea of any but the most direct consequences of our acts [...] Now of all human activities which are affected by this remoter preoccupation, it happens that one of the most important is economic in character, namely, Wealth. The whole object of the accumulation of Wealth is to produce results, or potential results, at a comparatively distant,

> and sometimes at an indefinitely distant, date. Thus the fact that our knowledge of the future is fluctuating, vague and uncertain, renders Wealth a peculiarly unsuitable subject for the methods of the classical economic theory." (Keynes, 1937, p. 213)

À la lecture de ce post-scriptum, l'incertitude, la connaissance incertaine, demeure au cœur de l'analyse keynésienne. Cette mise en avant de l'incertitude devient de plus en plus déterminante dans l'explication de l'instabilité de l'économie inhérente à la hausse massive du chômage, l'extrême volatilité des investissements et la situation résolument instable des marchés financiers. Craignant tout amalgame, Keynes livre sa propre définition de l'incertitude tout en établissant une distinction claire et nette entre un événement "très improbable" et un événement "très incertain".

> "By "uncertain" knowledge, let me explain, I do not mean merely to distinguish what is known for certain from what is only probable. The game of roulette is not subject, in this sense, to uncertainty; nor is the prospect of a victory bond being drawn. Or, again, the expectation of life is only slightly uncertain. Even the weather is only moderately uncertain. The sense in which I am using the term is that in which the prospect of a European war is uncertain, or the price of copper and the rate of interest twenty years hence, or the obsolescence of a new invention, or the position of private wealth owners in the social system in 1970. About these matters there is no scientific basis on which to form any calculable probability whatever. We simply do not know." (ibidem, pp. 213-214)

Sous cet angle, les agents économiques, notamment les entrepreneurs ou les investisseurs, sont souvent amenés à prendre des décisions dans un contexte d'information forcément incomplète. Faute d'inefficacité des canons issus de la théorie économique orthodoxe, ils doivent se contenter de comportements jugés irrationnels, mais permettant juste de "sauver la face en tant qu'hommes rationnels et économiques". Keynes explique, dans sa Théorie générale, que les décisions d'investissement prises dans un environnement économique incertain et non probabilisable résultent de nos *esprits animaux*[25], c'est-à-dire, un besoin instinctif, spontané et naturel d'agir plutôt que de ne rien faire.

---

25. Keynes considère que les esprits animaux ne sont pas irrationnels, mais qu'ils correspondent au "moi rationnel", " We are merely reminding ourselves that human decisions affecting the future, whether personal or political or economic, cannot depend on strict mathematical expectations, since the basis for making such calculations does not exist ; and that it is our innate urge to activity which makes the wheels go round, our rational selves choosing between the alternatives as best we are able, calculating when we can, but often falling back for our motive on a whim or sentiment or chance." (Keynes, 1936, pp. 162-163).

> "A large proportion of our positive activities depend on spontaneous optimism rather than on a mathematical expectation. Most, probably, of our decisions to do something positive, the full consequences of which will be drawn out over many days to come, can only be taken as a result of animal spirits – of a spontaneous urge to action rather than inaction, and not as the outcome of a weighted average of quantitative benefits multiplied by quantitative probabilities" (Keynes, 1936, pp. 161-162).

Cette impulsion innée d'action dépourvue de quelconque calcul de probabilités permettant de faire des prévisions certaines, se dope particulièrement à la *croyance* envers l'avenir, ce que Keynes appelle *l'état de la confiance*.

En plus de ces esprits d'animaux, Keynes ne manque pas également de souligner le rôle déterminant joué par les *conventions* dont l'enjeu est d'assurer la continuité et la stabilité du système économique et par conséquent réduire l'incertitude. Elles s'imposent comme un mode alternative permettant d'orienter la perception des individus et guider leurs actions face à un futur incertain, et cela évidemment par un certain état de confiance. Dans son article de 1937, Keynes nous délivre trois illustrations possibles d'attitudes à adopter :

- considérer le présent comme le bon guide du futur : cela suppose une certaine similitude entre l'état du présent et celui de l'avenir ;
- considérer que l'opinion des agents qui nous entourent est fondée sur des perspectives "correctes" de ce futur ;
- et ainsi se pilier au comportement de la majorité, c'est-à-dire, adopter une action "conventionnelle".

Finalement, l'état de la confiance fut certainement l'élément le plus novateur du chapitre 12[26] de la Théorie générale. Cette confiance envers le futur s'apparente à une émotion ou un sentiment subjectif de croyance quant à la vérité d'une proposition ou d'une anticipation en situation d'incertitude. Néanmoins, cette subjectivité va donner lieu à un vrai problème d'interprétation vis-à-vis de la pensée keynésienne étant donné qu'on reproche à Keynes d'être détourné d'une vision objective des probabilités exposée dans la T.P, au profit d'une vision subjective exposée dans la T.G.

> "As far as the interpretation of probability is concerned, a most important intellectual event took place between 1921 and 1936. As we have seen in the previous section, Ramsey in his 1926 paper 'Truth and Probability' subjected Keynes's logical interpretation of probability to an extensive criticism. There is strong evidence that Keynes, who had the greatest respect for Ramsey, took

26. De son livre de référence : "*Théorie générale de l'emploi, de l'intérêt et de la monnaie*".

this criticism very seriously, and altered his views on probability in the light of Ramsey's objections" (Gillies, 2003, p. 10)

Dès lors, derrière ce revirement, se distingue aisément un jeune mathématicien de génie et économiste britannique de l'Université de Cambridge, disparu prématurément à l'âge de 26 ans, Frank Plumpton Ramsey (1930). Ultérieurement, avec Bruno de Finetti (1930, 1931) et Leonard Savage (1954), ils vont contribuer à l'émergence et au développement de *la théorie des probabilités subjectives* par le recours aux modèles mathématiques en économie. Cette école de pensée économique se situera alors à contre-courant par rapport à l'analyse keynésienne et knightienne du raisonnement en incertitude, celle de l'incertitude non probabilisable.

4. Le courant de la théorie de la probabilité subjective

La parution du "*Traité sur la probabilité*" de Keynes a donné lieu à des réactions très vives et assez contrastées. Malgré des éloges venant par ex. de B. Russell[27] ou C. I. Lewis[28], l'une des premières et principales critiques formulées l'égard de la conception keynésienne des probabilités provient du jeune mathématicien F.P. Ramsey avec son essai "*Truth and Probability*" (1926, publié en 1931). Il s'y oppose fermement à l'idée d'interpréter la probabilité comme une relation logique objective entre deux propositions identifiées respectivement comme prémisse et conclusion. Il va même jusqu'à émettre des doutes quant à la possibilité de percevoir ou même de comprendre ce rapport.

> "But let us now return to a more fundamental criticism of Mr. Keynes's views, which is the obvious one that there really do not seem to be any such things as the probability relations he describes. He supposes that, at any rate in certain cases, they can be perceived; but speaking for myself I feel confident that this is not true. I do not perceive them, and if I am to be persuaded that they exist it must be by argument; moreover I shrewdly suspect that others do not perceive them either, because they are able to come to so very little agreement as to which of them relates any two given propositions." (Ramsey, 1926, p. 161)

Pour Ramsey, la probabilité est certes logique, mais elle n'est pas objective au sens de l'interprétation keynésienne de la probabilité désincarnée et impersonnelle,

---

27. "This is undoubtedly the most important work on probability that has appeared for a very long time." (Russell, 1948, p. 152).

28. "The thought of this book is so compact, the field which it covers so wide, and the analysis so persistent and penetrating, that this is bound to seem a somewhat formidable volume. But for the same reasons, it merits more than a single reading; very few volumes recently issued so generously reward the careful student." (Lewis, 1922, p. 26)

mais elle est subjective, liée à la connaissance propre à chaque individu. Il a fait valoir que la probabilité est une donnée radicalement subjective, dépendant des croyances personnelles des individus guidant leurs actions. Ainsi, Ramsey cherche par son subjectivisme de se passer de la relation de probabilité de Keynes en étant indéfinissable, selon lui, pour se concentrer simplement sur le degré de croyance rationnelle des individus. Bien que le concept de "croyance" est de nature psychologique et par conséquent difficile à mesurer numériquement, Ramsey s'est penché au début de son essai à chercher une méthode permettant de déterminer une échelle graduée pour comparer les degrés de croyance et de pouvoir ainsi leur assigner des nombres.

> "The subject of our inquiry is the logic of partial belief, and I do not think we can carry it far unless we have at least an approximate notion of what partial belief is, and how, if at all, it can be measured. [...] We must therefore try to develop a purely psychological method of measuring belief. It is not enough to measure probability; in order to apportion our belief correctly to the probability, we must also be able to measure our belief." (ibidem, p. 166)

La solution proposée par Ramsey pour remédier à cette problématique est d'appréhender la notion de croyance sur un plan pragmatique. Plutôt que de définir le degré de croyance comme l'intensité du ressenti émotionnel associé à la croyance, Ramsey considère le degré de croyance comme une propriété causale de la croyance qui détermine la disposition d'individu à agir. Il base alors son raisonnement de la probabilité subjective sur cette conception de croyances dites "dispositionnelles" plutôt que sur des croyances telles que "la terre est ronde". Autrement dit, cette thèse est basée sur des croyances capables d'induire un certain effet, mais seulement, dans certaines circonstances précises, dans le cas où ce sera pertinent d'agir. La théorie de probabilité ramseyenne repose particulièrement sur ce type de croyance.

> "It is clear that we are concerned with dispositional rather than with actualised beliefs; that is to say, not with beliefs at the moment when we are thinking of them, but with beliefs like my belief that the earth is round, which I rarely think of, but which would guide my action in any case to which it was relevant." (ibidem, p. 172)

Dans sa volonté de proposer une méthode de mesure des degrés de croyance, le jeune mathématicien va également s'inspirer de la méthode paradigmatique du "pari" susceptible d'être plus facile à quantifier. Cette solution astucieuse consiste en réalité à mesurer les croyances d'une personne en lui proposant une mise et d'examiner la plus basse cote qu'il acceptera. Toutefois, Ramsey lui-même est conscient que cette procédure peut conduire à des résultats erronés, voire même inappropriée dans le cas des paris monétaires en raison de l'aversion au risque mais également de l'utilité décroissante de la monnaie.

> "The old-established way of measuring a person's belief is to propose a bet, and see what are the lowest odds which he will accept. This method I regard as fundamentally sound; but it suers from being insuciently general, and from being necessarily inexact." (ibidem, p. 172)

En cherchant à contourner ces contraintes, Ramsey se tourne vers la théorie psychologique pour affiner et compléter sa théorie de la croyance basée sur la méthode de pari, avec l'idée que l'individu agit en fonction de ses croyances et de ses désirs[29], appelés "biens" dont Ramsey suppose l'additivité et la mesurabilité numérique. De ce faite et pour reprendre l'exemple de Ramsey qui illustre cette théorie de l'action : si une personne préfère une heure de nage à une heure de lecture, cette personne préférera faire deux heures de nage à une heure de nage suivie d'une heure de lecture. Bien évidemment, on pourrait s'attendre, qu'après une heure de natation, la personne finira par choisir de faire une heure de lecture que de rajouter une deuxième heure de natation. La raison de cette incohérence, explique Ramsey, est que les deux biens choisis dans cet exemple, en occurrence la natation et la lecture, ne constituent pas des "biens ultimes".

> "The theory I propose to adopt is that we seek things which we want, which may be our own or other people's pleasure, or anything else whatever, and our actions are such as we think most likely to realise these goods." (ibidem, p. 172)
> [...]
> "This is, of course, absurd in the given case but this may only be because swimming and reading are not ultimate goods" (ibidem, p. 174)

Dans la suite de son raisonnement, Ramsey suggère une autre hypothèse selon laquelle l'individu ne doute de rien, mais au contraire il possède des croyances associées à n'importe quelle proposition.

> "Let us begin by supposing that our subject has no doubts about anything, but certain opinions about all propositions." (ibidem, p. 174)

Enfin, à la suite de ce cadre théorique qui se veut plus psychologique que logique, Ramsey se tourne vers la définition des critères de décision lorsque

29. Pou Ramsey, la notion de désir n'est pas à confondre avec celle du "plaisir" des utilitaristes, "It must be observed that this theory is not to be identified with the psychology of the Utilitarians, in which pleasure had a dominating position." (Ramsey, 1926, p. 173).

nous ne disposons que des croyances partielles. Ainsi, en présence d'incertitude et pour pouvoir mesurer le degré de ces croyances partielles, Ramsey préconise l'utilisation du concept de l'espérance mathématique. L'idée centrale derrière cette théorie est que l'agent peut comparer des alternatives et agir en sorte de choisir toujours celle qui maximise son "utilité espérée", ce que Ramsey baptise *la loi psychologique* de l'espérance mathématique.

> "if p is a proposition about which he is doubtful, any goods or bads for whose realisation p is in his view a necessary and sucient condition enter into his calculations multiplied by the same fraction, which is called the 'degree of his belief in p'. We thus define degree of belief in a way which presupposes the use of the mathematical expectation." (ibidem, p. 174)

Pour illustrer cette conception ramseyenne des degrés de croyance, Ramsey nous livre l'exemple d'un agent positionné devant une intersection. Ce dernier décide de s'engager sur l'un des deux chemins sans savoir lequel des deux est le bon et il aperçoit à une certaine distance un informateur. Il a la possibilité soit d'aller voir cette personne pour demander le bon chemin, en sachant qu'il va perdre du temps et d'énergie si on suppose qu'il est bien dans la bonne direction, ou bien poursuivre sa route au risque d'arriver à la mauvaise destination.

Alors si on suppose les notations suivantes :

- f(d) représente le coût pour cette personne de découvrir la valeur de vérité de la proposition p en parcourant la distance d,
- r correspond au "bien" que représente pour lui le fait d'avoir fait choisi le bon chemin,
- w l'inconvénient d'être arrivé à une mauvaise destination.

Le degré de croyance (p) selon lequel la personne se trouve sur le bon chemin peut s'exprimer par la formule suivante :

$$Cr°(p) = 1 - f(d)/r-w$$

La fonction ainsi obtenue permet de prédire que plus le degré de croyance de l'agent dans son choix sera grand, moins il sera prêt à payer un coût élevé pour de découvrir la vérité de la proposition p. Toutefois, cette affirmation doit être prise avec prudence, car elle cache un sérieux problème relatif au comportement humain face au risque. Trois attitudes sont ainsi décrites :

- L'agent preneur de risque (on parle aussi "d'appétence au risque") accepte un pari donnant un désavantage,
- L'agent hostile au risque (on parle "d'aversion au risque") renonce à un pari donnant un avantage.

- L'agent est neutre ou indifférent au risque montrerait par son choix le degré de croyance attaché à une proposition p.

Ainsi ces différentes formes d'interrogation comportementales risquent d'affecter et sensiblement modifier le choix qui devrait être pris par l'agent. Selon Ramsey, ce problème d'introspection psychologique dans la mesure du degré de croyance partielle peut être résolu par l'utilisation des propositions dites *éthiquement neutres*. Une proposition éthiquement neutre, ou (PEN) dont la valeur de probabilité est de ½, est une proposition dont la vérité ou la fausseté n'influence pas le comportement d'un agent face à un pari ou la vérité de la proposition intervient dans le résultat[30]. En séparant les probabilités subjectives des utilités subjectives, la PEN n'aura aucun effet sur les préférences et leur ordonnancement par l'agent.

Au final, ce jeune mathématicien de 26 ans a complété sa théorie de probabilité subjective par fournir un cadre axiomatique (8 axiomes) permettant de représenter les préférences de l'individu face à l'incertain par une fonction d'utilité. Toutefois, Ramsey souligne dans son essai que les lois (axiomes) de la probabilité subjective sont, selon ces mots, "nécessairement vraies pour tout ensemble cohérent de degrés de croyance". Autrement dit, une distribution de degrés de croyance partielle cohérente devrait satisfaire les axiomes de probabilité, et que toute violation de cette cohérence ferait dépendre le choix des agents (une perte certaine). En théorie, si un agent ne respecte pas les postulats de la théorie des probabilités, un parieur rusé peut profiter de cette situation (d'*incohérence* selon Ramsey) en plaçant des paris contre lui de telle sorte qu'il va systématiquement perdre quoi qu'il advienne, c'est la conséquence de théorème connu sous le nom de "Dutch book"[31].

> "These are the laws of probability, which we have proved to be necessarily true of any consistent set of degrees of belief. Any definite set of degrees of belief which broke them would be inconsistent in the sense that it violated the laws of preference between options [...] If anyone's mental condition violated these laws, his choice would depend on the precise form in which the options were offered him, which would be absurd. He could have a book made against him by a cunning better and would then stand to lose in any event." (ibidem, p. 182)

30. cf. Ramsey, "*Logique Philosophie et Probabilités*", paru en octobre 2003, p. 170.

31. D'après Kyburg (1968), l'expression "Dutch book" a été introduite par Isaac Levi en 1965 dans une conférence à l'APA (cf. Kyburg (1968), "*Bets and Beliefs*", American Philosophical Quaterly, p. 104).

Cependant cette thèse sera loin de faire l'unanimité et fera couler beaucoup d'encre[32].

Dans la lignée des travaux de Ramsey, une approche subjective des probabilités dont l'analyse est assez similaire sera développée indépendamment par un statisticien italien Bruno de Finetti (1937, 1949, 1951). Il partage avec Ramsey les mêmes postulats de base des lois de probabilité en admettant que le degré de croyance personnelle et rationnelle d'un agent puisse être exprimé numériquement en termes de probabilité subjective. Toutefois, c'est dans le traité de 1954 "*Foundations of Statistics*" du mathématicien et statisticien américain Leonard Jemmie Savage, qu'on trouve la définition axiomatique des probabilités subjectives la plus complète et la plus achevée en théorie statistique de la décision[33].

Dans ce livre, Savage a combiné la théorie de l'utilité de Von Neumann et Morgenstern (1944)[34] et ses propres travaux antérieurs avec Friedman (1948, 1952) avec les développements de la théorie de la probabilité subjectiviste (Ramsey et de Finetti) et de la théorie de la probabilité logique (Keynes), pour élaborer sa propre logique de la décision en situation d'incertitude.

Le concept d'utilité espérée de Von Neumann et Morgenstern permet à Savage de décrire mathématiquement les situations de prise de décision à l'aide d'un ordre de préférences sur les actions entre lesquelles un agent peut choisir. Quant à la notion de probabilité subjective, celle-ci lui permet d'assigner une distribution de probabilité subjective (personnelle) sur les événements incertains.

Et dès lors, Savage expose d'emblée, dans son "*Foundations of Statistics*", une théorie dite "hautement idéalisée" centrée sur le comportement d'une personne rationnelle face à l'incertitude, i.e. une personne capable d'organiser l'ensemble des choix qui s'offrent à lui de façon logique et cohérente. Et, pour éviter toute ambigüité[35], il soutient que cette théorie se présente avant tout comme une théorie normative recommandant un certain type de régularité définie par des

32. cf. John von Neumann et Oskar Morgenstern (1944).

33. Pour Fishburn (1970), "c'est la plus brillante des théories axiomatiques jamais développée" (ibidem, p. 191), quant à Kreps (1988), "elle est le couronnement de la théorie des choix" (ibidem, p. 120),

34. La différence entre la probabilité objective et subjective est que la probabilité objective est une propriété objective de certains événements répétitifs. Elle est obtenue sur la base des informations disponibles et de la théorie mathématique, une probabilité qui, par définition, est la même pour tous les êtres humains. La probabilité subjective, en revanche, mesure la confiance qu'un individu particulier a dans la vérité d'une proposition particulière. Les probabilités subjectives d'un même événement peuvent donc différer selon les individus.

35. En référence au paradoxe d'Allais (Friedman, 1952, p. 466), la célèbre rencontre de Savage avec Maurice Allais à Paris.

règles dans la manière dont l'agent allie certaines croyances avec d'autres : les agents, dans des situations de prise de décision, peuvent s'écarter de la théorie, mais dès qu'on leur explique les postulats présentés comme des "maximes de comportement" rationnelles, ils reconnaîtront leur erreur et ajusteront logiquement leur comportement.

> "can [firstly] be regarded as a prediction about the behaviour of people, or animals, in decision situations. Second, it can be regarded as a logiclike criterion of consistency in decision situations. For us, the second interpretation is the only one of direct relevance, but it may be fruitful to discuss both, calling the first empirical and the second normative." (Savage, 1954, p. 19)

Désormais, Savage propose deux interprétations aux postulats de sa théorie de la décision, l'une descriptive ou "empirique" et l'autre "normative". Si les axiomes sont interprétés de manière descriptive, alors l'objectif de la théorie est avant tout de décrire et d'expliquer comment les agents prennent en réalité (rationnellement ou non) des décisions dans les situations diverses. En revanche, si les axiomes sont interprétés de manière normative, la principale fonction de la théorie est de *prescrire* au décideur des normes d'ajustement de la décision à prendre, compte tenu des objectifs et des informations dont il dispose. De cette manière, selon l'interprétation de la règle savagienne, tout comportement irrationnel dans la vie réelle peut être mis en conformité avec les prescriptions normatives de la théorie.

Poursuivant son raisonnement, Savage arrive à modéliser sa représentation de la prise de décision rationnelle en situation d'incertitude en s'appuyant sur une distinction canonique entre trois concepts de base : *actes*, *états du monde* et *conséquences*.

> "In deciding on an act, account must be taken of the possible states of the world, and also of the consequences implicit in each act for each possible state of the world. A consequence is anything that may happen to the person." (ibidem, p. 13)

Lorsqu'un décideur est amené à prendre une décision, ça sous-entend qu'un ou plusieurs actes doivent être choisis. Et tout acte est susceptible d'entraîner des *conséquences possibles*, mais dont la réalisation est incertaine. Toutefois, cette incertitude sera modélisée en spécifiant un ensemble d'*états du monde* regroupés en *événements*, dans lequel chaque état du monde représente une description complète de l'aspect pertinent du monde dissipant ainsi toute incertitude. De ce fait, selon Savage, en décidant d'un acte, il faut tenir compte des états du monde possibles qui échappent au contrôle du décideur, ainsi que des conséquences implicites à chaque acte dans chaque état du monde possible. En fonction des postulats de la théorie de Savage, le décideur peut toujours former des croyances sur les probabilités des états du monde. Cependant Savage a pris soin de souligner que la notion de "monde" est délimitée à un "petit monde" qu'il baptise "small world", un monde intemporel et autonome dans lequel les actes, les états du monde et les conséquences sont clairs, sans ambigüité et ordonnée selon des préférences subjectives, telles que les paris monétaires.

Prenons le fameux exemple des omelettes, plus connu sous le nom "Savage's omelette", pour illustrer la modélisation du choix rationnel en situation d'incertitude proposée par Savage (1954, pp. 13-14) : imaginons une personne, voulant préparer une omelette, se trouve face à un bol dans lequel il a cassé cinq œufs. Avec un sixième œuf restant et dont la fraicheur est incertaine, l'homme se voit confronté à trois actes possibles :

(i) casser le sixième œuf dans le bol ;

(ii) casser le sixième œuf dans une soucoupe, puis l'ajouter dans le bol s'il est frais, et le jeter s'il est périmé ;

(iii) jeter le sixième œuf sans le casser.

Notons qu'en fonction de l'état du sixième œuf (frais ou pourri), chacun de ces trois actes aura des conséquences différentes. Ainsi, le problème décisionnel peut être représenté par le tableau ci-dessous.

Un exemple illustrant des actes, des états possibles du monde et des conséquences

États du monde	**Actes**		
	Casser l'œuf dans le bol	Casser l'œuf dans la soucoupe	Jeter l œuf sans le casser
Le sixième œuf est frais	Une omelette de six œufs	Une omelette de six œufs plus la soucoupe à laver	Une omelette de cinq œufs et un bon œuf détruit
Le sixième œuf est pourri	Pas d'omelette et cinq œufs gâchés	Une omelette de cinq œufs et la soucoupe à laver	Une omelette de cinq œufs

Source : (Savage, 1954. p. 14)

Deux points importants sont à noter en développant cet exemple :

- Premièrement, l'incertitude est modélisée comme une incertitude sur l'état du monde (c'est-à-dire l'état du sixième œuf), dont le décideur n'a aucun contrôle direct.

- Deuxièmement, Savage définit les actes comme des "applications", au sens mathématique du terme, qui vont de l'ensemble des états du monde vers l'ensemble des conséquences ; i.e. une fois un acte choisit, la conséquence qui se produit est logiquement déterminée par l'état du monde "réel". Par exemple, l'acte de casser l'œuf est la fonction {l'œuf est frais -> l'homme mange une omelette de 6 œufs ; l'œuf est pourri -> l'homme jette l'omelette}.

Le traitement du problème de la décision dans l'exemple de l'omelette se poursuit selon la méthode bayésienne pour identifier l'acte doté de la plus grande utilité attendue (espérée). On se trouve ainsi devant une situation où le décideur dispose de deux états du monde inconnus et connectés à des *degrés de croyance* qui vont lui permettre d'assigner des *probabilités subjectives*, et de trois actes possibles dont il a des *préférences* sur les six conséquences possibles. À partir de ces préférences et de ces probabilités, le décideur peut résoudre le problème de décision en identifiant l'acte le plus haut classé dans l'ordre de préférence, l'acte qui maximise l'utilité espérée. Toutefois, le concept *small world* est décisif pour que le problème décisionnel soit résoluble, car la théorie bayésienne n'est applicable que dans ce *petit monde*.

Le théorème de représentation de Savage suppose que les préférences sur les actes suffisent pour déterminer à la fois une fonction d'utilité subjective sur les conséquences et une distribution de probabilité subjective sur les événements (l'ensemble des états du monde), sous réserve du respect de sept axiomes[36].

Formellement,

- États du monde $S(w1, w2, w3 \ldots wn)$;
- Conséquences $[C\,(c1, c2 \ldots cn)]$;
- Actes $[A\,(a1, a2, a3)]$, ou l'ensemble des actes, ou plans d'action, est une fonction de l'ensemble S vers l'ensemble C, c'est-à-dire qu'il relie une conséquence à chaque état du monde : $A(\cdot) : S \rightarrow C$.

Le modèle de maximisation de l'espérance d'utilité subjective (SEU) selon le théorème de Savage en univers incertain se présente comme suit :

$$Max(E(a_i)) = \Sigma_{i=1}^{n}\,(p(w_i)\,.\,u(c_i)).$$

Alors que des critiques virulentes se sont élevées à l'encontre de la règle de l'utilité espérée subjective de Savage, notamment la théorie de la rationalité limitée de H. Simon (1955), le paradoxe d'Allais (1953) et celui d'Ellsberg

36. cf. Laffont (1991, pp. 10-13) et Kreps (1996, pp. 101-115).

(1961), l'écart entre le risque mesurable et l'incertitude non mesurable, dont Knight faisait référence, semble être comblé. De telle sorte qu'avec le cadre théorique de probabilités subjectif de Ramsey, de Finetti complété par Savage, l'incertitude peut toujours être réduite à toute situation de risque pour toutes démarches analytiques du comportement humain lors d'une prise de décision. Milton Friedman, l'un des économistes les plus influents du XXe siècle, a exprimé clairement et avec enthousiasme ce point de vue, et a occulté par la même occasion toute référence au paradigme de l'incertitude au sens de Frank Knight et John Maynard Keynes :

> "In his seminal work, Frank Knight drew a sharp distinction between risk, as referring to events subject to a known or knowable probability distribution and uncertainty, as referring to events for which it was not possible to specify numerical probabilities. I have not referred to this distinction because I do not believe it is valid. I follow L. J. Savage in his view of personal probability, which denies any valid distinction along these lines. We may treat people as if they assigned numerical probabilities to every conceivable event." (Friedman, 1976, p. 282)

Stephen LeRoy et Larry Singell (1987) sont même allés jusqu'à faire douter de la dichotomie knightienne, affirmant par l'erroné toute association entre l'incertitude et la mesurabilité ou non de la probabilité subjective

> "The received interpretation of Knight's classic risk-uncertainty distinction – as concerning whether or not agents have subjective probabilities – constitutes a misreading of Knight." (LeRoy et Singell, 1987, p. 394)

Dès lors, d'autres économistes ont élaboré de nouveaux modèles mathématiques pour étudier le comportement des agents économiques en présence d'incertitude et pour expliquer l'aversion à l'ambigüité, citant notamment le modèle Maximin de Gilboa et Schmeidler (1989), le modèle α-Maxmin de Ghirardato et coll. (2004) et le modèle nommé "smooth ambiguity" de Klibanoff et coll. (2005).

5. L'incertitude Knightienne et Keynésienne : après plus de 100 ans d'éclipse

De toute évidence, depuis cette guerre historique, l'usage des probabilités subjectives et du raisonnement bayésien dans l'analyse de l'action rationnelle des agents en univers incertain s'est imposé comme le paradigme dominant dans la pensée économique. L'axiomatique du courant personnaliste a réussi, comme l'ironisent Kay et King (2020), à transformer des "mystères" en "énigmes calculables". C'est pourquoi le concept d'incertitude au sens de Knight et Keynes a quasiment disparu des articles de revues économiques depuis les années 1950

(Hodgson, 2011). Il s'est avéré indubitable que les deux auteurs ont malheureusement perdu le débat contre le bayésianisme du courant subjectif Ramsey, de Finetti et Savage. La pensée probabiliste apparaît comme le seul moyen raisonnable de gérer l'incertitude, comme l'a souligné Lindley (2014)[37].

Les économistes et les professionnels de la finance, obsédés par la quantification, sont littéralement tombés sous le charme des approches probabilistes censées produire des prédictions. En conséquence, de nouvelles théories se font jour, telles que la théorie moderne du portefeuille en finance de Markowitz (1952), ou bien la théorie des anticipations rationnelles en macroéconomie de Muth (1961).

Toutefois, ce n'est qu'à partir de la crise économique mondiale des subprimes, qui avait éclaté en août 2007 aux États-Unis, que le monde académique commence sérieusement à reconnaître la légitimité des travaux fondamentaux de Knight et Keynes et à réintroduire leur interprétation de l'incertitude comme la pierre angulaire pour repenser et reconstruire les dogmes qui fondent l'économie et la finance moderne. Un vaste panel de théoriciens de la décision en économie (Taleb, 2007 ; Akerlof et Shiller 2009 ; Skidelsky, 2009 ; Dow, 2013, 2016 ; King et Kay 2020), en sociologie économique (Esposito, 2013 ; Beckert, 2016 ; Beckert et Bronk, 2018) et en psychologie (Hertwig et Erev, 2009 ; Hastie et Dawes, 2010 ; Volz et Gigerenzer 2012 ; Tuckett, 2018), estime qu'il est capital de se référer conjointement au modèle knightien et keynésien d'analyse de la prise de décision humaine en situation d'incertitude. Ils avisent, par la même occasion, les limites de la modélisation prédictive puisque comme le note Keynes (1937) "nous ne savons tout simplement pas" (ibidem, p. 214). La myopie des économistes qui n'ont pas vu venir la crise remet en cause cette *monovision* ou *monoculture* fondée sur un formalisme aveugle dans un monde incertain.

Comme la crise financière de 2007-2008, la pandémie de coronavirus a également surpris le monde entier tant par son ampleur planétaire que par sa virulence accrue. Les modèles macroéconomiques viennent encore une fois prouver leur incapacité à prévoir l'effondrement sans précédent de l'activité économique mondiale, ni même de le rendre envisageable. La métaphore de Taleb (2007) du "cygne noir" illustre bien de tel événement rare, improbable et dont personne ne peut anticiper toutes les conséquences avant qu'il advienne à un moment donné. La société se retrouve plus confrontée à une incertitude (des inconnus) dont le niveau élevé d'imprévisibilité brise toute illusion qu'elle peut être apparentée ou réduite à une situation de risque calculable. En présence d'un événement de type cygne noir comme la pandémie du Coronavirus, l'approche normative de probabilité

37. "if you have a situation in which uncertainty plays a role, then probability is the tool you have to use" (Lindley, 2014, p. 376).

construite sur l'hypothèse savagienne du "petit monde" s'avère inévitablement vouer à l'échec dans le "grand monde", le monde réel.

D'ailleurs, bien qu'à l'époque les adeptes du paradigme néoclassique aient réussi à s'imposer et à ouvrir la voie à d'autres théories recourant au même mode de raisonnement, la crise sanitaire, avec toutes ses spécificités, se révèle être l'exemple parfait capable de faire renaître les idées fondamentales de Knight et Keynes et, certainement, de ne pas manquer de ponctuer les débats académiques sur la façon d'appréhender le concept d'incertitude. Pour ma part, compte tenu des leçons tirées de cette crise inédite et de ma propre perception de l'incertain, j'estime que le concept d'incertitude ne peut être saisi que par des approches probabilistes ou bien statistiques, mais qu'il existe *un continuum d'inconnaissance, allant de la quasi-certitude à l'ignorance totale,* qui devrait être étudié en tant que tel. Un postulat qui servira d'assise tout au long de ce projet de modélisation de l'évaluation de l'incertitude dans une démarche d'intelligence économique.

CHAPITRE 2

INTELLIGENCE ÉCONOMIQUE : CONCEPT POLYMORPHE ET PARADOXAL

" Nul vent n'est favorable pour celui qui ne sait où il va"
Sénèque

"Dans ce monde complexe où l'information n'a jamais été aussi abondante, nous devons développer l'intelligence économique."
Jean Arthuis

L'intelligence économique est apparue comme une réponse à la mondialisation et aux bouleversements accrus de l'environnement international. Dans une économie de plus en plus complexe et en évolution rapide, les entreprises doivent être en mesure de gagner en réactivité, en agilité, en compétitivité et en innovation par une maîtrise stratégique de l'information. De plus, l'utilisation des technologies de l'information et de la communication (TIC) a introduit de nouvelles contraintes, en l'occurrence un flux continu d'informations, une circulation de l'information considérablement plus rapide et des techniques toujours plus complexes. Dans cet océan informationnel, l'entreprise court un risque de perdre la capacité de distinguer l'essentiel du superflu. Désormais, pour rester compétitive, une entreprise doit se doter d'une démarche structurée et organisée capable de gérer ses actifs incorporels. L'intelligence économique, en tant que levier de compétitivité à court et moyen terme, s'est présentée alors comme une approche et un processus organisationnel de surveillance de l'environnement et des changements internes et externes de l'entreprise.

Aujourd'hui, l'intelligence économique s'appréhende à travers de multiples définitions. Des définitions qui soulèvent, toutefois, des interrogations et un réel problème d'ambigüité sémantique et terminologique. L'intelligence économique s'est avérée un concept polymorphe et paradoxal. Un construit riche, complexe, multidimensionnel et multisectoriel, qui se nourrit d'influences doctrinales variées et des champs d'action difficiles à circonscrire.

En effet, dans son rapport de 2003, le député français Bernard Carayon a voulu commencer par donner une définition de l'I.E ; mais après avoir revu un nombre important de définitions, il s'est arrêté, épuisé, car pour chaque définition analysée, son auteur proposait une approche nouvelle. Sans qu'il y ait un consensus sur une seule définition communément adoptée, l'intelligence économique soulève un problème sémantique important. Pour Daguzan (2004) "la difficulté sémantique manifeste le fait que l'on se trouve dans ce domaine et cette fonction à la charnière de plusieurs mondes et de plusieurs activités" (ibidem, p. 95). Bulinge (2006a) qualifie cette situation de chaotique. C'est pourquoi, Pierre de Bousquet de Florian, ancien Directeur français de la DST, soutient le fait qu'il est "temps de définir les termes une fois pour toutes. Les contours de l'I.E ne sont pas clairs et, à la longue, cela peut irriter, voire provoquer un problème d'adhésion".

1. L'intelligence économique par l'histoire

1.1 Les origines de l'I.E en guerre militaire

Dès le Ve siècle av. J.-C. (544 à 496 av. J.-C.), le général et le stratège militaire Sun Tzu dans son célébrissime traité "*L'art de la guerre*", pose les bases d'une réflexion sur l'impact de l'information dans un contexte de confrontation militaire. Dans son ouvrage, il se fonde sur le principe selon lequel le conflit ne profite à personne, mais que si celui-ci est inévitable, il doit être préparé dans les moindres détails pour s'assurer de la victoire : "connais l'adversaire et surtout connais-toi toi-même et tu seras invincible. Il y a cinq manières de connaître la victoire : celui qui sait s'il est possible de combattre ou s'il n'est pas possible de combattre remporte la victoire. Celui qui sait utiliser des armées nombreuses et peu nombreuses remporte la victoire. Celui, dont les soldats, du haut en bas de la hiérarchie, sont unis autour du même objectif, remporte la victoire. Celui, dont le général est capable et dont le souverain ne dirige pas les affaires militaires, remporte la victoire. Ces cinq conditions forment la voie de la connaissance de la victoire" (Sun Tzu, 1972). L'auteur fournit une évocation imagée de la ductilité polymorphe d'une bonne armée, "La forme d'une armée est identique à l'eau. L'eau fuit le haut pour se précipiter vers le bas, une armée évite les points forts pour attaquer les points faibles ; l'eau forme son cours en épousant les accidents du terrain, une armée construit sa victoire en s'appuyant sur les mouvements de l'adversaire. Une armée n'a pas de dispositif rigide, pas plus que l'eau n'a de forme fixe. Celui-là qui remporte la victoire en sachant profiter des manœuvres adverses possède un art réellement divin" (ibidem, 1972). Aujourd'hui encore, l'ouvrage incarne par excellence le livre de chevet des professionnels de l'I.E et les enseignements du stratège chinois demeurent toujours d'actualité, notamment dans le livre de Christian Harbulot "*La guerre économique*" (1992). En plus, le renseignement militaire utilisé comme stratagème par Sun Tzu épouse parfaitement la devise napoléonienne (1769-1821) : "se faire battre est excusable, se faire surprendre est impardonnable".

De même, durant la Seconde Guerre mondiale, l'opération Fortitude de 6 juin 1944 (appelé opération Bodyguard) est un cas d'école dans l'art de la désinformation, de la diversion et de la dissimulation d'informations. Inventé par les services secrets britanniques, l'objectif visé par cette opération est de berner l'armée allemande et de l'induire en erreur sur le lieu du débarquement. À l'époque, des techniques de désinformation audacieuses et ingénieuses ont été mises en œuvre pour tromper l'ennemi :

- Faire circuler délibérément des informations erronées présumées secrètes via des échanges avec des pays neutres.
- Installer des divisions militaires factices tout au long des côtes anglaises (des faux chars, des avions gonflables ou des fausses barges dans la mer).

Au fil de cette brève revue historique succincte, nécessairement sélective, l'histoire enseigne qu'à la suite des conflits armés, les services de renseignement des grandes puissances ont réorienté leur arsenal militaire vers un autre terrain d'affrontement, en l'occurrence l'économie. Désormais, ce n'est plus la course aux armements et à la conquête de l'espace qui suscite les préoccupations les plus urgentes des grandes puissances, mais la lutte pour la conquête de nouvelles parts de marchés extérieurs et la consolidation d'une hégémonie économique. Sicard (1987) fut l'un des premiers à soulever les similitudes entre les deux formes de guerre, "le chef, les ennemis, la victoire et l'armée. Les ressorts sont les mêmes, seuls les champs d'application diffèrent"(ibidem, p. 67).

Face à cette nouvelle forme de guerre dite "guerre économique" où l'information devient l'arme suprême pour vaincre l'adversaire, chaque État en fonction de sa culture, de ses moyens et de ses ambitions, s'engage dans l'appropriation d'un modèle propre d'intelligence économique avec toutefois le respect des principes d'éthique et des codes de la déontologie. Ainsi, les premières pratiques de l'I.E sont initiées non pas par des entreprises, mais plutôt par des États-nations puissants, comme le soulignent Harbulot et Baumard (1997) "L'entreprise n'est pas à l'origine de la réflexion sur l'intelligence économique. Le management offensif et défensif de l'information ouverte [...] est né de la confrontation des intérêts de puissance qui jalonne les grandes étapes de la mondialisation des échanges [...]" (ibidem, p. 2).

Au fil de temps, deux grands modèles de l'intelligence économique se distinguent fortement étayer par une approche culturelle et doctrinale que chacun possède de l'information : la décision consensuelle dans le modèle japonais et la grande autonomie de l'individu dans le modèle américain.

1.2 Les origines culturelles de l'I.E en guerre économique

1.2.1 De la leçon nipponne...

Le Japon est précurseur dans le domaine d'intelligence économique en étant le premier pays à avoir développé une véritable stratégie économique fondée sur un usage intensif et collectif de l'information. Cette dernière, considérée pour les Japonais comme le "sang de l'entreprise", est devenue depuis longtemps une ressource stratégique et un levier de compétitivité indispensable pour le pays, comme l'a stipulé le 5e serment de la constitution japonaise de 1868 "Nous ne cesserons de rechercher l'information dans le monde entier pour enrichir l'empire". Même s'il sort vaincu de la Seconde Guerre mondiale, le Japon entend tirer profit du renseignement économique pour prendre sa revanche. "Sans canons, le Japon reste une armée", cette note de l'économiste Jean Boissonnat résume parfaitement tout l'enjeu. Le Japon, selon Bergeron (2000), est "probablement le pays qui a le plus fasciné les observateurs dans le domaine de l'intelligence économique et sa formidable croissance au cours des années 1980 (le « miracle économique japonais » de l'époque), alors que l'économie occidentale était en pleine récession, a entraîné de nombreuses études des méthodes, pratiques et cultures organisationnelles japonaises pouvant être responsables de ce «miracle»."(ibidem, p. 201)

Dans la culture nipponne, le citoyen japonais est par nature curieux, avide d'informations et motivé par un goût pour le mimétisme. Cette curiosité se traduit à l'étranger en une étonnante culture de recherche du renseignement de toutes natures assumée par des citoyens (des agents potentiels de renseignement) même dans le cadre d'un voyage non professionnel. À la fin de la Deuxième Guerre mondiale, le Japon a envoyé de nombreuses missions destinées à étudier les principales pratiques commerciales dans d'autres pays et au retour, les missionnaires ont jugé que l'acquisition d'informations par le biais du renseignement permettrait le développement de la nation (Nakagawa, 1993). Restant tout de même fermée aux étrangers, cette communauté du renseignement commercial s'est inscrite dans la lignée de l'empereur Meiji qui conseillait dès 1868 à ses sujets "de chercher la connaissance dans le monde entier" et elle a réussi à opérer en toute discrétion et en totale efficacité. Quant aux entreprises japonaises, en particulier les grandes (les Sogo Shoshas), elles effectuent des recherches approfondies sur l'ensemble de leur paysage concurrentiel avant de prendre des décisions commerciales stratégiques (Duhamel, 2008).

Dans ce schéma de culture collective de l'information, le Ministère japonais de l'Économie, du Commerce et de l'Industrie (MITI) crée en 1958 le Japan External Trade Organisation. Le JETRO est une agence gouvernementale à but non lucratif chargée d'assurer la promotion des échanges commerciaux avec les pays étrangers et également d'accompagner les entreprises japonaises opérantes à l'international grâce à d'importants investissements en recherche et développement ainsi qu' en innovation technologique. À travers un réseau mondial d'échange d'informations œuvrant en temps réel, le JETRO assure aussi une mission de recueil et de diffusion d'un grand nombre d'informations économiques et technologiques collectées à l'étranger d'une manière formelle ou informelle permettant ainsi l'instauration d'une solide imbrication "Citoyen-Entreprise-Etat" (tissée en *kereitsu* moderne).

Les sauts culturels du Japon

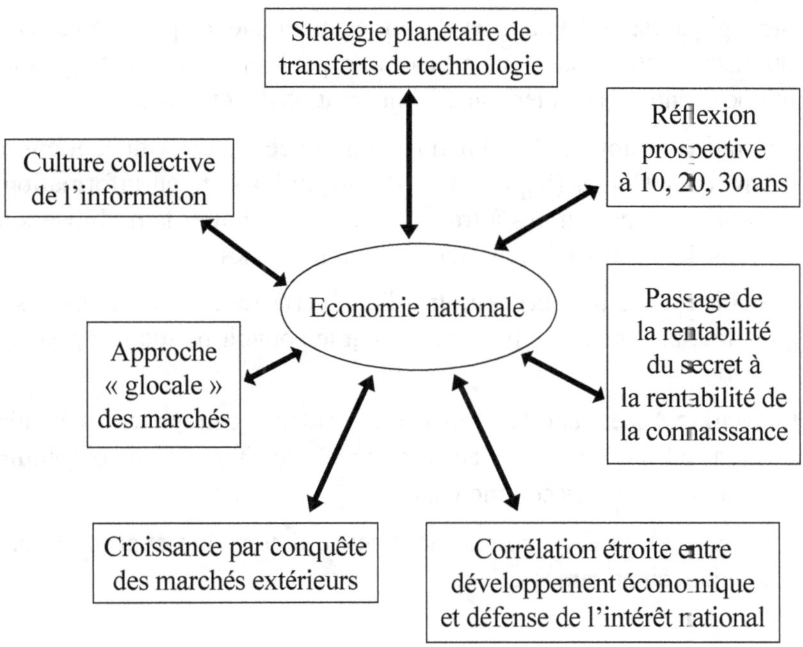

Source : rapport Martre (1994, p. 35)

Le modèle offensif japonais d'intelligence économique est ancré dans une culture collective ancestrale de recherche, de centralisation et de partage d'informations ; partage certes efficace, mais bien contrôlé et protégé (non accessible en dehors du pays). Le travail en réseau, l'avidité au savoir et à la connaissance, la solidarité et la culture du partage couplée à un protectionnisme économique sont autant d'éléments intrinsèques au modèle nippon. Aujourd'hui, le Japon a réussi à se libérer de l'emprise du mimétisme et à intégrer son modèle d'intelligence économique dans une ascension technologique à travers l'innovation et la créativité.

1.2.2 …à la suprématie américaine

Le modèle américain d'intelligence économique est basé sur une culture décentralisée et fortement individualiste gouvernée par un pouvoir fédéral fort et soucieux de conserver son hégémonie. Pendant les années de guerre froide, les relations internationales polarisées par la rivalité entre les États-Unis et le bloc soviétique entraînent une concurrence stratégique accrue entre les deux nations. La logique d'affrontement militaire va progressivement laisser place à la logique de puissance économique. Dès le début de son mandat présidentiel, Bill Clinton a créé le Conseil économique national (National Economic Council), l'équivalent du Conseil national de sécurité (National Security Council), dont l'axe stratégique est de défendre les intérêts économiques du pays. Dans la foulée, d'autres instruments publics sont mis en œuvre par le gouvernement pour soutenir la politique économique américaine à l'international, notamment :

- Le Trade Promotion Coordinating Committee, au cœur duquel on trouve l'Advocacy Center (baptisé War Room) qui assiste en informations les entreprises exportatrices à travers la coordination et la mobilisation des moyens des agences de renseignement américaines.
- Les Think Tanks qui sont des centres d'étude et de réflexion extra-universitaires qui participent au débat public et aident le pouvoir politique à prendre des décisions.
- Le Market Access and Compliance qui aide les entreprises américaines à surmonter les obstacles à l'accès aux marchés internationaux (réduire ou éliminer les barrières commerciales).
- US and Foreign Commercial Services, qui conseille et accompagne les entreprises américaines à l'export.

L'intelligence économique dans l'économie américaine

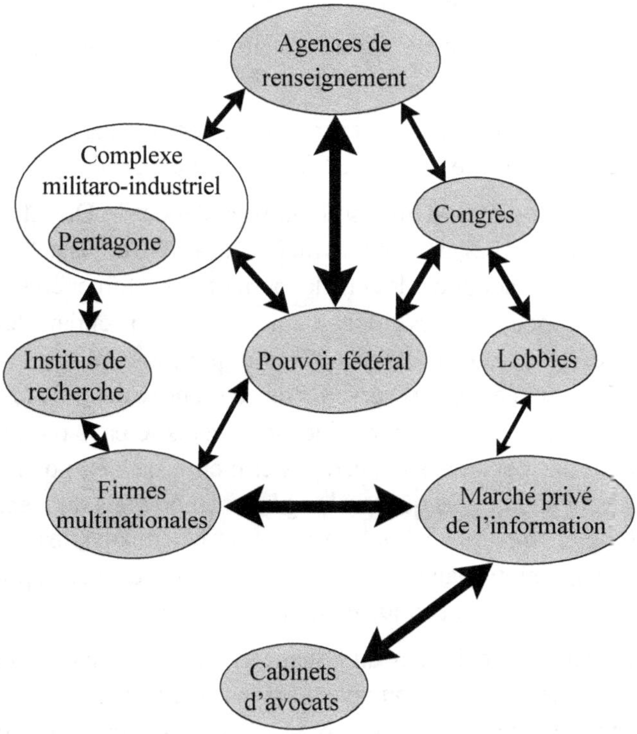

Source : rapport Martre (1994, p. 39)

Ainsi, le modèle d'I.E aux États-Unis paraît plutôt de nature "Competitive Intelligence" orienté principalement vers la conquête des marchés internationaux et le leadership américain. Parmi les autres caractéristiques principales du modèle américain figurent également :

- Le capitalisme américain profondément ancré dans un libéralisme économique extrême a contribué à une dissémination des dispositifs d'intelligence économique individualisés dans le pays.
- Le patriotisme économique offensif est au cœur du modèle américain d'intelligence économique.
- La diversité de banques de données gérées par des agences fédérales offre aux entreprises une masse importante de données pour la conquête et la domination des marchés étrangers.
- La législation commerciale américaine est conçue pour protéger les intérêts économiques du pays avec une mécanique offensive parfaitement huilée

(par exemple : la loi Torricelli, The Economic Espionage Act, la loi Helms-Burton ou la loi D'Amato le Patriot Act).

- Un lobbying offensif mené par un réseau de professionnels étendu et très compétent.
- Une politique d'investissement très puissante appuyée par de grandes sociétés de capital-investissement comme Blackstone ou Carlyle.

En mars 2018, les États-Unis, sous la présidence de Donald Trump, ont promulgué le Cloud Act (Clarifying Lawful Overseas Use of Data Act). Pour motif de sécurité publique, l'adoption de cette loi permet de renforcer considérablement le pouvoir des agences de surveillance américaines en rendant légale l'accès libre aux données et aux informations électroniques, notamment le contenu des courriels privés, stockées sur les serveurs des entreprises et tous les prestataires d'hébergement de nationalité américaine située dans le pays ou à l'étranger, et ce sans l'accord des personnes concernées et même sans être dans l'obligation de les prévenir. D'autant plus que via les géants américains du web, les fameux GAFAM (Google, Apple, Facebook, Amazon et Microsoft), les États-Unis ont pu asseoir leur suprématie dans le cyberespace en renforçant et en protégeant une stratégie hyper agressive de conquête du monde immatériel.

Cette richesse dans l'architecture du système américain d'intelligence économique transforme ce dernier en une redoutable machine de guerre économique conduite et animée par un partenariat public-privé fort, innovant et surtout patriote. "Ce n'est pas un hasard si c'est aux États-Unis qu'apparaît une culture doctrinaire sur l'IE." (Harbulot et Baumard, 1997 p. 5)

1.3 Les origines conceptuelles de l'I.E

Les fondements paradigmatiques et théoriques du nouveau concept "intelligence économique" se situent à la jonction de deux écoles de pensée : l'école de pensée anglo-saxonne et l'école de pensée francophone. Cette diversité culturelle représente certes une richesse à même de renforcer les débats et les réflexions autour du concept, mais entraîne naturellement des difficultés de définition, car l'intelligence économique s'avère polymorphe et paradoxale. La présentation chronologique qui suit dresse d'une manière succincte et non exhaustive la sémantique historique des concepts à l'origine du développement et de la vulgarisation de l'I.E. On trouve les premières traces du concept dès la fin des années 50 et c'est en "outre-Atlantique que la notion d'intelligence économique a connu ses premiers développements" (Bloch, 1996).

1.3.1 L'école de pensée anglo-saxonne

1.3.1.1 Le "business intelligence"

H.P. Luhn, informaticien allemand de la société américaine IBM en 1958, estime que "tout système de communication servant à la conduite des affaires, au sens large, peut être considéré comme un système d'intelligence. La notion d'intelligence peut être définie, dans un sens général, comme la capacité à appréhender les interrelations entre des faits disponibles de manière à guider l'action vers un but désiré". Sous l'appellation "business intelligence", l'auteur propose un système technique de collecte, de traitement, de stockage et de diffusion d'informations appropriées pour soutenir la prise de décision. L'*intelligence* perçue par Luhn se greffe autour d'un processus automatique de communication dont l'objectif est de traduire les connaissances en *action* pour répondre aux objectifs visés, autant d'éléments constitutifs d'une partie de la démarche d'intelligence économique. Toutefois, l'interprétation de la notion d'intelligence dans la pensée anglo-saxonne s'inscrit plus dans une connotation itérative relative aux pratiques du *renseignement*, ce qui est à l'antipode de la perception du courant francophone. Pour ce dernier l'intelligence dépasse le champ d'application du renseignement, comme l'explique Baumard (1992) :

> "Au terme "renseignement", il est peut-être préférable d'utiliser celui "d'intelligence". [...] Faire preuve d'intelligence c'est montrer sa capacité à s'adapter de façon appropriée à la mouvance de son environnement : l'activité qui englobe le renseignement et son utilisation. [...] aujourd'hui l'intelligence est "plus globale". Elle vise des objectifs économiques, citéculturels, et sociaux. Elle sert l'entreprise " (Baumard, 1992, p. 52, par Masson, 2001, p. 149).

1.3.1.2 L' "organisational intelligence"

En se référant aux travaux de Luhn sur l'intelligence, Harold Wilensky (1967) propose dans un ouvrage de référence et précurseur de l'I.E, intitulé "*Organisational intelligence, knowledge and policy in government and industry*", l'expression "intelligence organisationnelle" pour définir "le problème de rassemblement, traitement, interprétation, et communication de l'information [...] nécessaire au processus de prise de décision" (ibidem, p. 3). Par rapport aux éléments de base du modèle proposé, Wilensky expose trois facettes d'intelligence :

- Premièrement, l'intelligence de contact qui renvoie aux réseaux relationnels des acteurs ou des experts de renseignement appelés "contact men". Ce réseau de professionnels de la négociation et la médiation contribue à la prise de décision par la collecte, le traitement et la diffusion d'informations et également par le recours à des actes de lobbying présentés par Wilensky comme une forme d'intelligence sur l'environnement externe.

- Deuxièmement, l'intelligence interne se traduit par une surveillance au sein de l'entreprise assurée par des spécialistes de la communication interne. Leur rôle est d'assurer la coordination et le contrôle de flux d'information entre les unités de l'organisation.
- Troisièmement, l'intelligence des faits et des nombres qui est assurée quant à elle par des spécialistes de traitement d'informations que Wilensky appelle des "hommes de faits et de chiffres". Par leur expertise technique et leur mode de raisonnement rationnel, ils apportent une valeur ajoutée aux informations fournies à travers des arguments et des faits. Ils plaident pour la prudence et la vigilance dans l'interprétation des informations par les décideurs.

Le modèle d'intelligence organisationnelle proposé par Wilensky semble être celui le plus fidèle et le plus proche du modèle français d'I.E présenté dans le rapport Martre 27 ans après. Il fait apparaître les mêmes orientations générales, en l'occurrence : la surveillance de l'environnement interne/externe des organisations qu'elles soient publiques ou privées, la protection du patrimoine informationnel et les pratiques d'influence ou le lobbying.

1.3.1.3 L' "environnement scanning"

La notion de "scanning" ou de balayage de l'environnement de l'entreprise a été introduite pour la première fois par F.J. Aguilar (1967) dans son ouvrage intitulé "*Scanning the Business Environment*". L'auteur s'inspire de la métaphore du radar de navigation maritime pour décrire comment les entreprises doivent se doter d'un dispositif de surveillance systématique et méthodique de l'environnement pour permettre "l'acquisition d'informations sur les événements, les tendances et les interactions dans l'environnement de l'entreprise dont la connaissance constituera, pour les cadres de haut niveau, une assistance à l'identification et à la compréhension des menaces et des opportunités stratégiques". Il a positionné le top management au centre de son modèle comme étant le premier concerné par le problème de la surveillance de l'environnement censée faciliter la prise de décision. L'objectif d'Aguilar est d'identifier les sources d'information internes et externes de l'entreprise susceptibles de fournir au top management les informations les plus pertinentes.

S'inscrivant dans la même perspective qu'Aguilar, Ansoff (1975) a centré son analyse du système de surveillance de l'environnement sur la détection des *signaux faibles* en tant qu'informations quasi imperceptibles, mais susceptibles de permettre à l'entreprise d'éviter les surprises liées à des événements imprévisibles et éventuellement d'anticiper les discontinuités ou les ruptures stratégiques. Dans un contexte bouleversé par des crises et des événements imprévus tels que la crise pétrolière de 1973 ou la guerre du Kippour de même année, Ansoff a soulevé les limites de la planification stratégique traditionnelle fondée principalement sur un corpus d'informations abondantes et accessibles. Il souligne l'importance de se doter d'un système de surveillance systématique et permanent capable d'aider les organisations à se prémunir des incidents imprévisibles par la détection anticipative et optimisée des signaux faibles.

1.3.1.4 La "competitive intelligence"

Au début des années 80 marquées par un contexte concurrentiel accru, M. Porter professeur de stratégie d'entreprise à l'Université Harvard, a mis en avant la nécessité que les entreprises prennent conscience de l'enjeu stratégique de mettre en place un système d'intelligence organisé et formalisé sur la concurrence pour améliorer leur esprit d'innovation et leur compétitivité sur le marché. Présenté à l'époque comme le catalyseur de la "Competitive Intelligence" (Prescott, 1995 ; Sutton, 1988), Porter propose dans son ouvrage "*Competitive Strategy*" une grille d'analyse de l'environnement concurrentiel en fonction des signaux du marché. En effet, en se fondant sur le modèle des cinq forces fondamentales des concurrents, il met l'accent sur le rôle stratégique que porte l'analyse des informations issues de l'environnement concurrentiel de l'organisation. Selon l'auteur, le système d'intelligence concurrentiel ou competitive Intelligence est un processus de contrôle et de maîtrise de l'environnement de la concurrence impliquant la collecte, le classement, la synthèse, la communication et l'analyse des informations nécessaires à la formulation de la stratégie.

Les étapes dans un système de Competitive Intelligence

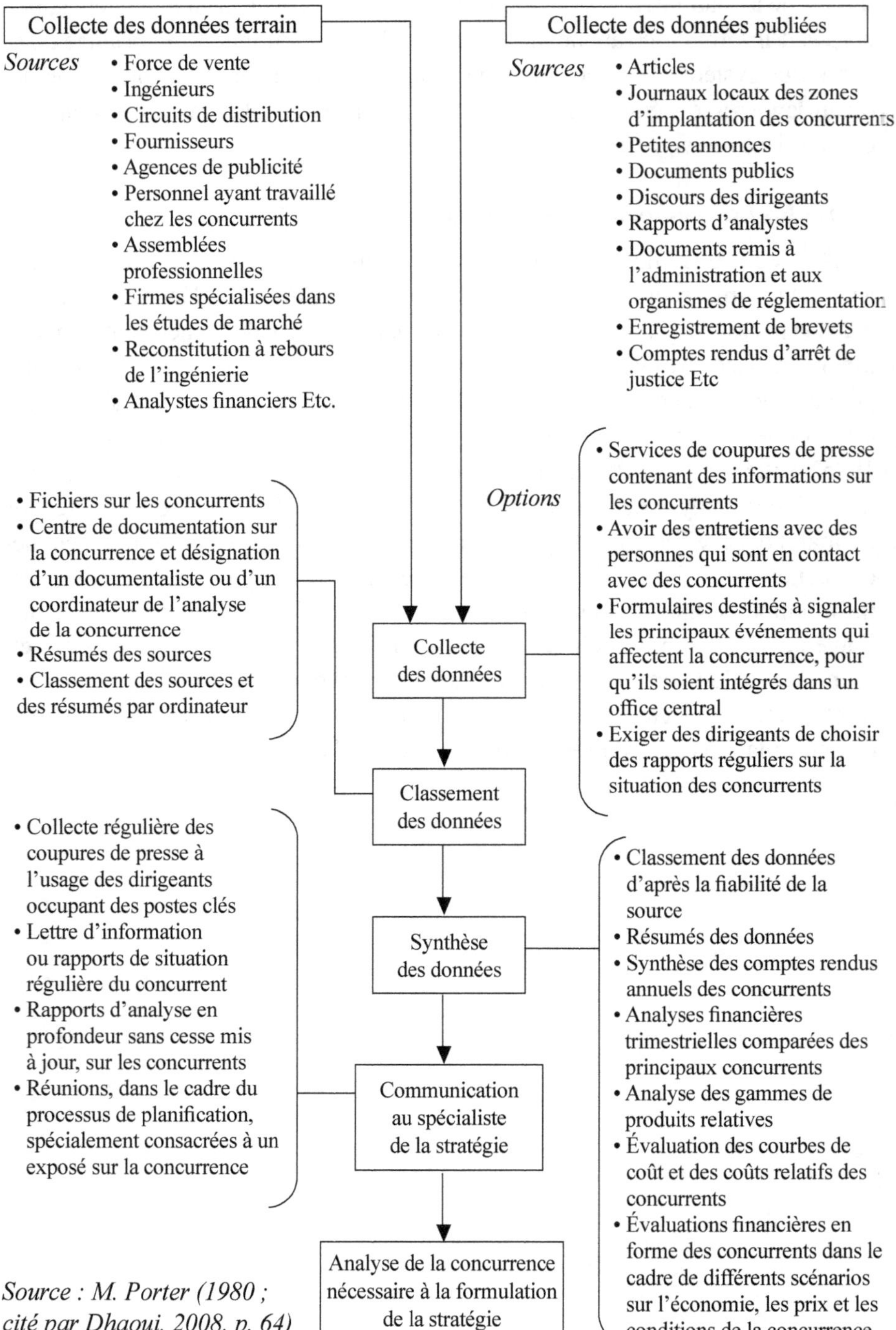

Source : M. Porter (1980 ; cité par Dhaoui, 2008, p. 64)

À l'issue des travaux de Porter, le concept a connu un engouement impressionnant aux États-Unis et à même d'aboutir à la création de la SCIP (Society of Competitor Intelligence Professionals) en 1986, une association internationale à but non lucratif dont les membres sont des experts issus du milieu universitaire et de l'industrie. La collaboration des membres a permis de créer et partager des renseignements stratégiques et des outils d'aide à la décision auprès des entreprises qui cherchent à préserver ou à renforcer leur position concurrentielle sur le marché.

Par ailleurs, sous l'impulsion des travaux de Porter, l'avènement de l'administration Clinton a contribué fortement à l'immersion de la competitive intelligence dans les mœurs de l'État américain à travers de nombreuses initiatives, notamment avec la création du "National Economic Council" (NEC) en 1993. Dès lors, le renseignement économique devient l'outil de pouvoir par excellence et une priorité stratégique majeure dans la politique économique du pays.

1.3.2 L'école de pensée francophone

1.3.2.1 La veille technologique

À la fin des années 60 et à l'instar des autres pays industrialisés, la France a cherché à tirer le meilleur parti de la recherche et de l'innovation pour dynamiser la croissance économique du pays. De nombreux établissements sont créés pour accélérer le progrès technique et œuvrer à la mise en valeur de la recherche scientifique, en l'occurrence le Centre national d'études spatiales (CNES) en 1961, le Centre national pour l'exploitation des océans (CNEXO) en 1967 ou bien l'Agence nationale de valorisation de la recherche (ANVAR) en 1967. La stratégie de recherche-développement et de valorisation de l'innovation menée par le gouvernement de l'époque a permis de soutenir la croissance des entreprises françaises, notamment les PME.

En parallèle, dans le monde académique, des chercheurs français se sont penchés de près sur la question de la veille technologique et sur les modalités de sa mise en œuvre en entreprise. Néanmoins, Il a fallu attendre la fin des années 80 pour qu'apparaissent et se développent les premières définitions de la veille technologique (Morin, 1985 ; Martinet et Ribault, 1989 ; Bourcier-Desjardins et coll., 1990 ; Jakobiak, 1991 ; Rostaing, 1993).

Pour Morin (1985), la surveillance stratégique de l'environnement technologique de l'entreprise consiste "à détecter les menaces qui, intelligemment anticipées, peuvent parfois être transformées en opportunités d'innovation [. . .]. Le système de surveillance joue ainsi le rôle d'une assurance dont il faut payer la prime : son objectif est de préserver de mauvaises surprises, d'anticiper les menaces et les opportunités pour mieux gérer ensuite, de gagner du temps sur les événements et sur les concurrents "(ibidem, p. 127). Par ailleurs, pour Jakobiak (1991), la veille technologique est relative à "l'observation et l'analyse de l'environnement suivies de la diffusion bien ciblée des informations sélectionnées et traitées, utiles à la prise de décision stratégique" (ibidem, p. 39).

1.3.2.2 De la "vigilance" à la "surveillance"

En 1983, dans l'introduction de son livre intitulé "*Économie politique de la vigilance*", l'économiste français JM. Oury a pris l'exemple de la sécurité dans l'aéronautique pour mettre l'accent sur l'importance de la vigilance et de la surveillance préventive dans l'univers économique. Positionné comme le précurseur dans la matière, Oury a introduit une distinction claire entre deux facettes de la vigilance. La première est celle du "vigilant guetteur" qui adopte une position immobile et opère une focalisation intensive sur l'objet ou le sujet à surveiller. Néanmoins, cette attente en éveil du guetteur ne s'aligne pas sur la passivité, mais, bien au contraire, elle se traduit en une attitude active et offensive au moment de l'action. La deuxième facette de la vigilance est celle du "vigilant chasseur" qui en plus d'avoir un mouvement en continu, il surveille en permanence son environnement et maintient sa vigilance face à l'imprévu. Il ressort de cette dichotomie que la vigilance peut être synonyme à la fois de réactivité, mais également d'anticipation.

S'inscrivant dans la lignée d'Oury, d'autres auteurs français ont élargi le champ de la notion de vigilance et ils se sont penchés sur le processus proprement dit de surveillance au sein des entreprises. Pour Thietart (1984), le processus de surveillance est "un processus dynamique qui se renouvelle sans cesse et qui se nourrit de l'ensemble des données provenant des différentes sources auxquelles l'entreprise peut avoir recours." (ibidem, p. 73). Pour illustrer ce processus, Thietart a proposé un modèle qui s'inscrit parfaitement dans le cadre du management de l'information. On retrouve dans le schéma les éléments essentiels à la prise de décision, de la collecte à la communication en passant par le traitement et l'analyse d'informations. Le but est d'aboutir à fournir aux décideurs de l'information nécessaire.

Le processus de surveillance de l'environnement

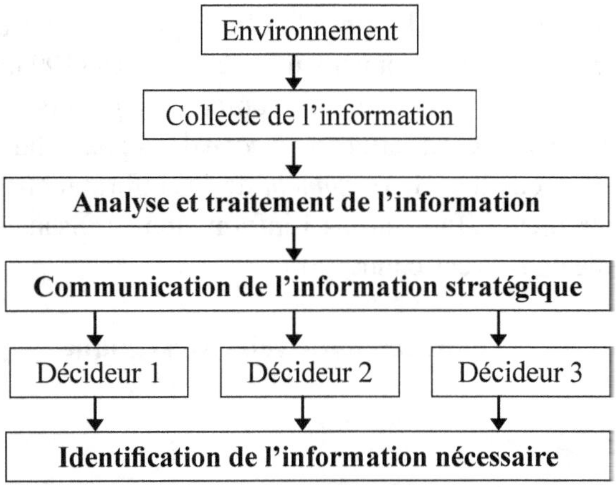

Source : Thiétart (1984, p. 94)

1.3.2.3 De la " veille" à la "veille stratégique"

Vers la fin des années 1980 et à l'instar des grandes firmes américaines, les entreprises françaises ont commencé à mettre en place des cellules de veille au sein de leur organisation. Afin de les soutenir et les aider dans l'exercice, des académiciens et des praticiens ont proposé des démarches méthodologiques et opérationnelles (Jakobiak, 1988 ; Villain, 1989 ; Martinet et Ribault, 1989 ; Hunt et Zartarian, 1990).

Pour Martinet et Ribault (1989), l'activité de veille est "une attitude plus au moins organisée d'écoute des signaux provenant de l'environnement de l'entreprise et susceptible de mettre en cause ses options stratégiques". À partir du modèle des cinq forces de Porter, les deux auteurs ont pu identifier quatre types de veille :

- La veille environnementale : elle consiste en la collecte, le traitement et la diffusion d'informations d'ordre démographiques, socioculturelles, politiques, juridiques ou bien économiques.
- La veille concurrentielle : elle vise à surveiller en permanence les concurrents afin de préserver ou perfectionner le positionnement de l'entreprise sur le marché.
- La veille technologique : elle concerne d'être informé de façon systématique de l'évolution de l'environnement technique et scientifique.
- La veille commerciale : elle correspond à une activité de surveillance de l'ensemble des acteurs du marché en vue d'avoir un avantage commercial.

S'inscrivant dans un champ beaucoup plus large qui englobe l'ensemble de types de veille cités ci-dessus, Lesca utilise en 1991 une expression plus générique "la veille stratégique" pour désigner "l'effort que fait l'entreprise pour être à l'écoute prospective de l'environnement". Selon Lesca (1994a), le processus de veille stratégique est un modèle itératif composé de cinq étapes principales : le *ciblage* de l'environnement à scruter, la *traque* des signaux faibles, la *circulation* des informations recueillies, le *traitement* de ces informations et enfin identifier les *actions* à entreprendre (agir en cas d'informations suffisantes ou bien réajuster le cycle de veille dans le cas contraire).

Le processus de veille stratégique

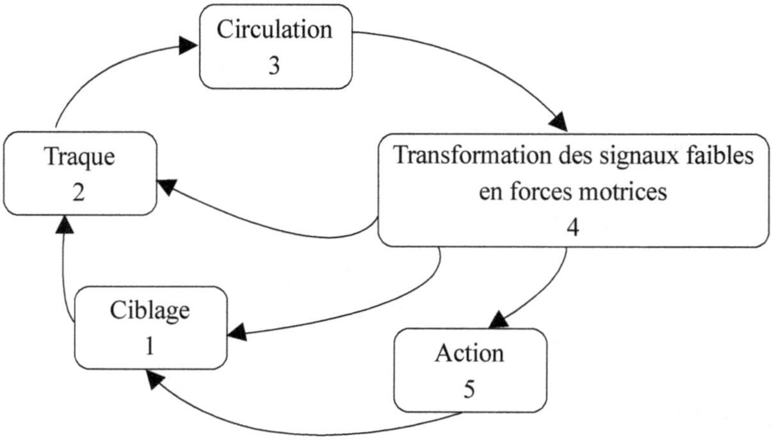

Source : Lesca (1994a, p. 36)

1.3.2.4 L'apparition de l' "intelligence économique"

Le rapport Martre "*Intelligence économique et stratégie des entreprises*", publié en février 1994 sous l'impulsion des pouvoirs publics français, est précurseur en la matière et dans lequel on trouve la définition qui fait figure de référence dans le monde académique. Depuis son officialisation, d'autres actions s'ensuivirent afin de contribuer à la construction d'une culture collective de l'information dans le pays, notamment la parution en 2003 du rapport Carayon et la nomination en 2004 d'un Haut Responsable à l'I.E en la personne d'Alain Juillet (remplacé en septembre 2009 par Olivier Buquen qui devient délégué interministériel à l'Intelligence économique). Ainsi, l'implication forte des acteurs publics dans la démocratisation et dans la mise en œuvre d'une vraie politique nationale de l'intelligence économique a poussé le secteur privé à se mobiliser aux côtés du gouvernement autour du concept et à participer à la construction d'une culture collective de l'information dans le pays.

Au terme de ce survol historique sur l'origine terminologique et l'évolution conceptuelle de l'intelligence économique, on ne peut s'empêcher de constater que son appropriation par les Anglo-saxons ou bien les francophones a eu pour revers la distorsion sémantique du concept. Chez les premiers, on utilise plus le terme competitive intelligence pour faire référence au renseignement d'affaires. Par contre, en France, le vocabulaire "intelligence" ne se limite pas uniquement au renseignement, mais il prend une connotation plus large, celle de "connaître et comprendre".

2. L'intelligence économique au travers des définitions

Aujourd'hui, l'intelligence économique s'appréhende à travers de multiples définitions. Des définitions qui soulèvent, toutefois, des interrogations et un réel problème d'ambigüité sémantique et terminologique. L'intelligence économique s'est avérée un concept polymorphe et paradoxal. Elle se nourrit d'influences doctrinales variées et des champs d'action difficiles à circonscrire En effet, dans son rapport de 2003, le député français Bernard Carayon a voulu commencer par donner une définition de l'I.E ; mais après avoir revu un nombre important de définitions, il s'est arrêté, épuisé, car chaque définition analysée, son auteur proposait une approche nouvelle. Sans qu'il y ait un consensus sur une seule définition communément adoptée, l'intelligence économique soulève un problème sémantique important. Bulinge (2006a) qualifie cette situation de chaotique et Daguzan (2004) relie, quant à lui, cette difficulté sémantique à la pluridisciplinarité du concept. C'est pourquoi, Pierre de Bousquet de Florian, ancien Directeur français de la DST, soutient le fait que "Les contours de l'IE ne sont pas clairs et, à la longue, cela peut irriter, voire provoquer un problème d'adhésion". Pour bien appréhender la polysémie du terme dans la littérature française, il convient préalablement de passer en revue quelques définitions.

Pour Harbulot (1992), l'intelligence économique est "la recherche et l'interprétation de l'information accessible à tous, dans un objectif de connaissance des intentions et des capacités des acteurs. Elle englobe toutes les opérations de surveillance de l'environnement concurrentiel (protection, veille, influence) et se distingue du renseignement traditionnel" (ibidem, p. 29). Dans cette première définition, on trouve les trois piliers constituant la démarche d'intelligence économique en l'occurrence la protection du patrimoine informationnel, la veille ou la surveillance active de l'environnement de l'entreprise et enfin les actions d'influence ou lobbying.

Martre (1994), auteur de la première définition officielle dans la littérature française, considère l'intelligence économique comme "l'ensemble des actions coordonnées de recherche, de traitement et de diffusion de l'information utile aux acteurs économiques, en vue de son exploitation à des fins stratégiques et opérationnelles. Ces diverses actions sont menées légalement avec toutes les garanties de protection nécessaires à la préservation du patrimoine de l'entreprise, dans les meilleures conditions de qualité, de délais et de coût" (ibidem, p. 1). Dans cette première définition, l'auteur a mis l'accent d'une part sur l'importance accordée à l'information étant une ressource vitale et une arme stratégique au service des décideurs d'entreprises ; et d'autre part, il insiste sur le respect des règles de la déontologie, des principes de la légalité et enfin de la sécurité informationnelle dans la mise en œuvre d'une telle démarche.

Pour Besson et Possin (1996), l'intelligence économique est "un outil capable de détecter des menaces et opportunités de toute nature dans un contexte de concurrence exacerbée [...] elle est avant tout la rencontre entre l'ignorance et la volonté de s'affranchir de cette ignorance. Elle est volonté de traduire cette ignorance en question, puis en objectifs" (ibidem, p. 1). Ainsi, l'art d'anticiper et d'agir dans un environnement incertain est au cœur des caractéristiques fondamentales de l'I.E. Le recours à cette dernière permet à l'entreprise d'être capable d'identifier les opportunités à saisir, mais aussi les menaces environnementales, lui offrant ainsi une marge de manœuvre suffisamment importante pour réagir et rebondir en cas de crise.

Rouach (1996) a défini l'intelligence économique comme "une culture et mode d'action mettant en œuvre des moyens déjà existants, système de veilles liées et interdépendantes. Elle inclut toutes les formes de veille : technologique, juridique, financière, politique, sociétale". L'intelligence économique se réfère à une dimension plus large que celle de la veille stratégique dans la mesure où elle englobe l'ensemble des formes d'activités de surveillance de l'environnement.

Bournois et Romani (2000) considèrent que l'intelligence économique est une "démarche organisée, au service du management stratégique de l'entreprise visant à améliorer sa compétitivité par la collecte, le traitement d'informations et la diffusion de connaissance utile à la maîtrise de son environnement (menaces et opportunité): ce processus d'aide à la décision utilise des outils spécifiques, mobilise des salariés, et s'appuie sur l'animation de réseaux internes et externes" (ibidem cité par Bulinge et Moinet, 2003, p. 60). Le point supplémentaire qu'apportent les deux auteurs réside dans la notion du réseau en tant qu'actif indispensable sur lequel repose l'intelligence économique.

En 2003, Carayon propose une autre définition plus large de l'I.E en faisant intégrer les pouvoirs publics dans une stratégie nationale de développement. Dans son rapport, l'intelligence économique se présente comme "une politique publique de compétitivité, de sécurité économique, d'influence, et de formation notamment auprès des organisations internationales. Elle procède d'une grille de lecture originale de la mondialisation qui prend en compte le quotidien de la vie des marchés, le contournement de ces règles, les jeux de puissance et d'influence. Une politique publique d'identification des secteurs et des technologies stratégiques, d'organisation de la convergence des intérêts entre la sphère publique et la sphère privée. Une politique publique se définissant par un contenu et par le champ de son application. Le contenu vise la sécurité économique Il doit définir les activités que l'on doit protéger et les moyens que l'on se donne à cet effet. Il détermine comment accompagner les entreprises sur les marchés mondiaux, comment peser sur les organisations internationales où s'élaborent aujourd'hui les règles juridiques et les normes professionnelles qui s'imposent aux États, aux entreprises et aux citoyens". Derrière cette définition, certes plus longue, la vision du député se veut établir un plan national et territorial d'intelligence économique axée sur un engagement patriote de l'ensemble des acteurs sociaux. Dans le but d'instaurer un plan d'action collectif et proactif, le député préconise une liste de 38 propositions gages d'une réelle cohésion sociale.

En 2006, Besson et Possin délivrent une autre définition de l'intelligence économique en étant "un système collectif d'acquisition, de production et de transformation de l'information en connaissances utiles. Ce système vise à l'amélioration du système décisionnel, à l'exercice de l'influence, à la détection des opportunités, à la prévention des menaces et des risques, à la protection et à l'enrichissement du patrimoine, au développement de la performance, au maintien et au redressement de l'image, à la création de valeurs, à la sécurité et à la sureté. Offensif et défensif, ce système implique un projet, une stratégie, une éthique, une déontologie, une culture de l'anticipation, un partage de connaissance et la maîtrise des fonctions individuelles et collectives de mémoire, de réseaux, et d'analyse de l'information. Il est un modèle de management" (ibidem, p. 36). En somme, les deux auteurs ont cherché par cette définition à positionner l'intelligence économique dans une perspective plus holistique et intégrée qui tient compte d'un ensemble d'éléments très variés et pluridisciplinaires.

Au fil de cette énumération historique au travers des définitions, nécessairement sélective, l'intelligence économique s'affirme être une discipline transverse et un champ de recherche difficile à cerner ou même à définir de manière concise et précise.

Maryse Salles (2003), dans son ouvrage "*Stratégies des PME et Intelligence Economique : Une méthode d'analyse du besoin*", a classé les différentes définitions francophones de l'intelligence économique en quatre grandes périodes :

- Dans une première période, correspondant aux années 1980 et au début des années 1990, les définitions sont centrées sur les process et outils de l'I.E, qu'elles décrivent dans le détail (cf. Martinet et Ribault (1989), Martinet et Marti (1995), Jakobiak (1995) ou la norme AFNOR (1998) sur les systèmes de veille).

- Les définitions de la deuxième période, qui grossièrement couvrent les années 1990, s'intéressent prioritairement aux usages de l'intelligence économique ou de la veille stratégique, ainsi qu'à ses objectifs globaux. On peut également rattacher à cette catégorie la vision anglo-saxonne, très pragmatique, de l'I.E ("competitive intelligence"), qui produit des définitions abordant dans le détail tous ses aspects concrets. À la même époque, certains auteurs définissent l'I.E selon deux dimensions, "défensive" et "offensive", qui renvoient de fait à des types de stratégies. L'expression "guerre économique", issue de ce courant, connaîtra un certain retentissement.
- La troisième période, qui a commencé à la fin des années 1990, a vu apparaître les notions de management des connaissances, d'intelligence collective, d'apprentissage et de travail en coopération. Si ces compléments éclairent certainement la notion, ils ne participent pas toujours à rendre les définitions plus claires. Ces dernières deviennent de plus en plus complexes, et semblent vouloir inclure en leur sein tous les aspects de l'I.E (process, fonctionnement, objectifs, prérequis organisationnels, etc.). Il en est ainsi de cette issue de l'enquête menée par IHEDN, concernant l'intelligence économique et stratégique (IES).
- La quatrième période, commencée depuis environ trois ans, a vu le renforcement de deux orientations principales. La première se traduit par une tendance "expansionniste" de l'I.E, qui devient alors un mode de management global ou encore est fortement rapprochée du management des connaissances, et ses outils informatiques assimilés à ceux de l'informatique décisionnelle (business intelligence) ou de gestion de la relation client (CRM). La deuxième orientation déplace le centre de gravité de l'I.E vers l'économie nationale en mettant l'accent sur le "patriotisme économique", sur la "compétitivité du tissu industriel" et sur la "sécurité de l'économie".

Par ailleurs, un éclaircissement de la notion d'intelligence économique sur le plan méthodologique me paraît essentiel pour cerner, au mieux, les fondements théoriques d'intégration de la démarche dans les entreprises.

3. La méthodologie de l'intelligence économique

L'intelligence économique est une démarche transversale structurée qui porte sur une alliance de trois grands groupes d'action (Juillet, 2019), à savoir l'anticipation (la veille), la protection et le lobbying (l'influence). Des actions interdépendantes, dynamiques et pragmatiques à mettre en place pour permettre à l'entreprise d'anticiper les mutations et les évolutions de son écosystème, à préserver la sécurité de son patrimoine immatériel constitué et enfin à agir sur son environnement par des actions d'influence et de contre-influence.

Les trois piliers de l'intelligence économique

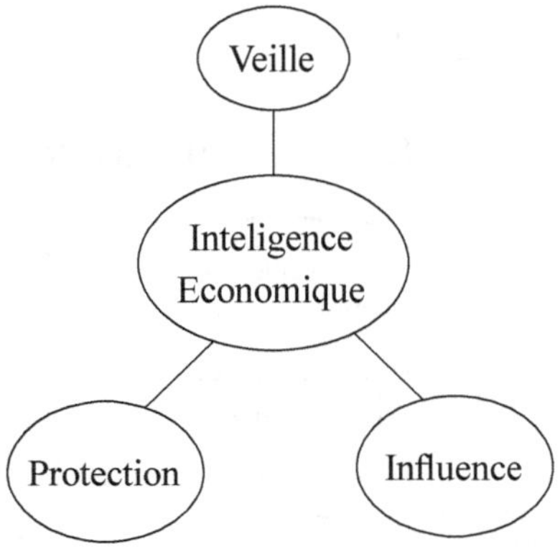

Source : Élaboration propre

3.1 L'anticipation (la veille)

L'ère de l'information, la société d'information, la société de réseaux, infobisité et Big Data, autant de concepts qui prennent de plus en plus de place dans notre société et qui bouleversent le quotidien des organisations. Le monde se numérise à un rythme effréné et engendre une masse considérable d'informations qui doivent être traitées et maîtrisées. Dès lors, la réactivité et l'anticipation exigées par les marchés et les tensions concurrentiels ont poussé les entreprises à se doter de moyens pour passer d'une diversité de flux d'informations dispersées et sans principes régulateurs à un management stratégique plus maîtrisé de l'information qui soit en harmonie avec les intentions stratégiques de l'entreprise (Marsaud, 1999). À cet égard, il est impératif de surveiller sans cesse l'environnement et d'exploiter au mieux les informations susceptibles d'éclairer et d'orienter les décisions stratégiques des dirigeants (Rouach et Salmon, 1999). En réponse à ce climat incertain, la veille constitue un dispositif de gestion informationnelle indispensable à la décision stratégique. L'objectif est d'apporter la bonne information à la bonne personne afin d'agir très vite au bon moment en prenant la bonne décision.

La notion de veille trouve ses origines dans la littérature anglo-saxonne, exactement dans les travaux d'Aguilar (1967) sous l'appellation "scanning", i.e. la surveillance de l'environnement. Depuis, plusieurs auteurs ont contribué à faire évoluer le concept, notamment (Jakobiak, 1988 ; Villain, 1989 ; Martinet et Ribault, 1989 ; Hunt et Zartarian, 1990). Pour Martinet et Ribault (1989) la veille est "une attitude plus au moins organisée d'écoute des signaux provenant de l'environnement de l'entreprise et susceptible de mettre en cause ces options stratégiques". En référent au modèle des cinq forces de Porter (1979), les deux praticiens ont identifié quatre types de veille : technologique, concurrentielle, commerciale et environnementale.

Les quatre types de veille associés aux cinq forces de M. Porter

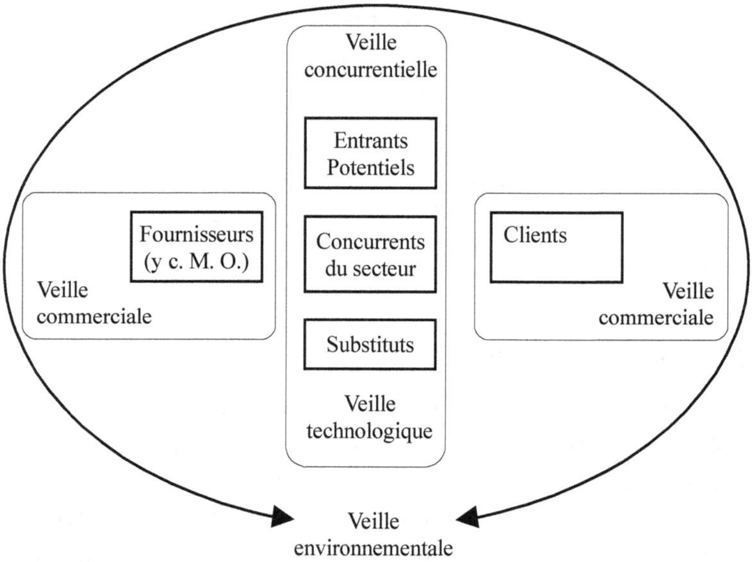

Source : Martinet et Ribault (1989, p. 24)

D'autres auteurs ont étendu le champ sémantique du terme en lui attribuant une propriété stratégique pour l'entreprise, notamment (Gilad et Gilad, 1988 ; Thiétart, 1990 ; Jakobiak, 1991 ; Lesca, 1994 ; Pateyron, 1998 ; Fleisher et Blenkhorn, 2003 ; Guerraoui et Richet, 2005 ; Miller, 2009). Pour Lesca (1994), la veille stratégique est "le processus informationnel volontariste par lequel l'entreprise se met à l'écoute anticipative (ou prospective) des signaux précoces de son environnement socio-économique dans le but lucratif d'ouvrir des opportunités et de réduire les risques liés à son incertitude" (ibidem, p. 33). Au fil de temps, d'autres qualificatifs se sont progressivement implantées dans la chaine de la surveillance des entreprises et des institutions en fonction de leurs centres d'intérêt, en l'occurrence la veille juridique, la veille e-réputation, la veille sociétale, etc.

La veille est une activité dynamique, continue, réactive et itérative qui s'appuie sur un ensemble d'étapes interconnectées. Le processus de veille est un cycle d'information transversal dont l'objectif est la collecte, le traitement et la restitution de l'information utile à la prise de décision. Il existe plusieurs modèles dans la littérature qui permettent de décrire et d'illustrer ce processus (Gilad et Gilad, 1986 ; Martinet et Ribault, 1989 ; Jakobiak, 1988, 1991, 1998 ; Afnor, 1998 ; Lesca, 1995, 1998 ; Choo, 2002 ; Bouthillier et Shearer, 2003 ; Dumas, 2005 ; Bulinge, 2013). Toutefois, le cycle du renseignement, souvent critiqué pour sa simplicité, demeure toujours le modèle de référence et se présente comme le socle de base à partir duquel les praticiens de la veille se sont inspirés pour développer leur propre modèle. Issu du monde de renseignement militaire, le modèle est généralement utilisé pour décrire le flux d'informations allant de la collecte à la diffusion afin d'éclairer la stratégie des dirigeants.

Le cycle de l'information

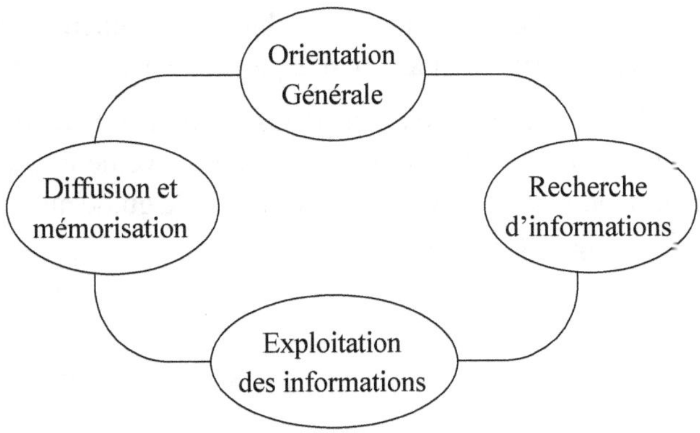

Source : Élaboration propre

Le cycle du renseignement comprend quatre grandes phases :

L'orientation générale : la mission dans cette phase consiste à définir les besoins en informations et fixer les axes de recherche sur lesquels la veille doit être déployée. C'est la première étape et la condition sine qua non du cycle. En effet, les thèmes, qui font l'objet d'une surveillance, doivent être précis et transcris avec justesse dans ce que Bulinge (2013) appel un "plan de recherche", pour s'assurer que le résultat obtenu soit conforme aux attentes et éviter tout problème de retour sur investissement.

La recherche d'information : dans le respect de la loi et des principes de la déontologie, dès que le plan de recherche est clairement défini, des moyens techniques et humains doivent être intelligemment mobilisés pour collecter des données brutes. Le *sourcing*, une étape fondamentale dans la collecte de l'information, consiste à identifier et sélectionner les sources d'information (formelles et informelles) les plus pertinentes susceptibles de répondre aux besoins prédéfinis. Dans un contexte d'infobésité et d'infopollution, il est primordial de vérifier constamment, de manière précise et en toute légalité, la fiabilité des sources et évaluer leur pertinence.

L'exploitation de l'information : cette opération se déroule en différentes étapes : le tri, le recoupement, l'analyse et l'interprétation des données brutes. L'objectif est de transformer ces données en informations stratégiques et connaissances qui seront exploitées par les dirigeants. Évidemment ces opérations mobilisent des personnes spécialistes et hautement qualifiées dans le domaine (Jakobiak, 1991).

La diffusion et la mémorisation de l'information : consiste à transmettre les informations stratégiques produites aux personnes concernées et de mémoriser celles-ci pour d'éventuelle exploitation possible. Tout l'enjeu de la diffusion est de restituer la bonne information à la bonne personne et au bon moment.

En tout état de cause et malgré les critiques souvent constructivistes, le cycle du renseignement est au cœur des différents modèles de veille stratégique existants et plus généralement, il devient le socle théorique et le guide méthodologique de la démarche d'intelligence économique.

Exemples de modèles de processus de veille

Modèles / Étapes	**Cycle du renseignement (Martinet et Ribault, 1989; Bulinge, 2013)**	**Afnor (1998)**	**Choo(2002)**	**Bouthillier et Shearer (2003)**	**Dumas (2005)**
Évaluation / réévaluation des besoins	Expression des besoins	Définition / redéfinition des axes de surveillance et des finalités Détermination des types d'information utile	*Information needs*	*Identification of CI needs*	Identification des besoins
Identification des sources d'information		Identification et sélection des sources d'information			
Collecte de l'information	Collecte de l'information	Collecte et sélection des informations	*Information acquisition*	*Acquisition of competitive information*	Collecte des données
Organisation de l'information	Exploitation de l'information	Analyse et organisation	*Information organization and storage*	*Organization, storage, and retrieval*	Stockage et traitement des données
Analyse de l'information et développement des produits de veille		Synthèse et mise en perspective	*Dissemination*	*Analysis of information* *Development of CI products*	Analyse et interprétation des données
Diffusion des produits de veille	Diffusion de l'information	Communication des résultats de la surveillance Validation et réajustement		*Distribution of CI product*	Diffusion et utilisation des produits de la veille
Utilisation des produits de veille			*Information use* *Adapted behaviour*		

Source : Drevon (2020, p. 52)

3.2 La protection de l'information

Dans une économie internationale ouverte, portée par le numérique et de plus en plus mondialisée, la sécurisation du patrimoine immatériel est devenue un enjeu stratégique majeur pour les entreprises et les institutions. Alain Juillet (1990), ancien Haut responsable français chargé de l'intelligence économique au secrétariat général de la Défense nationale (SGDN), l'avait clairement noté dans sa définition de l'I.E : "L'intelligence économique est la maîtrise et la protection des informations stratégiques utiles aux décideurs publics et privés" (cité dans Harriet, 2015, p. 14).

Indispensables mais à haut risque, une antinomie qui reflète parfaitement le paradoxe des technologies de l'information. Si cette disruption numérique a permis aux entreprises d'augmenter leur productivité, de gagner en efficacité et de réaliser des gains financiers, elle est malheureusement porteuse de failles et de risques potentiellement élevés. Tout comme la marque, l'image, le savoir-faire ou les brevets, l'information stratégique est un actif immatériel de première importance, qu'il importe de préserver. Le capital immatériel et les données sensibles de l'entreprise peuvent être vulnérables et exposés à différents risques tels que la cyberattaque par ransomware (rançongiciel), la violation de données, le détournement de clientèle, la captation de brevet, le débauchage de personnel ou les atteintes à l'e-réputation et à la propriété intellectuelle.

Cette réalité indubitable a inéluctablement forcé les entreprises, surtout les plus vulnérables, à se doter d'une stratégie de sécurité qui se traduit par une politique générale de protection limitant les préjudices liés au risque informationnel. À cet égard, sur le plan organisationnel, cette politique peut être déclinée en deux volets d'action :

- Le premier volet défensif se manifeste par la mise en place d'un système de sécurité d'accès aux bases de données et aux informations sensibles (chiffrage des données, solution DLP (Data Loss Prevention), firewall et antivirus), la délimitation des périmètres de protection des zones critiques, ainsi que la gestion d'accès aux locaux et aux matériels informatiques par profil d'employés.
- Le deuxième volet offensif consiste à mettre en œuvre une politique de sécurité proactive et préventive, d'un côté, par le recours à des prestations d'audit de sécurité (des tests d'intrusion) et, de l'autre, par un programme de sensibilisation à la sécurité des informations et à l'enjeu de la cybersécurité en entreprise, l'homme doit être au cœur du dispositif de prévention.

À l'instar des autres pays du monde, le Maroc est tout autant concerné par les incidents liés à la sécurité numérique. En référant aux derniers chiffres issus du guide de bonnes pratiques sur la cybersécurité en entreprise publié en 2020 par la CGEM (Confédération Générale des Entreprises du Maroc), le constat sur l'état des cybermenaces au Maroc se présente comme suit :

- 1,5 million de victimes de fraude à la carte bancaire par an ;
- 62 % le nombre d'entreprises ayant subi des attaques de phishing et d'ingénierie sociale en 2018 ;
- 40 % le taux de succès d'un ransomware (selon les éditeurs) ;
- 201 jours le temps moyen pour découvrir une cyberattaque ;
- 5 % des dossiers des entreprises étaient correctement protégés ;
- 71 % des infractions étaient motivées financièrement et 25 % étaient motivées par l'espionnage ;
- 52 % des violations comportaient du piratage, 28 % impliquaient des logiciels malveillants et 33 % incluaient, respectivement, du phishing ou de l'ingénierie sociale ;
- 68 % des chefs d'entreprise estimaient que leurs risques de cybersécurité avaient augmenté.

Bien conscient de cette réalité extrêmement préoccupante, l'État marocain s'est engagé dans une stratégie nationale pour la sécurité du numérique, déclinée en 4 axes[38] :

- Axe 1 : Évaluer les risques pesant sur les systèmes d'information au sein des administrations, organismes publics et infrastructures d'importance vitale ;
- Axe 2 : Protéger et défendre les SI des administrations, organismes publics et infrastructures d'importance vitale ;
- Axe 3 : Renforcer les fondements de la sécurité des SI ;
- Axe 4 : Promouvoir la coopération nationale et internationale.

Pour asseoir sa souveraineté numérique, le Maroc s'est doté également d'un arsenal juridique et législatif considérable assurant la protection et la préservation des données personnelles et du droit à la vie privée sur l'espace numérique. C'est ainsi qu'au cours des dix dernières années, des organismes ont été créés pour consolider la gouvernance de la cybersécurité :

- Le Comité Stratégique de la Sécurité des Systèmes d'Information (CSSSI), créé en 2011 et présidé par le Ministre chargé de l'Administration de la Défense Nationale. La mise en œuvre des orientations stratégiques revient

38. Le rapport de la CGEM de 2020.

principalement à la Direction Générale de la Sécurité des Systèmes d'Information (DGSSI), également créée en 2011.

- L'Agence Nationale de Réglementation des Télécommunications (ANRT), chargée de la régulation et de la réglementation du secteur des télécommunications.
- La Commission Nationale de contrôle de la protection des Données à caractère Personnel (CNDP) dont la responsabilité est de contrôler le respect de la législation en matière de protection des données personnelles.
- Le Centre Marocain de Recherches Polytechniques et d'Innovation (CMRPI) qui porte la Campagne Nationale de Lutte Contre la Cybercriminalité.

Ainsi, tout comme au Maroc ou autre pays du monde, la problématique de la sécurité dans l'espace du numérique est devenue un enjeu hautement stratégique à la fois pour le gouvernement, mais surtout pour le secteur privé. De ce fait, l'intelligence économique, par son approche, vise à instaurer et développer une véritable culture de la sécurité informationnelle au sein des organisations, dans laquelle la sensibilisation et la formation du facteur humain prennent une place importante.

3.3 L'influence

Dans sa dimension proactive, l'intelligence économique ne se limite plus seulement à un exercice d'anticipation et de sécurité, mais elle couvre également des missions d'influence et de contre-influence mises en œuvre par les acteurs publics et privés au-delà de leurs frontières. Allant dans le même sens, Baumard (1991) soutenait que l'I.E "n'est plus seulement un art d'observation, mais une pratique offensive et défensive de l'information. Son objet est de relier entre plusieurs domaines pour servir les objectifs tactiques et stratégiques de l'entreprise. Elle est un outil de connexion entre l'action et le savoir de l'entreprise" (ibidem, p. 33). L'influence consiste à mettre en place une stratégie de communication offensive et persuasive auprès d'un public cible afin de modifier et moduler son paradigme de pensée sans contrainte ni manipulation. L'objectif est avant tout de se servir des informations recueillies pour convaincre, défendre et promouvoir les intérêts de l'entreprise ou toute organisation dans un cadre légal. L'influence correspond donc à une fonction principale et majeure de l'I.E comme le souligne Revelli (1998), lorsqu'il définit l'I.E comme "le processus de collecte, de traitement et de diffusion de l'information qui a pour objet la réduction de la part d'incertitude dans la prise de toute décision stratégique. Si à cette finalité on ajoute la volonté de mener des actions d'influence, il convient de parler alors d'I.E" (ibidem, p. 38). Ce point de vue est partagé par d'autres spécialistes en la matière. Pour Delbecque (2011), cette stratégie d'influence est "la pointe de diamant de l'intelligence économique", quant à Juillet et Racouchot (2012), elle est "le noble art de l'intelligence économique"[39].

3.3.1 Le processus d'une stratégie d'influence

Qu'il soit question de profiter des conditions financières attractives, de passer outre d'une décision politique publique défavorable ou bien d'orienter le processus d'élaboration de nouvelles normes législatives, c'est là tout l'enjeu de la mise en place d'une stratégie d'influence. Selon Larivet (2009), cette stratégie peut être déclinée en trois étapes :

- *La planification* : il s'agit tout d'abord de la mise en œuvre d'une surveillance active de l'environnement afin d'identifier à l'avance les priorités et les objectifs d'une stratégie d'influence. Néanmoins, le timing doit être bien précis dans cet exercice pour assurer le succès des actions à entreprendre. Ensuite, il faut déterminer les interlocuteurs cibles qui peuvent être de natures très diverses (les autorités politiques, les prospects, les fournisseurs, les organisations élaborant des normes, le grand public, les associations, les ONG, etc.).
- *La mise en forme* : le message ou l'argument (position paper) soigneusement choisis pour convaincre, séduire ou bien dissuader, doit être adapté à l'interlocuteur cible et au but de l'opération. Trois éléments sont, toutefois, indispensables à prendre en compte avant de mettre en place une action d'influence : la confiance, la crédibilité du message et la puissance de sa diffusion[40].
- *La diffusion* : le choix du canal de diffusion est la dernière phase qui va permettre d'atteindre les objectifs fixés dans le plan d'action. Elle correspond au moyen de communication (écrit ou oral) permettant d'entrer en contact avec l'interlocuteur cible. Il peut s'agir d'un seul ou plusieurs canaux de communication qui peuvent également être combinés en fonction des besoins, tels que les réseaux professionnels, la presse, les réseaux sociaux, les associations, les manifestations professionnelles, etc.

3.3.2 Les facettes de l'influence

Dans une démarche d'intelligence économique, deux pratiques d'influence sont à relever (Larivet, 2009) : le lobbying et les stratégies d'influence en champ concurrentiel.

39. Extrait du titre de leurs communications.

40. "*Le guide de l'intelligence économique*" (2014), Le guide du routard, Hachette.

3.3.2.1 Le lobbying

Le lobbying est un mode d'intervention direct ou indirect généralement indiscret exercé par un groupe de pression ou des *lobbyistes* partageant les mêmes idées en vue d'étendre ou défendre leurs visions et leurs intérêts. La notion de lobbying est souvent perçue avec une forte nuance péjorative et s'appréhende comme un sujet tabou. Paradoxalement, dans les pays anglo-saxons où il trouve ses origines, le lobbying (soft, hard ou smart power) est une pratique courante et totalement légale lorsqu'elle est transparente et légalement déclarée. Dans le modèle américain, le lobbying est le produit d'une conception politique de sécurité économique très agressive et constitue la carte maîtresse d'hégémonie mondiale soutenue par un discours et une doctrine qui lui confèrent une légitimité institutionnelle. Sa puissance est le fruit d'un Hard Power mesuré, mais surtout d'un Soft Power très important incluant de nombreux organismes publics et privés (les Think tanks, Hollywood, CNN, les universités américaines, etc.), un panel de service de renseignement très puissant et des géants américains du numérique.

Toutefois, les actes de lobbying ne sont pas à l'abri de dérives ou de pratiques illicites potentiellement dangereuses (concurrence déloyale, espionnage industriel, captation de la réglementation ou abus d'influence), comme en témoignent les deux exemples suivants.

En 2013, Frédéric Pierucci, patron d'une filiale de la multinationale Alstom, est arrêté par le FBI à sa descente d'avion à New York et poursuivi pour une affaire de corruption lors de la signature d'un contrat de 118 millions de dollars, dix ans plus tôt en Indonésie. Mis en examen par le système judiciaire américain, il est incarcéré dans une prison de haute sécurité. Fin 2014, la surprise et l'humiliation, Alstom cède à General Electric, avec l'accord du gouvernement français, sa branche énergie avec ses chantiers et ses projets. Licencié par son entreprise et sans aucun soutien, Pierucci est condamné en 20 septembre 2017 à une peine de deux ans et demi d'emprisonnement. En clair, son arrestation n'était qu'un simple rouage ou *le piège américain*[41], puisque la cible visée par les Américains est bien évidemment Alstom, le fleuron stratégique de l'industrie française.

En avril 2016, le gouvernement australien a choisi le groupe industriel français Naval Group pour la construction de douze sous-marins à propulsion conventionnelle avec un contrat signé d'un montant de 56 milliards d'euros et une première livraison prévue en 2032. Le 15 septembre 2021, coup de tonnerre, les Australiens annoncent l'annulation du contrat des sous-marins. Le même jour, l'Australie, le Royaume-Uni et les États-Unis se sont regroupés lors d'une visioconférence retransmise de la Maison-Blanche pour l'annonce de la formation d'une nouvelle alliance militaire,

41. Pierucci F. et Aron M. (2019), "*le piège américain*", Jean-Claude Latès, Paris.

baptisée "Aukus" destinée à contenir les ambitions et la montée en puissance des Chinois dans la zone indopacifique. D'autant plus que dans le cadre de ce pacte tripartite, Washington et Londres s'engagent mutuellement à aider l'Australie à acquérir des sous-marins à propulsion nucléaire, torpillant par la même occasion l'accord conclu avec le français Naval Group présenté comme le contrat du siècle. Indigné par cette décision brutale, le ministre des Affaires étrangères français, Jean-Yves Le Drian, dénonce "C'est vraiment, en bon français, un coup dans le dos". Dès lors, la rupture unilatérale du contrat déclenche une tempête géostratégique sur le monde et une crise diplomatique sans précédent entre Paris et Washington.

Les deux cas d'école cités ci-dessus illustrent parfaitement ce que Christian Harbulot, fondateur de l'École de guerre économique de Paris, a appelé dès les années 90 "La sale guerre économique". Aujourd'hui, le monde est devenu un terrain d'affrontement entre les États et leurs entreprises, où la guerre se joue par et pour l'économie. Comme Delbecque et Harbulot l'ont bien expliqué dans leur résumé du livre de 2011 "*La guerre économique : « Que sais-je ? »*" : "Depuis la fin de la guerre froide, les rapports de forces entre les puissances s'articulent essentiellement autour d'enjeux économiques. Les gouvernements de la planète, dans leur grande majorité, ne cherchent plus aujourd'hui à conquérir des terres ou à établir leur domination sur de nouvelles populations, mais à construire un potentiel industriel et une force de frappe commerciale capable d'apporter devises et emplois sur leur territoire. En parallèle, l'essor de la mondialisation a transformé la libre concurrence « aimable », limitée et encadrée, en une « hypercompétition » généralisée".

La géoéconomique a fortement contribué à propulser en première ligne la place de l'intelligence économique comme une arme économique stratégique redoutable pour gagner la bataille de la compétitivité, de la puissance et des rapports de forces. Pourtant, cette réalité économique risque de compromettre les principes mêmes sur lesquels l'intelligence économique est fondée à savoir la légalité, la transparence, les principes d'éthique et les règles de déontologie.

3.3.2.2 Les stratégies d'influence en champ concurrentiel

À travers la gestion des signaux concurrentiels, Baumard (2000) regroupe les pratiques d'influence en deux modes d'action :

- La coordination : l'entreprise décide de recourir à la coordination en recourant à l'envoi délibéré des signaux d'influence dans deux cas. Premièrement, l'entreprise se lance dans une stratégie d'évitement dont l'objectif est d'éviter de s'exposer à un affrontement direct avec d'autres entreprises adverses. Le second, l'entreprise opte pour une stratégie d'entente avec des partenaires possibles.

- Le découragement : par cette option, l'entreprise tend à décourager les firmes concurrentes par le recours à des actes de désinformation, de la propagande ou des "fake news", susceptibles de brouiller l'adversaire pour l'induire en erreur, voire le paralyser. Toutefois, l'utilisation de l'information comme une arme de déstabilisation ne doit en aucun cas franchir le seuil de la légalité pour ne pas tomber dans des situations d'espionnage ou de corruption, un glissement qui irait à l'encontre des principes de l'I.E.

La gestion des signaux d'influence dans un champ concurrentiel est présentée plus en détail dans le tableau suivant :

La gestion des signaux d'influence dans un champ concurrentiel

FINALITÉ	PRINCIPES	MODALITÉS	EFFETS RECHERCHES
Coordination	Signaux d'ajustement	Clarifier ses motivations	Bâtir la confiance avant l'action
		Discuter ses propres mouvements	Apaiser les ressentiments après l'action
		Développer des normes de conduite.	Régler un problème commun au secteur ou à l'industrie. Constituer une barrière à l'entrée. Conserver la stabilité du secteur (illicite dans le droit de la concurrence).
		Éviter des actions simultanées.	Éviter aux firmes d'un oligopole de se nuire mutuellement.
	Affichage des attentes envers les concurrents.	Rappel à l'ordre et rappel des règles.	Discréditer la firme déviante (surviens lorsque la survie d'un groupe stratégique est en jeu).
		Guerres d'annonces.	Sommer une entreprise, par voie de presse, de respecter les accords (problème : révèle l'entente).
	Test de la réaction des concurrents.	Attirer l'attention des concurrents par un acte symbolique.	Obtenir la coopération par la menace d'une "frappe". Les actions symboliques sont parfois non intentionnelles et n'ont parfois pas de destinataires précis.

Découragement	Communiquer ses avantages stratégiques.	Signaux de performance.	Satisfaire les places boursières.
		Signaux de présence et annonces précoces de mouvements.	S'arroger un droit de préemption sur les réseaux de distribution, les prescripteurs et les consommateurs.
		Signaler des capacités excessives.	Menacer d'une guerre de prix.
		Rechercher des soutiens internes.	Renverser la coalition au pouvoir. Mettre les employés devant un fait accompli.
	Brouiller la capacité d'analyse.	Signaux préemptifs.	Faire croire, en une préemption de ressources, créer un mouvement de procrastination chez les consommateurs.
		Illustration.	S'attaquer à une partie pour menacer indirectement le tout (Mc Donald pour les USA).
		Signaux de figuration.	Faire croire à sa bonne volonté.
		Signaux d'empathie.	Donner un gage de sincérité (temporaire) pour gagner du temps.
		Signaux d'abondance.	Accompagner sa disculpation tout en se protégeant.
		Signaux alarmistes.	Détecter les querelles intestines et en tirer parti.
	Bluffer	Se constituer une réputation.	Utiliser la frayeur ou l'apaisement.
		Brouiller les signaux.	Amener l'adversaire à de mauvaises planifications.

Source : Baumard (2000, p. 298)

4. Intelligence économique et problème décisionnel

La décision, selon Mintzberg (1979), qu'elle soit résultante d'un acte individuel ou collectif, peut être définie comme l'engagement dans une action. C'est l'élément fondamental des processus organisationnels (Laroche, 1995). Formellement, l'acte décisionnel est un processus d'identification et de résolution de problèmes (Daft, 1986). De plus, le recours à des systèmes d'aide à la décision appropriés

(Dillon et coll., 2010) permet à l'entreprise de disposer d'informations utiles et pertinentes afin de guider les décideurs dans leur stratégie et de mieux adapter leur prise de décision.

Dans le modèle IMC (Intelligence-Modélisation-Choix), proposé par Simon (1960), la phase préliminaire du processus de prise de décision est l'*intelligence*, au cours de laquelle l'entreprise se met à l'écoute de son environnement (interne et/ou externe) pour déceler et formuler un problème décisionnel. Jarrosson (1994) qualifie cette étape comme étant la phase d'*alerte*. Autant dire qu'avant même que le problème décisionnel ne se manifeste, un *signal* ou des *signaux faibles* nous alertent sur la nature et la véracité du problème en question. Le signal détecté, en lui-même, est l'élément premier dans l'identification d'un problème décisionnel (Bouaka, 2004). Selon Ansoff (1975), l'expression de "signal faible" correspond à une information d'alerte précoce de faible intensité permettant d'anticiper des tendances ou des événements importants et d'y réagir. Il peut être signe d'un événement faisant planer un danger sur l'entreprise, mais aussi et surtout un appel à une opportunité à ne pas manquer.

C'est précisément au cours de cette phase que l'intelligence économique se présente comme un outil d'aide à la résolution des problèmes décisionnels ou bien à la saisie des opportunités qui s'offrent à l'entreprise en fournissant des informations pertinentes. À travers la collecte, l'analyse, la diffusion et la transformation des signaux faibles en informations fiables et à forte valeur ajoutée, les managers peuvent prendre des décisions éclairées et cruciales pour améliorer la performance de l'organisation. Pour l'Association française pour le développement de l'intelligence économique (AFDIE), la démarche d'intelligence économique correspond à l'ensemble d'actions que l'entreprise, ou tout type d'organisation socio-économique, exécute afin de résoudre des problèmes décisionnels (Besson, 2001).

Cependant, on distingue plusieurs types de problèmes décisionnels qui varient en fonction de leur importance, de leur complexité et également de leur degré d'urgence. La taxonomie de Sherpereel (2006) propose une classification en trois niveaux :

- Les problèmes décisionnels de 1er ordre : il s'agit de problèmes de nature statique, à faible risque et dont le niveau de certitude est le plus élevé. Les méthodes de résolution de type de problème sont essentiellement issues des règles rationnelles déterministes et des procédures déductives.
- Les problèmes décisionnels de 2e ordre : sous la forme d'une incertitude probabiliste, ils sont souvent compliqués, stochastiques, à risque moyen et qui suivent des processus dynamiques bien définis. Ils reposent sur la théorie

des probabilités et la logique inductive. Ils sont généralement traités à l'aide des méthodes axiomatiques et des simulations informatiques.

- Les problèmes décisionnels de 3e ordre : Ils correspondent à un contexte marqué par une complexité et une incertitude croissante et des changements profonds. Le traitement dans ce type de problème est fondé sur une logique abductive et un raisonnement heuristique.

C'est dans le 3e niveau que l'intelligence économique intervient comme l'arme maîtresse pour cerner et appréhender la complexité, l'incertitude, l'ambigüité et le dynamisme de l'environnement. Autant de situations problématiques qui perturbent le quotidien des décideurs et dans lesquelles il faut agir dans l'immédiat.

Dans un tel contexte, Bouaka et David (2004) ont développé un modèle MEPD (Modèle d'Explication du Problème Décisionnel) qui définit explicitement le problème décisionnel.

Le modèle d'explication du problème décisionnel

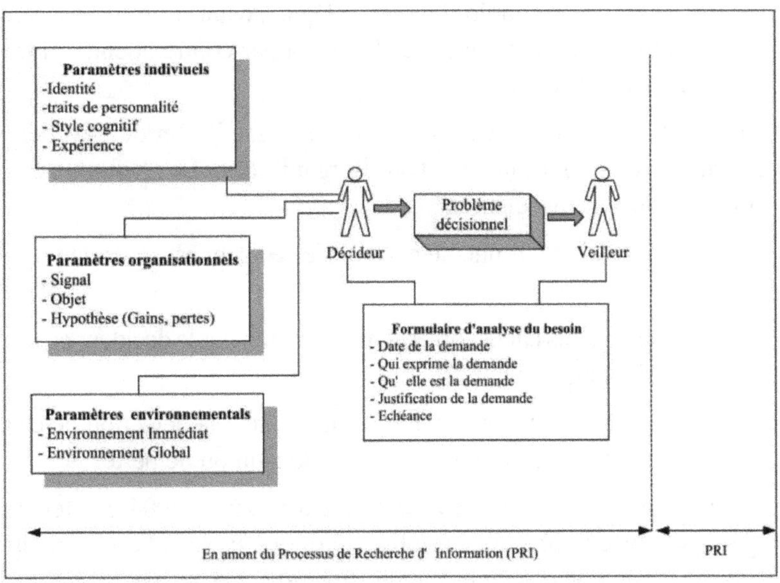

Source : Bouaka (2004, p. 219)

Le modèle proposé décrit à la fois le contexte en amont du processus de prise de décision, la représentation des rôles des acteurs concernés (décideur/veilleur) et enfin les enjeux liés au problème. Ce modèle permet une meilleure compréhension du problème décisionnel en se basant sur des données informationnelles réparties en trois classes (une classe statique (le décideur) et deux classes dynamiques (l'environnement et l'organisation)) :

- Classe décideur : dans cette classe, on définit le profil du décideur en s'appuyant sur des déterminants bien spécifiques appelés "les caractéristiques individuelles" (CI), notamment le style cognitif, les traits de personnalité, l'expérience et l'identité.
- Classe environnement : c'est l'ensemble des éléments et d'acteurs externes dont l'existence est susceptible d'influencer l'activité de l'entreprise. En s'inspirant des travaux de Bourgeois (1980), Bouaka distingue deux catégories d'environnement :
    - L'environnement immédiat : il est composé d'acteurs proches de l'entreprise et dont l'influence est directe, tels que les clients, les fournisseurs ou les concurrents.
    - L'environnement global : il représente l'environnement général dans lequel l'entreprise évolue, incluant l'économique, le politique, le social, le technologique et le légal. Ayant un impact indirect sur l'activité de l'entreprise, celle-ci n'a par contre aucun, ou très peu, de pouvoir dessus.
- Classe organisation : on décrit dans cette classe l'effet de l'événement en provenance de l'environnement sur l'organisation. Le phénomène observé est fragmenté en trois éléments :
    - L'objet de l'environnement auquel le décideur est confronté et souhaite agir,
    - Le signal émis par cet objet et qui se traduit par le décideur en problème décisionnel,
    - L'hypothèse qui peut être formulée suite à la détection de ce signal. Elle peut être exprimée en termes de gain ou de perte.

Toutefois, dans cette troisième classe, Bouaka et David (2004) mettent l'accent sur l'enjeu que porte le phénomène observé et que la détection d'un signal en dépend directement. Pour les deux auteurs du modèle, le décideur ne réagit qu'en cas de menace ou risque de perte d'opportunité.

Au terme de ce deuxième chapitre, la définition et la délimitation du problème décisionnel ont pour but d'apporter, pour cette étude, un éclairage sur les paramètres qui composent le cadre situé en amont du processus de recherche d'informations. Ainsi, le modèle, proposé par Bouaka et David (2004), sera utilisé par la suite (dans le chapitre 4) dans l'élaboration du guide d'entretien prévu pour l'appréhension et l'évaluation de l'incertitude dans une démarche d'intelligence économique.

De plus, le chapitre suivant apporte un éclairage supplémentaire et des contributions importantes sur l'environnement qui conditionne et affecte la prise de décision.

CHAPITRE 3

ENVIRONNEMENT VUCA

"Je pense que le prochain siècle (21e siècle) sera le siècle de la complexité."
Stephen Hawking

"La prédiction est un art bien difficile, surtout en ce qui concerne l'avenir."
Mark Twain

Le monde évolue dans un contexte de plus en plus imprévisible et empreint à de multiples incertitudes. La pandémie de la Covid-19, officiellement proclamée par l'Organisation mondiale de la santé (OMS) le 11 mars 2020, a indéniablement rendu le monde plus confus et chaotique en particulier sur le plan sanitaire, politique, économique et social. Cette crise du coronavirus, dont l'impact est sans précédent, a révélé l'extrême vulnérabilité à laquelle font face les décideurs des secteurs public et privé. D'autre part, l'arrivée au pouvoir de Donald Trump aux États-Unis en 20 janvier 2017 a créé une surprise monumentale et un échec sans précédent des pronostics électoraux avancés par les sondages de la présidentielle qui prévoyaient la victoire de l'adversaire démocrate Hillary Clinton. En plus, le coup inattendu porté à l'intégrité de l'Union européenne par le Brexit du Royaume-Uni sous la forme d'un très long feuilleton conclu en 31 janvier 2020, a profondément plongé l'Europe dans l'inconnu, dans une euphorie inquiétante et surtout dans des interrogations déstabilisantes telles que les relations commerciales, les décisions d'investissement des entreprises ou bien les modes de consommation des ménages. Ces événements improbables et malheureusement lourds de conséquences sont autant d'exemples qui alertent sur la défaillance des systèmes de planification et de prévision.

Au regard de ces éléments, l'affirmation qu'aujourd'hui "le monde change" ne fait pas œuvre de grande nouveauté et soulève des questions majeures dans la mesure où elle ne tient malheureusement pas compte de la réalité. En effet, en raison de la mondialisation, de l'interdépendance, des mutations rapides des TIC et de la vitesse de diffusion de l'information et des connaissances, les preneurs de décisions peinent à suive pleinement le rythme de l'évolution technologique, économique et sociale. Dans ce contexte et face à une transition inévitable vers un "nouveau monde" post-Covid, les dirigeants du 21e siècle sont contraints plus que jamais à s'adapter continuellement et à réagir en développant de nouveaux paradigmes managériaux et des pratiques de gestion adéquates.

En cela, le monde des professionnels et les académiciens se sont approprié l'acronyme anglo-saxon VUCA pour décrire et tenter de comprendre cet environnement qui est en perpétuelle évolution, sujet à un mouvement incessant que ce soit en sciences humaines, en politique, en économie et même en sciences militaires. Conceptualisé pour la première fois par des chercheurs de l'US Army War College (Collège de guerre de l'armée américaine) en 1987, le terme VUCA, ou VICA en français, renvoient à quatre caractéristiques hétéroclites et complémentaires Volatility (Volatilité), Uncertainty (Incertitude), Complexity (Complexité) et Ambiguity (Ambigüité). Chaque lettre a une signification bien particulière et représente une perspective d'un changement potentiel que tous les dirigeants doivent y prêter attention et œuvrer à lutter pleinement contre la fragilité de leur entreprise et à assurer le renforcement de leur performance et compétitivité.

L'environnement VUCA étant un paradigme incrémental et un phénomène intrinsèquement lié aux enjeux stratégiques portés par les chefs d'entreprises nécessite une compréhension plus approfondie. Dès lors, l'objectif dans ce troisième chapitre est de tenter d'y apporter un éclaircissement pour mieux s'approprier ses fondements conceptuels et théoriques. Le but est de mener une étude plus profonde et plus holistique de chaque élément de l'acronyme et sur leur impact sur la prise de décision puisque chacun d'eux peut être considéré comme un phénomène en soi. Décrire le monde par l'approche VUCA permet de mieux comprendre les difficultés rencontrées pendant et après la pandémie Covid-19 et remet en cause les approches normatives standard de la rationalité. L'approche VUCA offre une nouvelle interprétation conceptuelle de cet environnement inédit et impose une relecture des fondements des approches de la décision.

1. Le phénomène VUCA

Dans les années 1990, à l'issue de la guerre froide, l'U.S. Army War College a inventé le terme VUCA pour décrire les conditions du nouvel environnement que les chefs militaires rencontrent sur le champ de bataille (Kingsinger et Walch, 2012 ; Lawrence, 2013 ; Tint et coll., 2015 ; Fry, 2016 ; Elkington et coll., 2017 ; Cousins, 2018). VUCA correspond à la nature, à la vitesse, au volume et à l'ampleur des changements qui ne suivent pas un schéma prévisible (Sullivan, 2012). Dans ce cadre, les forces armées font face à une guerre non conventionnelle où l'ennemi insaisissable aux multiples visages est inconnu, voire même virtuel. Les États-Unis ont alors assisté à la recomposition du paysage mondial, le passage d'un monde bipolaire et monolithique à un monde multipolaire et diversifié (Millar et coll., 2018). Militairement, le concept a été introduit par l'armée américaine dans le but d'avoir une vision claire, de changer la manière de penser, et d'offrir de la flexibilité dans les actions stratégiques telles que l'attaque, la défense et l'entraînement au combat (Allen et Coates, 2009). Henry H. Shelton, commandant des forces américaines en Haïti, a bien saisi tout l'enjeu du phénomène VUCA lors de l'opération Uphold Democracy de 1994 :

> "Le leader dans l'environnement d'aujourd'hui rencontrera, dans de nombreux cas, des situations qui sont vagues, incertaines, compliquées et ambiguës. C'est ce qu'on appelle VUCA [...] Tous les doutes que j'aurais pu avoir sur l'importance de ce point ont certainement été éradiqués lorsque nous avons donné le coup d'envoi de l'opération Uphold Democracy en Haïti. J'avais tenté de communiquer mes intentions à la force opérationnelle et nous avions élaboré un plan. Nous étions en route vers l'objectif d'entrée en force, conformément aux instructions de l'autorité de commandement nationale. Cependant, en cours de route, la mission a changé. Au lieu d'y aller avec une mission très clairement définie qui consistait, entre autres, à neutraliser les FAHD et à protéger les citoyens américains, la mission a changé pour rétablir le gouvernement légitime d'Haïti dans une atmosphère de coopération et de coordination. Nous avons rapidement renversé la situation et élaboré un nouveau plan. Le lendemain matin, à notre atterrissage à Port-au-Prince. J'ai été accueilli à l'aérodrome de Port-au-Prince par le major haïtien chargé de la sécurité de l'aérodrome - le même aérodrome que nous avions prévu de frapper au début de la bataille, si les choses s'étaient déroulées ainsi. En quittant l'aérodrome ensemble, je n'ai pu m'empêcher de penser que, selon le plan original, en vigueur dix heures plus tôt, il ne restait plus grand-chose à la charge du major." (MLR[42], 1996, p. 220)

A posteriori, après les attaques terroristes du 11 septembre 2001 sur le sol américain, le concept a rapidement pris de l'ampleur et s'est imposé comme une référence. À l'instar des militaires, des chercheurs, des universitaires et des chefs d'entreprises se sont approprié le concept pour tenter de comprendre et trouver des solutions aux défis en constante évolution que pose l'environnement du 21e siècle ou les interrelations ne peuvent pas être connues ou identifiées. Son succès, selon Atlasgrow (2013), est dû à sa capacité à aider les entreprises ayant de plus en plus de mal à se positionner sur les marchés. Pour Richard (1997) les agents économiques doivent adapter leurs comportements et leurs schémas de pensée

42. Military Law Review (MLR), Volumes 151 à 152, Headquarters, Department of the Army, 1996.

aux paramètres nouveaux d'un environnement turbulent, chaotique et dynamique. Bartscht (2015) propose que les organisations doivent continuellement explorer l'environnement VUCA, acquérir une compréhension de la situation pour détecter et saisir les opportunités et les menaces.

VUCA est un acronyme dans lequel chaque paramètre constitue en lui-même un phénomène en soi et exige une attitude et une réponse spécifique. Dans une approche action-réflexion conçue pour un public managérial, Bennett et Lemoine (2014) ont structuré les quatre éléments VUCA sur un graphique sous la forme d'une grille avec deux axes, chacun avec une liste de caractéristiques, d'exemples et d'approches. L'axe horizontal du diagramme représente le degré de connaissance des informations disponibles sur le contexte environnemental et celui vertical correspond à la capacité de prévoir les résultats des décisions à prendre et des interventions nécessaires pour les atteindre. Dans le modèle des deux auteurs, les quatre éléments du monde VUCA ne sont pas identiques, mais ils ont tendance à appréhender conjointement une réalité à des degrés différents. Ce qui varie surtout entre chaque dimension, c'est d'un côté le niveau d'acquisition des informations sur un événement particulier d'où la question : "How munch do you know about the situation ?", et de l'autre côté, c'est le degré de précision dans les préversions qui vont être prises à cet effet, et ce à travers la question "How well can you predict the results of your actions ?". Par ce modèle, les deux auteurs ont voulu apporter aux dirigeants d'entreprises un outil de diagnostic permettant une interprétation approfondie des signaux environnementaux issus de chaque élément VUCA afin d'éviter les analyses erronées qui pourraient nuire à la performance de leur entreprise.

Le diagramme VUCA

Dans quelle mesure pouvez-vous prédire les résultats de vos actions ?

Complexité : La situation comporte de nombreux éléments et variables interconnectés. Certaines informations sont disponibles ou prévisibles, mais le volume ou la nature de ces informations peut être écrasant à traiter, Exemple : «Vous faites des affaires dans de nombreux pays, tous dotés d'environnements réglementaires, de tarifs et de valeurs culturelles uniques», L'approche est indiquée : «Restructurer, recruter ou former des spécialistes, et constituer des ressources adéquates pour faire face à la complexité	**Volatilité :** Le défi est inattendu ou instable et peut être d'une durée inconnue, mais il n'est pas nécessairement difficile à comprendre ; les connaissances à son sujet sont souvent disponibles. Exemple : «Les prix fluctuent après une catastrophe naturelle qui met un fournisseur hors service». Approche : «Prévoyez des marges de manœuvre et consacrez des ressources à la préparation – par exemple, stockez les stocks ou achetez des produits de qualité supérieure. Ces mesures sont généralement coûteuses, votre investissement doit être à la hauteur du risque
Ambiguïté : Les relations causales ne sont absolument pas claires. Il n'existe aucun précédent ; vous êtes confronté à des "inconnus inconnus", Exemple : «Vous décidez de vous lancer sur des marchés immatures ou émergents ou de lancer des produits en dehors de vos compétences de base», L'approche est indiquée : «Expérimenter. Pour comprendre les causes et les effets, il faut émettre des hypothèses et les tester, Concevez vos expériences de manière à ce que les leçons apprises puissent être appliquées à grande échelle	**Incertitude :** Malgré le manque d'autres informations, la cause et l'effet de base de l'événement sont connus. Le changement est possible mais pas acquis. Exemple :, "Le lancement imminent d'un produit concurrent brouille l'avenir de l'entreprise et du marché", L'approche est la suivante : «Investir dans l'information - la collecter, l'interpréter et la partager. Cela fonctionne mieux en conjonction avec des changements structurels, tels que l'ajout de réseaux d'analyse de l'information, qui peuvent réduire l'incertitude permanente

Que savez-vous de la situation ?

Source : Bennett et Lemoine (2014)

1.1 La volatilité

La lettre "V" pour volatilité implique l'instabilité et le dynamisme de l'environnement. Le changement s'opère soudainement, à une plus grande échelle (Swarbrick et Stearman, 2012) et avec un rythme soutenu qui bouscule les habitudes sur le plan économique, politique et géographique (Codreanu, 2016). Pour Kail (2010), la volatilité correspond à un état d'instabilité dynamique provoqué par des changements drastiques, violents et rapides. Néanmoins, l'imprévisibilité et la fréquence élevée des changements accroissent l'exposition au risque et fragilisent la prise de décision des dirigeants (Bennett et Lemoine, 2014 ; Horney et O'Shea, 2015 ; Gilman, 2017). Les entreprises sont sujettes à la volatilité lorsque des événements inattendus troublent une routine bien établie (Horney et O'Shea, 2015). Même si l'information est généralement disponible et plus au moins facile à interpréter, la volatilité engendre tout de même de la vulnérabilité et des défis instables dont la durée est incertaine. La notion de volatilité est généralement associée à l'intensité et à l'ampleur des fluctuations économiques et des turbulences financières dans le temps, telles que la demande, les taux d'intérêt, les taux de change et les prix des titres. Bien que la volatilité ne soit pas un concept nouveau, elle a regagné aujourd'hui plus d'importance qu'auparavant en raison de la crise sanitaire sans précédent. D'autant plus que la pandémie a été considérablement facilitée et accélérée par certains catalyseurs. La numérisation, la connectivité, la libéralisation du commerce, la concurrence mondiale et l'innovation des modèles d'affaires comptent parmi les facteurs de turbulence affectant l'environnement (Reeves et Love, 2012).

À titre d'exemple, S. Baek, S.K Mohanty, M. Glambosky (2020) ont mené une recherche portant sur l'impact de la pandémie de la Covid-19 sur la volatilité du marché boursier américain dans le secteur industriel. Leur étude portait sur des données recueillies entre le 2 janvier 2020 jusqu'au 30 avril 2020 et qui comprennent les valeurs quotidiennes des indices boursiers américains, les indicateurs macroéconomiques et le nombre journalier de cas de Covid-19. Ils se sont aperçus qu'en raison de la pandémie, la volatilité des prix des actions était la plus élevée dans l'industrie pétrolière et du gaz naturel (augmentation de 3,92), suivi par l'industrie de la restauration, de l'hôtellerie et du logement (augmentation de 2,42), tandis que l'industrie de la production alimentaire (augmentation de 0,70) et des boissons alcoolisées (augmentation de 0,71) ont eu un impact plus faible. Les résultats de leur étude ont démontré que le marché boursier américain a connu une augmentation significative du risque total avec l'entrée en vigueur de la pandémie de coronavirus et que les changements de volatilité sont plus sensibles aux nouvelles de la Covid-19 qu'aux indicateurs économiques.

Robert C. Bird (2018) attribue à la volatilité quatre traits distinctifs des autres éléments :

- La volatilité est *imprévisible* : prédire un événement volatil n'est pas toujours chose facile. Conscientes qu'il peut surgir à tout moment, les entreprises s'appuient dès lors sur des outils de gestion des risques pour contrôler aux mieux les fluctuations.

- La volatilité est un événement généralement *inattendu* : les événements volatils, en particulier ceux liés aux marchés financiers, surviennent plus rapidement que prévu, exposant ainsi les entreprises à des risques brefs et extrêmes. Dans ce contexte, les entreprises de petite taille, ne disposant pas des compétences et des ressources adéquates, seront les plus vulnérables.

- Les événements volatils sont intrinsèquement *instables* : la volatilité peut conduire soit à une seule perturbation constante dans le temps ou bien engendrer une fluctuation sévère, qui se dissipe progressivement. Les niveaux de volatilité peuvent également changer au sein d'un seul et même événement volatil.

- Les événements volatils ont *une durée incertaine* : les entreprises subissant des spéculations et des tensions sur les marchés, ne seront dans l'incapacité de prédire pleinement le moment d'apparition des événements volatils, ni même la durée de leurs impacts avant qu'ils disparaissent.

Pour rester compétitives sur le marché international et répondre aux enjeux de l'environnement volatil, les entreprises doivent s'y préparer en anticipant leur apparition afin de prendre les dispositions les plus adaptées au moment venu. Le cycle rapide des changements imprévus amène souvent les dirigeants à prendre des décisions proactives (Bradley et coll., 2015). La notion de volatilité touche pratiquement tous les aspects qui fondent la vie d'une organisation. Elle s'associe à tous types de fluctuations affectant cette dernière au fil du temps. Bien qu'elle soit souvent considérée comme source de stress et d'incertitude, elle peut être également signe d'une opportunité potentielle (Bennett et Lemoine, 2014). Tout le défi pour les dirigeants est d'être capable de faire la distinction entre un événement volatil qui engendre une réelle menace et celui qui représente une source de profit.

1.2 L'incertitude

Comme cité dans le premier chapitre, l'incertitude pour la deuxième lettre "U" de l'acronyme, est un concept polysémique et controversé. Employée dans un sens familier, cette locution désigne "ce qui n'est pas établi avec exactitude", "ce qui n'est pas sûr, ce qui peut se produire ou non, être tel ou tel" (Afep, 2017).

Dans une déclaration devenue célèbre, Donald Rumsfeld[43] s'exclamait que : "Je trouve toujours intéressants les rapports qui concluent que quelque chose n'est pas arrivé ; parce que, comme chacun sait, il y a le connu connu, c'est-à-dire les choses que nous savons que nous savons ; nous savons aussi qu'il y a l'inconnu connu, c'est-à-dire les choses que nous savons que nous ne savons pas ; mais il y a aussi l'inconnu inconnu - les choses que nous ne savons pas que nous ne savons pas. Or si l'on examine l'histoire de notre pays, et d'autres pays libres, c'est dans cette dernière catégorie que se trouvent les cas difficiles". Parmi les trois types distincts de métacognition soulevés par Rumsfeld, la terminologie d'inconnu inconnu (unknown unknowns) a suscité à l'époque plus de polémique et de nombreuses réactions. En effet, elle fait référence à une situation incertaine dans laquelle une double ignorance (la personne ne sait pas qu'il ne sait pas) rend la prise de décision difficile, voire impossible. Après cette audience, l'approche "unknown unknowns", synonyme d'un degré extrême d'incertitude, est devenue

43. Affirmation tenue par l'ancien secrétaire d'État américain à la Défense sous la présidence de George W. Bush et en réponse à une question posée lors d'une conférence de presse tenue le 12 février 2002, sur l'existence de preuves de la possession d'armes de destruction massive par l'armée irakienne.

un sujet d'actualité, tout particulièrement avec la pandémie de coronavirus où il n'y a aucune donnée scientifique préalable permettant d'en prévoir la survenue ni même les répercussions sur la santé et le bien-être de toute l'humanité.

Toutefois, avec la pluridisciplinarité, l'incertitude a pris plusieurs facettes et devenue un terme plutôt difficile de lui trouver une définition précise et universelle (St-Pierre et Labelle, 2017). Plusieurs disciplines se sont penchées de près à l'étude du concept souvent au travers des différents contextes historiques et avec des approches épistémologiques, des méthodes d'analyse, voire des langages d'intervention spécifiques et très disparates.

Saunders (2016) a abordé cette problématique à travers les points de vue de sept disciplines différentes : la théorie des probabilités, l'économie, la psychologie, la philosophie, la stratégie, la physique, la cybernétique et l'intelligence artificielle.

- **La théorie des probabilités :** le fondement de la pensée de ce courant s'appuie essentiellement sur le principe que l'incertitude est "une forme d'incomplétude de l'information ou de la connaissance" (Smithson, 1989, p. 1), qui ne peut être traitée que par des calculs de probabilité. L'approche fréquentiste et l'approche bayésienne comptent parmi les écoles de probabilité les plus courantes. Actuellement la théorie de probabilité est utilisée plus dans la gestion du risque comme un outil d'aide rationnel à la prise de décision dans des situations incertaines soit par une distribution de probabilité objective ou bien subjective.
- **L'économie :** deux grands courants théoriques se sont opposé tout au long de l'histoire de la pensée économique. Le premier, prôné par Knight (1921) et Keynes (1921, 1936), a introduit une distinction fondamentale entre d'une part le risque dont la probabilité est mesurable et d'autre part l'incertitude pour laquelle il est impossible d'attribuer une probabilité numérique. A contrario, le deuxième courant s'est basé dans un premier temps sur la théorie de l'utilité espérée de Von Neumann et Morgenstern (1944), suivi par la suite par l'utilité espérée subjective de Savage (1945) pour le traitement de l'incertitude en économie. Par la suite, la théorie des perspectives de Kahneman et Tversky (1979) s'est présentée comme une alternative à la théorie de l'utilité espérée. Sur la base de constats empiriques, les deux fondateurs de l'école comportementale en économie ont défendu l'idée que les gens prennent des décisions en situation d'incertitude non pas par rapport aux probabilités des résultats possibles, mais plutôt en fonction des pertes ou des gains perçus.
- **La philosophie :** dans le langage des philosophes, l'incertitude est un métarécit sous-jacent à de nombreuses questions philosophiques telles que

Qui sommes-nous ? Pourquoi sommes-nous ici ? Qu'est-ce que la réalité ?. Pour le philosophe autrichien Wittgenstein (1969), "si vous essayiez de douter de tout, vous n'arriveriez pas à douter de quoi que ce soit. Le jeu du doute lui-même présuppose la certitude" (ibidem, p. 18), en d'autres termes, pour qu'un individu soit incertain d'une situation particulière, ça sous-entend être certain de quelque chose.

- **La psychologie :** pour Smithson (2008), la réponse humaine face à l'incertitude en psychologie se décline en trois orientations traditionnelles. La première tradition est celle du "knowledge seeker" qui s'engage dans un processus continuel de recherche de nouvelles informations et expériences, et qui remet à jour ses croyances antérieures par de l'apprentissage. Cette catégorie de personne, plutôt tolérante à l'incertitude et à l'ignorance, communique et partage parfois plus librement et d'une manière honnête leurs points de vue. À l'inverse, les personnes de deuxième tradition baptisées "certainty maximiser", cherchent souvent à réduire l'incertitude supposée avoir un impact négatif sur leur état émotionnel sous forme de peur et d'angoisse intense. La troisième et dernière tradition découle du raisonnement normatif propre à l'école néoclassique, citée par Smithson en tant que "intuitive statistician economist". Dans cette doctrine, le jugement rationnel de l'être humain en situation d'incertitude peut être mesuré numériquement selon les règles établies par la théorie des probabilités. L'humain décideur est considéré comme un être hédoniste qui évite la douleur et cherche à maximiser son plaisir (c.-à-d. l'utilité attendue).
- **Le management stratégique :** les managers sont amenés à prendre les bonnes décisions en absence de certitudes et sur la base d'informations incomplètes (Harrison, 1992 ; Porter, 1980 ; Sutcliffe et Zaheer, 1998). Pour Harrison (1992) ces décisions stratégiques "nécessitent l'engagement de ressources limitées, en présence d'informations incomplètes ou imparfaites et sont, par conséquent, entachés de divers degrés d'incertitude et de risques." (ibidem, p. 114). Dans leur ouvrage "*Strategy under uncertainty*", H. Courtney et coll. (1997) ont proposé un cadre d'analyse pertinent, permettant de déterminer les niveaux d'incertitude entourant les décisions stratégiques et d'adapter à chaque niveau la stratégie la plus adéquate. Les auteurs se sont intéressés à l'incertitude nommée "résiduelle", celle qui subsiste à la fin du processus traditionnel de planification stratégique. C'est le reflet de l'insuffisance des méthodes classiques d'analyse en stratégie (ex. SWOT). Ils ont distingué quatre grands niveaux d'incertitude résiduelle auxquels sont confrontés la plupart des décideurs stratégiques :

- Niveau I : *un avenir suffisamment clair*, où le décideur n'a besoin que d'une seule prévision ou d'une seule direction stratégique assez précise pour développer une stratégie. Dans ce cas de figure, l'avenir est suffisamment prévisible pour que cette incertitude n'ait pas ou n'ait que peu d'importance dans la prise de décision.
- Niveau II : *des futurs alternatifs*. Le décideur se trouve confronté à un ensemble limité de résultats possibles dont un seul se produira. Sans stratégie dominante, le recours aux probabilités relatives aux différents scénarios éventuels s'avèrera indispensable pour faciliter la prise de décision. Communément, le choix se portera en fin de compte sur la stratégie dont la valeur attendue est la plus élevée. Néanmoins, en cas d'aversion au risque, le décideur va se concentrer uniquement sur les stratégies dont les bénéfices sont les plus stables.
- Niveau III : *une gamme de futurs*, contrairement au précédent niveau, le décideur se place devant des scénarios inclus dans un éventail plus large de résultats possibles. Dans l'impossibilité d'attribuer des probabilités, il peut tout de même essayer d'évaluer qualitativement les caractéristiques du rapport (risque vs bénéfice) globales de différentes stratégies qui s'offrent à lui.
- Niveau IV : *la véritable ambigüité*, les multiples dimensions de l'incertitude se chevauchent, se connectent et finissent par instaurer un environnement encore plus difficile à prédire. Toutefois, ces types de situations extrêmes arrivent très rarement et si elles existent, elles ont tendance à se dégrader au fil du temps pour se placer à un niveau inférieur d'incertitude.

De son côté, Milliken (1987) a situé l'incertitude au niveau décisionnel, dans "l'incapacité des individus à prédire [l'environnement d'une organisation] avec précision en raison d'un manque d'informations ou d'une incapacité à distinguer les données pertinentes des données non pertinentes" (ibidem, p. 136). En plus, l'auteur a présenté l'incertitude comme un concept multidimensionnel composé de trois dimensions :

- *L'incertitude d'état* reflète la perception du décideur à l'égard des changements futurs des composantes de l'environnement jugées imprédictibles en raison d'un manque d'informations ou d'une compréhension imparfaite des relations pouvant subsister entre celles-ci ;
- *L'incertitude d'impact* traduit l'incapacité du décideur à fournir des informations sur la nature et l'intensité d'influence que peut avoir un état futur de l'environnement sur l'entreprise, ni même sur le moment de l'impact ;

- *L'incertitude de réponse* est associée aux tentatives de compréhension des conséquences probables d'une décision stratégique prise en réponse à un changement environnemental.

- **Les sciences physiques :** pour Buckman (2009), l'incertitude est une notion omniprésente dans les sciences physiques, "elle est à la base de la théorie la plus aboutie de la matière, la mécanique quantique..." (ibidem, p. 79). Dans la mécanique quantique, l'incertitude est interprétée par le principe d'incertitude de Heisenberg (1920), aussi appelé principe d'indétermination. Ce principe énonce "que l'on ne pouvait pas mesurer exactement l'état d'un système, si bien que l'on ne pouvait non plus prédire exactement son comportement dans l'avenir. Le mieux qu'on pouvait faire, c'était prédire les probabilités de différentes issues" (Hawking, 1993, p. 73). Cette théorie est devenue, à travers le temps, une norme indispensable et une règle pratique très répandue dans le monde des physiciens puisqu'elle permet de donner un sens aux observations expérimentales au niveau quantique. Selon Smithson (1989), elle a contribué à ouvrir la voie à une renaissance de la réflexion autour de l'incertitude et l'ignorance.

- **Les sciences appliquées :** l'ingénierie du contrôle, la cybernétique et l'intelligence artificielle comptent parmi les principaux domaines de la science appliquée qui contrôlent et veillent au bon fonctionnement des systèmes. Pourtant, tout système d'ingénierie est potentiellement sujet à des incertitudes causées par divers facteurs, tels que les boucles de rétroaction, l'instabilité inhérente et les propriétés émergentes du système (Osman, 2010). Le caractère incertain des paramètres mis en jeu dans ces systèmes est généralement appréhendé par le recours à des techniques probabilistes ou possibilistes, telles que l'approche fréquentiste (ou inférentielle) ou bien l'approche bayésienne. La gestion de l'incertitude se concentre essentiellement sur l'estimation de la distribution probabiliste des états futurs possibles du système.

Ce vaste champ de domaines portant sur l'incertitude et sur les différentes approches relatives à son traitement dans le cadre de la prise de décision contribue évidement à la richesse sémantique du concept et souligne davantage sur sa nature multiforme, mais cela peut être également source de confusion et de complexité pour les personnes qui veulent travailler sur le sujet. Avec l'exemple de la pandémie du Covid, le monde est de plus en plus incertain, sûrement plus difficile à prévoir et surtout que le passé n'est plus un prédicateur aussi fiable et aussi précis de l'avenir. Le genre de situation qui rend la prévision extrêmement difficile et la prise de décision de plus en plus compliquée.

1.3 La complexité

Au premier abord, la troisième lettre "C" pour complexité est associée étymologiquement, selon Edgar Morin (1988), à tout ce qui est "tissé ensemble" en référence au mot latin "Complexus". Les éléments constituants de cet enchevêtrement sont de nature hétérogène (Rey, 2000). Au second abord, la complexité, tout comme la notion d'incertitude, est un concept valise qui recouvre de facto de multiples approches théoriques et/ou pragmatiques, ce qui prête par conséquent à des interprétations fort disparates comme en témoigne les quelques définitions citées ci-dessous.

> "[...] la complexité est effectivement le tissu d'événements, actions, interactions, déterminations, aléas, qui constituent notre monde phénoménal. Mais alors la complexité se présente avec les traits inquiétants du fouillis, de l'inextricable, du désordre, de l'ambigüité, de l'incertitude... D'où la nécessité, pour la connaissance, de mettre de l'ordre dans les phénomènes en refoulant le désordre, d'écarter l'incertain, c'est-à-dire de sélectionner les éléments d'ordre et de certitude, de désambigüiser, clarifier, distinguer, hiérarchiser..." (Morin, 1990, p. 21).

> "[...] le terme de complexité désigne des situations et des objets (systèmes, modèles, etc.) qui contiennent un nombre très élevé de composantes et présentent un nombre très élevé d'interactions entre ces composantes, ou qui sont irréductibles (ou très difficilement réductibles) à des composantes dont les interactions soient clairement définies."(Israël, 1996, p. 268).

> "On a proposé de nombreuses définitions générales et quantitatives pour la complexité, mais au vu de leur piètre succès, nous pouvons nous permettre de la considérer tout simplement comme de la variabilité."(Bak, 1999, p. 18).

> "La notion de complexité implique celle d'imprévisible possible, d'émergence plausible du nouveau et du sens au sein du phénomène que l'on tient pour complexe. [...] La complexité n'est peut-être pas une propriété naturelle des phénomènes. Nul ne sait si les abîmes de l'âme humaine ou les processus de propagation de l'énergie électrique ne sont pas totalement « prévisibles » par une intelligence naturelle ou artificielle ; peut-être le sont-ils, et ces phénomènes que nous tenons communément pour complexes, ne devraient alors être tenus que pour compliqués. Hypercompliqués peut-être, mais pas complexes, puisque certainement déterminés" (Le Moigne, 1990, p. 3).

> "La complexité peut être caractérisée par la présence d'un nombre important d'éléments indépendants en interaction. Ces éléments sont nécessaires pour reproduire les fonctions des systèmes auto-organisés, autoreproducteurs, apprenant et adaptatifs. Elle peut aussi être décrite comme un phénomène d'apparence aléatoire induit par des lois simples." (Thietart, 2000, p. 3).

> "Complexité : ce n'est pas tant la multiplicité des composants, ni même la diversité de leurs interrelations, qui caractérise la complexité d'un système [...] C'est

> l'imprévisibilité potentielle (non calculable a priori) des comportements de ce système, liée en particulier à la récursivité qui affecte le fonctionnement de ses composants [...], suscitant des phénomènes d'émergence certes intelligibles, mais non toujours prévisibles." (Diebolt, 2002, cité dans Sandron, 2005, p. 11).
>
> "La complexité n'est rien d'autre que l'explosion du nombre de possibilités d'événements, d'alternatives et de mises en relation des uns avec les autres." (Luhmann, 2007, p. 142).

La complexité est donc un concept polysémique, à circonscrire avec prudence, comme l'a très bien souligné Morin (1990), "[Ce qui est complexe] ne peut se résumer dans le mot de complexité, se ramener à une loi de complexité, se réduire à l'idée de complexité. La complexité ne saurait être quelque chose qui se définirait de façon simple et prendrait la place de la simplicité. La complexité est un mot problème et non un mot solution." (ibidem, p. 10). Ardoino (2000) a souligné également un sérieux problème dans l'utilisation du terme, issu le plus souvent d'un amalgame entre l'adjectif "compliqué" (du latin "plicare" signifiant plier ou replier) et celui de "complexe" (du latin "complexus" c.-à-d. constitué d'éléments différents et imbriqués). Il note "tantôt ce qui l'emporte dans sa définition c'est le caractère "molaire" ; "holistique", global, "non linéaire" de la forme d'intelligibilité qu'il requiert ; tantôt c'est le caractère pathologique, à tout le moins touffu, enchevêtré, rebelle à l'ordre normal de la connaissance qui semble prédominer." (ibidem, p. 65).

Sous l'angle de ce problème et pour lever toutes sortes d'ambigüites sémantiques, il devient nécessaire d'en maîtriser tous les contours à travers une rétrospective historique sur les différents discours érudits qui se sont penchés sur le sujet.

Dans un article intitulé "*Three generations of complexity theories : nuances and ambiguities*", Michel Alhaffed-Jones (2008) a abordé l'évolution théorique et sémantique du concept de manière chronologique en exposant trois générations de complexité.

La ***première génération*** s'est développée au cours de la Deuxième Guerre mondiale. Elle inclut notamment la théorie de l'information et de la communication, les théories des automates, la cybernétique et l'analyse opérationnelle :

- **La théorie mathématique de la communication :** c'est un mouvement qui émerge en 1947 avec les travaux de deux figures des mathématiques, Shannon et Weaver[44]. Ils appuient leur théorie sur le fait que l'information contenue

44. Cf. Shannon C. E. et Weaver W. (1963) "*The Mathematical Theory of Communication*", Chicago, University of Illinois Press.

dans un message peut être considérée comme une grandeur observable et mathématiquement mesurable en unités binaires "bit". Dans cette approche, l'information qui chemine sur un canal de communication est éventuellement corrompue par des parasites que Shannon nomme "bruit", autrement dit l'existence de certaines formes de désordres dans les canaux qui peuvent altérer et brouiller le message des communications. En tenant compte de phénomènes de complexité organisée dans le modèle de communication proposé par les deux auteurs, leur ambition était uniquement d'optimiser le processus par la réduction du bruit, c'est-à-dire de l'entropie, et permettre in fine l'augmentation de la quantité d'informations transmises.

- **La théorie des automates et des réseaux de neurones :** la théorie des automates est apparue avec l'avancée des réflexions en informatique théorique et devient étroitement liée aux théories des langages formels. Les automates (Du latin automatus qui signifie "fabrication de soi") ont pour activité fondamentale de résoudre les problèmes de complexité algorithmique et de calculabilité qui surgissent tout particulièrement avec l'invention de la machine de Turing par Alain Turing en 1936. Dans le cadre inspiré du principe des automates, W. McCulloch et W. Pitts ont conçu durant l'année 1943 la théorie des réseaux des neurones. Les deux physiciens ont montré par la modélisation mathématique de certaines caractéristiques du système nerveux que "le neurone humain permet de développer des réseaux d'unités de calcul simple capables de réaliser toutes formes d'opération logique" (Vayre, 2019, p. 31). L'importance accordée par ces approches aux opérations régies par des automates à contribuer amplement au développement du paradigme de la complexité organisée.
- **La cybernétique :** c'est un mouvement, mais aussi une approche scientifique créée par le mathématicien américain Norbert Wiener à la fin des années 1940. Il l'a défini comme "le champ entier de la théorie de la commande et de la connaissance, aussi bien dans la machine que dans l'animal" (Wiener, 1948, p. 35). La théorie de ce mathématicien repose tout particulièrement sur le principe de la rétroaction (feedback) pour rendre compte de la façon dont un système s'adapte à son environnement en utilisant de l'information, celle théorisée par Shannon, pour orienter et contrôler ses propres actions en fonction d'une finalité. Dans une perspective téléologique, la cybernétique contribue à l'explication des phénomènes de complexité organisée par l'étude des *mécanismes téléologiques*, autrement dit la compréhension de la complexité par la finalité (le télos).
- **Le groupe d'analyse opérationnelle :** c'est une équipe pluridisciplinaire composée de professionnels issus de différents domaines scientifiques (la

psychologie, la sociologie, la biologie et les mathématiques). Leur création a été voulue conjointement par l'armée britannique et par son homologue américaine pendant la Seconde Guerre mondiale afin de trouver des réponses à certains problèmes militaires de niveaux tactiques ou bien stratégiques, comme l'a bien expliqué Weaver: "Sous la pression de la guerre, ces équipes mixtes partagèrent leurs ressources et centrèrent leurs différentes contributions [insights] sur des problèmes communs. [...] Il apparut que de tels groupes étaient en mesure de gérer des problèmes de complexité organisée en obtenant des réponses utiles." (Weaver, 1948, p. 14). En fin de guerre, ce groupe de professionnels (Churchman, Ackoff et Arnoff, 1957 ; Beer, 1959) sera institutionnalisé sous le nom de "Recherche Opérationnelle" (Operational Research) dont l'objectif scientifique est centré sur le développement des algorithmes permettant de résoudre avec efficacité des problèmes de complexité organisée et de pouvoir apporter, in fine, de l'aide au processus de prise de décision multidimensionnelle en cas d'incertitude.

Les courants de la ***deuxième génération*** des théories de la complexité se sont déployés dans un contexte après-guerre, tissé par une complexité engendrée par le progrès technologique, la course à la compétitivité des grandes firmes transnationales et l'évolution socioculturelle.

- **Les sciences de la computation et de l'ingénierie :** à la suite de la publication en 1967 d'un manifeste écrit conjointement par H. Simon, A. Newell et A. Perlis, la discipline de la computation ce que l'on nomme couramment en français l'informatique, est devenue une science à part entière, et même un champ de recherche très ambitieux dans les pays anglo-saxons. Selon ces auteurs, la science de la computation se définit comme "l'étude des ordinateurs et des phénomènes majeurs qui les entourent". L'objectif de cette nouvelle science était de développer différents modèles mathématiques capables de maîtriser les grands systèmes considérés comme complexes. En effet, l'arrivée de nouvelles générations de calculateurs a contraint les ingénieurs à trouver des solutions pour réduire la complexité dite "algorithmique" (Knuth, 1968), généralement en termes de temps de calcul, tout en offrant de bonnes performances. S'inscrivant dans une perspective de compréhension et de synthèse, le philosophe américain Nicolas Rescher (1998) a distingué entre trois types de complexité formelle (épistémique) :
    a. Complexité descriptive : la longueur des formules doit être donnée pour fournir une description adéquate d'un système.
    b. Complexité générative : la longueur de l'ensemble des instructions qui doivent être données pour fournir une formule permettant de restituer le système en question.

c. Complexité computationnelle : la somme du temps et d'effort nécessaires à la résolution d'un problème.

- **Les sciences de management et l'Intelligence Artificielle :** avec l'évolution de la cybernétique, de la computation et de la recherche opérationnelle, une voie fertile s'ouvre dans les théories des organisations, tout particulièrement dans le cadre du processus de prise de décision au sein des organisations. La conférence organisée à l'université de Dartmouth à Hanover en 1956, a donné l'occasion à H. Simon (avec A. Newell et Cliff Shaw) d'esquisser pour la première fois les contours de l'Intelligence Artificielle sur la base d'un programme (*Logic Theorist*) conçu spécifiquement pour parvenir par la programmation logique à simuler le raisonnement humain et contribuer, in fine, à la résolution de problèmes heuristiques complexes.
- **Les sciences des systèmes :** le biologiste d'origine autrichienne Karl Ludwig von Bertalanffy a introduit en 1947 la théorie générale des systèmes dont l'objectif est l'analyse et l'appréhension de l'ensemble de tous les systèmes vivants et sociaux dans un formalisme mathématique et avec un point de vue global, au-delà de leurs différences. Pour une meilleure analyse de phénomènes de complexité organisée, cette théorie insiste sur l'importance de la prise en compte des interrelations entre les éléments constitutifs des systèmes de différentes disciplines. Avec l'économiste K. Boulding, le physiologiste R. Gerard et le mathématicien A. Rapoport, ils ont cofondé la *Society for General System Theory*. Dans la foulée de cette mouvance, deux courants antagonistes se sont distingués sur le plan épistémologique. Le premier réduit la notion de complexité d'un système à la seule étude de ses composantes interconnectées. L'un des protagonistes de ce courant, Forrester (1961), considéré comme le père fondateur de la théorie de la *dynamique des systèmes (system dynamics)*, prétend que la compréhension et l'alignement des changements dans des systèmes complexes passe par la prise en compte, la modélisation et la simulation des boucles de rétroaction en interaction interne qui peuvent être liés aux nuisances du comportement générales du système. D'autre part, les travaux de Churchman (1968) reposent sur l'*approche système (system approach)* qui considère un système comme un ensemble d'éléments en interaction et interdépendants (réelles ou abstraites) qui forment un tout. L'approche de Churchman, qualifiée de laxiste par Le Moigne (2011), prône que le système doit être appréhendé dans sa globalité afin de mieux en comprendre le fonctionnement. Le second mouvement (Bateson (1973), Piaget (1962), Von Foerster (1961), Simon (1962) et Morin (1973)) adopte plutôt le *paradigme constructiviste* dans la définition des systèmes complexes en prenant en compte du rôle important que joue l'observateur, et de son interaction avec le phénomène étudié (Le Moigne, 2001a).

- **Les théories de l'auto-organisation :** au début des années 1950, Le paradigme d'*auto-organisation* a connu une très grande postérité et s'est notamment déployé par la contribution de plusieurs théoriciens. Dans sa théorie des *automates autoreproducteurs (les automates cellulaires)*, John von Neumann (1966) a pu formuler un modèle mathématique conçu spécialement pour simuler des systèmes ou des processus complexes et ce par une machine capable de s'autoreproduire. Ce modèle théorique d'automate cellulaire s'inspire du principe d'autorégénération présent dans le milieu biologique. Par ailleurs, Von Foerster, l'un des pères de la cybernétique de 2e génération[45], a apporté un éclairage plus technique sur la compréhension des systèmes complexes par la théorie de l'auto-organisation. Ses travaux de recherche sur le comportement des machines (les systèmes) l'ont conduit à distinguer entre deux types de complexité. D'une part, les systèmes *triviaux* sont caractérisés par la présence de l'*immuabilité* dans les relations input-output, ce qui facilite l'analyse du comportement de ce type de systèmes et les rend plus prévisibles. En contrepartie, rendant compte d'organisations autonomes, le comportement des systèmes *non triviaux* n'est plus seulement dépendant des entrées externes, mais également de leurs propres états internes, les systèmes fournissent leurs propres entrées (Von Foerster, 1984, 1992). En conséquence, Foerster a conclu que les systèmes autonomes auto-organisés se nourrissent de *bruit ou de perturbations aléatoires* qui permettent à chaque système de trouver un état plus stable, c'est le principe de *l'ordre à partir du bruit*. Dans la même perspective, Ashby (1962) s'est intéressé à la question de l'auto-organisation et notamment au contrôle des perturbations dans les systèmes de complexité organisée. Il a défendu l'hypothèse que tout système isolé, déterminé et dynamique obéissant à des lois immuables, développera des organismes adaptés à son environnement. Avec une autre approche plus prometteuse, le psychologue F. Rosenblatt a proposé lors d'une conférence de presse organisée par l'US Navy en 1958, le tout premier réseau de neurones formels baptisé "Perceptron". Muni d'une règle d'apprentissage, l'algorithme de Rosenblatt est censé être capable de simuler un comportement *intelligent* plus proche de l'intelligence humaine, une promesse publiée dans le New York Times : "l'embryon d'un ordinateur électronique qui s'attend à ce qu'il soit capable de marcher, de parler, de voir, d'écrire, de se reproduire et d'être conscient de son existence." Sur un autre angle, Allan (1972) a étudié le paradigme de l'auto-organisation dans les systèmes de complexité organisée en introduisant la théorie de

45. L'idée que l'observateur devrait être inclus dans le domaine de la science.

l'*organisation aléatoire* qui est basée sur l'action et la rétroaction dans le schéma d'*ordre-désordre-organisation*.

- **L'étude des dynamiques non linéaires :** partant du même principe d'auto-organisation à partir du désordre, Prigogine (1969) a mis en évidence pour la première fois la notion de *structure dissipative* pour décrire la capacité d'un système ouvert à puiser dans les flux d'énergie et/ou d'information issus de l'interaction avec son environnement pour être autonome et maintenir, in fine, une stabilité spécifique, le système opère ainsi hors de l'équilibre thermodynamique (l'entropie). Pour de décrire (et de classer) les dynamiques de systèmes non linéaires en fonction de leur comportement, Thom (1975) a formulé *la théorie des catastrophes* pour montrer "qu'un phénomène discontinu peut émerger en quelque sorte spontanément à partir d'un milieu continu" (cité dans Portal, 2009, p. 190). Au début des années 1970, la question de prédictibilité de systèmes déterministes a été remise en cause par l'émergence de la *théorie du chaos* qui suggère que d'infimes incertitudes sur l'état initial d'un système peuvent entrainer de graves erreurs sur l'état final et rendre son comportement dans le temps plus imprévisible, d'ailleurs ce phénomène de sensibilité aux conditions initiale a été parfaitement illustré par la métaphore emblématique de l'effet papillon de Lorenz (1972). Finalement, Mandelbrot (1975) a attiré l'attention sur la complexité géométrique de certaines structures dites "fractales" (du mot latin fractus, qui signifie brisé ou irrégulier) qui ont la particularité de se répéter de façon semblable à elles-mêmes, et ce à toutes les échelles. Toutes ces différentes théories et approches de la dynamique non linéaire ont eu pour ambition de construire un cadre théorique sur la complexité de phénomènes morphogénétiques (Dalmedico, 2004).
- **La biologie évolutive :** la découverte de l'ADN et l'énorme progrès en génétique dans les années 1960 ont contribué à relancer le débat de fond sur la biologie de l'évolution, notamment sur la question des bases génétiques des espèces et de leur capacité d'adaptation dans des milieux complexes et à fluctuation rapide. Les deux paléontologues américains Gould et Eldredge (1977) ont soutenu par leur *théorie des équilibres ponctués* que l'évolution est de nature *chaotique* caractérisée par des périodes d'équilibre (ou quasi-équilibre) assez longues, ponctuées néanmoins de courtes périodes de changements. D'autre part, Maturana et Varela (1992) ont su ramené la biologie à l'étude de phénomènes de cognition en introduisant le concept d'*autopoïèse* qui caractérise certains systèmes (qualifiés de "vivants") en interaction avec leur environnement et dont la propriété est d'être capable de se construire eux-mêmes, en permanence et d'arriver ainsi à maintenir leur structure. Au final, ces différentes études et recherches sur l'évolution de

la vie ont offert à l'époque des pistes de réflexion visant la compréhension de phénomènes complexes.

La ***troisième génération*** de théories de la complexité a connu au cours des années 1980 l'émergence de deux courants de pensée : d'une part, un champ de recherche anglo-saxon s'est ouvert sur l'étude des *systèmes adaptatifs complexes* et d'autre part, une seconde vision s'est développée dans les pays latins à travers *l'intelligence de la complexité*.

- **Les systèmes adaptatifs complexes :** la théorie de systèmes adaptatifs complexes, dont la particularité réside dans la capacité de s'adapter aux changements de l'environnement par l'apprentissage, a été introduite par le Santa Fe Institute au Nouveau-Mexique. Fondé en 1984, le S.F.I est le premier centre de recherche axé sur les systèmes complexes et dont les membres sont des éminents scientifiques, écologistes, physiciens et biologistes qui "s'efforcent de comprendre et d'unifier les modèles sous-jacents et partagés dans des mondes physiques, biologiques, sociaux, culturels, technologiques et même éventuellement astrobiologiques complexes. [...] En révélant les mécanismes et processus invisibles qui façonnent ces mondes en évolution..." (Krakauer, 2019, p. 15). Ce réseau interdisciplinaire a contribué à l'émergence de différentes théories sous-jacentes à l'étude des systèmes adaptatifs complexes. S'inspirant de la génétique et des phénomènes biologiques, le psychologue américain J. Holland (1975, 1992) a introduit le concept des *algorithmes génétiques* qui constitue le premier modèle formel d'algorithmes d'optimisation stochastique fondé sur des mécanismes d'évolution biologique (appelés : *opérateurs*), à savoir la *sélection*, le *croisement* et la *mutation*. Par ailleurs, le biologiste américain S. Kauffman (1969) a été précurseur dans l'utilisation des *réseaux booléens* pour modéliser les réseaux de régulation des gènes dans un but d'auto-organisation et d'évolution. Le physicien danois P. Bak (1991), quant à lui, a proposé le concept de "criticalité auto-organisée" comme une nouvelle théorie de la complexité où suite à l'amplification d'une petite perturbation interne, un système complexe composé d'éléments en interaction dynamique peut être conduit à évoluer vers un état critique à la limite entre la stabilité et le chaos, un phénomène parfaitement illustré par Bak avec le *modèle du tas de sable*. En somme, l'étude des systèmes adaptatifs complexes s'est révélée être un champ de recherche particulièrement instructive pour beaucoup de disciplines qui cherchent à explorer ou analyser l'évolution des systèmes complexes.
- **L'intelligence de la complexité :** en parallèle des approches de la complexité anglo-saxonnes, un deuxième courant s'est développé dans les pays latins

et fut incontestablement initié par les travaux du philosophe français E. Morin. Depuis les années 1940, l'auteur a introduit un nouveau concept philosophique nommé "la pensée complexe" en mettant en exergue l'étroite imbrication de différents domaines de recherche et la transdisciplinarité des savoirs. Il note dans son livre Science avec conscience que "le but de la recherche de méthode n'est pas de trouver un principe unitaire de toute connaissance, mais d'indiquer les émergences d'une pensée complexe, qui ne se réduit ni à la science, ni à la philosophie, mais qui permet leur intercommunication en opérant des boucles dialogiques" (Morin, 1982). Par cette approche qui se veut rigoureusement holistique surpassant le dualisme classique dans les activités intellectuelles sur les systèmes complexes (positivisme/constructivisme), Morin (1999) a mis en avant sept principes complémentaires, interdépendants et fondamentaux pour guider la pensée complexe dans le monde moderne :

- *Le principe systémique ou organisationnel*, qui engage l'indissociabilité du tout et prône l'émergence organisationnelle par les parties isolées ;
- *Le principe hologrammatique* présuppose que chaque partie isolée est dans le tout et vice-versa (ex. l'individu vs la société) ;
- *Le principe de rétroactivité* correspond selon Morin à une *boucle rétroactive* où la cause agit sur l'effet et vice-versa, permettant ainsi l'autonomie organisationnelle du système ;
- Le *principe de récursivité désign*e "un processus dont les produits sont nécessaires à la production du processus lui-même. C'est une dynamique autoproductive et auto-organisationnelle" (Morin et coll., 2003, p. 44) ;
- *Le principe d'auto-éco-organisation (autonomie-dépendance)*, sous-entend que les systèmes dynamiques peuvent s'autoproduire et de s'auto-organiser par l'interaction avec son environnement ;
- *Le principe dialogique* comporte l'idée de maintenir la dualité au sein de l'unité. Il renvoie à la possibilité d'association entre deux éléments qui peuvent être à la fois complémentaires et antagonistes ;
- *Le principe de réintroduction* du sujet connaissant dans toute connaissance, ce "qui permet de reconnaître le rôle actif du sujet, de l'observateur, du penseur, qui avait été évincé par un objectivisme épistémologique aveugle." (ibidem, p. 47).

En somme, l'évolution théorique et sémantique de la notion de complexité au travers cette suite de générations montre que ce domaine de recherche ne peut se résumer à un seul courant de pensée, mais il puise sa richesse de la multiplicité des théories de la complexité qui tissent tout de même des liens entre elles et peuvent être incarnées par une seule science de la complexité (Abraham, 2011).

1.4 L'ambigüité

Dans le langage courant, la dernière lettre "A" comme ambigüité, est employée pour signaler un manque de clarté. Autrement dit, elle traduit ce qui peut donner lieu à de multiples sens et interprétations. Ironiquement, dans la terminologie VUCA, l'ambigüité se présente comme un terme ambigu et l'élément le plus abstrait des trois autres composants. Elle peut, d'un côté, être perçue comme la résultante de la présence concomitante de la volatilité, de l'incertitude et de la complexité affectant la prise de décision (Johansen et Euchner, 2013 ; Horney et O'Shea, 2015 ; Codreanu, 2016) ; ou de l'autre, elle décrit la difficulté d'appréhender les phénomènes émergents dans un contexte opaque et d'en tirer les conclusions de causes à effets sur lesquelles fonder des prédictions (Bennett et Lemoine, 2014 ; Gilman, 2017 ; Heinonen et coll., 2017 ; Cousins, 2018).

Par ailleurs, dans la littérature, diverses disciplines se sont penchées sur la notion d'ambigüité tentant d'en élucider les contours. En économie de la décision, le terme fut introduit pour la première fois par Ellsberg (1961) sous forme de paradoxe remettant en cause la théorie subjective de l'utilité espérée de Savage (1954) développée pour la prise de décision en situation d'incertitude. L'ambigüité, selon Ellsberg (1961), est considérée comme "the quality depending on the amount, type, reliability, and 'unanimity' of information giving rise to one's 'degree of confidence' in an estimate of relative likelihood." (ibidem, p. 657). Autrement dit, l'ambigüité est une incertitude sur la probabilité, créée par l'absence d'informations pertinentes (Snow, 2010). Au fait, ses expériences sur les hypothèses de Savage ont montré que la majorité des agents économiques sont averses à l'ambigüité relative aux probabilités d'occurrence des événements et ils ont tendance à privilégier les choix pour lesquels les probabilites des résultats sont bien connues, d'où le célèbre paradoxe d'Ellsberg (ou biais de l'ambigüité). Depuis la publication de l'article d'Ellsberg, le concept est devenu en économie de la décision synonyme d'incertitude non probabiliste en référence à l'incertitude knightienne (Camerer et Weber, 1992 ; Schmidt, 1996 ; Wakker, 2010).

Dans d'autres champs disciplinaires notamment en philosophie, en psychologie cognitive et en linguistique, l'ambigüité désigne plutôt "la pluralité des interprétations possibles, la diversité des sens dont est porteur un mot, une expression ou une situation." (Cabantous et Hilton, 2006, p. 261). En parallèle, certains auteurs (Tracy et Ashcraft, 2001 ; Davenport et Leitch, 2005 ; Giroux, 2006 ; Eisenberg, 2007 ; Jarzabkowski et coll., 2010 ; Sonenshein, 2010 ; Krause-Jensen, 2011 ; Abdallah et Langley, 2014) dont le précurseur fut Eisenberg (1984) n'ont pas hésité à encenser les vertus de l'ambigüité. Pour eux, cette dernière peut être utilisée comme un catalyseur essentiel et efficace dans le maintien de la cohésion sociale et l'accommodation des différences, Eisenberg (1984) parle, ainsi, de *diversité unifiée*. Toutefois, en vue de discerner et de lever toute confusion entre l'ambigüité et l'incertitude, la première plonge la personne dans la confusion en raison de la multiplicité des interprétations, tandis que la seconde empêche toute réflexion ou interprétation en raison de l'ignorance (Weick, 2009).

Au-delà du problème de neutralité dans l'utilisation de l'ambigüité, nombre de travaux se sont appuyés notamment sur une analyse typologique pour en clarifier les contours. David Wilkinson (2006), une des figures incontournables, a défini dans son ouvrage "*The ambiguity advantage*" six types d'ambigüité :

- *Le paradoxe* : il désigne communément une situation où deux ou plusieurs ensembles de croyances se heurtent les uns aux autres. Il renvoie également à certaines situations qui peuvent être contre-intuitives ou défier le sens commun (ex : le paradoxe de Robin des Bois (voler aux riches pour nourrir les pauvres)).
- *La double contrainte* : elle se présente comme un genre de dilemme paradoxal dans lequel un individu, confronté à deux informations contradictoires ou incompatibles, se trouve troublé et dépassé par un problème insoluble. D'autant plus que dans des cas extrêmes, la double contrainte (*double bind* en anglais) a tendance à amener les victimes à un état de *schizophrénie* ou à un *mutisme* (blocage ou trouble de communication).
- *Le chaos ou hasard* : le chaos est souvent considéré comme la résultante d'une catastrophe, mais il survient également quand le schéma de la prédiction devient indiscernable et imprévisible (une attaque terroriste, un accident de la route ou bien un crash boursier). De tels événements chaotiques ou aléatoires à un rythme frénétique suscitent en conséquence des réactions émotionnelles intenses comme la peur et la panique, d'où la nécessité d'accroître le potentiel de réactivité, de souplesse et de créativité.
- *La complexité* : pour Wilkinson, la complexité correspond à un état situé quelque part entre l'ordre et le chaos ou le hasard. Une situation complexe survient en raison de la confusion dans les informations et les schémas de prédiction. Usuellement, face à la complexité, les managers adoptent des réponses variées : soit en cherchant à minimiser la variance ou se convaincre de l'existante d'un ordre imaginaire ou bien carrément l'ignorer.
- *Les dilemmes moraux, éthiques et personnels* : un dilemme correspond généralement à un problème décisionnel résultant de la disjonction de deux

propositions (opposées) qui conduisent toutes deux à une même solution. L'un des exemples le plus connus est le *dilemme des conseils* de classe où en tout état de cause, un élève se fait interdire le passage en classe supérieure même si deux possibilités s'y imposent: soit le travail n'a pas été fait ou au contraire faute de moyens financiers.

- *La dissonance cognitive* : ce concept a été introduit pour la première fois en 1956 par le psychologue américain Léon Festinger, pour désigner un état de tension (conflit intérieur) ressenti par individu lorsqu'il est amené à agir en contradiction avec ses idées, valeurs, émotions ou croyances. La dissonance cognitive sous-entend l'existence de deux ou plusieurs cognitions considérées comme *dissonantes* (concurrentes) qui peuvent, une fois réunies, entraîner un conflit cognitif dans l'esprit d'un individu.

Par ailleurs et pour appréhender toute la portée de l'ambigüité, la crise sanitaire, due à la pandémie mondiale du coronavirus, est incontestablement l'exemple le plus illustrateur. La propagation rapide du virus a pris suffisamment de l'ampleur pour prendre tout le monde au dépourvu et permettre par conséquent la circulation massive d'informations diverses notamment sur la gravité de la maladie, les gestes barrières, le port du masque, les mesures préventives, la vaccination et la gestion de la pandémie. Ce sont autant de sujets qui ont préoccupé vivement le monde entier et ont laissé place à de multiples interprétations contradictoires, conflictuelles et surtout polluées par des fake news. Cette crise sanitaire, sans précédent, a poussé certains décideurs à tenter de donner (ou créer) du sens à une situation aussi imprévisible et incontrôlable pour pouvoir prendre des mesures hors du commun, et cela en dépit des informations ambiguës et confuses. Une posture déjà proposée par le psychosociologue américain Karl Emmanuel Weick en 1979, il cite dans son article Enacted Sensemaking in Crisis Situations : "les crises se caractérisent par des événements à faible probabilité/fortes conséquences qui menacent les objectifs les plus fondamentaux d'une organisation. En raison de leur faible probabilité, ces événements défient les interprétations et imposent des exigences sévères à la création de sens" (Weick, 1988, p. 305). Issu de la théorie de la résilience, l'approche de création de sens ou "sensemaking" vise à transformer une situation d'ambigüité continue en une situation "qui est explicitement appréhendée par des mots et qui sert de tremplin à l'action" (Weick, 2005, p. 409), c'est-à-dire, qu'en proie à l'ambigüité, "les gens s'engagent dans le sensemaking parce qu'ils sont confus par trop d'interprétations" (Weick, 1995, p. 91).

Dans ses travaux de recherche sur le sensemaking, Weick (1993) s'est penché sur le tragique incendie de Mann Gulch survenu le 5 août 1949 aux États-Unis. C'est l'histoire réelle de 15 pompiers parachutistes envoyés pour éteindre un feu déclaré dans la forêt nationale d'Helena, dans l'État du Montana. En raison de vents violents imprévus, l'incendie s'est développé à une vitesse fulgurante que les pompiers se sont retrouvés contre toute attente encerclés par les flammes. Face à l'urgence et à la surprise de tous, le chef des pompiers à l'improviste, a donné l'ordre aux membres de l'équipe d'allumer un contre-feu et d'abandonner leur matériel. In fine, le groupe s'est trouvé départagé, 13 pompiers n'ont pas assimilé la logique derrière l'ordre donné et ils ont décidé de suivre les règles de sécurité et les tendances habituelles qui cautionne la fuite, mais malheureusement ils ont péri tous dans la catastrophe, en contrariant le reste du groupe qui est resté à l'écoute du leadership et ils ont réussi à revenir vivants de cette mission.

Dans son analyse du drame, Weick parle d'un dysfonctionnement organisationnel (*ou d'effondrement du sensemaking*) et livre cinq causes de cette divergence comportementale face à une situation de gravité extrême :

- L'attachement aux modèles standards et familiers de lutte contre les incendies, même devant des preuves de circonstances inhabituelles ;
- Face au danger immédiat, la réaction naturelle et spontanée d'autopréservation (la survie individuelle) rend le recours aux dites modèles d'aucune efficacité et conduit les pompiers vers une mort certaine ;
- Le manque de communication a contribué à l'aggravation de la situation ;
- La perte de l'identité professionnelle d'un pompier parachutiste (smokejumper) ;
- Le syndrome de la désorientation et le désarroi en raison de la panique, la peur et surtout la perte de l'identité, la notion du sens devient chaotique.

En outre, pour créer de l'ordre et donner un sens à une situation caractérisée par une forte ambigüité, Weick explique que le dénouement passe par un processus de sensemaking répondant à deux questions fondamentales "Que se passe-t-il ?" et "Que dois-je faire ?", il cite: "L'interruption d'un projet en cours et des attentes qui lui sont associées pousse les individus à faire sens de ce qui perturbe l'action. Face à une interruption, les gens semblent d'abord chercher des explications qui leur permettent de continuer l'activité prévue et de rester en action. [...] Les gens essaient plutôt de se débrouiller avec ce qu'ils ont sous la main, de réparer l'interruption [...]. Ainsi, le processus de construction de sens est déclenché par l'imprévu" (Weick, 2003, p. 1). Le sens est ainsi construit au feu de l'action et non avant. Pour dépasser une situation de crise avec suffisamment de succès, Weick (1993) identifie quatre sources de résilience :

- *L'improvisation et le bricolage* : utiliser ce qui est connu et disponible pour pouvoir agir dans l'immédiat avec créativité et avec un esprit d'initiative et répondre au finale à une situation imprévue, et ce sans planification ni préparation ;

- *Le système de rôles virtuels* : assurer mentalement l'identification des rôles de chacun pour pouvoir prendre le rôle de la personne incapable d'assumer sa responsabilité ;
- *La sagesse* : savoir remettre en doute ses propres connaissances et pouvoir s'aventurer avec curiosité dans de nouveaux horizons complexes pour apprendre plus et faire évoluer son savoir ;
- *L'interaction respectueuse* : assurer une bonne communication et une alliance réussie, et ce en toute confiance, honnêteté et respect mutuel.

Pour Weick (1995), le processus de sensemaking se décline en cinq activités :

- *La prise de connaissance* (effectuating) : vise à collecter des informations dans le feu de l'action via des indices (l'environnement est perçu comme un stimulus) ;
- *La triangulation* : consiste à converger les données collectées de sources diverses ;
- *L'affiliation* : comprend le partage et l'interaction avec l'autre en vue de construire socialement du sens ;
- *La délibération* : permet l'intégration de l'information en donnant du temps à la réflexion, au traitement et à l'interprétation des événements ;
- *La consolidation* : étant l'étape la plus cruciale du processus de création de sens, elle s'appuie essentiellement sur la mise en contexte des informations isolées pour une meilleure clarté et lisibilité.

Tout bien considéré, le phénomène VUCA, en cette période de crise sanitaire inédite, ne peut être perçu que comme une *nouvelle norme* qui engage profondément les dirigeants du monde entier à revoir leur feuille de route pour la mise en œuvre d'un plan d'action sur tant de fronts et surmonter les défis présentés par une période de forte dynamique et d'interdépendance élevée. Avec la venue de la pandémie, non seulement les pays développés, mais même les pays en voie de développement ont vécu et vivent toujours la plus grande expérience du monde VUCA (Huy, 2020). Qu'on soit en période Covid ou post-Covid, le changement implacable devient quasiment irréversible et se considère comme la seule constante du contexte mondial. De fait, en ces temps imprévisibles et agités, la planification stratégique n'est plus qu'un exercice futile comme l'a exprimée métaphoriquement Stefanie Voss "il devient de plus en plus difficile de garder toutes les balles en l'air", c'est bien "L'ère des jongleurs" (cité dans Raghuramapatruni et Kosuri, 2017, p. 1). Un monde dans lequel se déroulent des enjeux et des expériences d'une économie basée sur le "stay @ home", le "Self-Care @ Home" et le "Workplace

Zoomable @ Home" (Yuswohady, 2020). Les menaces et les opportunités dans cet environnement nécessitent de nouvelles approches innovantes (Ritter et Pedersen, 2020a). Pour Horney et coll. (2010), le monde VUCA contraint les dirigeants d'entreprise à être plus flexible et rapide dans la prise de décision et à opérer des changements continus notamment au niveau du personnel, de la technologie, des process et de la structure organisationnelle. Le changement se mobilise par une réflexion approfondie des méthodes de management adoptées en entreprise afin de composer avec la nouvelle normalité et de pouvoir naviguer dans un environnement VUCA.

2. Le management du monde VUCA

L'exemple du phénomène VUCA à travers la pandémie du coronavirus montre que la rude épreuve à laquelle sont soumises les entreprises ne risque pas de disparaître aussi facilement qu'elle est arrivée. Michael Ryan, Directeur des opérations d'urgence de l'OMS (Organisation mondiale de la santé), a déclaré en mars 2021 que : "il serait très prématuré et, je pense, irréaliste de penser que nous allons en finir avec ce virus d'ici la fin de l'année"[46]. À vrai dire, tous les éléments VUCA sont bien présents :

- Volatility (*volatilité*) : les changements sont quotidiens, imprévisibles, fluctuants et rapides.
- Uncertainty (*incertitude*) : personne n'est capable de prédire la fin de la pandémie ni même l'efficacité des vaccins contre le Covid-19 et les autres variants.
- Complexity (*complexité*) : au-delà de l'aspect purement sanitaire, la pandémie affecte également d'autres secteurs notamment le secteur économique et social, et ce de manière très complexe.
- Ambiguity (*ambigüité*) : la pluralité et la variété des mesures préventives mises en place par les gouvernements rendent la situation plus ambiguë.

Confrontés à cet environnement aussi chaotique et en évolution rapide, les dirigeants ont tant de mal à anticiper, à prévoir et à prendre, in fine, des décisions les plus propices à leur compétitivité, voire à leur survie. D'autant plus que la gestion de crise s'opère le plus souvent de manière incrémentale, les options de solution sont introduites en fonction de la compréhension de la conjoncture mondiale, ce qui peut conduire évidemment, selon les cas, à des réponses lentes

46. Récupéré du journal le Monde : https://www.lemonde.fr/planete/article/2021/03/02/covid-19-dans-le-monde-le-coronavirus-ne-sera-pas-vaincu-d-ici-la-fin-de-l-annee-selon-l-oms_6071645_3244.html (consulté le 22 mai 2021)

et inefficaces (Drew, 2006). En réaction à ces constats, différentes approches ont été proposées dans la littérature pour aider les managers à relever les défis ou tirer parti des opportunités qui pourraient découler du monde VUCA.

2.1 L'approche "antidote"

2.1.1 VUCA Prime

Présenté comme un *antidote* au phénomène VUCA, Bob Johansen membre distingué de l'Institute for the Future, met en évidence en 2012 une nouvelle approche baptisée "VUCA Prime" qu'il entend adopter pour contrer les menaces issues du monde VUCA et faire plein usage de toutes les opportunités possibles (O'shea, 2017). Le modèle de Johansen est composé de quatre piliers "Vision" (vision), "Understanding" (compréhension), "Clarity" (clarté) et "Agility" (agilité), où chaque pilier est présenté comme une réponse appropriée aux quatre composantes du modèle VUCA.

- *Vision vs Volatilité* : pour mieux résister aux changements environnementaux volatils et contrer les turbulences, les dirigeants devraient être capables de fournir une vision claire et commune de l'avenir. Le chemin tracé vers les objectifs se doit d'apporter une bonne visibilité et assurer à ce que la voie à suivre pour naviguer dans un monde VUCA soit clairement définit. Ayant une vision claire, les dirigeants très engagés concentrent leurs attentions, leurs ressources et leurs efforts sur un but bien précis pour prendre des choix éclairés et proactifs. La formulation d'une vision a pour but de prendre le futur en main plutôt que de le subir, et ce en répondant à trois questions fondamentales : pourquoi sommes-nous ici ? Comment réussirons-nous ? Quelles sont nos mesures de réussite ? (O'shea, 2017).
- *Compréhension vs Incertitude* : les dirigeants d'entreprise doivent avoir la capacité de s'arrêter, de regarder et d'écouter activement au-delà de leurs domaines de compétence fonctionnelle afin de comprendre ce qui se passe (Lawrence, 2013). L'objectif est d'essayer de trouver la raison du problème et de partager la vision avec les collaborateurs (Cooke, 2013b). De fait, la transformation de l'incertitude en compréhension passe par une communication active entre tous les membres de l'équipe et par l'adoption de processus de responsabilisation et d'implication généralisées (O'shea, 2017). Pour Bennett et Lemoine (2014), l'incertitude ne peut être surmontée qu'à travers la collecte, l'analyse, l'interprétation et la diffusion des informations.
- *Clarté vs Complexité* : pour arriver à surmonter la complexité, les entreprises sont tenues de pencher vers la simplicité dans la résolution des problèmes. La

clarté est la clé de voûte pour le dénouement des crises. Elle est présentée par Lawrence (2013) comme un processus délibératif pour donner du sens au chaos. L'appel à la clarté exige des efforts et du temps de la part des dirigeants pour essayer de comprendre la confusion dans laquelle se trouvent les organisations (Cooke, 2013b). La clarté permet aux entreprises de répartir la complexité afin de faciliter l'interprétation et la compréhension (Webb, 2016).

- *Agilité vs Ambigüité* : l'agilité en tant qu'antidote à l'ambigüité appelle à une plus grande vigilance et à une capacité de réponse rapide et flexible permettant une adaptation constante aux événements inattendus (Alkubaisi et Almado, 2019). Autrement dit, les dirigeants doivent être suffisamment agiles pour surmonter la confusion que peuvent susciter de nouvelles situations de crise (Lawrence, 2013). La communication ouverte, l'échange de connaissances et l'apprentissage coopératif sont autant d'éléments déterminants pour la réussite de l'agilité.

2.1.2 VACINE

Dans son livre "*The Network Always Wins*" paru en 2015, l'entrepreneur belge Peter Hinssen propose le modèle VACINE comme étant une nouvelle approche de management pour toute entreprise qui se veut compétitive et pérenne dans un environnement VUCA en constante évolution. L'antidote VACINE (un acronyme mal orthographié qui sous-entend vaccin) est une formule composée de six éléments : Velocity (vélocité), Agility (agilité), Creativity (créativité), Innovation (innovation), Networks (réseau) et Experimentation (expérimentation).

- *Velocity* : en réponse aux exigences d'un environnement changeant et de plus en plus imprévisible, les dirigeants sont contraints de réagir avec efficacité et plus de rapidité. La vélocité est un concept indispensable pour toute organisation qui cherche à tirer le meilleur parti de l'agilité. Toutefois, elle suscite de l'expérience, un savoir-faire, mais surtout un dynamisme et une forte cohésion dans l'équipe afin de s'adapter avec rapidité et de pouvoir saisir les opportunités qui peuvent se présenter. Le rythme de l'horloge interne (Internal clock) de l'entreprise ou organisation doit être en phase avec le rythme de l'évolution externe (External clock) (Hinssen, 2015).
- *Agility* : les organisations doivent être suffisamment habiles et réactives pour être mieux à même de faire face aux contraintes du monde VUCA et d'exploiter à leur avantage le pouvoir du changement. L'agilité permet aux dirigeants de répondre à un large éventail de circonstances imprévisibles de manière plus rapide et efficace. Cela implique la collaboration de l'ensemble des membres de l'organisation dans l'emploi des idées nouvelles avec moins de perte de

temps et d'énergies. Selon Hinssen (2015), les dirigeants doivent apprendre à apprivoiser le changement comme un ami et non comme un ennemi.

- *Creativity* : pour s'adapter et surmonter les modifications provoquées par un environnement turbulent et changeant, les organisations s'évertuent à favoriser et à promouvoir la créativité en interne. Le principal enjeu est d'être capable d'instaurer une véritable culture de créativité partagée au sein de l'organisation. À ce titre, elles se doivent de libérer le potentiel créatif du personnel existant afin de permettre de faire émerger de nouvelles idées. Pour Hinssen (2015), la créativité est utilisée pour trouver la réponse à une question complexe.

- *Innovation* : l'objectif est de favoriser et stimuler l'innovation dans les organisations pour permettre de créer de la valeur ajoutée durablement. L'innovation est devenue en effet un levier indispensable pour le développement de nouvelles solutions adaptées aux défis que suscite le monde actuel et futur. Hinssen (2015) a identifié quatre types d'innovation où chacun est illustré par un exemple issu de l'entreprise Walt Disney Company.

  - *L'innovation de produit* : Disney révolutionne le monde du cinéma en produisant des films tournés avec des techniques modernes et innovantes.

  - *L'innovation de marché* : Disney pénètre de nouveaux marchés en dehors de son périmètre traditionnel (le cinéma) notamment avec l'ouverture du parc d'attractions Disneyland.

  - *L'innovation de service* : Disney offre constamment de nouveaux services centrés sur les clients pour les faire vivre des expériences uniques.

  - *L'innovation de modèle* : Avec Disney+, l'entreprise a opté pour une restructuration de son modèle économique.

- *Networks* : dans un monde interconnecté et en perpétuelle évolution, les entreprises sont davantage conscientes et incitées à restructurer leurs organisations en privilégiant davantage le modèle d'organisation plate et le management en réseau. Dans la mesure où qu'en plus du réseau externe, le développement du réseau interne, particulièrement celui de l'innovation, est aussi primordial pour libérer le potentiel caché et promouvoir l'esprit du travail en communauté. De fait, pour gagner en agilité et en fluidité, les entreprises auront tendance à inclure les parties prenantes, à maîtriser les connaissances et à favoriser davantage la pensée en réseau.

- *Experimentation* : la clé de voûte de l'innovation est l'expérimentation. Les entreprises doivent apprendre à promouvoir la mentalité de l'expérimentation et être ouvertes à l'échec. De ce fait, il faut appréhender l'échec comme une étape incontournable à franchir pour se rapprocher du véritable succès et non comme une fatalité. Toutefois, opter pour l'expérimentation exige, de la part des entreprises, le renforcement de la sécurité et la réduction des coûts liés aux échecs. C'est pourquoi, il se doit d'encourager les employés à innover et à expérimenter leurs nouvelles idées en se concentrant sur celles qui marchent véritablement.

2.1.3 BEVUCA

Un autre modèle de management, visant l'excellence en affaires dans un environnement VUCA, a été proposé par deux universitaires britanniques Ayat Saleh et Richard Watson dans un article paru en 2017 et intitulé "*Business excellence in a volatile, uncertain, complex and ambiguous environment (BEVUCA)*". Le cadre BEVUCA se veut une approche systémique pour atteindre l'excellence malgré le changement permanent de l'environnement de l'entreprise et qui impose la mise en œuvre d'un système de gestion intégrée assurant une meilleure communication interne, une forte implication de la direction, une augmentation de la productivité et une plus grande satisfaction des employés (Saleh et Watson, 2017).

Pour exceller dans un monde VUCA, le modèle BEVUCA se compose de 18 facteurs de succès critiques regroupés en quatre catégories "Agilité", "Compréhension", "Clarté" et "Vision", et ceci en s'inspirant des travaux de Bob Johansen (2012), mais avec deux modifications majeures : d'une part, l'agilité est l'approche privilégiée pour surmonter un contexte volatile et d'autre part, la vision est la mieux placée pour contrecarrer l'ambigüité.

- *Agility vs Volatility* : neuf facteurs de succès critiques sont identifiés dans le groupe référent à l'agilité, notamment l'agilité du leadership, les indicateurs clés de performance agiles, la gestion du changement, les capacités dynamiques, l'innovation et la créativité, l'agilité de l'organisation, la flexibilité des ressources humaines, la résilience de l'équipe et enfin la formation et le développement (Saleh et Watson, 2017).
- *Understanding vs Uncertainty* : dans un environnement incertain, la compréhension comprend deux facteurs de succès, à savoir la gestion des parties prenantes et la planification dynamique (ibidem, 2017).
- *Clarity vs Complexity* : trois facteurs critiques de succès sont identifiés dans le groupe de la clarté pour surmonter les risques et les défis d'un environnement complexe, en occurrence la gestion des connaissances, la structure organisationnelle et la restructuration (ibidem, 2017).
- *Vision vs Ambiguity* : quatre facteurs de succès critiques se réfèrent à la vision pour saisir les opportunités et maîtriser les enjeux d'un contexte

ambigu, à savoir la plateforme de la vision, la culture organisationnelle, le leadership éthique, la responsabilité sociale de l'entreprise (RSE) et enfin l'expérimentation (ibidem, 2017).

D'autre part, Saleh et Watson soulignent que ces facteurs à succès critiques ont été évalués en fonction de leur "effet" (figure ci-dessous) pour atteindre l'agilité, la compréhension, la clarté et la vision. Le modèle BEVUCA fournit un cadre de gestion structurée pour atteindre l'excellence en affaires dans des conditions VUCA grandissantes (ibidem, 2017).

Les facteurs de succès de BEVUCA

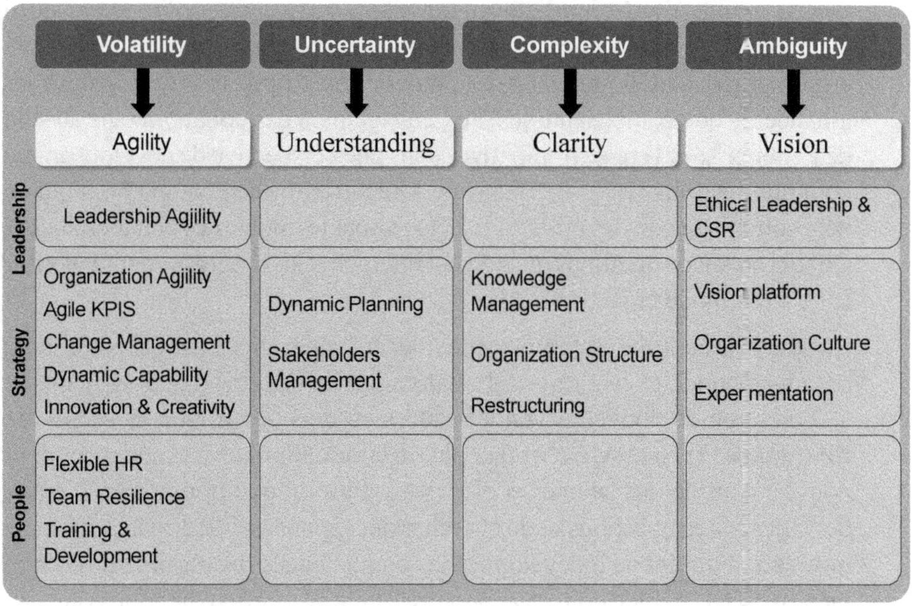

Source : Saleh et Watson (2017, p. 14)

2.1.4 VUCA Tools™

Dans son livre " *VUCA tools for a VUCA world : Developing leaders and teams for sustainable results*" paru en 2018, Deaton délivre VUCA Tool™ comme un outil d'aide aux dirigeants confrontés à un environnement VUCA et de pouvoir prospérer même dans les situations de perturbations massives. L'antidote de survie à VUCA, proposé par l'auteur, est une approche de prise de décision collective basée sur quatre composants clés : Values (valeurs), Us (nous), Curiosity (curiosité) et Aspirations (aspirations).

- *Values* : les valeurs sont des croyances et des grands principes d'une importance capitale puisqu'elles donnent un aperçu des positions que chacun adopte lors d'une prise de décision en équipe. Les valeurs une fois identifiées d'une manière claire et précise, elles peuvent aider la personne à trouver son orientation, à se sentir profondément engagée et à mieux exploiter les ressources et les moyens disponibles face aux nouvelles circonstances. Pour y arriver, certaines questions sont à poser en premier, notamment : Quelles sont nos valeurs les plus profondes ? Laquelle est la plus importante pour s'orienter ou pour prendre la bonne décision ?.
- *Us* : le "nous", suppose la collaboration avec l'autre ou les autres. Naviguer dans le monde VUCA implique un travail qui ne peut être solitaire puisqu'il s'élabore sur la base d'une intelligence collective de l'organisation en prenant en compte les parties prenantes. Le pouvoir se multiplie et se renforce par les alliances. Cette composante suscite l'engagement des collaborateurs au sein de l'entreprise et la prise d'initiatives dans une perspective de développement commune et d'innovation permanente. Qui fait partie de l'équipe ? Sur qui on peut compter devant les difficultés ? Quels sont les atouts des collaborateurs ? Ce sont autant de questions qui doivent interpeller les dirigeants pour valoriser le "Us" en mode crise.
- *Curiosity* : la curiosité est le moteur premier de l'innovation et de l'apprentissage organisationnel, et ce à travers l'exploration de champs d'action inédits et l'acquisition de nouvelles connaissances au-delà des frontières du savoir. Elle pousse la personne à chercher plus d'informations et d'expériences pour pouvoir combler les lacunes et offrir plus d'espoir et d'optimisme. L'envie de se poser des questions et de chercher des réponses doit être la principale motivation qui mène à développer les compétences nécessaires pour faire face aux VUCA. Que doit-on apprendre ? Que doit-on savoir pour avancer ? À qui doit-on s'adresser? Telles sont les premières questions à poser.
- *Aspirations* : les aspirations sont les principales lignes et les leviers d'action qui dynamisent et apportent du sens aux actions individuelles ou collectives au sein des organisations. Elles mettent en lumière les orientations qui servent à comprendre vers quoi mènent les efforts qui sont déployés. Les aspirations offrent de l'espoir, de l'inspiration, de l'énergie et de la clarté dans la vision vers laquelle l'entreprise souhaite se diriger. Vers où nous dirige-t-on ? Ce qu'on espère atteindre ? Ce qu'on veut accomplir ? Ce sont les premières questions pour trouver un terrain stable et pour aller de l'avant.

Pour Deaton (2018), les deux premières composantes du modèle VUCA Tool™, à savoir "Values" et "Us", offrent de la confiance et une base solide dont les managers ont le plus besoin dans leurs équipes. Les deux autres, "Curiosity" et "Aspirations", sont plus une source de motivation pour avancer à travers les défis du présent vers le futur qu'on crée.

En somme, les quatre outils, cités ci-dessus, offrent des solutions managériales créatives favorisant la résilience et le renforcement de la capacité des organisations à faire face aux enjeux posés par le monde VUCA. Bien qu'utiles, la plupart de ces modèles souffrent d'une limitation commune : le traitement par antidote pour chacun des défis VUCA (volatilité, incertitude, complexité et ambiguïté), s'opère de manière isolée et avec des contre-mesures parfois inappropriées (Thorén et Vendel, 2018). Face à un environnement dynamique et de plus en plus imprévisible, il s'avère nécessaire d'être capables d'anticiper le changement et de chercher à mettre en évidence les menaces et les opportunités qui en découlent. Les organisations doivent, ainsi, adopter une approche plus systématique et intégrée pour mieux gérer l'incertain et réduire de manière significative l'impact d'un avenir VUCA. Dans cette perspective, la prospective stratégique (Strategic Foresight) devrait fournir une vision (ou plusieurs visions) de la stratégie qui permettrait de comprendre et de combler les écarts de compétences entre le monde d'aujourd'hui et celui de demain (Mootee, 2013).

2.2 L'approche systématique : "Strategic Foresight"

La prospective stratégique est avant tout une démarche transdisciplinaire ancrée dans les études prospectives et qui est conçue pour aider à mieux comprendre, à préparer et à influencer l'avenir (Iden et coll., 2017). Autrement dit, le postulat derrière la prospective stratégique est de reconnaître que le futur n'est pas prédéterminé (ou prévisible), mais qu'il peut être construit et façonné (Miles et coll., 2002). De fait, elle s'inscrit dans une démarche de nature adaptative plutôt que dans la vision déterministe imposée par la planification. De plus, l'adoption de cette perspective tournée vers l'avenir peut apporter un appui décisionnel particulièrement utile (Guerraoui, 2020) dans un environnement VUCA où le changement est devenu la seule constante. Plus récemment avec la pandémie du coronavirus, la prospective a pris de l'ampleur, de légitimé et elle s'est déclinée dans plusieurs plans de résilience et d'adaptation, en l'occurrence le rapport de prospective stratégique 2020 lancé par la Commission Européenne et dont l'objectif est d'ancrer l'approche au cœur de l'élaboration des politiques de l'UE et de mettre en place un réseau de prospective européen fondé sur l'intelligence collective de manière structurée et systématique.

Par ailleurs, la prospective stratégique peut être appréhendée par un large spectre de méthodes et d'outils dont le choix est directement lié aux circonstances et aux objectifs à atteindre (Popper, 2008 ; Wilkinson, 2021). Popper (2008) a présenté une cartographie comparative baptisée *le diamant de la prospective* pour classer 33 méthodes couramment utilisées par les praticiens de la prospective stratégique et de la prise de décision.

Le diamant de la prospective

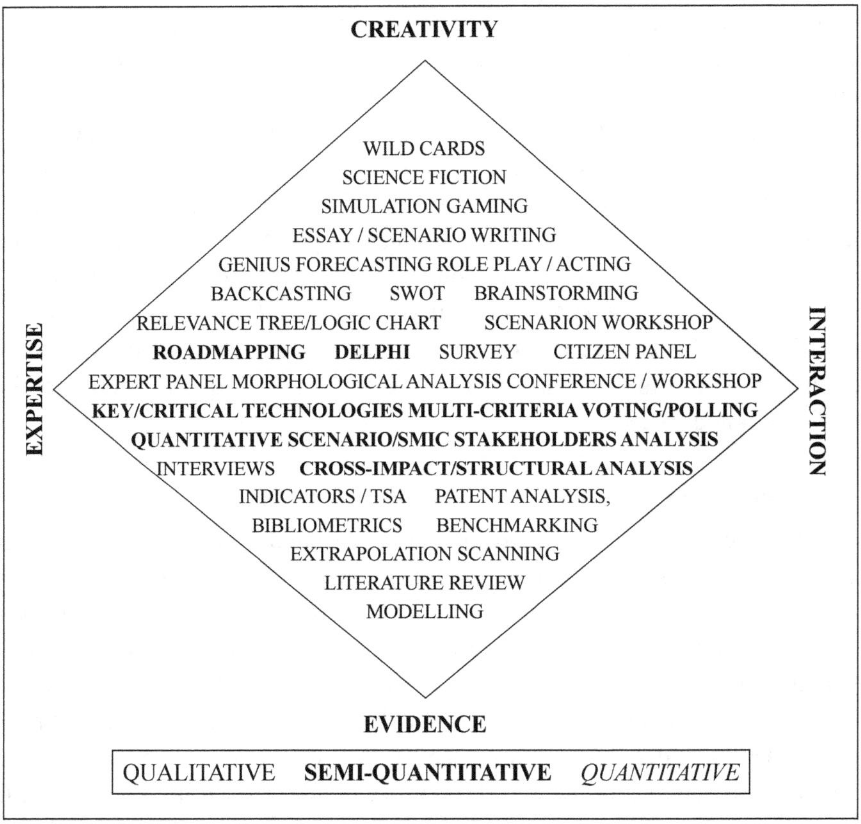

Source : Popper (2008, p. 71)

Les méthodes (présentées ci-dessous) sont positionnées dans le diamant suivant deux critères, d'abord en fonction du type de technique adoptée (qualitative, semi-quantitative et quantitative) puis en fonction de la nature de la source des connaissances sur lesquelles se base chaque méthode (Créativité vs Preuve et Expertise vs Interaction).

- *Les méthodes basées sur la créativité* s'appuient le plus souvent sur l'ingéniosité et l'inventivité de personnes hautement qualifiées (des *gourous* de la technologie) ;

- *Les méthodes fondées sur l'expertise* reposent sur le savoir-faire et les expériences accumulées dans un domaine particulier. Elles peuvent assister le décideur en conseils et recommandations.
- *Les méthodes basées sur l'interaction* se basent sur les positions et les points de vue partagés conjointement entre les experts et les non-experts.
- *Les méthodes fondées sur des preuves* essaient d'expliquer et/ou de prévoir un phénomène particulier à l'aide d'informations codifiées, de données, d'indicateurs, etc.

Néanmoins, ces diverses méthodes ne sont pas totalement indépendantes les unes des autres, mais peuvent être combinées entre elles en tenant compte du contexte environnemental et des besoins spécifiques de chaque entreprise ou organisation. Tel est le cas, par exemple, de la méthodologie de prospective adoptée par l'Organisation mondiale de la santé (OMS), via son Bureau régional du Pacifique occidental (WPRO), qui vise à apporter une réponse à la pandémie de Covid-19. Quatre groupes de réflexion hétérogènes ont été constitués pour mettre en place un plan de prospective pour élaborer des scénarios de pandémie à l'horizon de 18 mois (calendrier prévisionnel du futur vaccin contre la Covid-19). 34 personnes dispensées entre experts et universitaires se sont réunies du mars à juin 2020 pour discuter de la crise sanitaire et fournir des recommandations portant sur deux objectifs majeurs :

- *sur le plan stratégique* : fournir des scénarios futurs sur la pandémie tout en faisant ressortir les opportunités et les défis en dehors des problèmes les plus immédiats,
- *sur le plan de développement organisationnel* : intégrer la mentalité de réflexion orientée vers l'avenir dans le travail de routine.

Le processus de prospective mené par le groupe de réflexion se décline en six étapes : premièrement, les trois premières phases qualifiées de "divergentes" ont pour but de générer des informations utiles par le recours à des exercices de remue-méninges, ensuite, les trois phases restantes sont perçues comme "convergentes" et ont pour mission de traduire lesdites informations générées en des résultats les plus raffinés et précis.

La méthodologie employée par les groupes de réflexion

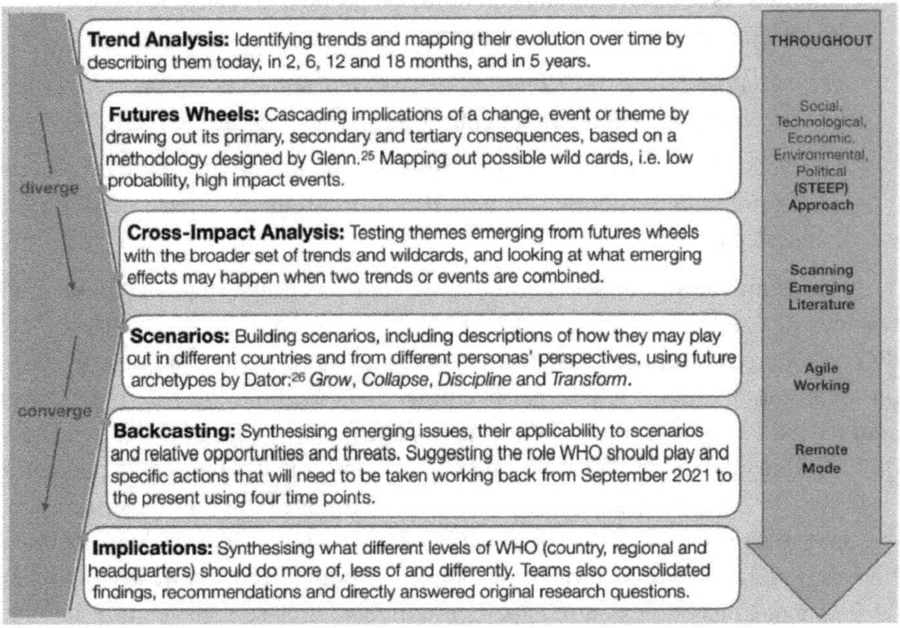

Source : Gariboldi et coll. (2020, p. 3)

Phases de divergence

- Analyse des tendances (Trend Analysis)

Une tendance, au sens commun du terme, renvoie à une description des changements structurels qui caractérisent un phénomène observable sur une période de temps bien définie. Elle peut être exprimée quantitativement ou qualitativement. L'analyse des tendances est une approche fondée sur l'idée selon laquelle l'étude et l'observation des tendances développées au cours du temps permettent aux organisations de prédire l'avenir. De fait, identifier les tendances et cartographier leur évolution dans le temps fournit un cadre conceptuel permettant aux dirigeants de mener des réflexions et de se préparer aux inévitables changements qui se profilent à l'horizon. Les tendances peuvent être, dans un premier temps, identifiées par le biais de données historiques, d'index, de revues de la littérature et d'ateliers d'experts, et ensuite classées par pertinence dans une liste de catégories prédéfinies (Sean et Kohler, 2021). Par ailleurs, une *mégatendance*, terme inventé pour la première fois par J. Naisbitt en 1982, correspond à un changement majeur dans les conditions environnementales, sociales ou économiques qui transforme profondément la manière dont les gens vivent (Hajkowicz et coll., 2012). Généralement, elle est le produit de croisements de deux ou plusieurs tendances.

Pour le groupe de réflexion de l'OMS, l'identification des tendances et de leur évolution s'est portée sur quatre thématiques principales : l'équité, les mesures d'atténuation communautaires, la mortalité (non liée au Covid) et l'éthique.

- Roue des futurs (Futures Wheels)

Cette technique, inventée par le futurologue américain Jerome C. Glenn en 1971, est une forme de brainstorming qui permet aux participants à l'exercice d'identifier, d'analyser et de regrouper les conséquences primaires, secondaires et tertiaires d'une tendance, d'un événement ou d'un changement futur possible.

Pour l'usage de la roue des futurs, Glenn préconise à ce que la tendance ou l'événement étudié soit placé au centre d'une feuille de dessin (ou papier de travail), puis les conséquences découlant seront affichées dans des petites bulles à des niveaux différents et formant au final les rayons d'une roue à partir du centre. Les conséquences, dont l'effet positif ou négatif est le plus direct, sont positionnées dans le premier niveau (l'anneau primaire). Le rang suivant est constitué de conséquences les plus probables inhérentes aux conséquences du niveau précédent (l'anneau secondaire). Enfin, si nécessaire, l'opération peut se répéter dans les mêmes conditions formant un niveau supplémentaire (l'anneau tertiaire).

La roue des futurs développée par le futuriste David Snyder lors d'une consultation avec la US National Security Agency

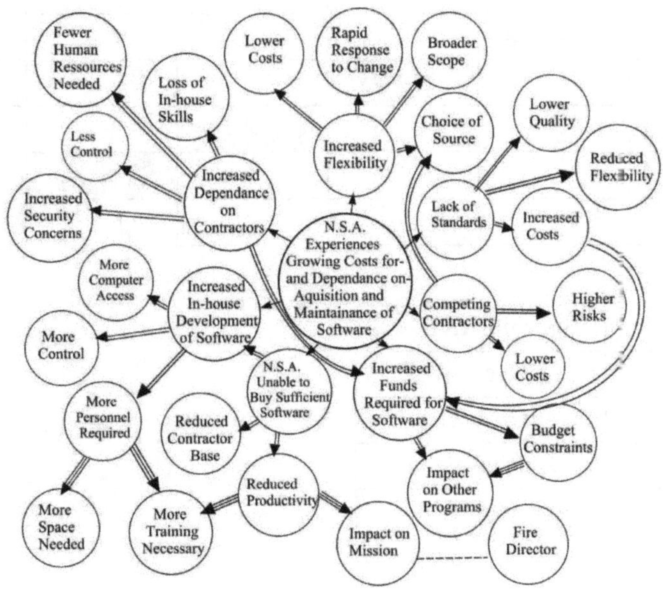

Source : Glenn (2021, p. 6)

- L'analyse d'impact croisé

L'analyse d'impact croisé (Cross-impact analysis) est une méthode conçue par Theodore Gordon et Olaf Helmer en 1966 pour aider les analystes à identifier et à déterminer les interactions susceptibles de se produire entre des événements spécifiques. La notion d'"impact croisé" fait référence au coefficient selon lequel un événement ou une tendance peut faire augmenter ou diminuer la probabilité d'occurrence d'un autre événement ou d'une autre tendance (Kholer, 2021). Toutefois, la communauté du renseignement des États-Unis (United States Intelligence Community) créée en 1981, a élargi le champ d'analyse du modèle d'impact croisé basé sur les interactions entre des événements pour inclure des variables telles que l'environnement, la conjoncture politique et l'opinion publique qui peuvent influencer les probabilités d'occurrence de certains événements (Heuer et Pherson, 2011). Pour une meilleure visualisation des diverses relations et influences potentielles dans l'analyse d'impact croisé, les analystes du renseignement ont eu recours à la matrice d'impact croisé. Cette dernière a pour rôle majeur de les aider à examiner comment les interactions entre les variables influencent les événements futurs et également l'impact (positif ou négatif) de chacune de ces variables sur le résultat.

Un exemple de matrice d'impact croisé

	Variable 1	Variable 2	Variable 3	Variable 4	Variable 5
Variable 1		+	+		-
Variable 2	-		-		+
Variable 3	-	+		+	
Variable 4	+	-			+
Variable 5	+	+	-	+	

+	**Fort positive**
+	**Positive**
	Neutre
-	**Négative**
-	**Fort négative**

Source : Élaboration propre

Dans le plan de prospective stratégique mené par l'OMS, le groupe de travail a entrepris des tests d'analyse sur les thèmes émergeant de la roue des futurs en prenant en compte d'un ensemble plus large de tendances et de caractères génériques, et il a examiné les effets potentiels qui peuvent se produire via la combinaison de deux tendances ou événements (Gariboldi et coll., 2020). C'est ainsi que tout au long du processus de divergence, les analystes ont eu recours à l'analyse STEEP[47] afin d'identifier les facteurs externes liés à la pandémie et qui peuvent avoir des effets sur le système de santé. Six champs d'application étaient prioritaires, en l'occurrence le comportement de recours aux soins de santé, la disponibilité des services de soins, le personnel de santé, les médicaments et le matériel médical, le financement et enfin l'exposition aux facteurs de risque (ibidem, 2020).

Phases de convergence

- Scénarios

Les scénarios sont l'une des techniques les plus communément utilisées par les praticiens de la prospective. Dévoilée pour la première fois dans les années 1950 par RAND Corporation et par la SEMA Metra Consulting Group (Godet et Roubelat, 1996), cette démarche s'est investie dans des exercices de planification et de réflexion dans les organisations, avec comme objectif principal l'exploration et la construction hypothétique d'un ensemble de futurs alternatifs plausibles qui peuvent être utilisés pour comprendre les problèmes et générer des perspectives différentes par rapport à la conjoncture. Considérés comme le seul moyen d'explorer le futur (Sardar, 2010), les scénarios fournissent un point de référence indispensable à partir duquel les organisations formulent des politiques et des stratégies futures.

En vue d'offrir un cadre de référence pratique pour les praticiens de la prospective, Henchey (1978) a élaboré une taxonomie composée de quatre classes d'avenirs alternatifs potentiels :

- *Les futurs possibles* : c'est une classe d'avenirs qu'on imagine pouvoir se produire même si elle échappe à toute lucidité (le "warp drive" de Star Trek en est un très bon exemple).
- *Les futurs plausibles* : ce sont des futurs qu'on juge pouvoir se produire sur la base de connaissances actuelles.
- *Les futurs probables* : ceux qui sont perçus comme susceptibles d'arriver en prenant compte les tendances actuelles.

47. Un acronyme pour social, technologique, économique, environnemental et politique.

- *Les futurs préférables* : ce sont ceux que nous pensons ou que nous voulons devoir se produire. En général, notre jugement, dans ce type de futur, est plus émotionnel que cognitif.

Hancock et Bezold (1994) ont repris la taxonomie de Henchey pour présenter les futurs alternatifs sous la forme d'une représentation graphique baptisée le *cône des futurs*, dans laquelle les quatre classes sont figurées avec des dimensions disproportionnées.

Le cône des futurs adapté de (Hancock et Bezold, 1994)

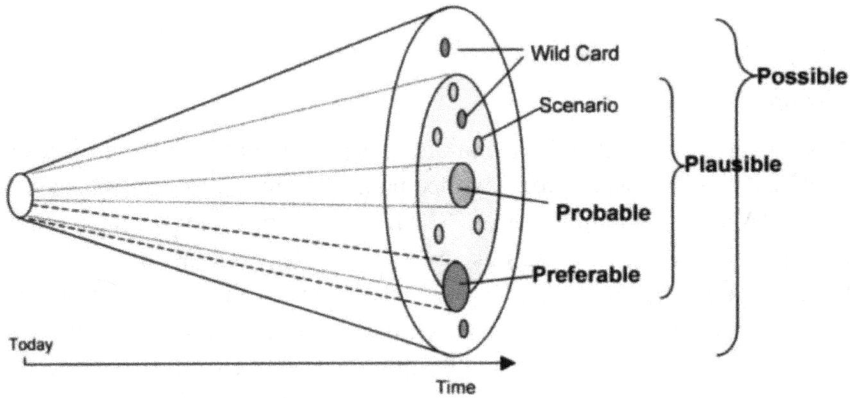

Source : Branchetti et coll. (2018, p. 10)

Au lieu de se concentrer exclusivement sur les futurs les plus probables, le groupe de réflexion a élargi le périmètre à cartographier en se penchant notamment sur les événements inattendus, à faible probabilité, mais avec un fort impact (wild card). En complément, deux événements génériques ont été pris en considération dans la construction des scénarios futurs : le piratage des systèmes informatiques de l'OMS et le violent cyclone Harold qui a frappé les îles Fidji, les Tonga, le Vanuatu et les îles Salomon (Gariboldi et coll., 2020).

Mêlant des expertises hétérogènes, les think tanks de l'OMS ont pu fournir un éventail de scénarios futurs (aux limites de la plausibilité) qui illustre la façon dont la pandémie de Covid-19 affecte le monde dans un horizon de 18 mois.

Les douze thèmes transversaux du nouveau futur issus des groupes de réflexion

Santé	Technologie
- Le personnel de santé s'est vu poussé dans ses derniers retranchements. - Santé : tout le monde est à cheval. - Des années de progrès en matière de santé sont réduites à néant. - Tous les regards sont tournés vers l'OMS	- La crise sanitaire a déclenché un flot d'innovations incrémentales.
Politique	**Sociale**
- La santé est détournée par des politiques extrêmes. - Montée des "*états défaillants*". (en raison de l'échec des réponses au Covid-19) - La grande réinitialisation.	- Le Covid-19 polarise et fragmente la société donnant lieu à de plus grandes inégalités et à de nouveaux groupes vulnérables. - Les communautés vivent dans un stress, une incertitude et des pressions constantes, y compris la perte d'emploi et la perte de revenus. - La santé redéfinit notre façon de vivre et de nous comporter. - Un nouveau contrat social émerge, qui redéfinit la responsabilité de chacun et où la santé individuelle devient un bien public.

Source : Gariboldi et coll. (2020)

- Backcasting

La notion de "backcasting" a été introduite pour la première fois par John B. Robinson en 1990 comme une approche alternative à la prévision. La caractéristique principale de la méthode backcasting est "qu'elle se préoccupe, non pas de ce qui est susceptible de se produire dans le futur, mais de la manière dont les futurs souhaitables peuvent être atteints. Il s'agit donc d'une analyse explicitement normative, qui implique de travailler à rebours à partir d'un futur souhaitable particulier jusqu'au présent afin de déterminer la faisabilité physique de ce futur et les mesures politiques qui seraient nécessaires pour y parvenir" (Derborg, 1996, p. 814).

De manière plus précise, l'approche de backcasting importe tout d'abord de tenter de définir un avenir souhaitable, ensuite de se livrer à un raisonnement à rebours pour identifier les liens causaux qui déterminent la faisabilité de cet avenir et enfin de réfléchir aux stratégies ou aux mesures politiques nécessaires pour combler le fossé entre ce futur souhaité (souvent non linéaire) et la réalité actuelle.

Backcasting pour un futur désirable

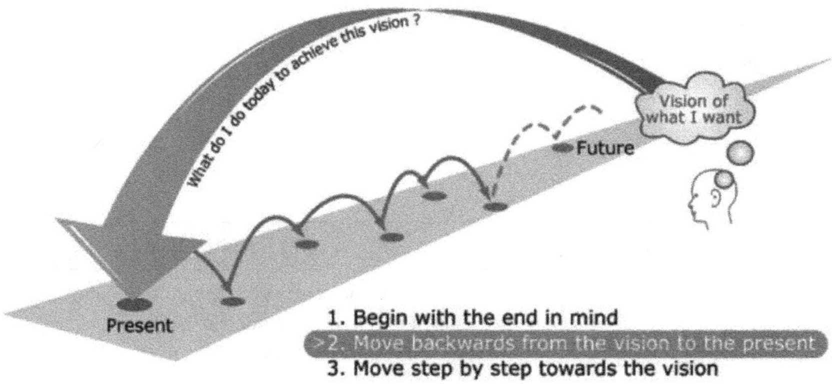

Source : Swanson (2019, p. 6)

Toutefois, le backcasting reconnaît qu'il y ait différents chemins pour atteindre la même destination, c'est pourquoi plusieurs opérations de backcasting peuvent être envisageables pour cerner au mieux les facteurs nécessaires à la création de l'avenir.

Selon Robinson (1990), deux raisons majeures sont invoquées pour justifier le recours au backcasting :

- La difficulté de prédire l'avenir en raison de l'incertitude et au dynamisme sous-jacent ;
- Face à l'incertitude, le futur probable ne peut être nécessairement le plus souhaitable, mais un avenir préférable peut être atteint à travers une approche normative engageant un travail à rebours.

Profitant de cette approche normative, le groupe de réflexion de l'OMS a envisagé des opportunités susceptibles de découler de certaines tendances positives qui pourraient être stimulées par la pandémie de coronavirus, notamment la revitalisation de la couverture sanitaire universelle, ainsi que le recours à la santé numérique et à des modèles de prestation de soins innovants (Gariboldi et coll., 2020).

- ***Implications***

En Strategic Foresight, le dernier axe s'attache à mettre les résultats de la prospective au service de l'action et de la planification stratégique en univers incertain. Les organisations doivent, ainsi, s'assurer des conditions de réalisation des orientations issues de la démarche et qui sont établies sur le long terme, notamment à travers l'ouverture, la synergie et l'engagement effectif de tous les acteurs impliqués dans un travail collectif, prospectif et stratégique.

L'OMS via son Bureau régional du Pacifique occidental (WPRO), s'est concentrée principalement sur la manière dont les parties prenantes peuvent être guidées dans la mise en œuvre des résultats des groupes de réflexion, l'utilisation des scénarios futurs, les chances de tirer parti des opportunités émergentes et la mise en œuvre des mesures proposées. Des réunions et des rencontres ont eu lieu pour sensibiliser les États membres face aux enjeux de la pandémie et les amener à réfléchir sur les recommandations et les postures de résilience qu'ils conviendraient d'adopter.

Somme toute, comme toute approche créative qui se veut apporter un appui efficace et efficient à la prise de décision, la prospective stratégique témoigne également de certaines limites. Dans le cas de cet exemple, Gariboldi et coll. (2020) ont soulevé certaines faiblesses fondamentales dans le processus de la prospective mené par le groupe de réflexion :

- Le processus a été limité par la qualité de l'expertise et du nombre des intervenants dans le groupe de réflexion ;
- Le rythme et la durée de la prospective ont conditionné fortement le rendement final ;
- L'effet de la variabilité des données et de l'évolution quotidienne des informations utilisées ;
- Le niveau d'incertitude mondial était exceptionnellement élevé, rendant la planification plus complexe.

CHAPITRE 4

POSTURE ÉPISTÉMOLOGIQUE ET CADRE MÉTHODOLOGIQUE DE LA RECHERCHE

" *La conception que tout individu a du monde est et reste toujours une construction de son esprit, et on ne peut jamais prouver qu'elle ait une quelconque autre existence.*"

Erwin Schrödinger, L'Esprit et la Matière

Le présent chapitre a pour objectif de présenter le paradigme épistémologique dans lequel s'inscrit cette recherche. Il s'articule autour de trois points. Tout d'abord, la première section est consacrée au positionnement épistémologique et à la méthodologie de recherche suivie dans cette étude. Puis, la deuxième section présente le terrain de recherche choisi, les intervenants ainsi que le contexte dans lequel s'inscrit l'investigation. Enfin, la troisième section, plus opératoire, détaille les méthodes de collecte et d'analyse des données empiriques.

1. Positionnement épistémologique et méthodologie de recherche

1.1 Brève rétrospective des trois grands paradigmes en sciences de gestion

La posture épistémologique s'impose à tout chercheur dans la mesure où elle définit le paradigme scientifique qui conditionne et oriente la production de la connaissance, une "connaissance valable" au sens de Piaget (1967, p. 6). Pour Perret et Séville (2007), l'épistémologie "s'interroge sur ce qu'est la science en discutant de la nature, de la méthode et de la valeur de la connaissance" (ibidem, p. 13). L'objectif principal derrière une prise de position épistémologique est de pouvoir légitimer la recherche sur le phénomène étudié (Wacheux, 1996). Pour arriver à bien se déterminer dans son choix, le chercheur a la possibilité de donner libre cours à ses croyances, ses représentations et ses positions existentielles (Lauriol, 2003).

Selon Martinet (1990), plusieurs paradigmes épistémologiques peuvent être mobilisés par les chercheurs pour pouvoir se positionner et asseoir leur stratégie d'accès au réel. En sciences de gestion, trois grands principaux paradigmes épistémologiques sont usuellement à l'œuvre, à savoir le paradigme positiviste, constructiviste et interprétativiste. Dans les faits de choisir entre tel ou tel paradigme, il importe de tenir compte de certains grands paramètres, notamment le statut de la connaissance, la nature de la réalité, le chemin suivi pour la construction de la connaissance scientifique et enfin la valeur de cette connaissance produite (les critères de validité) (Baumard, 1997 ; Le Moigne, 1995 ; Thiétart et coll., 2003, 2007 ; Perret et Séville, 1999, 2003, 2007 ; David, 2005).

Le positivisme

Issu des travaux du philosophe et sociologue français Auguste Comte (1798-1857), le positivisme est un courant philosophique qui soutient l'idée que la réalité existe en tant que telle, qu'elle se réjouit de sa propre essence (un réalisme ontologique) et qu'elle est régie par des lois universelles. Dans une posture positiviste, le chercheur (le sujet) demeure complètement indépendant de l'objet (la réalité) étudié, ce qui implique le principe de l'objectivité. Pour Popper (1991), la connaissance au sens objectif "est totalement indépendante de la prétention de quiconque à la connaissance ; elle est aussi indépendante de la croyance ou de la disposition à l'assentiment (ou à l'affirmation, à l'action) de qui que ce soit. La connaissance au sens objectif est une connaissance sans connaisseur ; c'est une connaissance sans sujet connaissant" (ibidem, p. 185). De fait, le chercheur positiviste adopte une approche hypothético-déductive, le conduisant à chercher, à partir d'un modèle théorique existant, les causes qui déterminent la réalité observée. Le positivisme reste principalement fondé sur une logique vérificationniste (Charriere et Huault, 2001), au sens où la connaissance produite est considérée comme objective et contextuelle (Popper, 1999).

Le constructivisme et l'interprétativisme

Les deux paradigmes (le constructivisme et l'interprétativisme) à contrario du paradigme positiviste statuent sur l'idée que la réalité est indissociable de l'esprit et de la conscience de celui qui l'observe ou qui l'expérimente (Perret et Séville, 2003).

Les points communs sur lesquels reposent ces deux paradigmes sont les suivants (en empruntant les principes de l'épistémologie constructiviste d'après Le Moigne (1990) (cités par David (1999, p. 11)) :

- *Principe de représentabilité de l'expérience du réel* : la connaissance est la recherche de la manière de penser et de se comporter qui convient (Von Glasersfeld). Nos expériences du réel sont communicables (modélisables) et la vérité procède de cette adéquation des modèles de notre expérience du monde à cette expérience.
- *Principe de l'univers construit* : les représentations du monde sont téléologiques, l'intelligence organise le monde en s'organisant elle-même, "la connaissance n'est pas la découverte des nécessités, mais l'actualisation des possibles" (Piaget, 1970).
- *Principe de l'interaction sujet-objet* : l'interaction entre le sujet et l'objet (plus précisément : l'image de l'objet) est constitutive de la construction de la connaissance.
- *Principe de l'argumentation générale* : la logique disjonctive n'est qu'une manière de raisonner parmi d'autres et n'a pas besoin d'être posée comme naturelle. La ruse, l'induction, l'abduction et la délibération heuristique permettent de produire des énoncés raisonnés.
- *Principe d'action intelligente* : le scientifique contemporain est un concepteur observateur modélisateur. Le concept d'action intelligente décrit l'élaboration, par toute forme de raisonnement descriptible a posteriori, d'une stratégie d'action proposant une correspondance adéquate (convenable) entre une situation perçue et un projet conçu par le système au comportement duquel on s'intéresse.

En outre, les points de divergence entre les deux paradigmes se situent principalement, d'une part, au niveau du cheminement de la connaissance et, d'autre part, au niveau des critères de sa validité. Ainsi, le chemin emprunté pour produire de la connaissance scientifique pour les constructivistes est fondé sur la construction de la réalité par le sujet connaissant et elle ne peut exister en dehors de lui, tandis que les interprétativistes, au-delà de l'explication, prônent la compréhension de la réalité par le biais d'un ensemble d'éléments subjectifs, notamment les croyances, les intentions, les motivations et les expériences. Par ailleurs, les critères de validité de la connaissance scientifique produite dans le paradigme constructiviste sont, d'une part, la convenance ou l'adéquation (c.-à-d. la connaissance n'est reconnue valide que lorsque celle-ci convient ou est correcte dans une situation donnée (von Glasersfled, 1988)) et, d'autre part, l'enseignabilité (c.-à-d. la capacité du chercheur à revendiquer l'intelligibilité des analyses accomplies et la possibilité de transmettre ses travaux à d'autres chercheurs convaincus par ses arguments). Par contre, pour les interprétativistes, les critères de validité de la connaissance sont plus basés sur une dimension empathique (c.-à-d.

la capacité de travailler non plus uniquement sur les faits, mais sur la façon dont ceux-ci sont interprétés par les acteurs (Perret et Séville, 2003)).

En somme, les points de convergence et de divergence entre les trois postures épistémologiques sont résumés dans la synthèse comparative de Girod-Séville et Perret (1999) :

Posture épistémologique des principaux paradigmes

Paradigmes Épistémologie	**Positivisme**	**Interprétativisme**	**Constructivisme**
Quel est le statut de la connaissance ?	Hypothèse ontologique Il existe une essence propre à l'objet de connaissance	Hypothèse phénoménologique L'essence de l'objet ne peut être atteinte (interprétativisme ou constructivisme modéré) ou n'existe pas (constructivisme radical)	
La nature de la réalité	Indépendance du sujet et de l'objet Hypothèse déterministe Le monde est fait de nécessités	Dépendance du sujet et de l'objet Hypothèse intentionnaliste Le monde est fait de possibilités	
Comment la connaissance est-elle engendrée ? (Le chemin de la connaissance scientifique)	La découverte Recherche formulée en termes de «pour quelles causes…» Statut privilégié de l'explication	L'interprétation Recherche formulée en termes de «pour quelles motivations des acteurs…» Statut privilégié de la compréhension	La construction Recherche formulée en termes de «pour quelles finalités…» Statut privilégié de la construction
Quelle est la valeur de la connaissance ? (Les critères de validité)	Vérifiabilité Confirmabilité Réfutabilité	Idiographie Empathie (révélatrice de l'expérience vécue par les acteurs)	Adéquation Enseignabilité

Source : Girod-Séville et Perret (1999, pp. 14-15)

1.2 Justification de la posture interprétativiste

Dans ce travail de recherche, la posture épistémologique choisie se rapproche plus du paradigme interprétativiste. En effet, l'objectif de l'étude, comme cité précédemment, est d'appréhender la perception et l'évaluation de l'incertitude par les acteurs impliqués dans une démarche d'intelligence économique. Le postulat épistémologique adopté consiste, donc, à **comprendre** la réalité plus qu'à l'expliquer.

Compte tenu de ce type de réflexion où la **subjectivité** est omniprésente, la réalité observée est perçue comme un construit social (Berger et Luckmann, 1966) développé progressivement par les **intentions, les interprétations et les expériences contextualisées des acteurs.** Ainsi, il ne peut exister une seule réalité, mais des réalités multiples (Hudson et Ozanne, 1988). De fait, ce travail de recherche se veut **idiographique** puisqu'il s'attache à étudier des cas singuliers. D'autant plus qu'en privilégiant l'**empathie** dans l'exercice d'interprétation, le chercheur occupe incontestablement **un rôle central** dans le dispositif de recherche. Autrement dit, c'est à travers les **propres a priori et représentations du chercheur** (Colon, 2014) que transitent les données (interprétations de la réalité) issues des acteurs concernés par l'étude, sans pour autant modifier cette réalité (Perret et Séville, 2007). La connaissance produite de la réalité étudiée dans cette étude se prête à être à la fois subjective, contextuelle et une représentation partagée. Pour Perret et Séville (1999), le processus de création de connaissance dans le paradigme interprétativiste "passe par la compréhension du sens que les acteurs donnent à la réalité. Il ne s'agit plus d'expliquer cette réalité, mais de la comprendre au travers des interprétations qu'en font les acteurs" (ibidem, p. 23).

Dès lors, le présent travail de recherche n'a pas pour vocation de fournir un modèle universel ou de déterminer des lois universelles (positivisme), ni de construire une réalité (constructivisme), mais plutôt de proposer un essai de modélisation permettant de comprendre comment, dans un monde VUCA (contexte particulier), peut-on évaluer l'incertitude dans une démarche d'intelligence économique, et ce à travers les perceptions, interprétations et expériences des protagonistes.

1.3 Le choix d'une méthodologie de recherche

L'ancrage épistémologique étant clairement défini compte tenu de la nature de la connaissance produite, de son cheminement et des critères de sa validité, il convient d'exposer le mode de raisonnement adopté ainsi que la démarche méthodologique suivie pour permettre l'accès au terrain.

Le mode de raisonnement

En recherche scientifique, trois modes de raisonnement peuvent être mobilisés pour parvenir à la connaissance, en occurrence le mode déductif, inductif et abductif.

- *Le raisonnement déductif* : la déduction est la logique de raisonnement qui cherche à "tester, par le biais d'hypothèses, une théorie ou de mettre à l'épreuve dans des situations particulières un certain nombre de connaissances développées préalablement" (Gavard-Perret et coll., 2012, p. 9). Pour Charreire et Durieux (1999), si les hypothèses initiales (les prémisses) sont vraies, alors la conclusion doit nécessairement être vraie. On parle, dès lors, d'un raisonnement hypothético-déductif.
- *Le raisonnement inductif* : à contrario de la logique déductive, l'induction part de l'observation du particulier pour arriver à des lois, des principes ou des théories de portée générale. La connaissance ainsi produite, est par conséquent, la résultante d'observations empiriques. L'approche inductive, selon Morfaux (1980), peut être définie comme "une inférence conjecturale qui conclut : de la régularité observée de certains faits à leur constance ; de la constatation de certains faits à l'existence d'autres faits non donnés, mais qui ont été liés régulièrement aux premiers dans l'expérience antérieure" (ibidem, p. 169). Toutefois, dans cette perspective de démonstration, l'investissement de la part du chercheur dans les différentes phases de la recherche demeure particulier vu le manque ou même l'inexistence de connaissances théoriques préalables.
- *Le raisonnement abductif* : l'abduction est un mode de raisonnement qui "n'appartenant pas à la logique, permet d'échapper à la perception chaotique que l'on a du monde réel par un essai de conjecture sur les relations qu'entretiennent effectivement les choses. Alors que l'induction vise à dégager par l'observation des réalités indiscutables, l'abduction consiste à tirer de l'observation des conjectures qu'il convient ensuite de tester et discuter." (Koenig, 1993, p. 7). L'approche abductive a comme vocation de donner un sens à un phénomène inhabituel inexplicable sans pour autant aboutir à des lois ou à des théories universelles (Allard-Poesi et Maréchal, 2003). Dans ce mode de raisonnement, la connaissance se construit par des allers-retours entre le cadre théorique et les données collectées sur le terrain.

En vue de maintenir une cohérence dans cette recherche, mon choix s'est naturellement porté sur un raisonnement **abductif.**

En somme, la posture épistémologique mobilisée dans ce travail, comme justifié précédemment, se veut être une approche résolument interprétative de la connaissance dans la mesure où elle est centrée sur une logique de découverte de la réalité, ou "donner à voir la réalité" au sens de Perret et Séville (2003). Le but n'est donc pas de tester des hypothèses, mais plutôt d'explorer un contexte complexe et d'y observer **un fait surprenant** comme le préconise Dumez (2012). La surprise s'est inscrite dans mon esprit dès la première revue de la littérature en raison d'un objet de recherche peu présent dans les travaux académiques sur l'intelligence économique, particulièrement dans un contexte aussi particulier tel que le monde VUCA. La notion de fait surprenant dans cette étude se réfère ainsi à la deuxième catégorie des faits (Aliseda, 2006), en l'occurrence **la nouveauté**.

En poursuivant la logique de Dumez (2012), la deuxième étape inhérente au raisonnement abductif est la quête d'une **hypothèse explicative.** Par conséquent, il convenait d'entreprendre tout au long de mes investigations à des **allers-retours** entre observations empiriques et construits théoriques existants pour permettre la saisie d'un modèle explicatif jugé le plus adapté à l'appréhension et l'évaluation de l'incertitude dans une démarche d'intelligence économique, et ce dans un environnement VUCA. Néanmoins, il convient de noter que le recours à ce modèle n'a pas pour but l'émergence d'une nouvelle théorie, mais plutôt d'offrir un cadre explicatif capable d'orienter les futures explorations sur le terrain et de faciliter la compréhension de sens que les praticiens de l'intelligence économique donnent à la réalité étudiée.

1.4 Le choix d'une méthodologie de recherche qualitative exploratoire

Il est coutume en sciences de gestion que le chercheur soit tiraillé entre différentes approches méthodologiques à mettre en œuvre pour appréhender le réel. D'une part, les approches quantitatives sont souvent employées pour permettre de mesurer, de quantifier des phénomènes et d'obtenir, in fine, des résultats exploitables et représentatifs en s'appuyant sur des échantillons plus larges. Le système d'investigation quantitative est fondé essentiellement sur les régularités statistiques et mobilise divers outils tels que les questionnaires, les entretiens fermés et les sondages. D'autre part, le recours à des approches qualitatives sous-entend la volonté de rechercher non pas des régularités statistiques (entre individus substituables), mais plutôt "de rechercher les significations, de comprendre les processus, dans des situations uniques et/ou fortement contextualisées" (Giordano, 2003, p. 16). Pour Auger et coll. (2008), cette approche est légitime dans la mesure où les éléments étudiés sont considérés comme subjectifs et par conséquent difficiles à quantifier. Dans ce type de méthodologie, l'observation et les entretiens ouverts ou semi-dirigés sont parmi les outils d'investigation les plus appropriés pour appréhender en profondeur des phénomènes complexes.

Le tableau ci-dessous résume les principaux points de divergence entre les deux approches : qualitative et quantitative.

Approche quantitative et approche qualitative

	Approche quantitative	Approche qualitative
Objectif de la recherche	Test d'hypothèse (s) Mesure Mise en évidence de corrélation (s) Tendance - profil	Exploration Validation d'hypothèses de travail Analyse des comportements Compréhension des logiques qui sous-tendent les comportements Construction théorique
Échantillonnage	Élevé	Faible, voire un cas unique
Recueil des données	Questionnaire (avec mesure) Base de données Échantillon représentatif	Entretiens (semi-directifs, non directifs) Observation participante ou non Documentation Le chercheur est l'instrument de recueil des données
Méthodes d'exploitation des données	Codage Analyse statistique (tris à plat, tableaux croisés, analyse des données) Modèles économétriques	Analyse de contenu Codage
Statut des résultats	Le plus objectif possible	Le moins subjectif possible
Principales limites	Peu de représentation du comportement des acteurs Par l'utilisation des statistiques et des modèles, la réalité est transformée	Les résultats sont difficilement généralisables, mais transférables Subjectivité du chercheur L'analyse des résultats n'est pas dirigée

Source : Lazzeri (2014, p. 147).

Ainsi, à la lecture du tableau, la présente étude suit fidèlement les différents points qui caractérisent une méthodologie de recherche qualitative. L'angle d'investigation s'oriente vers une étude de type **exploratoire**. L'emploi d'une telle démarche présente l'intérêt de comprendre et d'expliquer en profondeur un phénomène peu étudié en se rapprochant au plus près des interprétations des acteurs. Devant une situation où le contexte de recherche est très particulier (monde VUCA) et où les connaissances théoriques liées à l'objet de recherche sont limitées, il m'aurait opportun de mettre les protagonistes de l'intelligence économique au cœur de ma réflexion et d'explorer avec eux comment s'opère l'appréhension et l'évaluation de l'incertitude.

Pour mener une étude exploratoire, le chercheur a le choix entre trois voies possibles (Thietart et coll., 2007 ; Charreire Petit et Durieux, 2007) :

- *L'exploration théorique* : consiste à établir une relation entre au moins deux champs théoriques (ou disciplines) jusque-là non liés dans des travaux de recherche antérieurs ou dans des disciplines différentes. L'exploration s'opère ainsi au niveau du lien nouvellement généré. Suivant cette voie, le chercheur a pour objectif de parvenir soit à parfaire une explication incomplète ou bien à avancer une autre compréhension d'un phénomène ou des concepts (ibidem, 2007).
- *L'exploration empirique* : considère que le chercheur devrait faire table rase de ses connaissances antérieures sur le phénomène à explorer. Travaillant sans a priori théorique, il s'adonne à des observations de faits empiriques de façon à générer du **nouveau**. Toutefois, ce type d'exploration dont la logique est qualifiée d'**induction pure** s'avère difficile à appliquer en sciences de gestion : "il est très difficile, voire utopique, de faire table rase de nos connaissances et d'opérer, dans le processus de recherche, avec les yeux d'un nouveau-né n'ayant aucun a priori sur le monde" (ibidem, p. 91). Néanmoins, une telle démarche peut être sollicitée dans le cas où le chercheur, à l'instar d'un ethnologue, cherche à expliquer un phénomène peu connu, voire totalement méconnu.
- *L'exploration hybride* : se situe à la croisée de l'approche théorique et empirique. Par cette voie et tout au long de la recherche, le chercheur opère par allers-retours entre les connaissances théoriques et les observations réalisées sur le terrain. Ainsi, en mobilisant a priori des concepts théoriques liés à son sujet de recherche, il "va s'appuyer sur cette connaissance pour donner du sens à ses observations empiriques en procédant par allers-retours fréquents entre le matériau empirique recueilli et la théorie La démarche est abductive dans ce cas" (ibidem, p. 72).

L'investigation s'est inscrite finalement dans ce dernier mode d'exploration puisqu'il offre une mise en perspective d'une itération théorie/terrain indispensable à l'objet de recherche. Car dans le respect de la logique abductive adossée à un univers interprétatif, ce champ d'investigation hybride caractérisé par des allers-retours fréquents entre les référents conceptuels mobilisés et le matériau empirique recueilli, m'a permis d'atteindre mon objectif de recherche, celui de pouvoir présenter en fin de parcours des propositions plausibles aux professionnels de l'intelligence économique. Cette itération continue m'a également amené à profiter d'une flexibilité importante pour déceler des facteurs de contraintes et à pouvoir entreprendre d'une manière régulière des actions d'adaptation et d'ajustement au niveau du protocole de recherche.

Somme toute et au regard de la problématique cherchant à examiner en profondeur "**comment**" les acteurs de l'intelligence économique appréhendent le concept d'incertitude et "**comment**" peut-on l'évaluer dans un contexte spécifique, l'approche qualitative est jugée comme la démarche la plus appropriée pour mener une étude exploratoire. Avec cette orientation méthodologique, l'accès à la connaissance se fait par le contact direct des individus et par leurs interprétations de la réalité, tendant ainsi vers un *réalisme fort* de la théorie (au sens de Koenig, 1993).

2. Stratégie d'accès au réel

Pour Yin (2009), la logique attendue par la conception d'un design de recherche est de lier les données recueillies sur le terrain (ainsi que les conclusions à en tirer) à la question initiale de recherche. Étant donnée la méthodologie de recherche mobilisée, basée sur une approche exploratoire qualitative avec un mode de raisonnement abductif, l'étude de cas multiples a été jugée comme stratégie d'accès au réel la plus appropriée pour mener à bien la phase empirique.

2. 1 Le choix d'étude de cas multiples

L'étude de cas est "une enquête empirique qui examine un phénomène contemporain au sein de son contexte réel lorsque les frontières entre phénomène et contexte ne sont pas clairement évidentes et pour laquelle de multiples sources de données sont utilisées" (Yin, 1989, p. 25). Pour Eisenhardt (1989), elle correspond à "une stratégie de recherche qui se concentre sur la compréhension des dynamiques présentes dans des contextes uniques" (ibidem, p. 534). Wacheux (1996), quant à lui, considère la méthode de cas comme "une analyse spatiale et temporelle d'un phénomène complexe par les conditions, les évènements, les acteurs et les implications" (Wacheux, 1996, p. 89). À la lecture de ces différentes définitions, le recours à l'étude de cas s'explique principalement par la complexité du phénomène à étudier.

Néanmoins, l'étude de cas n'est pas la seule méthode de recherche qualitative. Yin (1994) a proposé cinq stratégies pour le recueil des données, à savoir l'expérimentation, l'enquête, l'analyse d'archives, l'histoire et l'étude de cas. Le choix entre telle ou telle stratégie est tributaire de trois conditions, comme le montre le tableau ci-dessous.

Comparaison des différentes stratégies de recherche

Stratégie	Forme de la question de recherche	Contrôle sur des événements comportementaux	Focus sur les événements contemporains
Expérimentation	Comment, Pourquoi	Oui	Oui
Enquête	Qui, Quoi, Où, Combien	Non	Oui
Analyse des Archives	Qui, Quoi, Où, Combien	Non	Oui/Non
Étude historique	Comment, Pourquoi	Non	Non
Étude de cas	Comment, Pourquoi	Non	Oui

Source : Yin (1994, p. 6)

La présente étude englobe pleinement tous les critères de choix cités dans le tableau précédent.

Premièrement, la problématique renvoie à la forme de questionnement de type "comment". Le choix de l'étude de cas offre, ainsi, la possibilité de comprendre comment l'évaluation de l'incertitude s'opère, tout particulièrement dans un contexte très spécifique. En plus, vu le manque de travaux académiques antérieurs et la complexité du phénomène étudié, la méthode des cas s'avère être l'approche la plus appropriée pour permettre l'analyse en profondeur et assurer l'association des acteurs de terrain au processus de recherche.

Deuxièmement, concernant le contrôle des évènements comportementaux, j'ai veillé, dans la conduite des entrevues, à ne pas influencer ou manipuler le discours et les réponses des interviewés. Tout l'enjeu de ce travail de recherche est de comprendre la réalité observée à travers les interprétations des acteurs impliqués dans une démarche d'intelligence économique. En effet, pour avoir une meilleure compréhension du phénomène étudié, ces acteurs ont pu exprimer ouvertement leurs pensées et leurs perceptions de la réalité sans contraintes ni pression.

Troisièmement, cette recherche est centrée sur l'étude d'un phénomène contemporain dans son contexte naturel, et ce à travers des cas concrets. Concrètement, depuis le début de la pandémie du Covid-19 en 2020, le concept "incertitude" est devenu la nouvelle norme pour les entreprises et les organisations. Et par conséquent, la seule certitude est que l'humanité est confrontée à un environnement très particulier, à savoir le monde VUCA. De fait, la méthode de cas a permis d'étudier en profondeur, dans un cadre réel, le problème d'évaluation de l'incertitude à travers les discours et les perceptions des acteurs intervenants dans une démarche d'intelligence économique.

Par ailleurs, le chercheur ayant recours à la méthode des cas doit forcément se poser la question du nombre de cas à sélectionner, opter pour un cas unique ou bien des cas multiples.

En réponse à cette question, Yin (2009) propose une typologie mettant en avant quatre formes distinctes d'études de cas. Cette matrice, illustrée dans le tableau suivant, est dressée en fonction de deux variables, à savoir le nombre de cas étudiés et le nombre d'unités d'analyse utilisées.

La matrice des quatre formes d'étude de cas

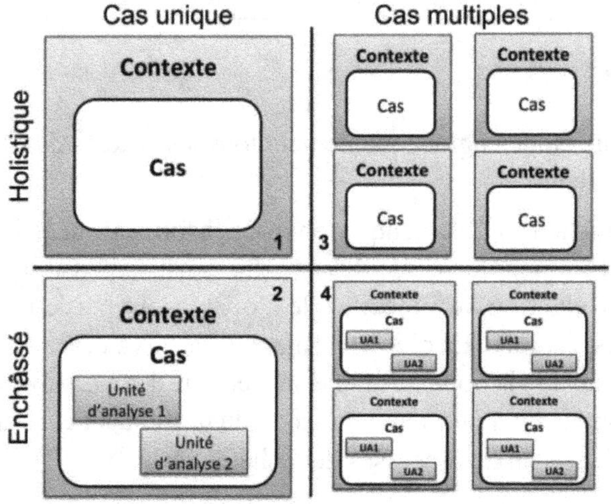

Source : Yin (2009, p. 46)

Compte tenu de l'objet de recherche, j'ai opté pour l'étude de cas enchâssée (cas multiples avec plusieurs unités d'analyse (type 4)) comme stratégie d'accès au terrain. Rispal (2009) considère que cette forme de cas multiples, dite enchâssée ou encastrée, comme "une recherche portant sur plusieurs cas ou sites comportant chacun plusieurs sous-unités d'analyse interreliées et dans laquelle des investigations sont menées à la fois au niveau des cas et des sous-unités d'analyse." (ibidem, p. 182). Pour Eisenhardt (1989) et Yin (2009), la tendance à privilégier le recours aux études de cas multiples plutôt qu'un cas unique met en évidence la logique de réplication, de contraste et de robustesse de la recherche. Toutefois, ces auteurs ne parviennent pas à se mettre d'accord sur le nombre idéal de cas.

Yin (2009) estime que le nombre de cas doit être au moins de deux "Even if you do a « two-case » case study, your chances of doing a good case study will be better than using a single-case design. Single-case designs are vulnerable if only because you will have put all your eggs in one basket. More important, the analytic benefits from having two (or more) cases may be substantial" (ibidem, p. 61). Sous un autre angle, Eisenhardt (1989) introduit le principe de saturation théorique pour statuer sur le nombre idéal. La saturation correspond au moment à partir duquel le chercheur observe des phénomènes déjà constatés (Glaser et Strauss, 1967) et où il juge que l'ajout de cas supplémentaires est moins pertinent (Fillol, 2006). D'ailleurs, Eisenhardt (1989) note que les recherches dont le nombre de cas est inférieur à quatre seront moins convaincantes et du coup insuffisantes pour être généralisé.

Dans ce débat théorique, le choix du nombre de cas à étudier, et celui des unités d'analyse, reste avant tout tributaire de l'objet et de la finalité de la recherche.

Pour ma part, j'ai restreint le nombre de cas à trois cas d'étude, et ce pour trois raisons :

- Premièrement, le nombre choisi respecte le seuil préconisé par Yin (1994) compte tenu de la logique de découverte et de compréhension sur laquelle est fondé ce projet de recherche *exploratoire*. Le but n'est pas d'infirmer ou valider des hypothèses sur un large échantillon théorique, mais plutôt de fournir des éléments de compréhension du phénomène étudié (Wacheux, 1996).
- Deuxièmement, au-delà du problème de *confidentialité* et de la *sensibilité* du sujet de recherche (intelligence économique), j'ai estimé tout de même que le nombre de cas choisi soit suffisant pour déceler des régularités dans les phénomènes étudiés et de proposer, in fine, des résultats probants.
- Troisièmement, en vue d'améliorer la *représentativité* théorique des organisations étudiées (Eisenhardt, 1989) par l'*hétérogénéité* (Wacheux, 1996), je ne me suis pas cantonné à un seul secteur, mais j'ai eu recours à l'étude de deux cas de secteurs similaires plus un "cas miroir" de secteur différent. Toutefois, pour Yin (1993), les études de cas "doivent suivre une réplication, sans en modifier la logique. Ceci signifie que deux cas ou plus doivent être inclus précisément dans la même étude parce que le chercheur prévoit des résultats semblables. Si de telles réplications sont en effet trouvées dans plusieurs cas, la confiance dans les résultats globaux s'accroît. Le développement de résultats cohérents, au travers de cas multiples et même d'études multiples, peut alors être considéré comme une conclusion très

robuste." (ibidem, p. 34). Motivé par ce principe de réplication littérale[48], j'ai veillé à choisir des cas d'étude évoluant dans le même contexte, à savoir celui de l'environnement VUCA.

Ensuite, au sein de chaque étude de cas, j'ai focalisé mes investigations sur deux unités d'analyse, à savoir le chef du département d'intelligence économique (ou de veille stratégique) et le veilleur. L'adoption de cette approche multi-acteurs m'a permis d'aborder l'objet de recherche sous plusieurs angles et de restituer, in fine, plus de points de vue possibles et d'interprétations.

2.2 Terrain et contexte de l'étude

La présente étude a eu pour terrain empirique trois cas d'étude au Maroc. Les deux premiers cas opèrent dans le secteur du tourisme : le Ministère du Tourisme, de l'Artisanat et de l'Économie Sociale et Solidaire et la Société Marocaine d'Ingénierie Touristique (SMIT). Le troisième cas porte sur le secteur de l'énergie : l'Office National de l'Électricité et de l'Eau potable (ONEE).

Cas 1 : Ministère du Tourisme, de l'Artisanat et de l'Économie Sociale

Conformément au 1er du Décret n°2.08.651 du 15 juin 2009, le Ministère du Tourisme est une Autorité gouvernementale chargée "d'élaborer et de mettre en œuvre la politique gouvernementale en matière de Tourisme".

À ce titre, le Ministère, en coordination avec les administrations concernées, a pour principaux domaines d'activité :

- La réalisation des études et des enquêtes nécessaires au développement du tourisme aussi bien au niveau national que régional ;
- L'élaboration de projets de lois et de textes d'organisation relatifs aux activités touristiques ainsi que l'encadrement des professions touristiques ;
- L'orientation et le contrôle des services déconcentrés de l'État ;
- L'établissement et le développement des relations de la coopération bilatérale ;
- Le renforcement de la compétitivité du secteur directement ou en collaboration avec les organismes placés sous sa tutelle.

L'administration centrale du Ministère comprend un Secrétariat Général, une Inspection Générale et trois grandes directions, notamment celle qui m'intéresse plus spécifiquement dans la présente étude, en l'occurrence la Direction de la Stratégie et de la Coopération (figure ci-dessous).

48. cf. Eisenhardt (1989), Prévost et Roy (2012) et Yin (2009).

Dans mes investigations, je me suis intéressé, au sein de cette direction, au service des Études et de Veille Stratégique. La mise en place de ce service permet au département de rester à l'avant-garde du secteur du tourisme. De fait, il conçoit et met en œuvre des études prospectives stratégiques sur l'activité touristique nationale et internationale et fournit régulièrement des livrables à haute valeur ajoutée. Parmi les produits de veille figurent, d'une part, la fiche marché qui offre la possibilité de suivre la demande et les tendances touristiques dans les principaux marchés émetteurs et, d'autre part, la fiche produit qui recense les différentes caractéristiques d'un produit touristique donné et qui peut être d'une extrême utilité pour évaluer le potentiel du Maroc face aux pays concurrents. De plus, la collecte et le traitement des informations visent à établir, à travers un Observatoire du Tourisme (OT), un baromètre de la conjoncture ; un outil nécessaire pour mesurer la performance du secteur et pour pouvoir soutenir la prise de décision.

L'organigramme du Ministère de Tourisme

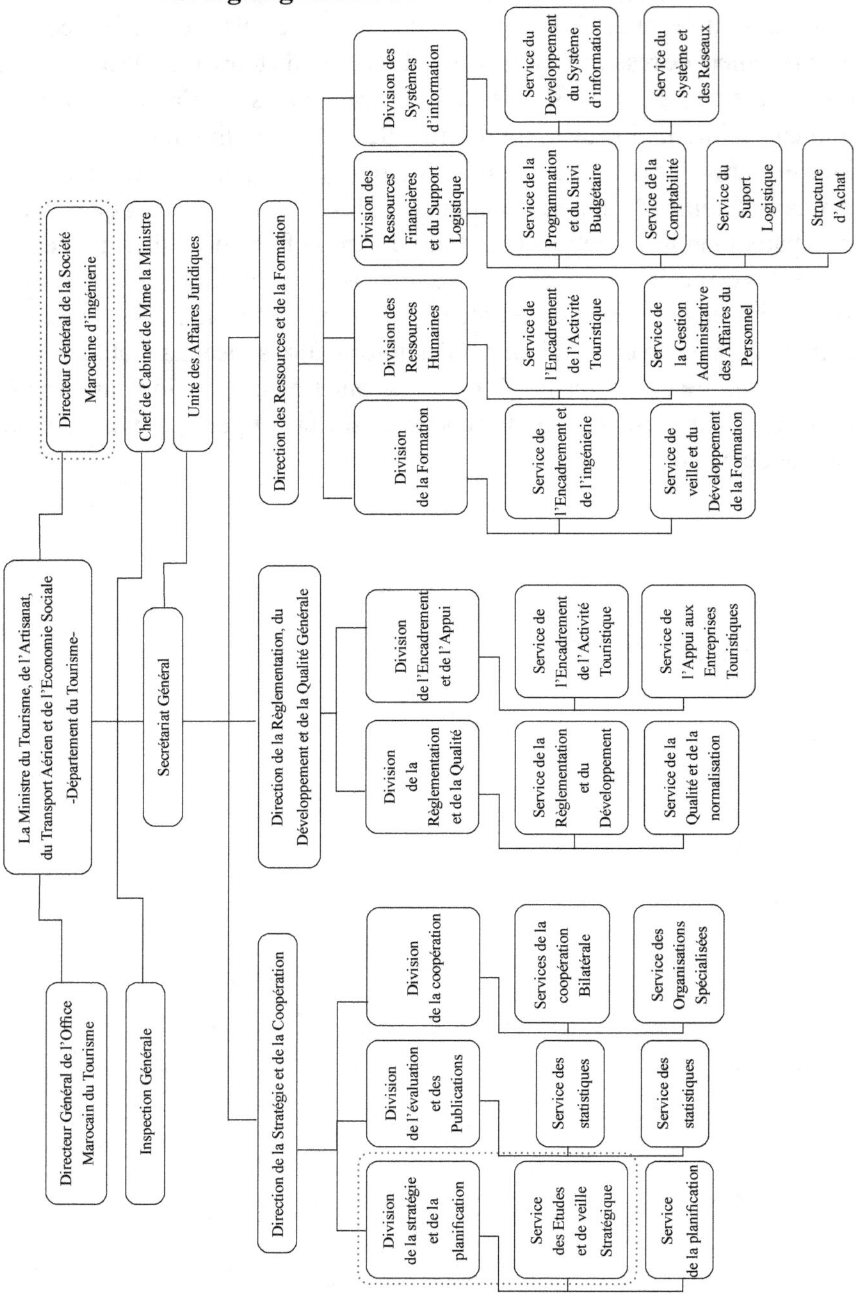

Source : Adaptée de l'organigramme du Ministère[49]

49. Organigramme du Département du Tourisme du 01 Juillet 2021 (https://mtaess.gov.ma)

Cas 2 : Société Marocaine d'Ingénierie Touristique

La Société Marocaine d'Ingénierie Touristique (SMIT) est un établissement public institué par la loi n°10-07 du 30 novembre 2007 par l'État marocain et œuvrant sous la tutelle du Ministère du Tourisme. L'organisme est chargé principalement d'assurer le déploiement et le suivi de la stratégie de développement du produit touristique à forte valeur ajoutée ainsi que la promotion des investissements dans le secteur. Et pour y parvenir, la SMIT décline sa mission en deux axes d'intervention qui sont fortement interconnectés :

- *L'ingénierie du produit touristique* : avec une équipe de professionnels qualifiés et spécialisés dans le marché de l'investissement, la SMIT procède à des études et à des analyses d'envergure afin de mieux répondre aux besoins en informations des investisseurs et ainsi de mieux orienter leurs intentions d'investissement. L'équipe d'experts assure également, pour le compte de l'État, la gestion des outils incitatifs à l'investissement touristique, soit en subventionnant des programmes de développement touristique dans le cadre de partenariats SMIT-Régions, soit en aménageant des bases foncières (propriété de la SMIT) en vue de la création de nouvelles zones touristiques. La SMIT participe aussi dans des sociétés de développement de projets touristiques à caractère structurant.
- *La promotion des investissements touristiques* : la SMIT capitalise sur son réseau de partenaires au niveau international pour assurer, d'une part, l'amélioration de l'attractivité et la compétitivité des destinations touristiques et, d'autre part, la recherche de fonds de financement auprès des investisseurs privés et publics en vue de subvenir aux besoins des marchés touristiques nationaux et internationaux et concourir ainsi au développement des produits à vocation touristique. De plus, elle procède au suivi des réalisations des investissements (la veille) et à l'accompagnement des investisseurs dans les démarches de mise au point de leurs projets.

Par ailleurs, même si l'intelligence économique n'est pas nommée en tant que telle dans les deux pôles d'intervention, mais ses pratiques sont bel et bien présentes au sein d'un système décisionnel, baptisé par la SMIT "Business Intelligence". Les activités de veille et de protection d'informations sont régulièrement menées par une équipe d'experts spécialisés en la matière et dont l'objectif est de constituer une batterie d'informations nécessaires pour promouvoir l'attractivité du secteur touristique marocain et pour assurer également la prospection des investisseurs potentiels. Enfin, pour le troisième élément du triptyque, le lobbying est opérationnalisé par la SMIT pour mener des actions d'influence sur les décisions d'investissement, et ce "en termes de types de projets à développer (hébergements, valorisation de patrimoine, équipements de loisirs, etc.), de destinations touristiques à cibler (maturité, saisonnalité, positionnement, etc.) ou de niveau de rentabilité à atteindre et de montage possible (montages publics, PPP, privés, etc.)"[50].

Le contexte des cas d'étude 1 et 2

Le tourisme est non seulement l'activité économique par excellence au Maroc, mais aussi un puissant vecteur de modernisation et de mondialisation du pays. D'ailleurs, l'industrie du tourisme a depuis longtemps joué un rôle incontournable dans la croissance socio-économique, notamment en termes de génération de revenus durables et d'absorption du chômage. Le pays a adopté en 2010 le plan "Vision 2020" pour hisser le Royaume au rang des 20 premières destinations mondiales et à s'imposer "comme une référence du pourtour méditerranéen en matière de développement durable" (VISION 2020, p. 38). En 2019, le secteur a contribué positivement au PIB national à hauteur de 7,1 % (contre 6,9 % en 2018), a soutenu l'emploi direct de plus de 550000 personnes (soit 5 % de la population active) et a généré 78,6 milliards de dirhams de recettes (l'équivalent de l'arrivée de près de 13 millions de touristes étrangers).

Néanmoins, depuis le début de la pandémie de coronavirus en 2020, le secteur se trouve confronté à une crise sans précédent et enregistre des chiffres historiques. Sur ce point, Nadia Fettah Alaouil, Ministre du Tourisme, de l'Artisanat, du Transport Aérien et de l'Économie Sociale a affirmé que cette crise "est inédite. Elle a contrarié toutes les valeurs du tourisme : travailler, se rencontrer, accueillir, échanger, partager, manger ensemble [...] Plus que toute autre activité, ce sont vraiment les valeurs du tourisme qui ont été contrariées"[51].

En raison de l'instauration du confinement et des mesures de restrictions des déplacements adoptées par certains pays pour limiter la propagation du virus, les arrivées aux postes frontières ont accusé une régression drastique de -79 % (soit seulement l'arrivée de 2,8 millions de touristes non-résidents). Parallèlement, les recettes générées par ces visiteurs internationaux se sont chiffrées à 36,4 milliards de dirhams (soit une perte de -54 %).

---

50. Site web officiel de la SMIT

51. "*Conjoncture LE MENSUEL DES DÉCIDEURS*" (2020), la chambre Française de commerce et d'industrie du Maroc (CFCIM), du 15 novembre au 15 décembre 2020, n°1030, p. 18.

L'évolution des arrivées des touristes

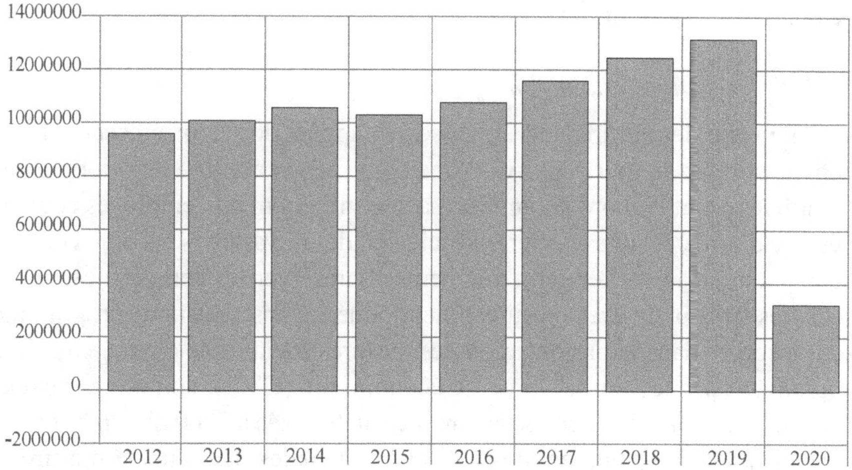

Source : site web du Ministère du Tourisme (2021)

L'évolution des recettes de voyages en millions de dirhams

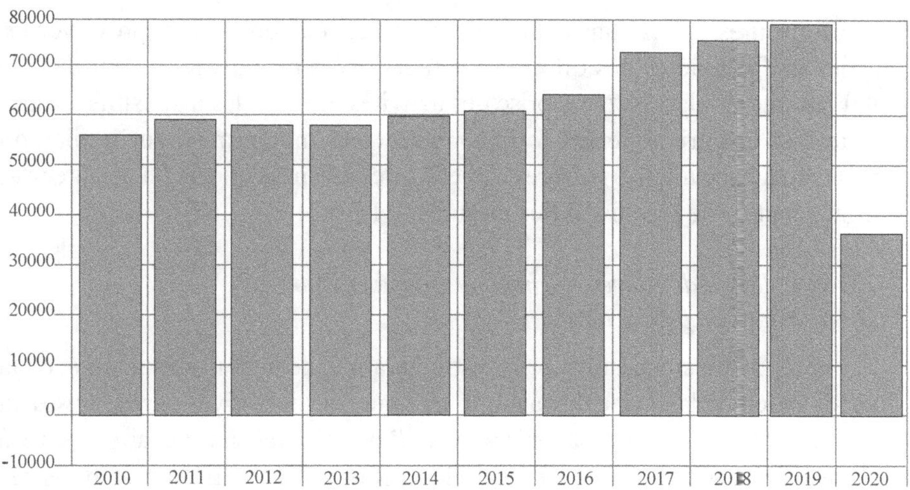

Source : site web du Ministère du Tourisme (2021)

Face à un contexte inédit et en réponse aux difficultés conjoncturelles générées, le Ministère et l'ensemble des acteurs publics et privés ont signé en août 2020 un contrat-programme couvrant la période 2020-2022 et dont le but était d'insuffler une nouvelle dynamique au secteur du tourisme pour le soutenir dans son adaptation aux nouvelles réalités de marché et sa relance post-Covid.

S'articulant autour de 21 mesures, le contrat-programme a été conçu autour de cinq axes stratégiques :

1. Préservation de l'emploi

Une série de mesures ont été mises en application pour préserver l'emploi dans le secteur de tourisme. À ce stade, un certain nombre de priorités ont été identifiées : tout d'abord garantir un salaire minimum aux employés couvrant la période d'arrêt, ensuite accélérer l'inclusion des travailleurs les plus vulnérables dans le circuit formel et enfin maintenir et préserver les compétences. Dans ce sens, les trois premières mesures, mentionnées dans le contrat-programme, se sont inscrites dans la prolongation des mesures sociales de contingence initiées auparavant par le comité de veille économique (CVE), comme par exemple, l'indemnité compensatrice forfaitaire mensuelle fixée à 2000 dirhams et le report des échéances de paiement des cotisations sociales. De plus, la mesure n°4 a mis l'accent sur la nécessité d'élargir le régime de couverture sociale en visant principalement les travailleurs indépendants.

2. Soutien économique et financier pour la relance

Les mesures prises dans cette section ont été élaborées pour préserver les ressources financières des différents acteurs opérants dans le secteur dans le but d'assurer la relance et la reprise des activités. De fait, les dispositifs d'aides financières ont pris diverses formes de services, notamment sur le plan du financement bancaire (les mesures 5, 6 et 7), des créances clients (la mesure n°8) et également sur le plan fiscal (les mesures 9, 10 et 11).

3. Stimulation de l'investissement et transformation de l'outil de production

Pour répondre aux besoins de la restructuration, de la transformation et de la diversification de la chaine de valeur touristique, des initiatives ont été mises en œuvre, en l'occurrence l'utilisation des fonds d'investissement dédiés au soutien et à la relance du secteur (la mesure n°12), et le recours au dispositif "Inmaa Tourisme" comme outil d'aide à la compétitivité et à la transformation (la mesure n°13).

4. Activation et renforcement de la demande touristique

L'intérêt accordé à la demande touristique s'est orienté vers le tourisme interne, mais en adoptant certaines mesures d'adaptation et de mise à niveau, par exemple l'instauration du "Pass Sanitaire" (la mesure n°14), la promotion du tourisme interne (la mesure n°15) et le renforcement de la demande touristique (les mesures 16 et 17).

5. Mesures transverses

En fin du contrat-programme, diverses mesures transverses ont été transcrites, notamment la mise à niveau du capital humain par un dispositif de formation (la mesure n°18), la mise en place d'une gouvernance adaptée (la mesure n°19), l'aménagement et la modernisation du cadre juridique (la mesure n°20) et la digitalisation du secteur touristique (la mesure n°21).

En somme, l'ensemble de ces mesures ont contractualisé l'engagement simultané des pouvoirs publics, des opérateurs touristiques et des professionnels du système bancaire dans un but de préserver l'écosystème économique fragilisé par l'ampleur de la pandémie et surtout de maintenir à flot un secteur stratégique, tel que le tourisme.

Cas 3 : Office National de l'Électricité et de l'Eau Potable

L'Office National de l'Électricité et de l'Eau potable (ONEE) est un établissement public créé en avril 2012 suite au regroupement des activités de deux Offices, à savoir l'Office National de l'Électricité (ONE) et l'Office National de l'Eau Potable (ONEP). Depuis toujours, l'ONEE est présenté dans le Royaume comme le pilier de la stratégie énergétique et le bras armé de l'État dans les domaines d'approvisionnement en eau et de l'assainissement. Son statut de leader en fait un acteur majeur dans le développement socio-économique du pays.

Sur le plan organisationnel, l'ONEE est divisé en deux branches activités : la "Branche Eau" et la "Branche Électricité".

Garant de l'approvisionnement du pays en eau potable, Les missions de l'ONEE dans le secteur de l'eau potable et de l'assainissement s'articulent en quatre phases :

- *La planification* : l'opérateur est responsable de la planification de l'approvisionnement en eau potable à l'échelle du pays. Il se charge également de la planification des programmes d'investissement en eau potable ainsi que l'assainissement liquide.
- *Étude et équipement* : dans le cadre des projets d'eau potable et d'assainissement liquide, l'opérateur assure l'étude, le suivi et l'approvisionnement en équipement. Il supervise, en plus, la passation des marchés publics et participe au suivi de la réalisation des travaux.
- *La Gestion pour le compte des communes* : l'ONEE est responsable de la gestion pour le compte des communes de la distribution de l'eau potable et de l'assainissement liquide.

- *Le Contrôle de la qualité* : l'ONEE assure le contrôle de la qualité des eaux produites, distribuées et également de celles susceptibles d'être utilisées pour l'alimentation en eau potable.

Les axes stratégiques sur lesquels l'Office concentre ses efforts en tant qu'acteur majeur dans la gestion intégrée du cycle de l'eau se structurent comme suit :

- La pérennisation, la sécurisation et le renforcement des installations d'alimentation en eau potable existantes.
- L'amélioration des performances techniques.
- La généralisation de l'accès à l'eau potable en milieu rural conformément au principe de "droit à l'eau pour tous".
- L'intervention active dans le domaine de l'assainissement liquide et la préservation de l'environnement.

L'ONEE-Branche Eau a assuré en fin de l'année 2019 plus de 85 % de la production nationale en eau potable (soit plus de 1,140 Milliard de m3 par an) et a subvenu aux besoins de près de 2183000 clients (plus de 715 villes et localités). Dans le domaine de l'assainissement, l'Office déploie le service dans près de 128 villes et localités (soit plus de 5,4 Millions d'habitants).

Par ailleurs, en étant aussi l'opérateur de référence du secteur électrique, la mission de l'ONEE dans sa "Branche Électricité", se décline en trois activités principales (la production, le transport et la distribution de l'électricité) :

- *La production de l'électricité* : pour subvenir aux besoins croissants de la population en électricité, le Maroc dispose d'un parc de production à base de sources d'énergie diversifiées et dont la capacité de production satisfait pleinement la demande en énergie. À la fin de l'année 2019, la puissance installée était de plus de 10675 MW. Cette production est issue d'un mix énergétique, à savoir les centrales de production conventionnelle (plus de 7070 MW) et les énergies renouvelables (3700 MW).
- *Le transport de l'électricité :* l'ONEE entretient et développe une infrastructure du réseau électrique très vaste et constituée de lignes électriques à haute et très haute tension. En étant le garant de la sécurité énergétique national, l'ONEE œuvre en continu à améliorer davantage le raccordement des foyers au réseau, et ce dans plusieurs régions du Maroc, tout particulièrement dans les milieux ruraux. D'ailleurs, le niveau d'électrification rurale a atteint à la fin de l'année 2019 un taux de 99,72 %. Sur un autre registre et pour pouvoir consolider pleinement son rôle de hub énergétique régional entre l'Afrique et l'Europe, l'Office assure la gestion des interconnexions transfrontalières d'électricité avec deux pays voisins : l'Espagne et l'Algérie.

- *La distribution de l'électricité* : pour assurer l'approvisionnement en électricité, l'ONEE dispose de 10 Directions Régionales de Distribution, 32 Directions Provinciales, 218 Agences de Service dont 68 Agences de service provinciales et 25 succursales. En fin décembre 2019, les ventes d'énergie électrique ont atteint 30836 GWh avec un nombre de clients de 6328924. L'opérateur a également eu recours à des techniques de vente élaborées et à des outils technologiques plus performants afin d'améliorer et moderniser la qualité des services.

Sur le plan organisationnel, la branche électricité de l'ONEE est structurée autour de quatre pôles d'activité, à savoir le Pôle Développement, le Pôle Finance et Commercial, le Pôle Ressources et le Pôle Industriel.

Vu la thématique de cette recherche, les investigations se sont déroulées dans le premier pôle, tout précisément au sein de la cellule de veille stratégique qui est rattachée à la Direction Stratégie et Planification.

L'organigramme de l'ONEE

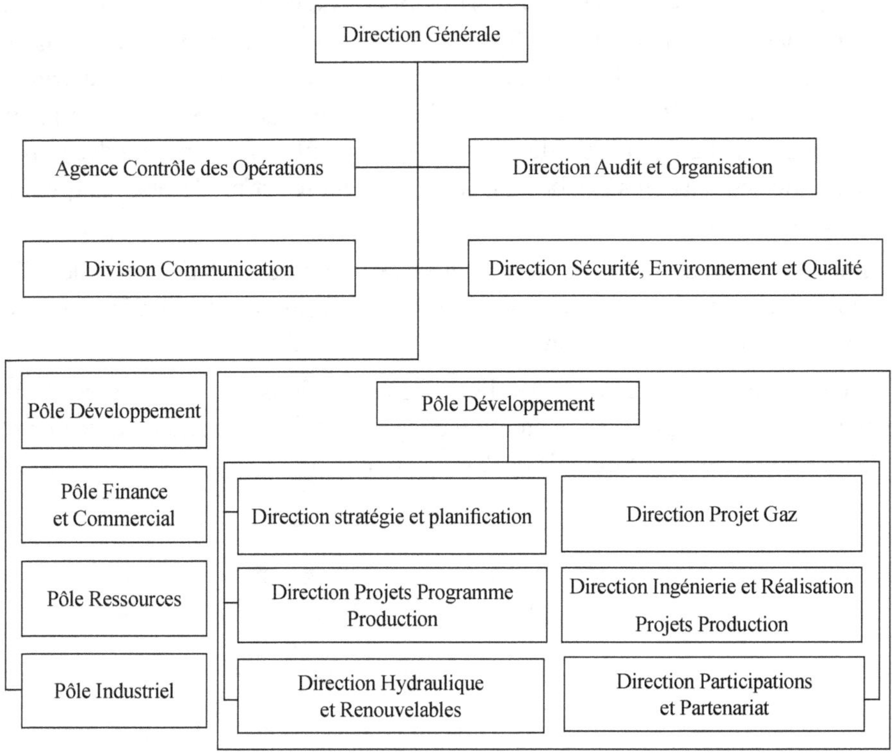

Source : site web de l'ONEE

Contexte de l'ONEE

Opérant dans un service public stratégique et primordial, l'ONEE demeure un acteur fondamental dans la mise en œuvre de la politique nationale visant à l'amélioration de l'accès à l'électricité, à l'eau potable et au service d'assainissement liquide. Cet engagement fort ne peut que le placer au cœur de la dynamique de développement socio-économique que prône le Royaume.

Néanmoins, dans un contexte singulier marqué principalement par la pandémie Covid-19 et ses conséquences sociales, économiques et politiques, l'ONEE a subi des perturbations spécifiques et a dû consentir à des ajustements et à des efforts supplémentaires pour garantir la continuité de ses services essentiels, c'est-à-dire l'alimentation en eau potable et en électricité ainsi que l'assainissement liquide.

Dans sa Branche Électricité, l'Office a fait mention, dans son rapport d'activités des années 2019 et 2020, une baisse exceptionnelle de la demande nationale en électricité (soit près de -1,4 % à fin 2020), en signalant de plus une régression de la pointe maximale de la demande (soit une baisse de 1,5 % par rapport à celle enregistrée en 2019). D'autre part, la puissance installée électrique est passée de 10677 MW à fin 2019 à 10627 MW à fin 2020 (soit une variation de moins de 0,5 %).

Par ailleurs et au-delà des circonstances, l'ONEE a mobilisé en 2020 une enveloppe budgétaire de 4,1 milliards de dirhams sous forme d'investissement dédié à sa branche d'électricité. De fait, il a procédé au renforcement du réseau de transport d'électricité en totalisant 27583 km de lignes à haute et très haute tension à fin 2020 (soit une évolution de 1,85 % par rapport à 2019). De plus, le taux de raccordement aux réseaux d'électricité dans le milieu rural a évolué de 99,72 % (fin 2019) à 99,78 % (fin 2020) concourant ainsi à la modernisation et l'amélioration de la qualité de vie des populations dans les milieux ruraux et dans les zones les plus reculées (soit 12,8 millions d'habitants).

Le taux d'électrification dans le milieu rural

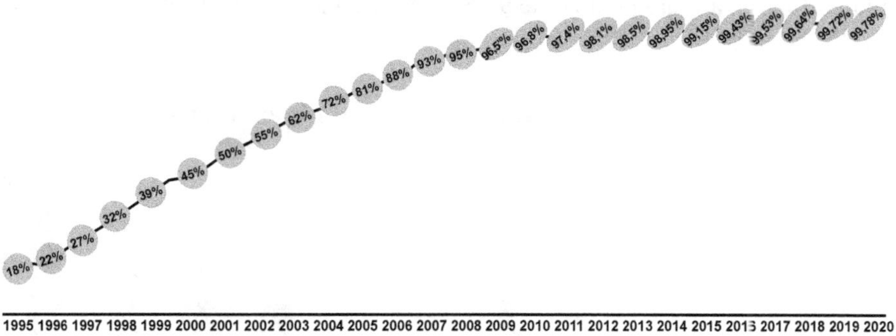

Source : bilan des activités de l'ONEE[52] (2020, p. 22)

Toujours dans l'activité d'électricité, certains faits ont marqué plus particulièrement l'année 2020 :

- La signature des documents de projet relatifs à la prorogation du contrat de fourniture d'énergie électrique (PPA) avec la société "Jorf Lasfar Energy Company" (JLEC) des Unités 1 à 4 (2027-2044).
- En matière d'investissement dans les énergies renouvelables, des avancées ont été réalisées dans des projets d'envergure, notamment la construction

52. Bilan des activités de l'année 2020, ONEE - Énergie Électrique, p. 22. (document disponible au lien suivant : http://www.one.org.ma/FR/pdf/RA_FR_2020.pdf)

du parc éolien de Midelt (210 MW) après 24 mois de travaux, le lancement du projet de construction du parc éolien de Boujdour (300 MW) et celui de Taza (87 MW) et enfin la signature des contrats de construction du parc éolien de Jbel El Hdid d'Essaouira (270 MW).

- 50 % d'avancement global du projet de la Station de Transfert d'Énergie par Pompage (STEP) implantée au barrage Abdelmoumen au nord-est d'Agadir (350 MW).
- Le déploiement dans toutes les entités régionales de l'Office d'un nouveau système de gestion commerciale réservé aux clients à compteurs de prépaiement.

Par ailleurs, dans sa Branche Eau, l'ONEE a entrepris au cours de l'année 2020 un programme d'investissement d'un montant de 3,6 milliards de dirhams pour assurer l'approvisionnement en eau potable à l'ensemble du Royaume, notamment dans le milieu rural. Et puis, ces efforts, parfaitement en phase avec le Programme d'Électrification Rurale Global (PERG), ont permis d'atteindre un taux d'accès à l'eau potable de 97,8 % à fin 2020 en milieu rural par rapport à 97,4 % à fin 2019.

L'évolution de taux d'accès à l'eau potable en milieu rural

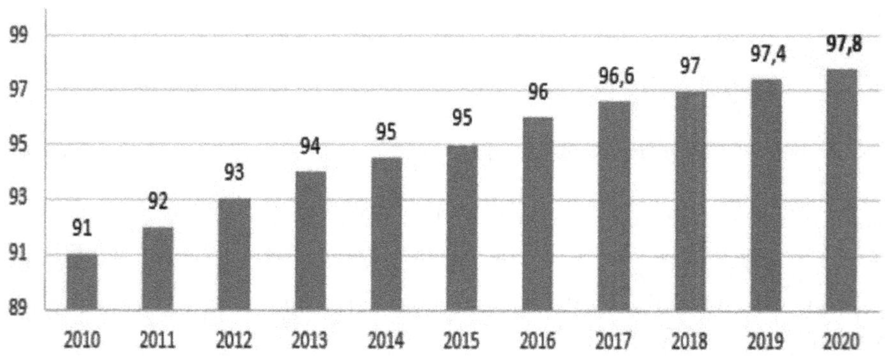

Source : site web de l'ONEP (2021)

En termes d'assainissement liquide, l'ONEE est arrivé à la fin de l'année 2020 avec 119 stations d'épuration réparties dans 142 villes et dont la capacité totale a atteint 450405 m^3/jour (soit une capacité supplémentaire de 54921 m^3/jour par rapport à l'année 2019).

L'évolution du nombre de STEP et de la capacité d'épuration

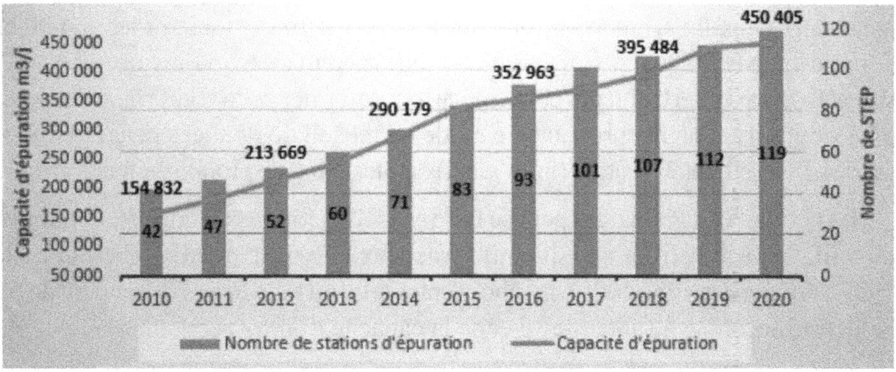

Source : site web de l'ONEP(2021)

Sur le plan international, l'Office a pu continuer en 2020 d'élargir son champ d'activité en dehors du Royaume, et ce à travers des projets de coopération avec des pays étrangers, particulièrement dans l'Afrique subsaharienne. Dans la Branche Électricité, plusieurs contrats de coopération ont été conclus, notamment deux contrats de concession d'électrification rurale au Sénégal, un projet de construction de la Centrale Brikama en Gambie et des projets de développement de l'électrification rurale au Mali, le Tchad, le Niger et la Gambie. Dans la Branche Eau, l'Office a contribué, d'une part, au renforcement de l'alimentation en eau potable et à la réalisation d'un projet d'assainissement liquide en Guinée-Conakry et, d'autre part, à la gestion de la qualité de l'eau au Burkina Faso.

3 Protocole de collecte et d'analyse du matériau empirique

3.1 La collecte des données

Cette étude s'inscrit dans une logique interprétativiste où l'accent est mis sur la compréhension d'un phénomène au travers des perceptions des acteurs et sur son analyse en profondeur. Le dispositif de recueil de données, ainsi mis en œuvre, s'appuie essentiellement sur l'entretien qui constitue le mode principal de recueil de données primaires, et qui se complète par le recours, autant que possible (vu la sensibilité du sujet traité), à des documents externes (données secondaires).

L'entretien

L'entretien est reconnu comme étant le moyen par excellence dans la constitution du matériau empirique en recherche qualitative (Romelaer, 2005 ; Baumard et coll.,

2007 ; Myers et Newman, 2007). L'objectif visé par ce mode d'investigation est de permettre au chercheur d'étudier en profondeur les réalités organisationnelles en ayant accès aux faits, aux représentations et aux interprétations sur les situations connues par les acteurs. Cependant, il faut reconnaître que les opinions très subjectives des interlocuteurs peuvent parfois déformer cette réalité au travers des biais cognitifs. Dans la pratique, ce mode de recueil de données peut être mené auprès d'un seul interlocuteur (individuel) ou plusieurs (de groupe ou focus group).

La conduite des échanges peut se faire sous trois formes distinctes : l'entretien directif, semi-directif et non directif (Wacheux, 1996 ; Lessard-Hébert et coll., 1997 ; Fontana et Frey, 2005). Le choix entre telle ou telle forme dépend du degré de liberté accordée à l'interviewé et de la capacité d'introspection.

L'entretien directif, semi-directif et non directif : degré d'intervention et d'introspection

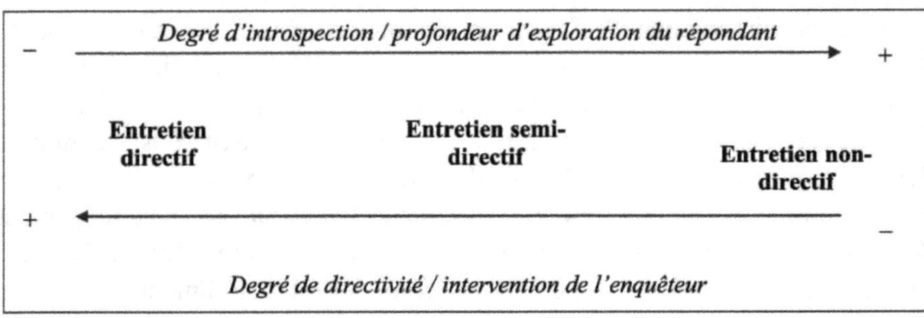

Source : Gavard-Perret et coll. (2012, p. 110)

L'entretien directif : plus structuré et constitué essentiellement de questions fermées, ce type d'entretien laisse peu de liberté d'expression au répondant. L'entretien directif est très peu utilisé en approche compréhensive puisqu'il oriente trop le discours de l'interviewé et l'empêche d'aller au fond de ce qu'il pourrait dire.

L'entretien non directif : en entretien non directif ou ouvert (le moins structuré des deux autres), l'enquêteur laisse délibérément libre cours au discours de l'interlocuteur. Par l'empathie et la bienveillance de l'enquêteur, l'interviewé est la personne la plus apte à expliquer ses émotions, ses pensées et ses sentiments (Wacheux, 1996).

L'entretien semi-directif : dans ce type d'entretien, l'enquêteur dispose d'une série de thèmes préalablement définis et structurés dans un guide ou canevas d'entretien (Baumard et coll., 2014). En laissant une certaine marge de liberté à l'interviewé, le chercheur veille à ce que les propos de celui-ci ne s'écartent du thème général proposé dans le guide et à l'amener par la même occasion "à communiquer des informations nombreuses, détaillées et de qualité sur les sujets liés la recherche, en l'influençant très peu, et donc avec des garanties d'absence de biais qui vont dans le sens d'une bonne scientificité" (Romelaer, 2005, p. 102).

Du fait du caractère composite, complexe et polysémique du phénomène étudié et également le peu de travaux académiques traitant de la question d'évaluation de l'incertitude dans une démarche d'intelligence économique, l'entretien semi-directif semble être l'outil le plus correct pour entreprendre une recherche exploratoire visant à produire du sens sur un phénomène *sensible* et pour satisfaire le triptyque : *élucidation, explication et objectivation* du phénomène (Blanchet et Gotman, 2005). Par ce choix, l'objectif est d'établir, en fonction de thèmes préalablement définis dans le guide d'entretien ou émergents pendant les entrevues, une interaction sociale souple et flexible favorisant une compréhension fine et approfondie de l'objet de recherche.

L'élaboration du guide d'entretien

Partant d'une approche exploratoire hybride, le guide d'entretien a été co-construit à partir d'une revue de la littérature et d'une première immersion sur le terrain. Étant donné qu'il n'existe pas de règle universelle pour élaborer de façon optimale un guide d'entrevue (Freyssinet-Dominjon, 1997), cette démarche abductive, caractérisée par des allers-retours entre théorie et terrain, a permis d'affiner la problématique, de juger de la pertinence du phénomène étudié, de faire évoluer progressivement le canevas de recherche, et à même de faire émerger spontanément des thèmes particulièrement utiles pour formaliser la grille de questions. L'intérêt de cette première phase d'exploration est de "mettre en lumière des aspects du phénomène auxquels le chercheur ne peut penser spontanément, et compléter les pistes de travail suggérées par ses lectures" (Blanchet et Gotman, 1992, p. 43).

De fait, lors de mes débuts d'enquête sur le terrain, j'ai mené une série d'entretiens individuels peu structurés auprès d'entreprises privées et d'institutions publiques dotées d'une démarche d'intelligence économique ou tout simplement d'une cellule de veille stratégique. Une trame de questions ouvertes, neutres et générales a été posée aux praticiens et aux acteurs directement concernés par l'étude afin de cerner au mieux les contours théoriques du sujet traité et de délimiter les thèmes sur lesquels le guide d'entretien devrait être structuré. Lors de cette première phase, les questions qui se sont alors posées ont porté principalement sur :

- La pratique de l'I.E (ou veille stratégique),
- Les contraintes et les enjeux auxquels sont soumis les protagonistes de l'I.E,
- Et enfin un questionnement du genre "à quel niveau de la démarche se situent ces contraintes ?".

Il est à noter que la plus grande difficulté rencontrée lors de cette première période d'immersion sur le terrain a été l'identification des entreprises ou organismes entrant dans le champ de cette étude, faute de base de données ad hoc. Pour surpasser cette limite, j'ai eu recours aux réseaux sociaux professionnels (particulièrement Linkedin) pour identifier le personnel en charge de l'intelligence économique (ou veille stratégique). Le premier contact n'a pas été toujours facile et suffisamment convaincant en raison de la sensibilité du sujet traité, mais il fallait user du pouvoir de l'empathie et de la mise en confiance. De fait, après plusieurs essais, je suis arrivé tout de même à conclure des rencontres, particulièrement dans les grandes villes que sont Casablanca et Rabat.

L'approche consistant dans cette première phase exploratoire à amener les personnes interviewées à livrer le maximum d'informations concernant leur vécu et ressentis. Et tout en restant fidèle au raisonnement abductif, j'ai veillé à confronter en cours de route les discussions recueillies à la littérature.

À l'issue de cet enrichissement en continu, un point en particulier a émergé comme axe central pour mon guide d'entretien définitif, en l'occurrence la question de dimensions susceptibles d'être génératrices de contraintes majeures pour les protagonistes d'intelligence économique. En faisant le parallèle avec le modèle d'Explication du Problème Décisionnel proposé par Bouaka et David (2004), trois dimensions ont surgi des propos des répondants en étant sources d'incertitude dans une démarche d'I.E, à savoir le contexte environnemental (micro et macro), le technico-organisationnel (les techniques déployées et l'organisation mise en place dans la démarche) et le social (le facteur humain en interne et externe). De plus, les intervenants ont soulevé également de possibles interrelations, sous forme d'incidences, entre ces trois dimensions.

Pour compléter la grille de questions du guide et de permettre in fine d'apporter des éléments de réponse à la problématique de recherche, j'ai pris en compte deux éléments théoriques soulevés dans le troisième chapitre, à savoir :

- Les quatre niveaux d'incertitude de H. Courtney et coll. (1997),
- Les quatre composantes hétéroclites et complémentaires de l'approche VUCA et qui peuvent être des éléments générateurs de situation incertaine, en l'occurrence la Volatilité (fluctuations affectant l'environnement), l'Incertitude (informations incomplètes ou imparfaites), la Complexité (forte interaction entre les phénomènes environnementale) et enfin l'Ambigüité (manque de clarté informationnelle donnant lieu à de multiples sens et interprétations).

Le guide d'entretien élaboré, une seconde phase de recueil de données, plus en profondeur, a pu être initiée en ciblant les trois cas d'étude et en recourant à des entretiens semi-directifs. Malheureusement, en raison de la persistance de la crise sanitaire et des mesures restrictives imposées par les établissements concernés par l'étude, les entretiens semi-directifs ont dû se faire en visioconférence avec le logiciel de Microsoft "Teams". Les personnes interrogées (chef de service et veilleur) ont participé à ces rencontres en ligne directement depuis leur lieu de travail.

3.2 Analyse des données

À l'issue de la phase de collecte des données qualitatives, les informations brutes, ainsi produites, doivent être transformées et analysées pour rendre leur contenu accessible (Fortin et Gagnon, 2016). Bien qu'il existe une pluralité de méthodes d'analyse des données qualitatives (Coffey et Atkinson, 1996 ; Langley, 1997), celles-ci suscitent toujours les débats (Collesei, 2000) et aucune d'elles ne peut être perçue comme la meilleure stratégie à adopter (Gilbert et Trudel, 2000). De plus, dans le cadre d'une recherche par étude de cas, l'analyse de la preuve "est l'un des aspects les moins développés et les plus difficiles dans la réalisation des études de cas. Trop souvent, les enquêteurs commencent des études de cas sans avoir la moindre idée de la façon dont la preuve doit être analysée" (Yin, 2003b, p. 109). Pour les aider à surpasser cette limite, Yin (2003b) suggère trois stratégies à suivre pour bien mener ce type d'analyse, en l'occurrence la stratégie basée sur les propositions théoriques émises en amont (Relying on theoretical propositions), ou bien celle fondée sur la recherche d'explications rivales (Thinking about rival explanations) ou enfin celle fondée sur la description de cas (Developing a case description). Compte tenu de la posture épistémologique, j'ai opté pour la troisième stratégie.

De fait, pour analyser le corpus de données recueillies au cours des entretiens semi-directifs, l'analyse de contenu se présente comme la methode la plus largement employée pour étudier les interviews ou les observations qualitatives (Krippendorff, 2004). Elle est équivalente à un ensemble "de techniques d'analyse des communications utilisant des procédures systématiques et objectives de description du contenu des messages" (Bardin, 2001, p. 38). Selon Blanchet et Gotman (1992), l'adoption de cette démarche d'analyse consiste à étudier et à comparer les sens des interprétations pour permettre de "mettre en exergue les systèmes de représentation véhiculés par les discours" (ibidem, p. 92).

Dans le cadre de cette recherche et pour mener à bien la phase d'analyse de contenu, je me suis inspiré du protocole itératif proposé par Miles et Huberman (2003) fondé conséquemment sur trois activités analytiques : condensation des données, présentation des données et élaboration/vérification des conclusions. Une approche dont la promotion est, d'ailleurs, faite par plusieurs chercheurs, notamment Desmarais et Moscarola, 2004 ; Mukamurera et coll., 2006 ; Savoie-Zajc, 2004).

Le modèle interactif de l'analyse des données

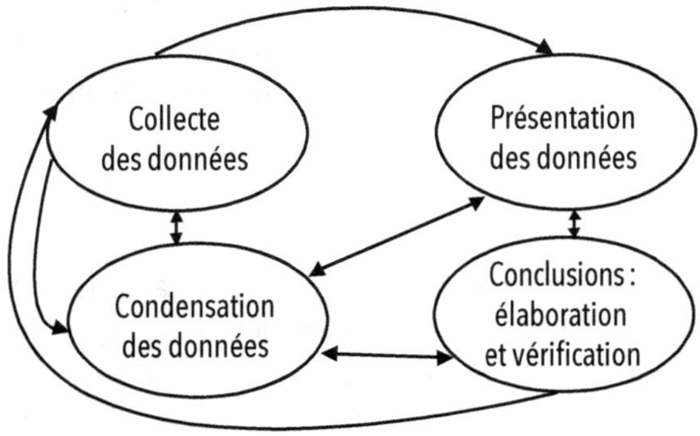

Source : Miles et Huberman (2003, p. 31)

La condensation des données

L'activité de condensation des données a pour vocation la constitution d'un corpus analysable à partir d'un volume de données qualitatives, faites d'un ensemble de mots ou d'éléments non verbaux inscrits dans des textes narratifs et issus d'entretiens, d'observations ou de lectures documentaires. Pour Miles et Huberman (2003), elle représente "l'ensemble des processus de sélection, centration, simplification, abstraction et transformation des données « brutes » figurant dans les transcriptions des notes de terrain" (ibidem, p. 29). En cette phase, il existe plusieurs outils ou méthodes qui peuvent être mobilisés pour le traitement des données en cours de collecte, à savoir les fiches de synthèse de réunions et d'entretiens, les mémos, le journal de recherche, la rédaction intermédiaire du cas et enfin le codage (Strauss et Corbin, 1994 ; Miles et Huberman, 2003).

Dans le cas de cette étude exploratoire et pour éviter ce que Miles (1979) appelle *la nuisance attractive* due à la complexité du sujet, j'ai eu recours, dans un premier temps et à l'issue de la retranscription des entrevues, aux fiches de synthèse pour synthétiser les informations clés et pour structurer au mieux mes réflexions. Miles et Huberman (2003) considèrent cette étape comme une opération "rapide et pratique d'opérer une première condensation des données, sans rien perdre des informations de base (la transcription) auxquelles elle se réfère" (ibidem, p. 108). Par la suite, j'ai fait appel également à la méthode de codage puisqu'elle se place dans les travaux de recherche qualitative comme l'élément incontournable pour assurer l'activité de condensation des données (De la Rupelle et Mouricou, 2009).

Le codage

Le codage des données est un processus de traitement de données qui permet de "décomposer les contenus d'un discours ou d'un texte en unités d'analyse (mots, phrases, thèmes...) et à les intégrer dans des catégories définies en fonction de l'objectif de la recherche" (Allard-Poesi et coll., 2001, p. 355). Le but attendu est de permettre de structurer le corpus de sorte que le chercheur puisse trouver des représentations du phénomène étudié (Allard-Poesi et Perret, 2003). Dans cette perspective, Andreani et Conchon (2005) proposent d'établir une distinction entre deux modes de découpage (le mode syntaxique et le mode sémantique) et à l'extraction des unités de codage (tableau ci-dessous). :

Unités d'analyse syntaxique et sémantique

	Analyse Syntaxique	**Analyse Sémantique**
Critères de découpage des unités d'analyse	Phrases, Morceaux de phrases	Idées clés
Unités de contenu	Découpage du texte intégral en une suite de mots	Découpage des idées et des thèmes

Source : Andreani et Conchon (2005, p. 6)

Dans la mesure où l'objet de cette recherche s'appuie principalement sur les perceptions des acteurs et leurs expériences vécues au sein des cas étudiés, j'ai convenu de retenir l'*unité sémantique* comme unité d'analyse des données. Choisir l'unité de ce genre revient à repérer des phrases ou un groupe de phrases faisant référence à une idée clés, ce que Bardin (2003) nomme *noyaux de sens* ou des *unités de signification naturelles* (au sens de Jaouen, 2005). En d'autres termes, l'identification d'une unité porteuse de sens repose sur le postulat que dès que "dans le texte, une autre idée semble abordée, c'est qu'une nouvelle unité de signification débute, et alors l'analyste introduit une séparation entre les deux unités (qui sont parfois appelées unités sémiques)" (Paillé et Mucchielli, 2012, p. 241).

Par la suite, les unités d'analyse ayant une signification proche ou bien délimitée par un changement du contenu thématique sont regroupées dans des catégories ou encore dans des sous-catégories (des sous-thèmes) pour plus de précision. Néanmoins, cette phase de catégorisation se limite à quelques conditions énumérées dans le tableau ci-dessous.

Les qualités d'une bonne catégorisation

	Principe	Mise en œuvre
Exclusion mutuelle	Chaque élément ne peut être affecté à plus d'une seule case.	Un élément ne doit pas avoir plusieurs aspects susceptibles de le faire classer dans plusieurs catégories. Le multicodage n'est possible que s'il n'y a pas d'ambigüité lors des calculs.
Homogénéité	Un même principe de classification doit gouverner l'organisation des catégories.	On ne peut fonctionner que sur une dimension d'analyse dans un même ensemble catégoriel. Différents niveaux doivent être séparés en autant d'analyses successives.
Pertinence	La catégorie est adaptée au matériel choisi / appartient au cadre théorique retenu.	Le système de catégories doit refléter les intentions de recherche, les questions de l'analyste et/ou correspondre aux caractéristiques des messages.
Objectivité et fidélité	Il s'agit d'éliminer les distorsions dues à la subjectivité des codeurs et à la variation des jugements.	Soumises à plusieurs analyses, des parties d'un même matériel sont codées de la même manière. Il s'agit de définir clairement les variables traitées et de préciser les indices déterminant l'entrée d'un élément dans une catégorie.
Productivité	L'ensemble des catégories apporte des résultats riches.	Les résultats sont riches en indices d'inférences, en hypothèses nouvelles, et en données fiables.

Source : Pantin (2005, p. 120)

En somme, l'opération de codage permet d'élaborer, in fine, une grille de lecture (un dictionnaire des thèmes (tableau ci-dessous)) constituée de catégories homogènes, exclusives et exhaustives (Bardin, 2013), et offre au chercheur la capacité "d'identifier rapidement, d'extraire, puis de regrouper tous les segments liés à une question, une hypothèse, un concept ou un thème donnés. Ce regroupement ouvre la voie à l'analyse." (Huberman et Miles, 1991, pp. 94-97).

Par ailleurs, pour construire un dictionnaire de thèmes, deux techniques de codage s'offrent au chercheur :

- *L'approche déductive* : elle consiste à établir, en fonction des propositions ou hypothèses élaborées au préalable, "une “liste de départ” de codes avant le travail sur le terrain" (Miles et Huberman, 2003, p. 114).
- *L'approche inductive* : à contrario, les codes et leurs relations émergent directement depuis le terrain (Strauss et Corbin, 1990).

En cohérence avec le raisonnement abductif retenue dans cette recherche, la grille de codes a été élaborée en combinant les deux approches. Tout au long de cette recherche, les codes, que ce soit ceux a priori issus de mes centres d'intérêt conceptuels ou ceux émergents issus de l'analyse des entrevues exploratoires, ont évolué progressivement puisque toutes les modalités n'avaient pas été totalement tranchées. Dès lors, ce travail de codage ne peut prendre fin qu'une fois l'analyse arrive à saturation.

Étant donné que l'opération de codage peut être parfois longue et lassante pour le chercheur, j'ai fait appel au logiciel de traitement informatisé des données qualitatives Nvivo, édité par QSR International. Le recours à ce genre de logiciel d'analyse offre l'avantage de traiter un volume important du corpus avec rigueur, célérité et flexibilité.

Dictionnaire des thèmes

Thème	Sous-thème	Sous-sous-thème	Description
Appréciation de l'incertitude	Le sens utilisé		le sens utilisé pour définir le concept d'incertitude
	les termes courants		les termes utilisés dans les discours officiels pour appréhender l'avenir incertain
	la confrontation	Motivante	la confrontation à l'incertitude (source de motivation ou de déstabilisation)
		Non motivante	
Évaluation de l'incertitude	Contextuel	Quatre niveaux	Les quatre niveaux d'incertitude de H. Courtney et coll. (1997)
		VUCA	Les quatre composantes de l'approche VUCA
		Imbrication	l'imbrication des incertitudes
	technico-organisationnel	Quatre niveaux	Les quatre niveaux d'incertitude de H. Courtney et coll. (1997)
		VUCA	Les quatre composantes de l'approche VUCA
		Imbrication	l'imbrication des incertitudes
	le social	Quatre niveaux	Les quatre niveaux d'incertitude de H. Courtney et coll. (1997)
		VUCA	Les quatre composantes de l'approche VUCA
		Imbrication	l'imbrication des incertitudes

Source : Élaboration propre

La présentation des données

La présentation des données est une étape très importante dans l'évaluation d'un travail de recherche qualitative, car elle reflète l'approche adoptée pour l'agrégation des données. Elle est perçue, par Miles et Huberman (2003), comme étant un "assemblage organisé d'informations qui permet de tirer des conclusions et de passer à l'action" (ibidem, p. 29). C'est un format spatial présenté de manière ordonnée et regroupée pour le lecteur (ibidem, 2003). En plus du texte narratif illustré par l'intégration de verbatims, d'autres types de formats plutôt synthétiques sont proposés par les deux auteurs et dont le choix est tributaire principalement des besoins de l'étude et du degré d'imagination du chercheur, notamment les tableaux, les graphiques, les matrices et les diagrammes.

Dans cette étude, j'ai mobilisé ces deux types de formats préconisés par Miles et Huberman (2003). Le recours au format narratif m'a permis d'illustrer les idées à travers des extraits des propos tenus par les répondants, et ce sans retouche et en toute authenticité. Pour Gavard-Perret et coll. (2008), la présentation des données par texte narratif est un gage de transparence. De plus, étant le plus fréquent dans cette étude, ce type de format offre au lecteur un aperçu holistique des résultats de recherche. Les verbatims sont présentés dans un format propre pour plus de clarté visuelle. Ensuite, j'ai eu recours à des schémas plus synthétiques pour présenter d'une manière raffinée certaines données qualitatives.

L'élaboration et la vérification des conclusions

L'élaboration et la vérification des conclusions constituent la troisième et la dernière étape du processus de l'analyse des données qualitatives. Pour Miles et Huberman (2003), elle débute, bien en amont, dès le début de la collecte des données. Au cours de son analyse qualitatif, le chercheur "commence à décider du sens des choses, il note les régularités, les « patterns », les explications, les configurations possibles, les flux de causalité et les propositions." (ibidem, p. 30). Dans ce sens, différentes tactiques s'offrent à lui pour vérifier ses résultats futurs, soit d'une manière formelle ou informelle. Pour les mêmes auteurs, cette vérification peut "être aussi brève qu'une « arrière-pensée » fugitive traversant l'esprit de l'analyste lors de la rédaction, accompagnée d'un retour rapide aux notes de terrain, ou bien elle peut être rigoureuse et élaborée, étayée par de longues discussions entre collègues visant à développer un « consensus intersubjectif », ou par un travail approfondi de reproduction d'un résultat dans un autre ensemble de données." (ibidem, pp. 30-31).

CHAPITRE 5

PRÉSENTATION DES RÉSULTATS EMPIRIQUES : ANALYSE INTRACAS

> "*Vous ne pouvez pas écrire sur ce que les données que vous avez recueillies ne vous disent pas, ou sur ce que votre méthode de stockage ne vous permet pas de faire. Vous voyez ce que vous avez et n'avez pas, ce que vous avez déjà fait et savez déjà, et ce qui reste à faire. Vous voyez que le seul travail qui vous reste - même si vous venez de commencer à écrire - est de rendre tout cela plus clair.*"
>
> Becker

Le présent chapitre et le suivant seront consacrés à l'analyse et à la présentation détaillée des résultats de l'enquête empirique. Rappelons que les principales données collectées par étude de cas multiples visent à comprendre comment l'incertitude peut être évaluée dans une démarche d'intelligence économique contextualisée par un environnement VUCA. Dans cette perspective, deux points essentiels ont guidé ma réflexion tout au long de cette partie empirique : le premier concerne la ***perception*** du concept d'incertitude par les praticiens de l'I.E et le second se penche sur la question d'***évaluation***. L'ambition ici étant d'apporter des éléments de réponse à la problématique en question à travers les interprétations, l'expérience et le vécu des interviewés.

En plus clair, pour répondre à l'objet de recherche, le traitement du corpus s'est appuyé sur une démarche d'analyse en deux temps (Eisenhardt, 1989 ; Miles et Huberman, 1994 ; Hlady-Rispal, 2002 ; Gioia et coll., 2013 ; Yin, 2014 ; Mbengue et coll., 2014). Dans un premier lieu, j'ai procédé, dans le présent chapitre, à une analyse dite individuelle ou intracas (within-case) qui consiste en une étude séquentielle et détaillée des cas observés. Le but attendu est de permettre la compréhension de la réalité de chaque cas à travers l'examen en profondeur de leurs éléments spécifiques dans leur contexte particulier (VUCA). Ensuite, dans un deuxième lieu, j'ai complété, dans le chapitre suivant, le traitement des données par le recours à l'analyse comparative intercas (cross-case) pour explorer les similitudes et les différences entre les différents cas d'étude. La motivation finale est de déceler des régularités (patterns) et de proposer, in fine, un modèle théorique d'évaluation de l'incertitude susceptible de fournir un cadre de lecture aux protagonistes de l'intelligence économique qui sont confrontés à un environnement volatile, incertain, complexe et ambigu.

Dès lors, dans cette première phase de traitement de données empiriques, les trois cas d'étude sont traités de façon séquentielle (cas par cas) sur la base d'une grille d'analyse thématique développée à l'issue des allers-retours entre la revue de littérature et la première immersion dans le terrain. À l'aune de cette grille de lecture et dans chaque cas étudié, je dresserai une présentation (sorte de photographie) détaillée et enrichie de verbatims issus des entretiens semi-directifs réalisés avec les acteurs engagés dans une démarche d'intelligence économique, à savoir le ***chef de service*** et le ***veilleur***. De plus, les résultats de cette analyse intracas serviront de base pour mener à bien, par la suite, l'analyse comparative intercas.

1. Le Ministère du Tourisme (Cas 1)

Dans ce premier cas d'étude, mené au sein du Ministère du Tourisme, je me suis intéressé, tout particulièrement, au service des Études et de Veille Stratégique. Notant qu'au cours de mes investigations, le service a été de plus en plus sollicité, à cause notamment d'un contexte touristique très particulier marqué par la crise sanitaire et les enjeux de la reprise du secteur. Dans ce scénario répondant fidèlement aux caractéristiques du monde VUCA, j'ai suivi les orientations de la grille d'analyse thématique pour comprendre, en premier lieu, comment les deux acteurs (ceux concernés par l'étude) de la cellule de veille stratégique du Ministère perçoivent la notion d'incertitude et, en second lieu, comment ce concept peut être évalué qualitativement en interne.

1.1 La perception du concept d'incertitude

Comme cité précédemment, dans le premier chapitre, le concept d'incertitude constitue un sujet très ambigu et soulève des débats récurrents dans la quête d'une définition universelle et communément admise dans les milieux académiques. Dès lors, il m'a semblé pertinent, en marge de ces débats théoriques, de m'intéresser à la perception des praticiens et d'examiner leurs points de vue.

L'analyse des propos tenus par les acteurs de l'intelligence économique (veille stratégique) du Ministère se structure, suivant la grille des thématiques retenues pour l'analyse des entrevues, autour de trois sous-thèmes étroitement liés :

- Le sens utilisé pour définir le mot incertitude ;
- Les termes utilisés dans les discours officiels pour appréhender l'avenir incertain ;
- La confrontation à l'incertitude (source de motivation ou de déstabilisation).

1. 1.1 Le sens utilisé pour définir le mot incertitude

Au sein de la cellule de veille stratégique, les sens que l'on donne au mot incertitude se rejoignent chez les deux répondants, même si les rôles et les responsabilités de chacun sont différents.

> Au fait, l'incertitude pour nous, dans le secteur de tourisme, c'est l'absence de visibilité sur l'évolution des activités touristiques. Aujourd'hui dans une conjoncture instable où les choses changent du jour au lendemain, ce qu'on prend pour acquis aujourd'hui, il ne l'est pas d'ici une heure. Évoluer dans un contexte très changeant et très mouvant, nous poussent à essayer d'acquérir les outils nécessaires afin d'affronter cette incertitude.
>
> (Chef de service_MT)

En étant à la tête du service, le répondant porte un intérêt majeur dans le suivi de l'évolution des activités touristiques, notamment au niveau du tourisme balnéaire, culturel, durable et national dans le pays. Il estime que le concept d'incertitude est beaucoup plus lié au manque de visibilité dans un secteur très sensible et fragile à tout événement, national ou international soit-il. Certes, avec l'arrivée de la pandémie de la Covid-19, l'industrie touristique s'est retrouvée confrontée à des enjeux stratégiques majeurs et soumise à de grandes difficultés en raison des restrictions imposées aux activités touristiques, telles que le transport aérien et maritime, les établissements hôteliers, les magasins, les restaurants et l'artisanat (CESE, 2020). D'ailleurs, depuis le début de la crise sanitaire, les indicateurs de ces activités ont reçu des évaluations négatives, avec une baisse avoisinant les 70 %[53]. Pour le chef de cellule de veille, le suivi des indicateurs devient, dans cet environnement particulier, très difficile, voire quasi impossible à cause de la volatilité du contexte. Dès lors, en parlant de l'incertitude, il est amené à utiliser l'expression "absence de visibilité" au lieu de "manque de visibilité", ce qui met en évidence la difficulté de produire de l'information utile à la prise de décision.

En tant que pilier technique et la pierre angulaire du processus de renseignement au sein du Service des Études et de Veille Stratégique, le deuxième répondant

53. Audition du MTATES, juillet 2020.

semble, dans son appréhension de l'incertitude, beaucoup plus axé sur le changement constant que connait le secteur du tourisme en cette période de crise, tout en mettant l'accent sur la nécessité de prendre en compte des exigences supplémentaires imposées par la transversalité du Ministère.

> En tant que veilleur, l'incertitude est liée au changement du contexte géopolitique et du statut de la consommation. Elle correspond au changement constant qui se produit dans le secteur du tourisme ainsi qu'à la transversalité avec d'autres secteurs qui subissent eux aussi les mêmes contraintes. En plus, ce qui est valable aujourd'hui ne l'est plus dans les jours qui viennent.
>
> (Veilleur_MT)

À l'affut d'informations utiles et pertinentes pour les décideurs du Ministère, le second rependant est engagé à fournir en permanence des renseignements et un éclairage sur l'avenir de l'industrie touristique. Néanmoins, il estime qu'en cette période de crise sanitaire marquée par le changement constant des conditions et des mesures inhérentes aux activités touristiques, la tâche n'est pas chose aisée. Ce constat est d'ailleurs partagé par l'Office national marocain du tourisme, "nous sommes à quelques mois de la fin de 2021 et la reprise attendue tarde à se mettre en place face aux diverses vagues de Covid et au changement constant des politiques de voyages de plusieurs émetteurs et récepteurs". De plus, les attentes du veilleur se sont avérées plus difficiles à concrétiser en raison de la transversalité du secteur du tourisme. Les activités du Ministère ainsi que de tous les opérateurs œuvrant dans la chaîne touristique ont été fortement dépendantes des directives émises par certains ministères, notamment le Ministère de la Santé, des Affaires Étrangères et celui de l'Intérieur.

En somme, pour la cellule de veille stratégique, l'incertitude ne peut être appréhendée qu'à travers la pratique professionnelle et du contexte dans lequel elle évolue.

1.1.2 Les termes utilisés dans les discours officiels pour appréhender l'avenir incertain

La motivation, derrière cette sous-question, est de revenir à la dichotomie de Knight et Keynes, soulevée dans le premier chapitre, et de tenter d'examiner dans les discours des interviewés du Ministère l'éventuelle présence d'amalgame entre risque et incertitude. Rappelons qu'ils ont prescrit une distinction radicale entre la notion du risque qui peut être probabilisable et celle de l'incertitude qui est, quant à elle, non probabilisable, non mesurable, mais omniprésente dans le monde actuel. Ils ont prôné, dès lors, un scepticisme absolu au traitement mathématique du raisonnement en avenir incertain.

Par ailleurs et comme cela est noté dans le chapitre 4, la cellule de veille stratégique est un dispositif rattaché à la Division de la Stratégie et de la Planification et dont le champ d'activité principal est de produire trimestriellement, en collaboration avec l'Observatoire du Tourisme, un baromètre de l'activité touristique du Maroc (ex. suivi de la satisfaction touristique). Le but est de dresser un état de lieux de la situation du tourisme dans le pays et d'apporter un éclairage sur les évolutions des activités. Et pour optimiser la prise de décisions stratégiques au sein du Ministère et de mieux orienter la politique touristique, la cellule assure un suivi permanent de l'actualité dans le secteur touristique (sur le plan réglementaire, concurrentiel, technologique et sociétal) et de l'activité des opérateurs et des tendances comportementales dans les principaux marchés émetteurs du pays. Toutefois, les mesures de confinement prises par les États pour lutter contre la pandémie ont mis un coup d'arrêt brutal aux activités touristiques, et risquent, par conséquent, de mettre à mal les actions de veille et particulièrement la possibilité de prévoir l'avenir incertain du tourisme.

Ainsi, en me référant à l'optique knightienne et keynésienne sur l'incertitude et des enjeux dans lesquels s'inscrit la mission de la cellule, j'ai tenté de voir comment les acteurs de veille du Ministère appréhendent le futur incertain lors des brainstormings, des réunions d'équipe ou même lors des échanges informels entre collègues.

Dans les entrevues, les deux répondants ont livré des réponses assez concises et ciblées, mais qui révèlent, néanmoins, un raisonnement plus *rationnel* dans la construction d'une vision de l'incertain au sein du service. Un mode de réflexion qui ne peut se conjuguer avec l'affirmation de Keynes (1937), "nous ne savons pas tout simplement".

> Au niveau du Ministère ou même au niveau de notre Division, pour parler d'un futur incertain, on utilise plus l'expression "incertitude", mais on essaie de se projeter à un temps X, en d'autres termes "essayer de temporaliser le futur". On répond à un besoin donner avec juste les données disponibles pour avoir un aperçu de ce que devrait être cet avenir incertain.
>
> (Chef de service_MT)

Bien que le terme "incertitude" soit suremployé et omniprésent dans les discours des managers et de l'ensemble des intervenants de la cellule de veille stratégique du Ministère, la ligne directrice de la politique touristique à l'égard du futur est centrée principalement sur la prospective, celle limitée par un horizon temporel bien défini. Le plan de veille stratégique est, par conséquent, construit grâce à la prise en compte des données disponibles, et projeté sur un horizon à moyen terme, suffisamment proche pour que les résultats de prospection aient du sens et permettent d'apporter de l'aide à la prise de décision. C'est pourquoi, en plus du baromètre trimestriel, le service est tenu de produire chaque mois des lettres de veille comportant une synthèse de l'évolution du tourisme international et des tendances qui y sont associées. Au total, les informations et données diffusées dans les produits de veille sont majoritairement soumises à une logique de quantification. L'engouement pour la calculabilité et la prévisibilité, dans le service, est l'illustration par excellence d'un rationalisme prédominant dans la politique instaurée par les donneurs d'ordres. Même si elle apporte une certaine garantie d'objectivité de l'incertain aux yeux des décideurs, la prévisibilité, dans un contexte particulier tel que celui de la crise sanitaire, se révèle être une tâche plus ardue, voire impossible, puisque les informations ne sont ni disponibles, ni même fiables. Les fortes incertitudes entourant la pandémie (qu'elles soient liées à son origine, à son évolution, à sa durée, aux variants et à leur dangerosité, aux vaccins et à leur efficacité et enfin à la disposition des individus à respecter les mesures sanitaires et à accepter de se faire injecter les produits proposés) soulèvent la question de "si on sait ce qui va advenir dans le futur". Une problématique soulevée dans le dernier livre de Silberzahn (2021), où il est écrit que "dans le monde dans lequel nous vivons, la plupart des événements sont inattendus, sur le plan personnel comme sur le pan professionnel, et cela dans tous les domaines. L'incertitude fait que l'on est incapable de prédire vers où le monde va"[54]. En d'autres termes, le monde est entré dans une ère où les événements, à la manière d'un cygne noir (Taleb, 2007), sont brutaux, imprévisible et ayant un impact majeur sur tous les niveaux, notamment économique, social, politique ou scientifique. De même, Villemus (2020) a mis l'accent sur le fait que cette crise sanitaire a mis à mal "tous les systèmes de prévision classiques et forcé les pays, les gouvernements et les organisations à repenser leur gestion des risques et leur confrontation à l'incertitude"[54]. Dès lors, face à une situation imprévisible et improbable, typique d'un monde VUCA, la remise en cause du mode de traitement conventionnel du futur incertain n'a jamais été autant vitale qu'aujourd'hui, "personne, en se basant sur notre mode de fonctionnement conventionnel et actuel, n'est en mesure… de prévoir, voire prédire, une éventuelle stratégie pour faire face au pire scénario que le Covid-19 nous réserve" (Mooneegan, 2020).

54. Bertrand L. (2020), "*Être leader dans un monde pétri d'incertitudes face à l'environnement*", Monde des grandes écoles et universités LE MAGAZINE, n°99, février.

D'ailleurs, cette réalité m'a été rapportée par le deuxième répondant :

> Dans notre cellule de veille, on utilise beaucoup plus le terme "incertitude" pour parler d'un contexte, où on est confronté à l'ambigüité de l'information et aussi au manque d'informations.
>
> (Veilleur_MT)

1.1.3 La confrontation à l'incertitude (source de motivation ou de déstabilisation)

Le brutal choc provoqué par la pandémie du Covid-19 sur le secteur du tourisme et les conditions restrictives qui en découlent m'amène dans cette troisième sous-question à m'interroger sur le comportement des acteurs de la veille stratégique du Ministère en temps d'incertitudes.

Dans les périodes de profonds changements, deux cas de figure peuvent se présenter. D'une part, il y a ceux qui perçoivent l'incertitude comme source de déstabilisation et un réel obstacle dans leur quête de maîtrise et de contrôle du futur. L'aversion pour l'inconnu les pousse beaucoup plus à chercher à l'éviter ou à le contourner par tous les moyens, notamment par les expériences acquises ou juste par le mimétisme. Ils tentent également d'essayer de minimiser l'incertitude en accédant à plus de données et d'informations possibles ; et, in fine, ils se contentent d'accepter les solutions seulement satisfaisantes plutôt qu'optimales (au sens de la rationalité limitée d'Herbert Simon (1969, 1973). D'autre part, il y a ceux qui acceptent l'incertitude et se sentent enthousiasmés par ce qui pourrait arriver dans le futur. Cette curiosité pour l'inconnu les incite non seulement à travailler plus dur, mais surtout à s'investir davantage dans le processus d'obtention d'un résultat potentiellement inconnu, que ce soit en termes de temps, d'argent ou d'énergie (en référence aux travaux académiques sur l'effet de l'incertitude sur la motivation (Moon et Nelson, 2014 ; Klein et Fishbach, 2014))

C'est au carrefour de ces deux cas de figure que se situe la posture des acteurs du service de veille par rapport à un futur incertain.

Évoluant dans un contexte marqué par la pandémie, l'équipe accepte toutes les incertitudes qui en découlent et se mobilise collectivement pour améliorer constamment le processus de veille en investissant dans des outils plus performants et en cherchant à intégrer du personnel plus qualifié. Motivé par l'inconnu que leur procure la crise sanitaire, chaque membre de l'équipe se sent concerné par la réussite collective et tente de s'investir activement dans son rôle et ses responsabilités.

> Comme on évolue dans un contexte qui est incertain, on accepte l'incertitude et on essaie de la contourner avec les moyens disponibles. C'est la raison même de la création de notre service de veille stratégique.

> Par exemple : dans le cas de la pandémie actuelle, l'incertitude a contribué à mobiliser toute l'équipe de veille en cherchant plus de données et d'informations pour la cerner.
>
> (Chef de service_MT)

> Beaucoup plus de motivation. L'incertitude nous mobilise à chercher plus pour combler le déficit informationnel et rendre l'environnement plus intelligible.
>
> (Veilleur_MT)

Bien que l'incertitude soit saluée par les interviewés comme une source de motivation, la ligne de conduite préconisée par le service demeure parfaitement en phase avec l'objectif final de tout processus de veille stratégique, à savoir la réduction de celle-ci par l'obtention d'informations pertinentes. Les acteurs n'expriment aucune crainte ou se sentent déstabilisés par l'inconnu, mais ils cherchent néanmoins à le contourner avec les moyens dont ils disposent. La motivation est certes au cœur de la conduite de la stratégie de veille, mais elle reste conditionnée par la maîtrise du futur incertain. Toutefois, au-delà de cette volonté affichée, la singularité de la crise sanitaire met en cause la capacité du service à tout contrôler, "aujourd'hui dans une conjoncture instable où les choses changent du jour au lendemain, ce qu'on prend pour acquis aujourd'hui, il ne l'est pas d'ici une heure" (Chef de service_MT). L'environnement très dynamique et fortement chaotique rend généralement les informations et les données collectées moins fiables et rapidement obsolètes. Ce qui complique la tâche de l'ensemble des acteurs du service de veille.

Dans cette nouvelle normalité et en prenant en compte le deuxième cas de figure cité précédemment, la question de la motivation par l'incertitude, relevée dans les propos des répondants, soulève deux visions possibles : l'une relie l'origine de la motivation au résultat attendu et l'autre, la relie au processus qui mène à ce même résultat.

Dans une étude publiée dans le Journal of Consumer Research en 2015, intitulée "*The Motivating-Uncertainty Effect : Uncertainty Augments Resource Investment in the Process of Reward Pursuit*", A. Fishbach et C. K. Hsee de l'Université de Chicago et Luxi Shen de l'Université de Hong Kong ont mené des expériences avec des sujets pour comprendre l'effet de l'incertitude sur leur comportement. Les résultats obtenus ont mis en évidence trois points majeurs. Premièrement, les sujets ont été plus motivés par une récompense incertaine qu'une déjà prédéfinie.

Deuxièmement, ils ont exprimé leur motivation lorsqu'ils se concentraient sur le processus plutôt que sur le résultat. Enfin, l'incertitude a tendance à générer, pour les sujets, une expérience positive qui, à son tour, ferait augmenter leur motivation.

L'enseignement tiré de cette étude est que le contexte de crise, très changeant et dont le futur est fait d'incertitudes, peut contribuer à stimuler la motivation de l'ensemble des acteurs du service, mais sous réserve que ces derniers investissent en efforts, temps et argent pour faire améliorer et perfectionner le processus de veille stratégique, sans trop se concentrer sur le résultat attendu.

1.2 L'évaluation du concept d'incertitude

Après avoir analysé la perception et le comportement des protagonistes de la veille stratégique au sein du Ministère à l'égard de l'incertitude, l'étape suivante consiste à évaluer cette dernière. Mon ambition est de dresser, à travers le vécu et le discours des acteurs, une cartographie de la situation incertaine liée à l'environnement VUCA (illustré par la pandémie Covid-19) et dans laquelle évolue le processus de veille.

La démarche d'évaluation s'appuie sur la grille d'analyse thématique et se structure autour de trois niveaux d'analyse : contextuel, technico-organisationnel et social. Chaque niveau est, par ailleurs, appréhendé par trois critères cumulatifs et déterminants, à savoir :

- Les quatre niveaux d'incertitude de H. Courtney et coll. (1997),
- Les quatre composantes de l'approche VUCA,
- Les interactions entre les incertitudes soulevées par les acteurs.

1.2.1 Sur le plan contextuel

Le contexte constitue le premier axe de source d'incertitudes qui m'a été fourni lors de la première phase d'exploration. Il s'inscrit dans une double dimension, interne et externe de l'organisation. Le contexte externe se réfère à l'ensemble des forces extérieures qui influencent l'organisation, mais qui échappent à son contrôle. Il est composé de l'environnement politique, économique, social, technologique, écologique et légal (Pettigrew, 1987). A contrario, le contexte interne fait référence aux éléments sur lesquels l'organisation détient une emprise directe, particulièrement la structure et la culture organisationnelle (Pettigrew, 1987).

Dans cette étude, je limiterai, tout au long de l'analyse de ce premier cas d'étude (et de deux autres), la notion de contexte à la dimension externe. Le volet interne sera traité dans le deuxième axe d'analyse (technico-organisationnel).

Dans le service de veille du Ministère, le contexte mondial représente un vrai défi et devient le dénominateur commun le plus important pour chacun des membres de l'équipe. Depuis le mois de mars 2020, l'arrivée de la crise sanitaire a plongé le service dans une situation inédite, sujette à des incertitudes multiples.

Le sujet prioritaire et d'ordre contextuel, auquel la cellule de veille accorde toute son attention, porte sur le comportement des consommateurs des produits touristiques en période de pandémie, des mesures de confinement et des règles sanitaires mises en œuvre par les gouvernements dans le monde entier.

> Dans le champ contextuel, notre département est confronté à une multitude d'incertitudes. Je vais commencer par le sujet qui revêt une importance capitale et sur lequel nous travaillons en ce moment :
>
> Le changement des comportements des consommateurs à l'échelle internationale.
>
> Sur ce sujet, beaucoup d'interrogations se posent à nous :
>
> - Le marché des arrivées touristiques est-il toujours le même, toujours compétitif par rapport aux concurrents ?
> - Est-ce que nos touristes sont toujours intéressés par nos propositions de valeur (c'est-à-dire le Maroc en tant que destination) ?
> - Ce problème de valeur est-il en augmentation ou en régression ?
>
> (Chef de service_MT)

La longueur de la crise et la flambée des contaminations ont, indubitablement, induit des répercussions psychologiques significatives et ont marqué un tournant dans les tendances de mobilité des individus et des ménages. Les consommateurs sont plus que jamais prudents et soucieux de leur santé et de leur bien-être. Selon les données du Ministère, le secteur du tourisme, qui représente 7,1 % du produit intérieur brut national, a enregistré en 2020 une chute de 78 % du nombre des arrivées aux postes frontières et une baisse de 69 % de nuitées dans les établissements d'hébergement touristique classés par rapport à l'année 2019. Ce qui se traduit par une perte de 63 % en termes de recettes du tourisme. Une conjoncture qui risque de se dégrader et de perdurer en raison des variants plus virulents et contagieux, comme souligné par la Banque Mondiale (2020) : "le redressement du secteur du tourisme pourrait être plus lent, car les préoccupations concernant les vagues ultérieures de Covid-19 et la diminution des revenus des ménages pourraient plomber la demande mondiale dans ce secteur".

Face à ce constat dramatique, l'industrie du tourisme se voit dans l'obligation de reconnaître que le monde ne sera pas comme avant et que le tourisme de masse laisse place à un tourisme incertain, dicté par l'évolution de la pandémie et de la campagne de vaccination. Dans une vision plus pessimiste, N. Wadbled (2020), en s'interrogeant sur le comportement des touristes post-Covid, alerte sur la possibilité d'émergence d'un tourisme qu'il qualifie d'obscur (dark tourism). Il sous-entend que dans un tel tourisme "ceux qui en auront été les témoins deviendraient des sujets historiques assumant une vision et un héritage communs de cet événement comme étant un modèle soit d'héroïsme, soit de faillite collective" (ibidem, p. 2). En d'autres termes, pour l'auteur, la pandémie continuerait toujours à hanter la mémoire de l'humanité.

De son côté et même sans une franche visibilité pour l'année à venir, le Ministère s'est comme même engagé, à travers son organisme de tutelle (l'Office National Marocain du Tourisme) et en vue de préparer un plan stratégique de relance du secteur du tourisme, dans des études de marchés et de tendances autour de la destination Maroc, à l'échelle nationale et internationale. L'objectif était "de cerner les dynamiques émergentes et les transformations qui conditionnent le comportement des touristes et leurs attentes dans le monde, aussi bien au niveau national qu'international"[55]. Le plan de relance a vu le jour le 6 août 2020, sous la forme d'un contrat programme répartissant les attributions réciproques du secteur public et privé. Il couvre la période 2020-2022 et s'articule autour de trois objectifs majeurs :

1. Préserver le tissu économique et l'emploi,
2. Accélérer la phase de redémarrage,
3. Poser les bases d'une transformation durable du secteur.

Par ailleurs, le service est soumis à une seconde incertitude, d'ordre réglementaire cette fois-ci.

> Aujourd'hui avec la pandémie, il y a des décisions politiques et stratégiques d'ordre réglementaire qui font que certains marchés (destinations) ont fermé leurs frontières, d'où un impact considérable sur le secteur du tourisme.
>
> (Chef de service_MT)

Depuis le 2 mars 2020, date d'enregistrement officiel du premier cas positif au nouveau virus SARS-CoV-2, les autorités marocaines ont mis en œuvre progressivement une série de mesures réglementaires préventives et proactives pour ralentir la propagation de l'épidémie, notamment :

- La fermeture des frontières terrestres (le 14 mars), la fermeture des aéroports et des espaces publics (le 18 mars),

55. Revue de presse de la Confédération nationale du tourisme (CNT) publiée le 23 avril 2021 (consultable au lien suivant : https://mailchi.mp/841b0f4f7f89/revue-de-presse-cnt-23042021)

- L'instauration d'un couvre-feu et la limitation des déplacements (le 20 mars),
- L'obligation du port du masque dans les espaces publics (le 6 avril).

Autant de restrictions réglementaires qui ont lourdement pesé sur le secteur ainsi que sur toute la chaîne de valeur de l'industrie du tourisme. Contraint de respecter les règles sanitaires en vigueur, l'ensemble de l'écosystème touristique a subi de plein fouet les effets d'une conjoncture morose et oscille entre incertitude et espoir, "à l'heure actuelle et en prévision d'une reprise que nous appelons de tous nos vœux, nous avons besoin de visibilité quant à la levée des restrictions liées à l'accessibilité de notre destination et à la mobilité à l'intérieur du royaume" (CNT[56], 2020).

Interpellé sur la gravité de la situation, le chef de service a dressé un tableau inquiétant de l'avenir des opérateurs du secteur :

> Aujourd'hui plusieurs entreprises ou compagnies sont dans des situations financières assez critiques, même celles au bord de la faillite et qui sont contraintes de dépendre des subventions de l'État. Le devenir de ces compagnies a un impact sur la connectivité de ces destinations et sur la performance touristique (l'économie dans sa globalité).
>
> (Chef de service_MT)

Néanmoins, les attentes du veilleur, en tant qu'acteur actif et interactif avec son environnement, toujours à l'affût d'informations, semblent, dans certaines circonstances, difficiles à concrétiser compte tenu de la transversalité du secteur et de la forte dépendance du service aux règlements pris par d'autres ministères, notamment le Ministère de la Santé, des Affaires Étrangères et celui de l'Intérieur.

> Sur le plan réglementaire, la transversalité du secteur constitue une source d'incertitude importante pour notre activité de veille. C'est dû principalement à :
>
> - L'interaction et surtout à la dépendance du département du tourisme avec les autres départements de l'État (où chacun à sa propre vision, sa manière de collecter l'information ou de gérer la crise).
> - Problème d'accès et de partage d'informations (comment obtenir de l'information et particulièrement la bonne information ? comment activer le réseau d'information interministériel (Cela n'est pas de notre ressort) ?)
>
> (Veilleur_MT)

56. Communiqué de presse de la Confédération nationale du tourisme publié le 1er juin 2020 (consultable au lien suivant :
https://www.lebrief.ma/6178-covid-19-la-cnt-met-la-lumiere-sur-la-tourmente-du-tourisme).

La transversalité du secteur du tourisme ouvre la porte à des relations et à des interactions sectorielles rendant nécessaires la conception et le déploiement d'un système de partage d'informations interministériel adéquat, tant pour alimenter les décisions et les orientations stratégiques du Ministère en informations de valeur que pour accompagner le service de veille dans la gestion de la crise sanitaire.

Par ailleurs et toujours dans le cadre contextuel, la géopolitique a été évoquée dans les propos de mes répondants comme une troisième incertitude à laquelle se heurte encore l'équipe de veille stratégique. Inspiré par l'expérience du printemps arabe des années 2010-2012 et ses répercussions désastreuses sur le secteur du tourisme en Méditerranée, le chef d'équipe a souligné l'importance de prendre en considération l'environnement géopolitique.

> Notre service prend en compte également de la situation géopolitique dans laquelle se trouve le secteur du tourisme. On est à la merci de tout ce qui se passe dans notre pays, mais aussi dans notre environnement.
>
> Par exemple, en période de printemps arabe, ce qui s'est passé dans les pays touchés a été assimilé à notre destination (c'est-à-dire les destinations arabo-musulmanes).
>
> (Chef de service_MT)

L'instabilité politique et les tensions qui en résultent dans certaines régions du monde affectent indéniablement les flux touristiques internationaux et peuvent nourrir de fortes incertitudes quant à l'avenir du secteur du tourisme. À cet égard, l'ensemble des activités touristiques se retrouve à la merci de la situation géopolitique locale et internationale. En effet, l'éclosion des printemps arabes (Égypte, Tunisie, Libye et Syrie) en est la parfaite illustration. En cette période et avec la vague des manifestations et des actes terroristes, les touristes ont boudé les pays du Maghreb et du Moyen-Orient pour se rabattre sur des destinations sûres en termes de sécurité.

En 2014, dans le bassin méditerranéen, le tourisme espagnol et portugais a connu une ascension fulgurante suite au repli du nombre d'arrivées internationales dans les deux pays, habituellement très prisées, l'Égypte et la Tunisie.

> Le Portugal, en tant que destination concurrente pour nous, a réalisé une incroyable performance en matière du tourisme. Le pays a profité du contexte du printemps arabe en développant une stratégie marketing concentrée sur la demande touristique qui exclut les pays arabes concernés.
>
> (Chef de service_MT)

Alors que le tourisme égyptien a connu une baisse de près de 32 % entre l'année 2010 et 2014 (soit plus de 4 millions de visiteurs étrangers perdus), l'Espagne a gardé sa troisième place mondiale, derrière la France et les États-Unis, avec près de 65 millions de visiteurs étrangers en 2014 (soit plus de 19 % par rapport à 2010). Le Portugal, quant à lui, a connu une croissance de plus de 26 % entre les deux années (soit près de 3 millions de visiteurs étrangers gagnés)[57].

Dans ce contexte, où l'image des pays arabo-musulmans a été discréditée dans les médias internationaux, le tourisme marocain a su faire preuve d'une grande résilience. D'une part, la stabilité du pays a beaucoup contribué à préserver son attractivité en engageant, avant l'année 2011, une série de réformes profondes, notamment sur le plan politique, économique, culturel et social[58] :

- Politique : la mise en place le 12 avril 2004 de l'Instance Équité et Réconciliation (IER),
- Economique : l'élaboration et la réalisation des programmes d'électrification rurale, d'accès à l'eau potable et le renforcement des infrastructures,
- Culturel : la création, en octobre 2001, de l'Institut Royal de la Culture Amazighe (IRCA),
- Social : l'instauration d'un nouveau Code de la famille, la généralisation de l'Assurance Maladie Obligatoire (AMO) et la réalisation de nombreux projets sociaux et éducatifs à travers le Royaume dans le sillage de l'Initiative Nationale pour le Développement Humain (INDH).

D'autre part, le plan d'action de la "Vision 2020", signé en novembre 2010 dans le cadre du Programme National pour l'Innovation et la Compétitivité Touristique, a permis également de renforcer la compétitivité et le développement du label touristique marocain. La concrétisation de cette vision s'est basée sur trois axes fondamentaux[59] :

- Une politique d'aménagement territorial de l'offre touristique, garante de la diffusion des bénéfices du tourisme et du développement socio-économique de toutes les régions ;
- Un schéma institutionnel et une structure de gouvernance, à même d'apporter la dynamique et le leadership nécessaires au développement territorial touristique ;
- Le développement durable, un défi et une opportunité de différenciation pour le tourisme marocain et notamment lorsqu'il s'agit de l'offre "nature".

---

57. Le rapport de l'Organisation Mondiale du Tourisme de 2015.
58. Le rapport de l'Institut Royal des Études Stratégiques (IRES) de décembre 2007.
59. Stratégie Nationale de Développement Durable (SNDD) 2030 (2017, p. 27).

Le secteur du tourisme a réussi ainsi à renforcer son dynamisme avec un peu plus de 10 millions de visiteurs étrangers en 2014 (soit une progression de près de 11 % par rapport à l'année 2010)[60].

En somme, après avoir exposé le panel d'incertitudes d'ordre contextuel auquel le service de veille stratégique doit faire face, les étapes suivantes consistent à poursuivre l'analyse du premier cas, en les évaluant sur la base du triptyque théorique : les quatre niveaux d'incertitude de Courtney - les quatre composantes VUCA - l'éventuelle imbrication des incertitudes.

1.2.1.1 Les niveaux d'incertitude

Usuellement, la contribution principale de l'activité de veille stratégique au sein d'une organisation est de permettre la réduction l'incertitude et de donner du sens à des éléments d'informations disparates pour une meilleure compréhension de l'environnement externe (Bergeron et coll., 2009). Néanmoins, E. Auster et C.W. Choo (1994) ont fait état de l'existence d'une forte corrélation entre le degré d'incertitude et les activités de veille. Pour les deux auteurs, plus le degré d'incertitude augmente, plus ces activités deviennent plus fréquentes. De la sorte, l'évaluation, en amont, du degré d'incertitude permet d'apporter un éclairage fécond aux acteurs de veille sur le besoin en informations et sur les techniques adéquates à mettre en œuvre pour assurer une bonne maîtrise du process.

Dans cette perspective, les travaux de Courtney et coll. (1997) sur l'incertitude, cités dans le chapitre 3, offrent une base théorique solide pour classer les incertitudes identifiées dans ce premier cas d'étude. Rappelons que les auteurs ont proposé un modèle d'analyse à quatre niveaux d'incertitude (classés sur un continuum allant de l'idéal déterministe à l'extrême ignorance totale).

- **Niveau I :** l'avenir est suffisamment discernable pour pouvoir identifier les tendances ou la demande potentielle. Il correspond à des situations où le degré d'incertitude est trop faible pour pouvoir influencer la prise de décision stratégique.
- **Niveau II :** il existe un ensemble limité de futurs alternatifs auquel des prévisions sont possibles (c.-à-d. les outils de probabilites/statistiques, peuvent être utilisés pour faciliter la prise de décision).
- **Niveau III :** contrairement au précédent niveau, le décideur se place devant un éventail plus large de possibles futurs. Dans l'impossibilité d'attribuer des probabilités, l'utilisation de scénarios s'avère d'une grande utilité.

60. Le rapport de l'Organisation Mondiale du Tourisme (OMT) de 2015.

- **Niveau IV :** il correspond à une réelle ambigüité, où de multiples dimensions de l'incertitude se chevauchent, se connectent et finissent par instaurer un environnement encore plus difficile à prédire.

Pour le service de veille du Ministère, en cette période de crise sanitaire et des restrictions qui y sont associées, le degré d'incertitude liée au changement du comportement des consommateurs des produits touristiques ne s'est pas limité à un seul niveau, il y a eu avant et après confinement. Au début de la crise sanitaire, sur cette question, le service de veille s'est retrouvé confronté à un niveau d'incertitude de degré très élevé (N4). En d'autres termes, les membres du service ont dû faire face à une situation très ambiguë entourant la pandémie, qu'elle soit liée à son origine, à son évolution, à sa durée, aux nouveaux variants potentiels et à leur dangerosité, aux vaccins et à leur efficacité, au confinement ou enfin à la disposition des individus à respecter les mesures sanitaires et à accepter de se faire injecter les produits proposés. Une crise complètement inédite qui a suscité pour le service de multiples interrogations, notamment sur le marché des arrivées touristiques, l'attitude des touristes étrangers envers les propositions de valeur (Maroc en tant que destination) et enfin sur la valeur même du produit touristique marocain (Chef de service_MT). Autant de questions qui, au départ, paraissaient quasiment floues et sans réponses fiables.

Toutefois, en période du confinement sanitaire et pour accompagner la feuille de route 2020-2022 pour la relance de tout l'écosystème touristique, le service a eu recours à la modélisation pour anticiper le comportement des touristes et des éventuels changements de tendance. Cet acte a été motivé par un volume modéré de données existantes sur le marché du tourisme international et par les différentes prévisions des organismes internationaux, notamment l'Organisation mondiale du tourisme (OMT) et le Conseil mondial du voyage et du tourisme (WTTC). Au regard de l'évolution de la crise sanitaire et la présence d'un mouvement international de mimétisme, l'absence de visibilité s'est réduite progressivement pour contribuer à faire régresser le niveau d'incertitude.

> Engagé dans un plan de relance et de reprise des activités touristiques, on essaie de modéliser des courbes de probabilité sur la base de quelques données statistiques existantes sur les marchés des autres destinations ainsi que des recommandations des organisations institutionnelles internationales.
>
> (Chef de service_MT)

Enfin, après la levée du confinement et le retour à une situation plus soutenable pour le secteur du tourisme, le degré d'incertitude sur le comportement des touristes s'est suffisamment dissipé pour les acteurs du service de veille en raison des données disponibles et facilement accessibles. Selon les deux répondants, la situation est finalement passée d'un niveau très ambigu N4 à un niveau plus clair N1.

> Pour le changement du comportement des consommateurs, lors de la levée du confinement, on a organisé des sondages pour voir quelles étaient les nouvelles aptitudes des touristes, vers quel produit touristique ils s'orientent le plus ? Quels sont leurs inquiétudes, leurs préoccupations, leurs centres d'intérêt ? Concrètement, ces enquêtes nous ont donné la possibilité de faire des prévisions à court terme pour l'avenir du tourisme marocain et d'avoir une idée sur les nouvelles orientations, tendances et aptitudes de consommateurs.
>
> Du coup, en temps de crise sanitaire, on s'est orienté principalement vers le tourisme interne qui devrait d'ailleurs répondre à de nouvelles tendances : les gens se tournent vers le tourisme rural, ils privilégient les grands espaces, bref les activités de plein air sont devenues la tendance du moment.
>
> De plus, avec la pandémie, les touristes effectuent leurs réservations à la dernière minute, c'est pourquoi on se retrouve plus dans la préparation et la planification des voyages.
>
> Donc pour résumer, actuellement, de nouvelles tendances ont émergé et dont les informations sont disponibles via les enquêtes et les données issues des opérateurs.
>
> (Chef de service_MT)

> On a suffisamment de données sur les comportements des consommateurs à l'international pour construire une image plus claire sur l'état à venir.
>
> (Veilleur_MT)

Par ailleurs, sur le plan réglementaire, le service a été soumis à un niveau d'incertitude très élevé tout au long de la crise. Pour contrer la propagation de la Covid-19 et en limiter les retombées néfastes, les autorités marocaines ont instauré l'état d'urgence sanitaire en mettant en place une série de mesures préventives, avec, toutefois, la mise en oeuvre progressive d'un plan d'assouplissement (en fonction de l'évolution de la situation épidémiologique dans le Royaume).

La chronologie des mesures prise les pouvoirs publics

02/03/2020	Le Maroc enregistre son premier cas de Coronavirus.
15/03/2020	Le Maroc décide de suspendre, jusqu'à nouvel ordre, tous les vols internationaux de passagers en provenance et à destination de son territoire.
20/03/2020	Le Maroc déclare l'état d'urgence sanitaire à partir de 18h00 et restriction de la circulation. Prolongation de l'état d'urgence sanitaire à maintes reprises (dernière prolongation du 04 mars 2021 au 10 avril 2021).
21/03/2020	Interdiction d'utiliser les moyens de transport privé et public entre les villes. La Royal air Maroc (RAM) suspend ses vols au niveau national.
07/04/2020	Le port du masque de protection devient obligatoire dans le cadre des efforts déployés pour lutter contre la propagation de l'épidémie du nouveau Coronavirus (Covid-19).
23/04/2020	Interdiction de déplacement nocturne à compter du 1er ramadan entre 19h à 05h.
09/06/2020	Les autorités publiques ont décidé de mettre en œuvre un plan d'assouplissement des mesures de confinement sanitaire selon la situation épidémiologique de chaque préfecture ou province de manière progressive et selon plusieurs étapes, et ce, à partir du 11 juin 2020.
23/12/2020	Le gouvernement décide la prise de mesures de précaution à partir du 23 décembre : La fermeture des restaurants, cafés, commerces et grandes surface à 20h00 ; Couvre-feu nocturne de 21h00 à 6h00 à l'échelle nationale, sauf cas exceptionnels ; Prorogation des mesures préventives en vigueur (dernière date le 15 mars 2021 et ce pour une durée de deux semaines supplémentaires).

Source : MAP[61] (2021)

Ces annonces gouvernementales de restriction ou d'allègement découlent essentiellement de décisions souveraines qui relèvent du pouvoir du Ministère de l'Intérieur et celui des Affaires étrangères, et ce sur avis du comité scientifique et technique en charge de la gestion de la pandémie. Néanmoins, tout au long de cette chronologie et face à toute nouvelle vague de contamination, les nouvelles restrictions ont été adoptées ponctuellement et de manière inopinée, ce qui nuit

61. Agence Marocaine de Presse - MAP (2021), "*L'état d'urgence sanitaire au Maroc : Le film*", article publié le 17 mars et consultable au lien suivant : https://www.mapnews.ma/fr/actualites/social/l%C3%A9tat-durgence-sanitaire-au-maroc-le-film-0

à la capacité du service de veille à se projeter et à anticiper l'avenir de l'activité touristique. Comme en témoigne le Président de la Confédération nationale du tourisme (CNT) Abdellatif Kabbaj, "Voilà deux mois qu'on demande au gouvernement de donner de la visibilité aux compagnies aériennes quant à la date de l'ouverture des frontières pour qu'elles puissent réserver leurs slots (le slot horaire correspond à l'accord obtenu par le transporteur pour opérer son programme de vol vers et au départ d'un aéroport donné), sinon elles iront voir ailleurs. Ceci est valable également pour les tours opérateurs qui, eux aussi, doivent préparer leurs offres. Quand on disait cela, on était déjà au tout début du mois de juin"[62].

De fait, l'émergence de nouvelles souches mutantes du virus risque de remettre en question tous les efforts consentis pour neutraliser la propagation du virus et de compromettre ainsi la feuille de route de reprise de l'industrie touristique couvrant la période 2020-2022. Dans ce contexte ambigu où les perspectives sont assez moroses, l'incertitude plane sur le secteur à un niveau très élevé (N4), que ce soit sur le long terme ou même le moyen terme.

> À l'égard de la décision de fermer les frontières, le secteur se trouve confronté à une ignorance totale.
>
> (Chef de service_MT)

> Pour ce qui est du réglementaire, l'information est disponible, mais la visibilité, quant à elle, sur le moyen terme, c'est plutôt le flou.
>
> (Veilleur_MT)

Enfin, la géopolitique, émergente dans les propos des deux répondants comme la troisième incertitude à prendre en compte par la cellule de veille, est classé à un niveau plus bas, auquel l'avenir est suffisamment discernable.

> Dans le contexte géopolitique, l'incertitude est au premier niveau. On arrive plus au moins à se projeter.
>
> (Chef de service_MT)

Toutefois, nul ne peut nier que la pandémie a fait acte d'une rivalité de puissances géopolitiques et de rapports de force à l'échelle mondiale, en particulier, dans la course à la vaccination de masse. En effet, la reprise du secteur du tourisme s'offre au pays qui arrive à immuniser le plus grand nombre de sa population et à se promouvoir, ainsi, en tant que destination saine et sûre. Ce besoin urgent de

62. Article du magazine Challenge paru le 19 juillet 2020, consultable au lien suivant : https://www.challenge.ma/maroc-3-a-5-mois-pour-sauver-la-saison-touristique-149895/

réputation et d'image de confiance à l'attention des futurs touristes, a donné lieu à une forme de concurrence géopolitique inédite.

> Pour la concurrence, ça dépend.
>
> Il y a des destinations où les données sont disponibles via leurs sites web, mais il existe également d'autres destinations dont l'activité est assez opaque, étant donné que l'on ne dispose ni d'informations sur leur performance touristique ni même sur la stratégie qu'elles s'adoptent (guerre d'information).
>
> (Veilleur_MT)

1.2.1.2 Les formes d'incertitude (l'approche VUCA)

Comme cela est cité dans le troisième chapitre, l'incertitude, par sa pluridisciplinarité, est un concept polysémique, aux contours imprécis et qui comporte de multiples facettes. L'exemple du phénomène VUCA, à travers la pandémie du coronavirus, offre une grille de lecture et un cadre d'analyse permettant de mieux illustrer les différentes formes que peut revêtir l'incertitude :

- Volatility (*volatilité*) : l'incertitude due au caractère fluctuant, rapide et chaotique du changement.
- Uncertainty (*incertitude*) : l'incertitude due au manque ou à l'imperfection des informations[63], notamment sur la fin de la pandémie, sur l'efficacité des vaccins ou sur la dangerosité des variants.
- Complexity (*complexité*) : l'incertitude due à la complexité du contexte puisqu'au-delà de l'aspect purement sanitaire, la pandémie affecte également d'autres secteurs (économique, politique et sociale) et ceci de manière très complexe.
- Ambiguity (*ambigüité*) : l'incertitude due, par exemple, à la pluralité et la variété des mesures préventives mises en place par les gouvernements pour lutter contre la propagation du virus, rendant la situation plus ambiguë.

Pour le service de veille du Ministère, les acteurs se voient exposés aux quatre formes lorsqu'ils sont confrontés aux sources d'incertitude provenant du cadre contextuel. En présence d'une crise exceptionnelle et inédite, le glissement d'une forme à une autre pour chacune des sources survient de façon brutale et sans signe précurseur.

63. Dans la littérature, cette forme d'incertitude est qualifiée d'incertitude *épistémique* (cf. Petersen (2012) ; Fusco (2013) ; Aguirre et coll. (2013) ; Fusco et coll. (2015)).

> En cette conjoncture exceptionnelle que le secteur traverse aujourd'hui, on est confronté aux quatre formes d'incertitude et ceci dépend bien évidemment de chaque source. En réalité, face à l'incertain et du jour au lendemain, on bascule d'une forme à une autre et ainsi de suite, rien n'est absolument figé.
>
> Parfois, les informations qu'on nous communique et à la suite de quelque pressions autres que techniques ou factuelles, on se retrouve dans l'ambigüité, soit on est devant des données qui s'avèrent être non cohérentes ou moins fiables ou même qu'elles sont juste insuffisantes.
>
> Si je prends par exemple le cas des orientations touristiques, certains pays avaient l'habitude de publier des données sur leurs activités dans le secteur du tourisme, mais de nos jours et face à ce nouveau contexte socio-économique, le pays a décidé, du jour au lendemain, d'arrêter de le faire et de ne plus partager la réalité de leurs performances.
>
> (Chef de service_MT)

À l'égard du comportement des consommateurs du produit touristique, les quatre éléments du phénomène VUCA s'illustrent également à travers l'évolution de la pandémie. Tout d'abord, la crise sanitaire a créé un environnement psychosocial très volatile. La réaction et le comportement des individus face aux enjeux encourus varient d'une personne ou d'un groupe de personnes à l'autre (la peur de contamination au coronavirus, l'hostilité au confinement/à la vaccination, la méfiance ou la défiance vis-à-vis des décisions prises par les pouvoirs publics, etc.). Au fil du temps, les attitudes évoluent rapidement et peuvent parfois changer de manière chaotique et brutale. Par ailleurs, à mesure que le virus se développe et de nouveaux variants préoccupants font leur apparition, l'incertitude prend le dessus et génère chez les particuliers des signes plus forts d'anxiété et/ou d'insécurité. La vision à long terme et même à moyen terme devient floue, incertaine et surtout paralysante. De plus, chaque État dans le monde réagit et gère à sa façon la situation. Il y a ceux qui mobilisent leur population en faveur du confinement massif et d'autres, qui penchent plutôt pour le principe de l'immunité collective, ce que les scientifiques appellent "l'immunité grégaire". Ce qui ouvre la voie à des interrogations et à des discordes quant à l'efficacité de ces choix stratégiques impliquant un degré de dépendance et d'engagement extrême, rendant la situation plus complexe. Enfin, l'équivocité des interprétations et des explications que fournissent les autorités sur la gestion de la pandémie sème la confusion et la perplexité dans l'esprit de la population. Cette ambigüité et manque de clarté peuvent altérer les attentes des consommateurs en les rendant parfois contradictoires.

1.2.1.3 L'imbrication des incertitudes

J'aborde, dans cette dernière étape d'évaluation, la question d'imbrication des incertitudes constatée lors de ma première immersion sur le terrain. Étant donné la réalité du monde VUCA à laquelle sont confrontés les acteurs de cette étude, je souhaite me focaliser sur les relations causales qui peuvent exister entre les différentes incertitudes soulevées sur le plan contextuel.

Le chef du service de la cellule de veille a mis l'accent sur une suite d'incidences successives "en cascade" qui affecte directement le secteur du tourisme (figure ci-dessous), partant de l'incertitude d'ordre politique/assortie d'un avis sanitaire (fermeture des frontières, confinement et mesures préventives), à celle économique/ géopolitique (concurrence touristique) et pour finir à celle liée au comportement des consommateurs (attitudes et tendances des touristes).

> En ce qui concerne les incertitudes inhérentes au volet contextuel, je confirme l'existence d'interrelations étroites.
>
> À titre d'exemple :
>
> Quand le pays prend la décision de fermer ses frontières et de promouvoir le tourisme en interne, alors ça génère un impact potentiel sur la concurrence et par conséquent sur le comportement et les aptitudes des consommateurs.
>
> (Chef de service_MT)

Suite à l'annonce du 15 mars 2020 de la fermeture des frontières terrestres, aériennes et maritimes du Royaume, le secteur touristique a subi les effets de plein fouet et beaucoup de zones d'ombre se sont fait jour sur son avenir, notamment sur la durée et les mesures restrictives qui vont être prises, en parallèle, par les autorités compétentes. Dans la foulée, ces incertitudes se sont étroitement imbriquées à d'autres incertitudes liées à la stratégie concurrentielle et à la position du secteur du tourisme marocain sur le marché mondial, et ceci à la manière des "écailles de poisson". Des interrogations se sont, alors, posées sur les pratiques conjoncturelles déployées par les destinations concurrentes, comme la mise en place ou non de plan de gestion de la pandémie, le degré des restrictions et l'éventuelle promotion du tourisme interne dans ces pays. Toutes ces questions vont s'enchevêtrer, au final, avec des incertitudes portant sur le comportement des touristes, leurs attentes et leurs tendances de voyage, aussi bien au niveau national qu'à l'international.

L'imbrication des incertitudes sur le plan contextuel dans le processus de veille stratégique du Ministère du Tourisme

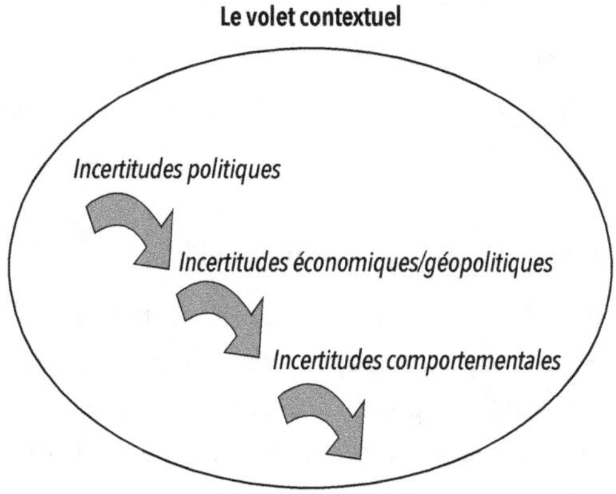

Source : Élaboration propre

En surcroit et dans le même paradigme, l'interviewé a enrichi ses propos en soulevant d'autres exemples d'incidences qui justifient la forte transversalité du secteur et l'interconnexion de ces incertitudes dont se soucie le service de veille.

> Toujours à la suite de la fermeture des frontières, certains pays concurrents d'Europe ont privilégié le recours au tourisme écologique ou durable et ont mis en œuvre des campagnes de communication et de sensibilisation en faveur de leur population. On s'est posé alors des questions sur l'attitude des touristes envers les produits écologiques qu'on leur propose (vont-ils privilégier le voyage en voiture au lieu des avions à cause de l'émission de CO_2 ? et se contenter de voyager juste au sein de l'Union européenne), ce qui peut avoir une incidence sur le tourisme marocain.
>
> Ainsi, tout ceci montre la forte transversalité du secteur où chaque élément influe sur l'autre.
>
> (Chef de service_MT)

Le veilleur, quant à lui, s'est parfaitement aligné avec la suite d'imbrication d'incertitudes en mettant l'accent, toutefois, sur le rôle que devraient jouer les opérateurs touristiques face aux nouvelles attentes et revendications des touristes, particulièrement sur le plan national (le tourisme domestique).

> Même au niveau interne. Les mesures de restrictions prises par l'État marocain peuvent avoir une influence directe sur le comportement des consommateurs locaux. Les gens risquent de voyager autrement en termes de destinations et

> de moyens de déplacement. Ce qui obligera nécessairement les opérateurs touristiques à s'adapter et à suivre les nouvelles tendances en créant des produits adaptés à la conjoncture actuelle et plus compatibles avec la clientèle marocaine.
>
> Pour moi, chaque volet peut influencer un autre.
>
> Encore une fois, je tiens à souligner la forte transversalité du secteur.
>
> (Veilleur_MT)

1.2.2 Sur le plan technico-organisationnel

Dans cette seconde dimension de source d'incertitudes, je m'intéresse, cette fois-ci, aux ressources techniques (équipements, dispositifs et outils technologiques) et organisationnelles (mode d'organisation et de coordination du travail) affectées aux différents services concernés par l'étude pour réussir à mettre en œuvre le processus d'intelligence économique. Néanmoins, étant donné la nouvelle normalité qu'impose le monde VUCA, l'accent est mis sur la nécessité de prendre en considération la contextualisation de ces moyens managériaux. Dans un contexte de crise inédite, nourri d'événements aussi brusques qu'imprévisibles, les entreprises et les organisations, publiques ou privées, sont invitées à innover en permanence pour développer des solutions techniques et organisationnelles adéquates, leur permettant d'atteindre leurs objectifs stratégiques.

Pour le cas de la cellule de veille stratégique du Ministère du Tourisme, mes répondants ont beaucoup plus mis en avant certaines zones d'incertitudes inhérentes aux ressources techniques. Leurs réelles craintes face au contexte de crise se polarisent sur la question de l'équipement informatique mise en œuvre en faveur de l'activité de veille et de la qualité de l'output qu'il est en mesure de produire.

> De nos jours, les solutions et les outils de veille utilisés ont présenté certaines limites.
>
> (Chef de service_MT)

> Actuellement, les outils techniques déployés ne répondent pas suffisamment à toutes nos attentes, principalement au niveau du traitement de l'information.
>
> (Veilleur_MT)

Globalement, au cours des entrevues, les deux interlocuteurs ont énuméré trois incertitudes d'ordre technique, touchant à la fois les performances attendues et la faisabilité des outils mis en place.

> Dans la conjoncture actuelle, les principales sources d'incertitudes d'ordre technique sont : la non-disponibilité de certaines informations qu'on cible, le manque de fiabilité de celle produite ainsi que la non-automatisation du processus de recherche et de collecte d'informations en cas de volume important.
>
> (Chef de service_MT)

Ainsi, la première incertitude technique porte sur la disponibilité ou non de l'information utile et nécessaire à la prise de décision. Le dynamisme et l'imprévisibilité de l'environnement externe ont pesé lourdement et d'une manière significative sur l'efficience informationnelle. Les agents de veille ont estimé qu'avec les moyens dont ils disposent, l'accès à la bonne information est devenu très difficile, voire quasi impossible, en raison de la vulnérabilité du secteur du tourisme en période de crise et également de sa forte transversalité. La pandémie a été l'élément révélateur des limites du dispositif technique mis à disposition de la cellule de veille stratégique et, par conséquent, la démarche de prospection est devenue plus délicate et difficile à mettre en place, notamment sur le plan sanitaire, la politique nationale, la géopolitique et la concurrence touristique.

La seconde incertitude technique est liée à la fiabilité des outputs que génère le processus de veille dans des conditions environnementales très spécifiques. De fait, ce souci de crédibilité des données extraites peut s'expliquer par les quatre composantes de l'acronyme VUCA. Tout d'abord, la volatilité de l'environnement et l'ampleur du changement contribuent à remettre en question les informations qu'on délivre, vu qu'elles risquent de ne pas refléter correctement la réalité. Ensuite, l'incertitude et l'incapacité de prévoir les effets des événements en cours et à venir, pour faute de manque d'informations, sont susceptibles de compromettre techniquement l'aboutissement d'une information fiable et de retarder par la même occasion le processus décisionnel. D'autre part, pris dans le sillage de la pandémie, le secteur du tourisme subit la complexité et l'interconnexion d'une myriade d'enjeux. Cette multiplicité d'interaction réduit fortement la capacité du décideur à juger de la véracité d'une information. Enfin, l'ambigüité dans les informations, qui circulent actuellement dans le monde numérique, peut fausser le traitement technique de ces données et, par conséquent, elle laisse un certain doute dans l'esprit du décideur et peut biaiser son interprétation.

La troisième et dernière incertitude concerne l'automatisation du processus de veille stratégique, principalement dans les phases de collecte et traitement de l'information. Pour tout système informationnel, le recours à l'automatisation est de plus en plus courant et demeure une solution technologique indispensable et nécessaire pour organiser les informations d'une façon rationnelle, efficace et rapide. Néanmoins, en cette période de crise sanitaire inédite, le monde a été le théâtre d'une surcharge informationnelle (ou infobésité) grandissante, aussi bien de la part des experts scientifiques que des politiciens. Une masse surabondante d'informations, le plus souvent noyée de fausses nouvelles (infox ou fake news), est déversée tous azimuts sur de multiples plateformes et canaux de communication. Déstabilisés par ce bruit informationnel, les acteurs du service de veille se sont révélés juges de la limite de leurs moyens techniques dans le traitement et le filtrage des informations inutiles et non pertinentes, ce qui a accentué leurs sentiments d'incertitude vis-à-vis de l'équipement mis à disposition.

Par ailleurs, sur le plan organisationnel, le chef de service a mis l'accent sur une seule source d'incertitude qui est sérieusement prise en compte par la cellule de veille puisqu'elle est en mesure d'affecter la performance de l'activité et ses résultats, tout particulièrement dans la conjoncture mondiale. Le doute se porte sur l'effectif du personnel nécessaire à la mise en œuvre du processus de veille, soulevant des interrogations sur son évolution et surtout sur sa stabilité.

> Pour ce qui est relatif à l'effectif du personnel et à la problématique du recrutement, tout dépend du budget.
>
> La seule question qu'on se pose : est-ce qu'on aura plus de personnel ou moins ?
>
> (Chef de service_MT)

D'ailleurs, en temps de crise, le budget général pour l'année budgétaire 2021 a prévu la création de 21256 postes budgétaires (soit moins de 2000 postes par rapport à l'année 2019)[64]. Le Ministère de l'Intérieur, la Santé, l'Éducation et l'Administration de la défense nationale ont absorbé de loin la plus grosse part des postes à pourvoir (soit 19298 postes)[64]. Devant ce constat sinistré, le nombre de postes budgétaires pour l'année à venir pourrait également partir à la baisse et projeter, une fois de plus, une zone d'ombre sur la part budgétaire octroyée aux différents ministères et institutions. Dès lors, l'incertitude relative à l'organisation du service de veille en termes de personnel plane toujours sur les membres de l'équipe et posera de sérieux problèmes sur l'activité en cas de départ de l'un d'entre eux.

1.2.2.1 Les niveaux d'incertitude

En préambule, sur l'ensemble des incertitudes techniques, le chef de service a fourni durant l'entrevue un classement qui reflète mieux le contexte difficile dans lequel évolue l'activité de veille.

64. Bulletin Officiel N°6944 bis du 18 décembre 2020.

Le premier souci de manque ou de la non-disponibilité de certaines informations a instauré un climat d'inquiétude et de préoccupations très prégnant à l'égard des moyens techniques existants. Ces derniers ont révélé leurs limites en termes de capacité à accéder aux informations stratégiques nécessaires à la prise de décision, marquant ainsi un niveau d'incertitude très élevé (N4) au sein de l'équipe. D'ailleurs, pour les principaux axes de recherche de la cellule de veille, l'accès à l'information utile (ou juste éclairante) s'avère très complexe dans un contexte inédit, principalement sur l'évolution de la gestion politique de la crise, à l'échelle aussi bien nationale qu'internationale, et les stratégies prises par les destinations concurrentes (le poids de la géopolitique).

> Pour notre service, la non-disponibilité de l'information recherchée reflète un niveau d'incertitude technique très handicapant.
>
> (Chef de service_MT)

Par ailleurs, la fiabilité de l'information produite par la cellule de veille oscille entre les deux derniers niveaux d'incertitude (N3 et N4) en raison des différents facteurs environnementaux (les quatre éléments VUCA) qui affectent sensiblement l'efficacité et l'efficience des moyens techniques mis en œuvre. À titre d'illustration, l'exposition à des informations incomplètes et imprécises de la part des pouvoirs publics concernant les décisions de confinement, de fermeture des frontières et de déconfinement par la suite, a laissé la porte ouverte à des interprétations diverses et a semé de la confusion chez les acteurs de veille. Cette ambigüité d'interprétation risque, ainsi, de soulever de sérieux doutes sur la validité et la fiabilité du capital informationnel délivré en aval pour la prise de décision et générer de l'incertitude de niveau très élevé (N4). Or, la complexité du contexte de crise exerce une influence, certes, mais le décideur peut recourir à l'utilisation des scénarios pour atténuer le doute dans la fiabilité des informations produites, ce qui offre un degré d'incertitude non extrême (N3).

> ...pour la fiabilité des informations, je dirais plutôt qu'en fonction du contexte, l'incertitude technique varie d'un niveau à l'autre (N4 ou N3).
>
> (Chef de service_MT)

En troisième lieu, le chef de service estime que l'automatisation de l'infrastructure technique est devenue une problématique et une source d'incertitude majeure, tout particulièrement dans cet environnement de crise inédit. Dans le service, le traitement des informations douteuses ou potentiellement trompeuses comme celles diffusées délibérément part des certains pays touristiques concurrents (la désinformation) ou celles liées à la situation réelle de la pandémie dans le monde (infodémie), peut induire en erreur et remettre en cause fortement la crédibilité de l'output. Ainsi, le manque de confiance dans la capacité de l'équipement de détecter les informations fallacieuses accentue le degré d'incertitude technique (N4).

> ... pour l'automatisation, la limite majeure est de ne pas pouvoir faire le tri dans les informations collectées d'une manière convenable, de pouvoir évaluer et de ne garder que celles qui sont stratégiques et fiables pour pouvoir répondre à nos besoins.
>
> (Chef de service_MT)

Enfin, l'incertitude organisationnelle, représentée par la question de la stabilité de l'effectif du personnel chargé de la mission de veille stratégique, suscite dans le groupe des interrogations pleines de sentiments d'inquiétude et d'anxiété quant à l'avenir de l'organisation de l'équipe dans cette période de crise socio-économique intense que traverse le monde, marquant un degré d'incertitude élevé (N4). Dès lors, l'arrivée ou le départ fortuit d'un collaborateur impose des actions correctives à mettre en place pour ne pas compromettre le processus de veille et, par la même occasion, la qualité des informations dégagées.

> La véritable source d'incertitude organisationnelle, au sein du service, est le cas d'un départ au niveau du personnel.
>
> Pour poursuivre notre activité, on serait amené à se contenter du nombre d'équipe restant, et ce avec leurs niveaux de qualification et de compétence. Dès lors, on peut se retrouver avec une équipe hétérogène, inadéquation profil/emploi.
>
> (Chef de service_MT)

1.2.2.2 Les formes d'incertitude

Les formes que peuvent revêtir l'ensemble des incertitudes technico-organisationnelles, mises en avant par mes deux interviewés, varient en fonction des défis environnementaux et sociaux que connait le secteur du tourisme.

De la sorte, la forme de la première incertitude technique qui plane sur le service de veille correspond à la deuxième composante de l'acronyme VUCA. Autrement dit, elle est liée au flou et au vide informationnel qui s'est formé dans la conjoncture mondiale et qui a intensifié l'inquiétude et la frustration parmi les membres de l'équipe. La difficulté de disposer, en temps réel, d'informations pertinentes et compatibles avec la prise de décision éclairée sur certains sujets stratégiques peut porter un coup sévère à toute l'activité et déstabilise la capacité de faire des prévisions justes et précises.

> Pour la forme de la première incertitude d'ordre technique, je dirais plus qu'elle correspond à de l'information incomplète et imprécise. C'est dû principalement à l'absence de sources d'informations fiables et sûres.
>
> (Chef de service_MT)

> Ça correspond aux informations qui sont incomplètes et sans valeur pour notre service.
>
> (Veilleur_MT)

Pour Larson (2020), le manque de données et le dysfonctionnement de communication de la part des institutions publiques avaient pour but principal d'éviter de déclencher des mouvements de panique et de rassurer le grand public ; mais, à contrario, ils ont joué un rôle de catalyseur dans la propagation de fausses informations. Notant, toutefois, que cette cacophonie d'informations erronées a été signalée dès le début de l'épidémie, en février 2020, par Tedros Adhanom Ghebreyesus, le Directeur général de l'Organisation mondiale de la santé (OMS), "Nous ne luttons pas seulement contre une épidémie, nous luttons contre une "*infodémie*". Les fausses nouvelles se propagent plus rapidement et plus facilement que ce virus, et sont tout aussi dangereuses"[65]. Dans cette crise informationnelle, caractérisée par une quantité d'informations douteuses et sans valeur, le besoin de sources d'informations fiables et sûres demeure toujours aussi pressant au sein de la cellule de veille.

Au Maroc, sur le plan médiatique, le déficit informationnel s'est fait notamment sentir en trois périodes distinctes :

- En période de confinement, les médias se sont focalisés dans leur intervention principalement sur la situation sanitaire en cours et sur ses effets immédiats, au détriment de toutes autres informations qui pourraient s'avérer tout aussi importantes.
- À la sortie du confinement, des inquiétudes et des interrogations plus pragmatiques se sont fait jour et ont suscité plus d'éclaircissement et d'éléments de réponse spécifiques, comme le retour du tourisme et les conditions de la rentrée.

---

65. Communiqué du Département de la communication globale des Nations Unies (UN) publié le 02 avril 2020 (consultable au lien suivant : https://www.un.org/fr/coronaviruscovid-19-fr/covid-19-lonu-en-alerte-contre-l-«-infodémie-»-et-la-cybercriminalité%C2%A0

- Enfin, à l'issue de la rentrée 2020 et dans l'espoir d'un retour à la normale, les médias se sont contentés de suivre et de traiter uniquement les sujets liés à la crise sanitaire, à la reprise de la contamination et sur quelques événements sporadiques, mais les grandes questions inhérentes au monde post-Covid restent sans réponses.

Par ailleurs, la fiabilité de l'output, seconde incertitude technique, peut revêtir les quatre formes relatives au phénomène VUCA.

> ... pour la fiabilité, la forme peut correspondre aux quatre éléments selon bien sûr les différents enjeux environnementaux auxquels on est confronté aujourd'hui.
>
> (Chef de service_MT)

> ... Il n'y a pas une seule forme précise. C'est en fonction du sujet sur lequel on travaille.
>
> (Veilleur_MT)

D'emblée, l'un des enjeux majeurs qui caractérisent cette crise inédite est le caractère volatil des informations que doit gérer la cellule de veille au quotidien. Pendant la pandémie, la volatilité intense de l'information "est devenue de plus en plus palpable. Rumeurs, informations gouvernementales, rapports de recherche, préimpressions, documents politiques, statistiques officielles, données de recherche, articles de journaux et théories de la conspiration, tout cela s'amalgame sur les mêmes plateformes, détaché de son contexte original et imprégné de différentes significations. Souvent, il est presque impossible d'établir avec certitude l'origine ou le statut des informations qui sont en évolution rapide et continuellement mises à jour et qui se retrouvent agrégés dans les flux de médias sociaux, dans les résultats des moteurs de recherche ou même dans les feuilles de calcul" (Haider et Sundin, 2022, p. 4). Cette forte volatilité des informations véhiculées dans le contexte de crise peut être de nature à accentuer l'incertitude sur la pertinence et la fiabilité de l'information produite par le service de veille. D'autre part, le manque d'informations adéquates et l'imperfection de celles qui circulent, particulièrement dans les premiers stades de l'épidémie, ont donné lieu à de sérieuses incertitudes, préfigurant des futurs plus sombres pour les membres de la cellule de veille et ont également éveillé des soupçons quant à la qualité et la crédibilité de l'information transmise au décideur. D'ailleurs, ce vide informationnel et ce sentiment d'imprévisibilité se sont manifestés sur plusieurs fronts, notamment sur l'impact de la pandémie sur l'industrie du tourisme, le comportement des touristes ainsi que les tendances qui sont susceptibles d'émerger dans le monde entier. Par la suite, la complexité, en tant que troisième forme d'incertitude reliée à la fiabilité des outputs, s'est accrue avec l'avènement de la crise sanitaire et s'est instituée comme un enjeu de taille à prendre en compte. Le Covid-19 est venu rappeler brutalement à quel point l'économie mondiale est devenue de plus en plus interconnectée et interdépendante. Bratianua et Bejinarub (2021) ont mis en évidence que "la pandémie de Covid-19 est considérée comme le processus mondial le plus complexe à ce jour en raison de son pouvoir sans précédent de perturbation, d'interconnexion et de verrouillage dans tous les domaines de notre vie, de la santé à l'économie, en passant par l'éducation, la recherche, la culture, le sport et l'isolement social" (ibidem, p. 1). L'interconnexion croissante et l'interaction de multiples acteurs et facteurs environnementaux ont perturbé la prise de décision et, tout particulièrement, la capacité de juger de la véracité des informations disponibles, ce qui pourrait être le cas de l'output informationnel produit par le service de veille. Enfin, la crise du Covid-19 a mis également en évidence une situation très ambigüe, où il y aurait trop peu de clarté pour prendre des décisions appropriées et plus éclairées. L'ambigüité, synonyme de confusion cognitive (interprétation peu claire pour faute d'informations incomplètes ou incohérentes), s'est installée dans l'esprit des acteurs de veille et risque de semer le doute sur le jugement à porter sur la fiabilité des informations remontées par le service. Dans l'impossibilité d'attribuer une interprétation évidente et précise à l'output, les décideurs auront du mal à trancher sur la décision finale à prendre. Ce manque de clarté s'est notamment traduit, lors de l'élaboration et la mise en place des protocoles sanitaires et des mesures préventives par les autorités publiques nationales et internationales. De nombreux pays, même les plus développés, n'étaient pas suffisamment explicites sur leur gestion de crise pour freiner la propagation du virus et ont suivi différentes stratégies, contribuant ainsi à soulever un sérieux dilemme (verrouillage total, semi-verrouillage ou pas du tout). Dans de telles situations ambigües, les acteurs de l'industrie touristique, y compris ceux du Ministère, se sont trouvés baignés dans d'énormes difficultés à dégager une lecture claire de la réalité.

Au sujet de l'automatisation, la troisième incertitude technique, deux formes ont été mises en avant par les répondants, à savoir la volatilité et l'ambigüité.

> ... pour ce qui est de l'incertitude relative à l'automatisation, je pense qu'elle peut correspondre aux difficultés rencontrées dans la phase de traitement des informations qui sont, actuellement, souvent ambigües ou volatiles.
>
> (Chef de service_MT)

> ... dans le contexte actuel, c'est très difficile de faire le tri dans une masse d'informations qui est souvent incomplète et sujette à un changement continuel.
>
> (Veilleur_MT)

L'infodémie se révèle être le gros problème informationnel qui a accompagné la pandémie de coronavirus et qui a, par la même occasion, amplifié fortement la volatilité et l'ambigüité des informations diffusées sur les plateformes et canaux de communication, particulièrement sur les réseaux sociaux. Selon, l'Organisation panaméricaine de la santé (2020), elle se rapporte "à une forte augmentation du volume d'informations associées à un sujet particulier et dont la croissance évolue de manière exponentielle dans un court laps de temps en raison d'un incident spécifique, comme la pandémie actuelle. Dans cette situation, la désinformation, les rumeurs et la manipulation de l'information apparaissent sur la scène avec une intention douteuse. À l'ère de l'information, ce phénomène est amplifié par les réseaux sociaux en se propageant plus loin et plus vite, tel un virus"[66]. D'autant plus que cette infodémie autour de la pandémie a ouvert la voie aux producteurs de "théories du complot", notamment sur l'origine du virus (une arme biologique sciemment créée dans un laboratoire) ou sur la technologie 5G (la cause de la pandémie) ou même sur les vaccins contre le Covid-19 (l'injection d'une puce électronique). Autant d'informations fallacieuses et trompeuses qui se sont mêlées à d'autres porteuses de vérité potentielle et qui ont semé le doute et le trouble dans les esprits des populations. Ainsi, toute cette masse informationnelle, polluée par un flot d'infox, pose de sérieux problèmes aux membres du service de veille et renforce le sentiment d'incertitude quant à l'automatisation des équipements mis à leur disposition.

Enfin, la forme d'incertitude, qui correspond le plus au souci porté à la stabilité du personnel chargé de la mission de veille stratégique, se limite à la deuxième composante du phénomène VUCA, soit l'incapacité de prévoir la nature exacte du changement à venir (moins ou plus de collaborateurs), même en recourant à des scénarios alternatifs.

> Cela renvoie plus à l'imprévisibilité. Comme je l'ai dit, depuis un moment, ça ne dépend pas de notre volonté, mais plutôt du budget général de l'État. On ne sait pas si on sera plus ou moins.
>
> (Chef de service_MT)

> Je dirais la deuxième composante. C'est très difficile d'anticiper à l'avance l'effectif du service pour l'année à venir.
>
> (Veilleur_MT)

66. Fiche d'information publiée par l'Organisation panaméricaine de la santé (2020, p. 2).

1.2.2.3 L'imbrication des incertitudes

Sur le plan technico-organisationnel, les différentes incertitudes, invoquées par mes deux répondants, présentent des liens d'imbrications manifestes au vu de la conjoncture mondiale (figure ci-dessous).

Tout d'abord, au niveau technique, l'incertitude inhérente à l'automation des dispositifs de collecte et de tri, qui alimentent le processus de veille stratégique en entrée, accentue davantage celle reliée à la non-disponibilité d'informations pertinentes et utiles. À l'ère de ce brouillard informationnel qu'a instauré la crise sanitaire, l'automation est devenue un fait majeur et inévitable pour s'assurer, tout en authentifiant la source, de faire le tri entre ce qui est utile et ce qui est, au contraire, superflu et sans valeur. Elle garantit, ainsi, le bon déroulement du processus de veille stratégique en vérifiant la cohérence et la fiabilité des informations collectées et tout en réduisant, par la même occasion, les frustrations et les pertes de temps que cela peut occasionner. Les informations ne peuvent prendre de la valeur et du sens que dès l'instant où elles sont traitées.

Par la suite, ces deux incertitudes, citées ci-dessus, vont peser à leur tour sur l'incertitude liée à la fiabilité de l'output restitué par la cellule de veille. La crédibilité de l'information produite reste en effet dépendante d'un faisceau d'éléments interdépendants, en l'occurrence l'identification claire de la source, de l'exactitude des données/des faits et la "fraîcheur" de l'information (Gardiès, 2008). Tous ces éléments exigent un système d'automation très performant et la disponibilité d'informations de base suffisamment crédibles et porteuses du sens. Dès lors, cette imbrication des trois incertitudes aura assurément pour conséquence de rendre la prise de décision plus difficile et d'influencer le degré de confiance que le décideur pourra accorder à l'information finale qu'on lui transmettra.

Enfin, au niveau organisationnel, l'incertitude sur la stabilité de l'effectif du personnel peut contribuer également à peser sur la qualité du processus de veille stratégique et sur la valeur ajoutée qu'il procure. Le manque de clarté quant à l'avenir de l'organisation de l'équipe constitue, de facto, un enjeu important pour le service puisque étant donné que l'évolution du personnel dépend de loi des finances qui définit le budget annuel de l'État (ressource et charges). En cas de départ prématuré d'un collaborateur, l'effectif restant risque de ne pas pouvoir couvrir efficacement l'ensemble des missions confiées au service et de s'engager dans un rythme de travail de forte intensité et tension, ce qui est susceptible d'influer sur la qualité du résultat final de l'activité de veille. Idem dans le cas d'une nouvelle recrue, avec ou sans expérience, l'accompagnement, la formation ou l'intégration socioprofessionnelle exigent bien évidement du temps et des moyens importants à prendre en considération, mais surtout les actes de régulation correctifs à mettre en œuvre sont susceptibles d'avoir un effet négatif sur le rendement de l'équipe et, du coup, ça peut remettre en doute la crédibilité du travail accompli.

L'imbrication des incertitudes sur le plan technico-organisationnel dans le processus de veille stratégique du Ministère du Tourisme

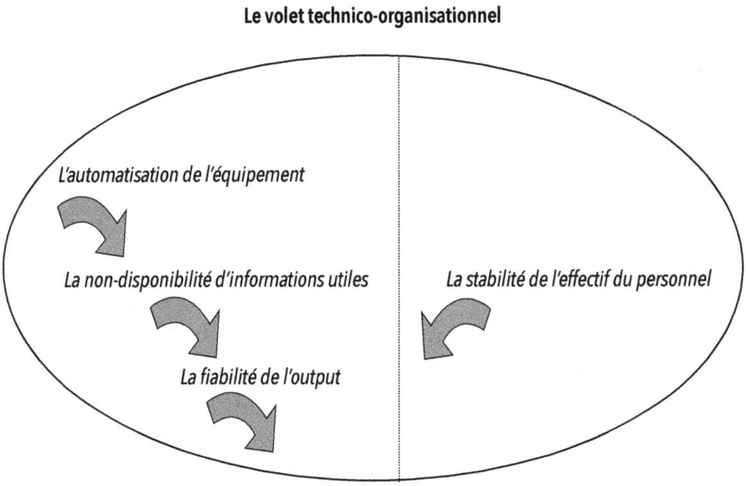

Source : Élaboration propre

1.2.3 Sur le plan social

Le social est le dernier champ d'évaluation qui me reste à explorer dans cette première phase d'analyse intracas. Je me focalise, cette fois-ci, sur les incertitudes sociales (ou dites relationnelles). Pour Borraz et Guiraudon (2008), elles se réfèrent à "l'impossibilité de prévoir, d'anticiper ou de comprendre le comportement d'un acteur" (ibidem, pp. 15-16). L. Corentin (2020) estime que l'incertitude sociale reflète "la manière de voir, parfois contradictoire, des acteurs. Ces acteurs peuvent comprendre et percevoir de manière différente les services écosystémiques. En effet, ils possèdent différents cadres de référence et différentes manières de voir la réalité" (ibidem, p. 19). Ce qui représente, d'ailleurs, un aspect primordial et l'une des sources d'incertitudes et d'inquiétudes à prendre en compte dans une démarche d'intelligence économique ou de veille stratégique.

Dans ce cadre, les multiples acteurs, qui agissent dans l'environnement interne et externe de la cellule de veille du Ministère, constituent un point commun de préoccupation soulevé par mes deux interviewés. Avec un contexte de crise très particulier, tout l'accent est mis sur le facteur humain de par son a priori, ses postulats et ses modes de pensée préconçus.

De prime abord, au niveau interne, la première incertitude sociale mise en avant par le chef de service porte sur les choix et les décisions stratégiques que prendrait un nouveau chef nommé pour prendre les commandes du département Service des Études et de Veille Stratégique.

> Au niveau interne, avec l'arrivée d'un nouveau chef à la tête du département, notre service peut être classé au premier rang, de première priorité, comme il peut être, au contraire, relégué au second rang.
>
> Notre travail dépend fortement des postulats (des choix stratégiques) du décideur à l'égard de l'activité de veille et de l'importance d'amorcer les dispositifs de recherche et de traitement de l'information.
>
> Le postulat peut être soit de développer plus de veille et chercher plus d'informations ou au contraire se limiter aux données déjà existantes.
>
> (Chef de service_MT)

Les inquiétudes du chef du service sont largement légitimes étant donné la tension autour de l'enjeu de la situation présentée dans l'entrevue. Comme l'affirme Boussaguet (2005), l'arrivée d'un nouveau dirigeant s'avère être un facteur déstabilisant pour l'organisation pour deux raisons majeures, "premièrement parce qu'il touche aux fondements de l'organisation et qu'il s'attaque simultanément à tous les éléments au cœur de l'organisation [...], deuxièmement parce que ses effets sur les membres de l'organisation sont alors profonds et déstabilisants"(ibidem, p. 81). Au regard du climat de vigilance continue et des nouveaux défis qu'impose la crise sanitaire, la plus grande crainte pour le personnel est l'avènement d'un revirement (voire même d'une rupture) dans la poursuite du rythme du travail et dans l'harmonie qui règne entre les membres de l'équipe de la cellule de veille. Et, de fait, cette forte imprévisibilité, quant au mode de pensée et de gestion relatif au prochain chef du département, peut rendre la situation très difficile et particulièrement anxiogène (Mouhli, 2016).

Par la suite, au niveau externe, la seconde incertitude sociale, qui pèse sur le résultat de l'activité de veille, est inhérente, cette fois-ci, à la culture du partage de l'information.

> ... En externe, le problème de la culture du partage d'informations entre les différents acteurs de notre réseau de travail. Malheureusement, il existe des structures qui s'inscrivent plus dans la confidentialité.

> Le processus de veille se trouve parfois interrompu ou incomplet à cause de notre réseau d'acteurs et ce problème culturel de non-partage.
>
> (Chef de service_MT)

> ... Parlons du facteur humain et de cette dimension sociale ou relationnelle, l'incertitude qui nous préoccupe le plus, actuellement, est le manque d'une réelle culture de veille au sein de notre réseau de travail et, également, la notion du travail collectif pour assurer le bon partage de l'information et la maîtrise des différents acteurs de notre environnement.
>
> (Veilleur_MT)

> ... En tant que veilleur, en plus de l'information, le facteur humain est très important pour assurer et garantir une bonne utilisation de l'activité de veille.
>
> (Veilleur_MT)

La veille stratégique est, avant tout, un mode de pensée et d'action qui repose sur une réelle mise en réseau de tous les acteurs de la chaîne informationnelle, vu que "si la compétence est individuelle, l'intelligence est collective" (Chirouze et Moinet, 2007, p. 2). Néanmoins, si cette intelligence collective suscite de l'adhésion et de la synergie, elle impose aussi un changement d'état d'esprit profond en matière de partage de l'information (Guerraoui et Richet, 2005). Malheureusement, la culture de partage d'informations ou de données ne s'est pas encore largement instaurée dans le Royaume, comme en ont déjà témoigné Achchab et Harrizi (2013) "la rétention de l'information est parmi les risques majeurs qui entravent la mise en œuvre de l'intelligence économique au Maroc" (ibidem, p. 135). L'explication la plus plausible pour justifier l'existence d'un tel comportement est certainement la recherche du pouvoir, en référant à l'idée répandue que "celui qui détient l'information détient le pouvoir" (célèbre citation d'Adam Smires). Une sorte de supériorité symbolique ou de croyance "naïve" (Baumard, 1997) dans le pouvoir que peut conférer la procession de l'information. Cet égoïsme informationnel pour simple motif de puissance, de suprématie ou de jeux de pouvoir (au sens de Crozier et Friedberg, 1977) n'adhère guère à la philosophie de base de la veille stratégique qui sous-tend la circulation fluide de l'information. Le processus de veille (ou même d'intelligence économique) ne peut se développer d'une manière efficace sans s'appuyer sur un réseau solide d'acteurs externes pour accéder à de l'information utile. Un réseau dans lequel entrent en jeu "des interactions sociales relevant de la dynamique des groupes et chaque acteur sont supposées abandonner une position personnelle au profit d'un collectif centré sur la réussite d'un projet" (Moinet, 2009, p. 56). Ainsi, ce qui est inapproprié et surtout dangereux, tout particulièrement dans cette conjoncture internationale, c'est "la rétention de l'information par ceux qui, quel que soit le domaine, veulent retenir en fait le pouvoir" (Russo, 1966, p. 9).

À cet égard, les attentes et les espérances des membres de la cellule de veille se résument dans la réponse donnée par le chef du service :

> ... Au fait, ce qu'on espère, c'est l'instauration d'un cadre collaboratif entre les acteurs de notre réseau (toute personne en détention de l'information) même si les objectifs de chacun sont parfois divergents.
>
> (Chef de service_MT)

1.2.3.1 Les niveaux d'incertitude

Pour la cellule de veille du Ministère, le degré d'incertitude, relatif aux objectifs et décisions stratégiques censés être pris à la suite de la nomination d'un nouveau chef de département, est considéré plus important (N4), puisqu'il est très difficile, voire impossible, pour les membres de l'équipe de pouvoir anticiper le comportement d'un prochain acteur.

> Beaucoup de questions peuvent être posées à propos de la venue d'un nouveau chef à la tête du département, mais, sans informations, c'est impossible de prévoir les actions qu'il compte entreprendre.
>
> (Chef de service_MT)

> Le niveau d'incertitude est élevé. C'est vraiment très imprévisible pour notre service.
>
> (Veilleur_MT)

De plus, cette forte imprévisibilité pourrait également instaurer progressivement un climat d'inquiétude et d'appréhension très fort quant à l'avenir de l'activité de veille. Usuellement, le personnel voit dans l'arrivée d'un nouveau chef un facteur de perturbation et de changement organisationnel très important (Donckels, 1995 ; Boussaguet, 2005) et qui peut compromettre l'environnement de travail jugé plus propice. Bonnier et Bruner (1989) estiment, quant à eux, que l'éventuel changement peut porter sur l'élaboration des objectifs, sur la stratégie d'investissement et sur l'organisation interne. Par ailleurs, l'idée même d'une discontinuité probable ou d'un manque d'intérêt pour l'activité de veille peut donner lieu à des interrogations diverses et accentuer de plus en plus le niveau d'incertitude. Dans une conjoncture aussi morose, le Ministère du Tourisme mise beaucoup sur son plan de relance et s'appuie fortement, pour alimenter sa base de connaissance, sur le service de veille stratégique qui surveille de près toutes les actualités et veille à anticiper les évolutions et les tendances touristiques. Dans tout état de cause, tout l'intérêt est de préserver tant la stabilité du personnel que la priorité donnée au service.

Par ailleurs, concernant la culture de partage de l'information, les interviewés jugent que le niveau d'incertitude est relativement plus faible (N2) étant donné qu'il présage un risque accru sur le bon déroulement du processus de veille et qu'il est impératif d'en prendre conscience.

> ... le niveau d'incertitude n'est pas aussi fort, mais il représente toujours un risque majeur pour notre activité.
>
> (Chef de service_MT)

> ... je dirais beaucoup plus le second niveau qui d'ailleurs risque de compromettre fortement notre mission de recherche d'informations.
>
> (Veilleur_MT)

Le constat est que si, dans les pays anglo-saxons, la culture de l'information encourage et promeut les initiatives qui favorisent le partage de l'information, au Maroc, à l'instar également de la France, la rétention de l'information est perçue comme "une sorte de protection de soi-même par non-délivrance d'informations que l'on connaît" (Salam, 2013, p. 33). Néanmoins, cela a pour effet d'aboutir à une sorte de rétention qui serait trop brutale et particulièrement "néfaste pour l'ensemble de l'entreprise dans la compréhension de son environnement et son action sur celui-ci"[67]. Pour le cas de la cellule de veille, celle-ci peut introduire de la confusion dans l'esprit des acteurs à l'égard de leurs axes de recherche, de la perte de confiance dans les sources d'informations ainsi qu'un certain sentiment de déception et de démotivation par rapport à l'activité en elle-même.

1.2.3.2 Les formes d'incertitude

Pour la première incertitude sociale, mes deux interviewés s'accordent à considérer que les inquiétudes, portées sur la venue d'un éventuel nouveau chef au département dont relève le service de veille, correspondent plus à la deuxième composante du phénomène VUCA.

> Pour la forme, c'est plus de l'imprévisibilité.
>
> Sans information, c'est le flou total.
>
> (Chef de service_MT)

67. A. Bugeat, "*L'apport de l'information au sein de l'entreprise*", Université d'Angers, France. Mémoire de stage consulté via le lien : http://strategique.free.fr/analyses/entreprise.pdf, p. 51.

> Je dirais la seconde, vu que c'est impossible de prévoir à l'avance sa politique de gestion et les décisions stratégiques qu'il va prendre.
>
> (Veilleur_MT)

Face à de tels événements équivoque et fortement imprévisible, les acteurs de la cellule de veille se trouvent, certes, incapables de tout savoir et éprouvent beaucoup de difficultés à prévoir la nature et l'ampleur du changement à venir. La venue d'un éventuel nouveau chef est susceptible de les plonger dans l'incertitude du lendemain. Ainsi, ne sachant pas au préalable quelles interprétations retenir de la situation, ils risquent d'éprouver diverses émotions telles que l'anxiété, le doute, la méfiance et la peur (Mouhli, 2019). Ils s'inquiètent sûrement de l'avenir et de l'imprévisibilité qu'il comporte.

Concernant la seconde incertitude relative à la culture de non-partage de l'information présente dans le réseau d'acteurs avec lequel la cellule de veille collabore, celle-ci est jugée revêtir la forme du deuxième et quatrième paramètre de l'acronyme VUCA.

> ... elle est due aux informations incomplètes pouvant être également qualifiées d'ambigües.
>
> (Chef de service_MT)

> ... je dirais la seconde et la dernière, c'est à la fois de l'incertitude et de l'ambigüité.
>
> (Veilleur_MT)

L'information est la clé de voûte de tout processus de veille qu'elle soit technologique, commerciale, environnementale, sociétale ou stratégique. Elle constitue le moteur du cycle de renseignement. D'où la nécessité de se doter d'un réseau de contacts solide et susceptible d'être une source d'information fiable et de confiance. Néanmoins une rupture ou un dysfonctionnement dans cette chaîne d'information peuvent entrainer à la fois un déficit dans le flux informationnel et, in fine, de lourdes conséquences sur la valeur ajoutée que peuvent apporter les informations nécessaires à la prise de décision. Certes, l'absence de la transparence dans la relation de partage qu'entretient le service de veille avec son réseau d'acteurs entraîne, d'une part, de l'ambigüité dans l'esprit de ses membres et, d'autre part, de la remise en question permanente de la fiabilité des sources ; ce qui risque, en retour, d'entretenir de l'incertitude.

Toutefois, vu le contexte volatile et hautement imprévisible, comme celui dans lequel évolue le service, cet enchevêtrement d'acteurs devrait en principe tisser des liens encore plus serrés pour assurer une intelligence collective basée sur la coopération, le partage et la confiance mutuelle.

1.2.3.3 L'imbrication des incertitudes

Au niveau des incidences entre les incertitudes sociales, les deux répondants ont mis en évidence l'absence d'imbrication entre lesdites incertitudes (figure ci-dessous), sans toutefois minimiser l'impact que chacune d'entre elles pourrait avoir sur l'activité de veille.

> Entre les deux incertitudes d'ordre social, je ne vois pas de relation directe, mais, dans tous les cas, elles constituent deux éléments qui attirent de tous les membres de l'équipe et qu'il faut les prendre en considération.
>
> (Chef de service_MT)

> À vrai dire, je ne trouve pas d'incidence entre eux, mais les deux sont importants.
>
> (Veilleur_MT)

L'absence d'imbrication des incertitudes sur le plan social dans le processus de veille stratégique du Ministère du Tourisme

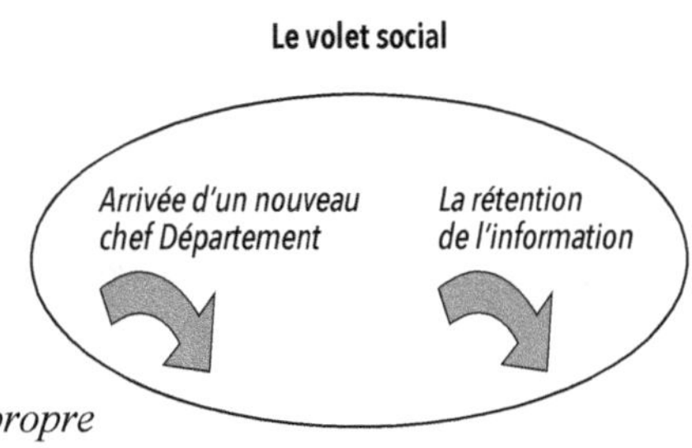

Source : Élaboration propre

1.2.4 L'imbrication des incertitudes dans les trois dimensions

Au regard de la grille d'analyse, la dernière phase consiste à identifier, dans les propos des interviewés, l'existence d'éventuelles imbrications entre les trois volets d'évaluation, à savoir le contextuel, le technico-organisationnel et le social. L'objectif est de bien illustrer le caractère multidimensionnel du concept de l'incertitude dans une démarche d'intelligence économique (ou veille stratégique).

Dans le cas de la cellule de veille stratégique, le chef de service a mis en évidence un exemple d'imbrication associant la dimension sociale et technico-organisationnelle (figure ci-dessous).

> Bien évidemment, il en existe des exemples qui répondent à votre question et surtout dans le contexte actuel.
>
> À titre d'exemple, l'optimisation de la capacité de recherche, de collecte, de traitement et de diffusion des informations utiles à la prise de décisions dépend de la mobilisation et la participation active des acteurs, à même de répondre

> efficacement, en termes de qualité d'information et de rapidité, au besoin, et à garantir à la fois une couverture plus large des périmètres de veille.
>
> (Chef de service_MT)

Que ça soit dans le cadre de la veille stratégique ou bien de l'intelligence économique (en tant que démarche managériale plus large au service de la prise de décision), le recours au réseau favorise l'accès rapide à des connaissances et à des ressources plus étendues (Géniaux et Mira Bonnardel, 2003). Il renvoie à un enchevêtrement de petites unités disséminées qui tissent des liens entre elles en vue d'assurer la satisfaction des besoins communs, de manière plus ou moins formelle et organisée (Boulanger, 1990). D'après Geniaux et Mira Bonnardel (2003), le concept de réseau implique des responsabilités et des qualités communes, notamment l'entraide, la collaboration entre les membres, des moyens de liaison, une stratégie et un management différent.

Néanmoins, de par l'hétérogénéité culturelle dans le monde, la mise en œuvre réelle et, tout particulièrement, la dynamique d'un réseau varient assez considérablement d'un pays à l'autre. Dans la culture japonaise ou celle allemande, la gestion de l'information se fonde sur des actions collectives et concertées, a contrario, "les caractéristiques culturelles françaises ne permettent pas d'atteindre un nouvel "état d'esprit" en la matière" (Martre, 1994, p. 58). Dans son rapport de 2002/2003, l'institut des hautes études de la sécurité intérieure (IHESI) a mis en évidence la nécessité d'un changement radical dans la gestion informationnelle en France, "Avec l'abandon nécessaire d'une culture obsolète de l'individualisme et du culte du secret, dont on use comme d'un enjeu de pouvoir [d'où] doit émerger le culte du partage. Il impose souvent de la part de ses acteurs une véritable révolution culturelle"[68]. À l'instar de la France, le Maroc ne sort pas de la règle, et présente le même problème culturel d'individualisme et de non-partage de l'information.

Dans ce contexte et afin de réussir sa démarche de veille stratégique ou d'intelligence économique, il est impératif, selon Marcon (2009), de "se reporter aux règles de base de la relation en réseau : la confiance entre les membres, ciment indispensable ; l'honnêteté dans l'échange d'information ; la gestion du off dans les rapports avec le hors-réseau, le prenant-prenant dans l'échange d'information" (ibidem, p. 35). Désormais, toute incertitude relative à l'une de ces règles ne peut qu'être préjudiciable au bon fonctionnement et à la réussite du réseau et, par conséquent, accentuer davantage l'incertitude à la fois sur la disponibilité de l'information et sur la capacité du processus de veille stratégique à couvrir un plus grand périmètre de son champ d'action.

---

68. IHESI (2003), "*Entreprises et intelligence économique - Quelle place pour la puissance publique ?*", rapport du G.D.S n°1, 14e session nationale d'études (2002/2003), p. 26.

L'imbrication des incertitudes sur le plan social et technico-organisationnel dans le processus de veille stratégique du Ministère du Tourisme

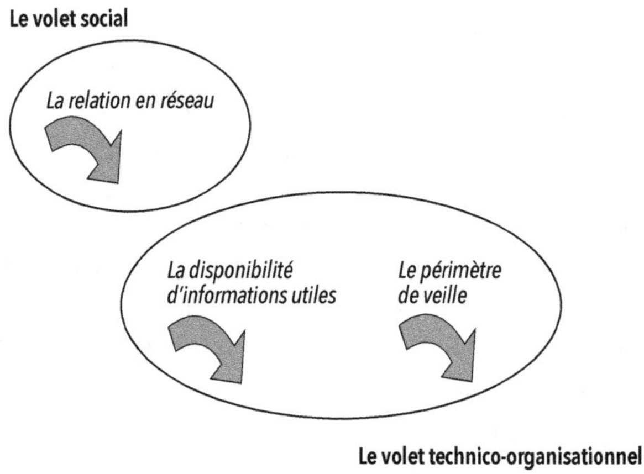

Source : Élaboration propre

2. La Société Marocaine d'Ingénierie Touristique - SMIT (Cas 2)

Comme cité dans le chapitre 4, la SMIT est une société publique marocaine créée par les pouvoirs publics en 2007 et mise sous la tutelle technique du Ministère du Tourisme. Elle endosse un rôle majeur dans la valorisation du produit touristique dans le Royaume à travers la mise en place d'une stratégie de promotion d'un tourisme durable et inclusif, incluant notamment la conception et le développement de l'offre ; l'identification et la mise en valeur des sites touristiques de valeur ; la mobilisation du foncier public-privé au service de l'investissement ; la définition, le placement, la mise en œuvre et le suivi des projets touristiques ; l'accompagnement et l'apport d'assistance aux opérateurs touristiques.

La SMIT est dotée d'un service stratégique baptisé Business Intelligence[69] (BI), mais dont la mission est analogue à celle de la démarche d'intelligence économique, en l'occurrence, assurer des activités de *veille* et de *protection* d'informations

69. Même si le Business Intelligence ou l'informatique décisionnelle est défini comme "l'ensemble des moyens, outils et méthodes qui supportent le processus de collecte, consolidation, modélisation, analyse et restitution des informations [...] vise à récupérer des données brutes (contenues dans des outils type ERP,CRM, sources externes provenant des clients / fournisseurs, données de marchés ...), à les transformer en information et à les diffuser sous forme de tableaux de bord ou reporting" (CIGREF, 2009, p. 9), les missions, les activités et le discours des acteurs montrent que c'est beaucoup plus qu'un système technique automatisé de traitement d'information.

nécessaires à la promotion de l'attractivité du secteur touristique marocain et à la prospection des investisseurs potentiels et entreprendre également des actions d'*influence*, du *lobbying*, sur les décisions d'investissement.

Pour ce deuxième cas d'étude, les mêmes orientations d'analyse seront fidèlement reconduites pour voir, dans un premier temps, comment mes deux interviewés de la BI perçoivent la notion d'incertitude et, ensuite, de procéder, à travers leurs propos, à une évaluation qualitative du concept dans le service.

2.1 La perception du concept d'incertitude

L'analyse de la perception de l'incertitude s'articule, sur la base de la grille thématique, autour de trois points indissociables :

- Le sens utilisé pour définir le mot incertitude,
- Les termes utilisés dans les discours officiels pour appréhender l'avenir incertain,
- La confrontation à l'incertitude (source de motivation ou de déstabilisation).

2.1.1 Le sens utilisé pour définir le mot incertitude

Le sens donné au concept d'incertitude, par mes deux répondants, varie nettement suivant le poste et la mission dont ils sont en charge.

> L'expression incertitude renvoie au danger avec une connotation risque et changement.
>
> (Chef de service_SMIT)

La perception conférée par le chef de service à l'égard de l'incertitude reflète bien la sensation de danger et le sentiment d'inquiétude qui ont régné dans tout le paysage du secteur du tourisme en cette période de crise sanitaire inédite.

Dans ce contexte de chaos, le plus grand danger pour la plupart des entreprises et des opérateurs touristiques n'était pas juste leur propre survie, mais surtout la disparition soudaine et massive des emplois. Pour ces acteurs, plus rien ne sera comme avant, l'ampleur et le degré d'impact de la crise ont mis en évidence la nécessité d'un changement et d'une restructuration urgente et profonde du secteur en vue d'assurer la résilience et la relance du secteur.

Pour la SMIT, l'enjeu est de taille et requiert la création ou la mise à niveau du produit touristique marocain pour permettre une meilleure adéquation entre l'offre et la demande. D'ailleurs, cette conjoncture exceptionnelle a donné naissance à de nouvelles tendances de consommation touristique. La transition s'est orientée de plus en plus vers le tourisme durable. Ainsi, en capitalisant sur sa forte expertise et son réseau de partenaires internationaux, la SMIT garde pour ambition de mobiliser l'investissement public-privé afin de contribuer au développement des territoires touristiques, à l'implémentation d'un éventail plus large et diversifié de produits touristiques et au renforcement de leur attractivité et compétitivité.

Pour l'agent de veille, la notion d'incertitude est beaucoup plus reliée au problème de la disponibilité et de la qualité de l'information.

> En tant que veilleur, l'incertitude reflète le cas où l'information n'est pas assez claire et où la source n'est pas clairement définie comme fiable.
>
> (Veilleur_SMIT)

La cellule de veille au sein du service prête beaucoup d'attention et se montre prudente quant aux diverses incertitudes qui pèsent sur l'écosystème du secteur du tourisme. Elle adopte une approche plus proactive dans la recherche et la collecte d'informations sur plusieurs fronts, notamment les produits touristiques dont dispose le Royaume et ceux développés dans les destinations comparables ; les entreprises et les opérateurs œuvrant dans le secteur ; le profil et les attentes des investisseurs potentiels.

Toutefois, au vu de l'impact de la crise sur le secteur du tourisme et le changement profond qu'elle insuffle dans son écosystème, les informations amassées sont susceptibles de devenir ambiguës ou confuses, ce qui pourrait remettre en cause les sources habituelles d'informations et semer le doute quant à leur fiabilité.

2.1.2 Les termes utilisés dans les discours officiels pour appréhender l'avenir incertain

Dans les deux verbatims ci-dessous, les répondants ont réitéré les mêmes attributs retenus pour appréhender le concept d'incertitude, ce qui reflète une fois de plus l'effet que peuvent apporter, à cet égard, les caractéristiques de la fonction et de la mission de chacun.

> ... je vais reprendre les mêmes termes utilisés pour définir l'incertitude, le risque, le danger et le changement.
>
> (Chef de service_SMIT)

> ... on utilise plus des expressions telles que : pas clair, des sources non fiables.
>
> (Veilleur_SMIT)

À ce stade d'interprétation, il apparaît clairement que le raisonnement qui se dessine en filigrane, dans ce deuxième cas d'étude, trouve sa spécificité dans la fameuse dichotomie (risque/incertitude) prônée par Knight et Keynes.

En clair, il y a, d'un côté, les adeptes des algorithmes de prédiction et des modèles statistiques qui entendent réduire la notion d'incertitude en risque, donnant ainsi l'accès à un univers dans lequel l'incertitude peut être quantifiable (probabilisable). Le risque peut y être perçu comme "un danger bien identifié, associé à l'occurrence d'un événement ou d'une série d'événements, parfaitement descriptibles, dont on ne sait pas s'ils se produiront, mais dont on sait qu'ils sont susceptibles de se produire. Dans certains cas, des outils statistiques appliqués à des séries d'observations systématiques faites dans le passé permettent d'en calculer la probabilité d'occurrence, qui sera alors qualifiée d'objective". (Callon et coll., 2001, p. 37).

De l'autre côté, il y a ceux qui vont au-delà de l'usage déductif de la mathématique ou bien de "l'espace standardisé du calcul des probabilités" (au sens de Bourg et coll., 2013). Ils admettent que l'incertitude est associée, beaucoup plus, à des événements qui sont imprévisibles et pour lesquels on ne dispose pas de suffisamment, voire d'aucune information pour pouvoir "construire une distribution de probabilités sur l'ensemble des événements futurs possibles" (Méric et coll., 2009, p. 62), tel est le cas de la crise sanitaire du Covid-19. Autrement dit, des événements qui ne n'arrivent qu'une seule fois ou que les fréquences sont inobservables (Dupuy, 2002, p. 105).

À titre d'illustration de l'engouement indéniable et grandissement pour le calcul et la quantification, dans un article publié dans le journal The Guardian du 25 mars 2020, intitulé "*The UK's coronavirus policy may sound scientific. It isn't*", le théoricien iconoclaste de la métaphore du "cygne noir" Nassim Taleb et le physicien Yaneer Bar-Yam, ont mis en évidence la contribution de deux facteurs pour expliquer le fiasco britannique dans la gestion de la crise sanitaire qui a entrainé des dizaines de milliers de morts évitables, en l'occurrence la confiance aveugle en la modélisation et l'approche scientiste d'élaboration des politiques adoptées par les pouvoirs publics.

Autour de la modélisation, le gouvernement du Royaume-Uni ont eu recours absolu à des modèles épidémiologiques censés fournir des prévisions approximatives d'un ensemble d'actions préétablies. Néanmoins, face à une pandémie inédite, tout l'enjeu est celui de parvenir à juger de la fiabilité des hypothèses (souvent non testées) sur lesquelles se sont basés ces modèles académiques, puisque la santé et la vie des citoyens en dépendaient directement. C'est, d'ailleurs, fut le cas de la thèse de l'*immunité collective* promue par les modélisateurs épidémiologiques. Celle-ci s'est heurtée à de vives critiques pour des raisons diverses, entre autres, rien ne peut assurer que seul les jeunes qui seront infectés, l'immunité collective exige que 60 à 70 % de la population soit infectée et guérissent, le faible nombre de jeunes en bonne santé dans le Royaume, la fiabilité de l'immunité et enfin la durée d'hospitalisation qui peut durer très longtemps conduisant ainsi à une pénurie de lits dans les hôpitaux.

Pour l'élaboration des politiques, l'administration du Premier ministre britannique a été fondamentalement influencée par le scientisme porté et défendu par un groupe de pression très actif, tel que Dominic Cummings (conseiller principal de Boris Johnson et présenté comme un stratège politique britannique très adepte de la complexité et des systèmes complexes). Toutefois, dans ce contexte de crise très imprévisible, les décisions politiques jugées fondées sur des preuves scientifiques ont abouti à un bilan désastreux, remettant sérieusement en question le bien-fondé de cesdites preuves, censées être justes. De fait, cette imprudence politique a joué, à vrai dire, avec la vie des citoyens et a été bien plus qu'une simple erreur académique, mais une violation de l'éthique de la bonne gouvernance.

2.1.3 La confrontation à l'incertitude (source de motivation ou de déstabilisation)

Au sein du service de BI, les deux interviewés estiment que tout membre de l'équipe accorde une grande importance à la notion d'incertitude et s'engage avec passion et motivation dans la recherche de la maîtrise de celle-ci.

> ... Face à une situation incertaine, notre objectif est la création de la valeur en matière de production du contenu stratégique qui peut aider à maîtriser au maximum cette incertitude.
>
> La SMIT en tant qu'acteur de référence du secteur touristique, détient une expertise de conception, développement et placement des produits touristiques. C'est pourquoi, l'établissement a tout l'intérêt à limiter l'incertitude dans la zone de maîtrise et en même temps, il challenge son business model avec cette incertitude pour conduire le changement structurel et institutionnel.
>
> Pour moi, coexister avec l'incertitude, c'est essayer de la maîtriser, mais pas de la réduire ;
>
> Autrement dit, on ne cherche pas à réduire la zone de confort, c'est-à-dire chercher à être stable sans incertitude, mais c'est plutôt le contraire de vivre avec et se préparer pour permettre la maîtrise de celle-ci.
>
> L'incertitude nous offre beaucoup plus de sources d'opportunité et nous amène à nous engager comme partie prenante.
>
> (Chef de service_SMIT)

> ... Face à une situation incertaine, l'objectif est d'essayer de développer des scénarios pour avancer. Il faut, du coup, accepter l'incertitude et vivre avec, mais, en même temps, ça suscite la recherche des bons outils techniques pour mieux la gérer.
>
> (Veilleur_SMIT)

En ce temps de Covid, souvent synonyme de stress, d'inquiétude et de menace, les acteurs de BI ont plutôt tendance à accepter d'affronter les "inconnus inconnus" qui peuvent émerger à tout instant. Une réaction qui peut être interprétée comme opportuniste, tel que le modèle de l'*entrepreneur type* dont parlait Knight (1921). Un entrepreneur qui prend la décision d'agir, dans un environnement en rupture, alors même que "le marché pour ses futurs produits n'existe pas encore. Il n'a d'ailleurs aucune idée de ce que celui-ci sera, ni quels produits pourraient y être vendus, ni même d'ailleurs si ce marché, qui n'est pour l'instant qu'une intuition, existera jamais" (Silberzahn, 2013, p. 41). Il perçoit l'incertitude comme source d'opportunité et de gains potentiels qu'il convient de saisir.

Dans ce cadre, pour les membres de l'équipe, l'incertitude ne peut être que motivante et leur permet donc de gagner en confiance en eux et de croire en leurs compétences pour pouvoir élargir leur zone de confort et atteindre les objectifs souhaités. Tout l'enjeu consiste à ne pas répondre aux appels de la peur que suscitent les événements inconnus, inattendus et incertains (Roseman et coll., 1996) et d'accepter de vivre avec l'incertitude, comme le met en évidence Ayelet Fishbach (2022), auteur de la leçon "*Get It Done : Surprising Lessons from the Science of Motivation*", où elle écrit "Nous utilisons le mot 'impuissance' pour comprendre pourquoi les gens n'essaient pas de changer leur situation. Ils ne pensent pas pouvoir échapper à leur destin. C'est le côté obscur de l'incertitude. Il y a moins d'actions."[70] ; Et elle rajoute à titre d'inspiration comportementale que "lorsque les animaux ne savent pas quand la récompense viendra, ils gardent espoir et continuent de faire ce que vous leur dites - asseyez-vous, restez, taisez-vous ou venez - même lorsqu'il n'y a plus de friandises à distribuer"[70].

L'incertitude va, ainsi, agir comme un levier et une source de motivation intrinsèque pour soutenir les efforts et les initiatives déployés dans un contexte à la fois source d'opportunités et de risques. Elle constitue pour le service BI un facteur dynamique pour travailler plus dur, s'investir plus durablement et profiter davantage du processus (Fishbach et coll., 2015).

---

70. Psychologicalscience magazine (2022), "*This Is When Uncertainty Can Be Motivating, According to Science*", article publié le 02 février 2022 et consultable au lien suivant : https://www.psychologicalscience.org/news/this-is-when-uncertainty-can-be-motivating-according-to-science.html?pdf=true

2.2 L'évaluation du concept d'incertitude

Une fois analysées la perception et l'action des acteurs du service BI de la SMIT envers le concept d'incertitude, j'ai poursuis mon analyse en me focalisant, à présent, sur l'évaluation qualitative de celle-ci.

Ainsi, à l'instar du premier cas d'étude, la démarche d'évaluation se structure autour de trois niveaux d'analyse (contextuel, technico-organisationnel et social) et où chaque niveau sera traité, par la suite, selon les mêmes modalités, à savoir les quatre niveaux d'incertitude de Courtney et coll. (1997), les quatre composantes de l'approche VUCA et enfin les interactions entre incertitudes.

2.2.1 Sur le plan contextuel

En cette période de crise, les acteurs du service BI font face à un environnement externe de plus en plus contraignant, instable et plus exigeant que par le passé, en raison de la diversité des incertitudes qui planent sur le secteur du tourisme.

Ainsi, en préambule, seul le chef de service a mis en avant le premier sujet de souci prioritaire auquel tous les membres de l'équipe accordent toute leur attention et pour lequel ils sont fortement mobilisés.

> La première incertitude, à laquelle on attache une importance particulière, est de nature institutionnelle :
>
> De par la spécificité de notre activité et de notre statut, je tiens à souligner qu'on fait partie d'une entreprise publique qui est sous la tutelle du Ministère de tourisme et de celui de la finance et dès lors on se retrouve devant une question purement structurelle et qui porte sur l'optimisation du pacte d'investissement en matière d'entreprises pour que l'État puisse réaliser ses indicateurs de performance et réduire la charge en matière de coût et d'investissement public.
>
> Autrement dit, l'incertitude est plus liée à la gérance des parts de l'État dans les entreprises publiques et suscite, par conséquent, beaucoup d'interrogations pour notre service, en l'occurrence : comment se fera la configuration ? Comment on va challenger notre établissement ? Aura-t-il un risque de perte d'emploi ou de fusionnement entre institutions.
>
> Telles sont les principales interrogations qui planent autour de cette incertitude.
>
> (Chef de service_SMIT)

C'est à peu près le même genre d'incertitude qu'on retrouve dans le cas du service de veille stratégique du Ministère du Tourisme, mais pour la SMIT, ce souci de transversalité ne menace pas seulement la stabilité du personnel ou l'organisation de l'équipe, mais il engage l'avenir de tout l'organisme. En cette période de crise économique (financière et sociale), cette première incertitude inhérente à une double dépendance ministérielle (Tourisme et Finance) s'est nettement accentuée.

En fait, la pandémie de Covid-19 a porté un coup dur à l'économie du Maroc, entrainant un quasi-arrêt de la plupart des activités de certains secteurs stratégiques, dont le tourisme. Progressivement, le régime fiscal s'est retrouvé dépourvu de ressources financières suffisantes pour assurer l'alimentation du budget général de l'État, plongeant, par là même, les finances publiques dans une situation très rude.

Du 1er au 3 avril 2020[71], le Haut-Commissariat au Plan a mené une enquête qualitative auprès des entreprises marocaines opérant dans divers secteurs, à savoir l'industrie manufacturière, l'énergie, les mines, la pêche, le commerce, la construction et les services marchands non financiers. Les résultats obtenus témoignent d'une situation socio-économique très alarmante[72]:

- Sur un total de 142000 entreprises (soit 57 % de l'ensemble des entreprises) (figure ci-dessous), 6300 ont déclaré l'arrêt définitif de leurs activités et 135000 ont opté pour la suspension temporaire.

La situation de l'activité des entreprises

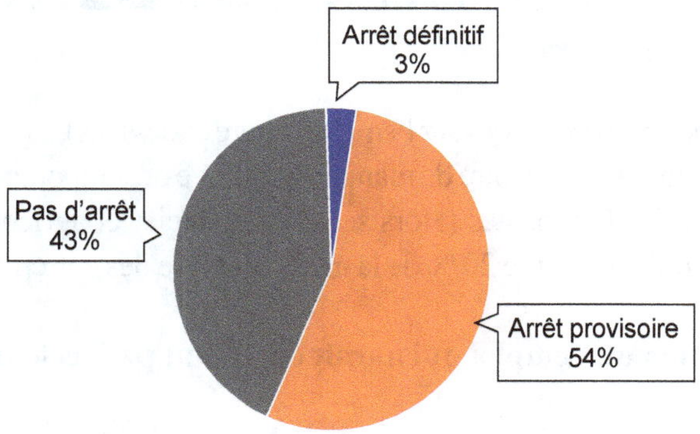

Source : Enquête HCP (2020)

- Pour les proportions des entreprises en arrêt provisoire ou définitif par secteur d'activité (figure ci-dessous), l'hébergement et la restauration constituent les secteurs les plus touchés par la crise (soit 89 % d'entreprises en arrêt), suivi par le secteur des industries textiles et du cuir et les industries métalliques

71. Près d'un mois du premier cas positif au Maroc enregistré le 2 mars 2020.

72. Enquête de conjoncture sur les effets du Covid-19 sur l'activité des entreprises, avec un échantillon de 142000 entreprises.

et mécaniques (soit respectivement 76 % et 73 %), ainsi que le secteur de la construction (près de 60 %).

La proportion des entreprises en arrêt provisoire ou définitif par secteur d'activité

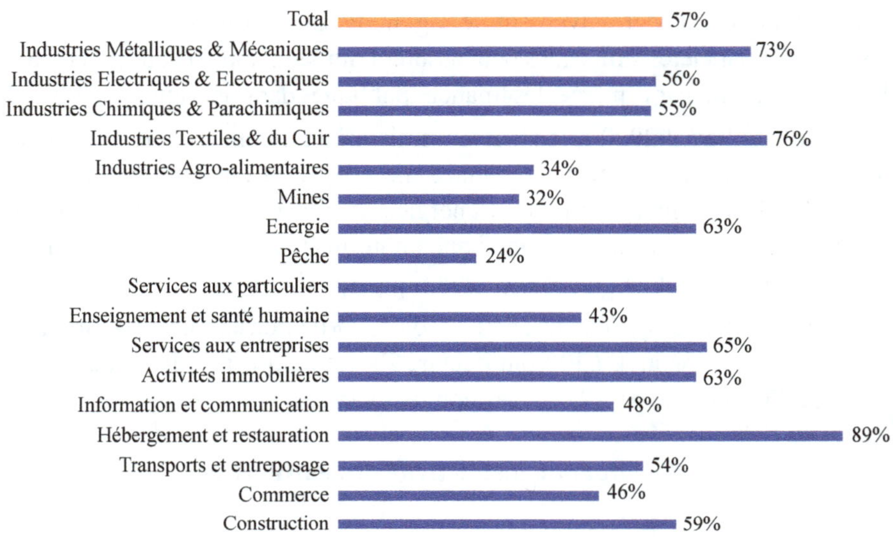

Source : Enquête HCP (2020)

- Concernant les répercussions sur l'emploi (figure ci-dessous), 27 % des entreprises ont été contraintes de réduire de manière définitive ou temporaire leurs effectifs, soit près de 726000 postes (Hors secteurs financier et agricole) auraient été réduits, ce qui représente 20 % de la main-d'œuvre des entreprises organisées.

La répartition de l'emploi qui aurait été réduit par secteur d'activité

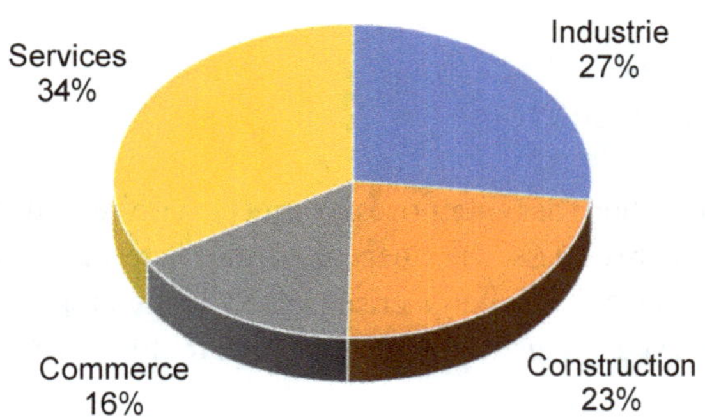

Source : Enquête HCP (2020)

C'est dans cette conjoncture, aussi délicate que coûteuse, que le recours à l'endettement a été finalement inéluctable, exerçant ainsi une énorme pression sur le budget général de l'État. Du coup, avec une marge de manœuvre très limitée, les pouvoirs publics seront dans l'obligation de réduire les dépenses à venir.

D'ailleurs, à l'occasion de l'ouverture de la 1re session de la 5e année législative de la 10e législature, Sa Majesté le Roi Mohammed VI, que Dieu l'assiste a décrété la mobilisation générale pour mettre en œuvre un plan de relance économique de grande envergure afin de contrer et réduire au minimum l'ampleur des répercussions négatives de la crise sanitaire. Il a affiché clairement que "cette crise a révélé un ensemble de dysfonctionnements, de déficits et elle a eu un impact négatif sur l'économie nationale et l'emploi. C'est pourquoi Nous avons lancé un plan ambitieux de relance économique et un grand projet de couverture sociale universelle. Nous avons également souligné l'impératif d'appliquer les règles de bonne gouvernance et la nécessité de réformer les établissements du secteur public"[73]. De fait, l'accent est fondamentalement mis sur un besoin de réforme urgent des établissements et entreprises publics (EEP) qui devront être des acteurs engagés et actifs dans le projet de relance, comme tel a été souligné dans le discours royal "les institutions de l'État et les entreprises publiques doivent montrer une attitude exemplaire et agir comme un levier de développement, et non comme un frein"[73]. Ainsi, les premiers effets induits de cette réforme des EEP se feront bien entendu sentir lors de la publication de la loi de finances de l'année à venir et même des prochaines années.

En somme, les inquiétudes et la forte pression, que connaissent les membres du service du BI, sont donc légitimes, vu qu'ils ne disposent d'aucune visibilité quant à l'avenir et ignorent si des répercussions seront observées au niveau de la SMIT.

Par ailleurs, dans la suite de l'entrevue, le chef de service a mis l'accent sur une seconde incertitude au niveau contextuel.

> ... je tiens également à soulever une deuxième source d'incertitude qui s'impose de plus en plus dans le paysage touristique.
>
> Avant tout, on est d'abord une entreprise publique prestataire de l'État et un partenaire de l'investisseur susceptible de s'engager dans le secteur du tourisme, néanmoins avec la crise actuelle, il y a pas mal de changement dans les postulats d'investissement. Un dysfonctionnement du paradigme de fonds pour le financement des projets touristiques ne cesse de compliquer notre tâche de les capter.

73. Mapbusiness (2020), "*Réforme des EEP : Place à la bonne gouvernance*", article publié le vendredi 16 octobre et consultable au lien suivant : https://www.mapbusiness.ma/a-la-une/reforme-des-eep-place-a-la-bonne-gouvernance

> Et cela peut être dû à deux raisons : soit la volonté de boycotter le secteur vu qu'il est fortement impacté par la crise ou bien qu'ils hésitent tout simplement de s'aventurer.
>
> (Chef de service_SMIT)

L'une des principales missions de la SMIT est de positionner le Royaume au centre de la conversation de l'investissement touristique mondial à travers la mise en place d'une stratégie de recherche de financement auprès d'investisseurs privés et publics en vue du développement du produit touristique marocain[74]. En revanche, au cours de l'année 2020, la crise sanitaire a entraîné un repli exceptionnel des investissements directs étrangers (IDE) au Maroc ainsi que les investissements directs marocains à l'étranger (IDME).

Selon le rapport des indicateurs des échanges externes publié par l'Office des changes en mai 2020, la première année de la pandémie a affiché des résultats inédits[75]:

À la fin du mois de mai 2020, le flux net des investissements directs étrangers a enregistré (figure ci-dessous) 7.234 MDH contre 8.598 MDH un an auparavant (soit -15,9 %). Cette régression est due à la fois au recul des recettes des IDE (soit -26,9 %) et à la baisse également des dépenses (soit -43 %).

L'évolution des investissements directs étrangers au Maroc

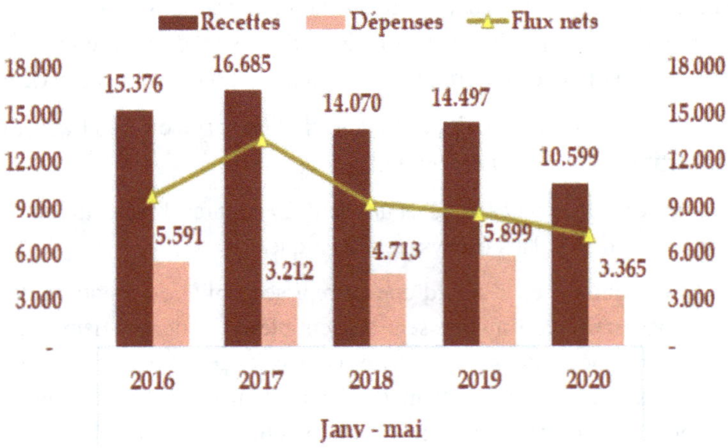

Source : Rapport OC (2020)

74. Le site web officiel de la SMIT.

75. Rapport des indicateurs des échanges externes de l'Office des changes (IEE mai 2020).

- À fin mai 2020, le flux net des investissements directs marocains à l'étranger (figure ci-dessous) a atteint 1.756 MDH contre 3.645 MDH une année auparavant (soit -51,8 %). En effet, les investissements directs marocains à l'étranger ont affiché une baisse de -19,5 % par rapport à fin mai 2019, mais, en revanche, les cessions de ces investissements ont plus que doublé de (soit +1.021 MDH).

L'évolution des investissements directs marocains à l'étranger

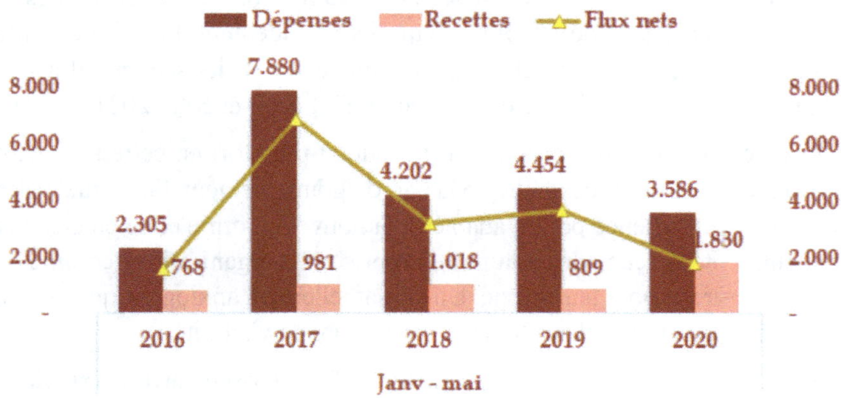

Source : Rapport OC (2020)

Ainsi, dans un contexte récessif de crise mondiale, la forte baisse qu'a connue l'investissement direct dans le pays permet d'appréhender l'accroissement de la pression au sein de l'équipe, mais en accentuant d'autant plus l'incertitude inhérente à la recherche de fonds privés ou publics pour le financement des projets touristiques.

2.2.1.1 Les niveaux d'incertitude

Pour le chef de service, la première incertitude portant sur la vulnérabilité structurelle, dont s'inquiète l'équipe de BI, fait état d'un niveau trois (i.e. un ensemble de futurs possibles peuvent être envisageables sans pour autant pouvoir anticiper la configuration finale (recours aux scénarios)).

> Je pense que notre première incertitude qui est d'ordre structurel est de niveau élevé (N3). La difficulté d'accès aux informations rend la zone de turbulence et d'incertitude plus au moins importante.
>
> (Chef de service_SMIT)

Le fait d'être sous une double dépendance ministérielle en cette période de crise contribue davantage à accentuer l'incertitude structurelle et à peser lourdement sur le mental de l'équipe. Selon (Parthenay, 2020), la présence de ce type d'appréhension et d'inquiétude d'ordre structurel correspond à "un effacement, un brouillage des indices et repères, lesquels structurent normalement les modes d'action" (ibidem, p. 14). En réalité, les inquiétudes ont surgi à mesure que "l'épidémie de la Covid-19 se transformait en pandémie, la menace est devenue une crise sanitaire. Cette crise, née de l'emballement des événements et d'une multiplication des difficultés, a entraîné une déstabilisation généralisée des organisations et des structures qui ont été dans l'incapacité de rétablir un équilibre rapidement. La crise constitue « un moment d'incertitude structurelle qui remet en cause les schémas d'actions traditionnels » et fragilise la société tout entière" (Lecoq et coll., 2021, p. 74).

Ainsi, ce sentiment d'incertitude est d'autant plus fort en cette période de crise, étant donné que la recherche de la part du gouvernement d'éventuels plans de riposte et de résilience pour s'adapter à la nouvelle norme et au changement permanent, a été perçue par certaines entreprises ou organisations comme une menace structurelle pour leur survie. Un climat tellement anxiogène qu'il suscite des scénarios futurs difficiles à trancher pour faute de visibilité.

Par ailleurs, concernant la recherche de fonds d'investissement direct au Maroc, le niveau de cette seconde incertitude est le même que celui inhérent à la première.

> ... Pareil, c'est le niveau N3. On manque également de visibilité, surtout dans le contexte actuel.
>
> (Chef de service_SMIT)

S'inscrivant dans la même ligne de ce qui a été avancé par le chef de service, James Zhan, le Directeur de la division de l'investissement et des entreprises à la CNUCED[76] a déclaré, dans une conférence de presse tenue le 27 novembre 2020 et en réagissant à la question du repli des flux mondiaux d'investissements directs étrangers (IDE), que "la baisse des IDE est plus drastique que prévu", soit -49 % au premier semestre par rapport à la même période de l'année 2019 (figure ci-dessous). Il a noté que "les perspectives restent très incertaines, et dépendent de la durée de la crise sanitaire et de l'efficacité des interventions politiques visant à atténuer les effets économiques de la pandémie"[77]. De plus, il a exprimé sa crainte

76. La Conférence des Nations unies pour le commerce et le développement est un organisme intergouvernemental de l'Assemblée générale des Nations Unies.

77. Latribune (2020), "*Covid-19 : les investissements directs à l'étranger (IDE) chutent partout dans le monde*", article publié le 27 octobre et consultable au lien suivant : https://www.latribune.fr/economie/international/covid-19-chute-des-investissements-directs-a-l-etranger-ide-partout-dans-le-monde-860802.html

d'une aggravation des tensions géopolitiques qui pourraient également contribuer à accroitre le niveau d'incertitude en question.

Autant de contraintes qui, dans le fond, pèsent lourdement sur les capacités du service à prévoir le comportement ou la volonté des investisseurs à privilégier le Maroc pour subvenir au financement des projets touristiques.

Les entrées d'IDE par région, 1er semestre 2020 par rapport à la moyenne sur les six mois de l'année 2019 (milliards de dollars américains plus le pourcentage)

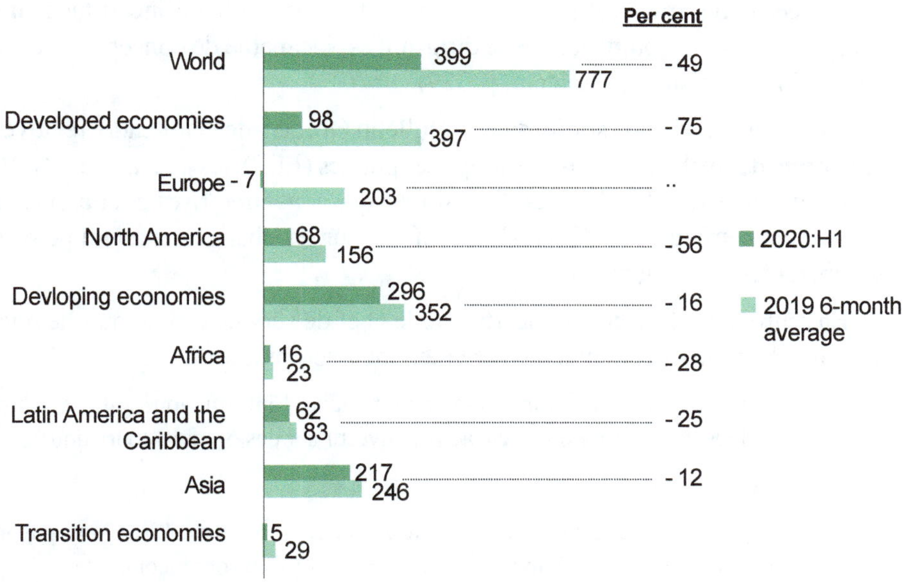

Source : Rapport CNUCED (2020)

2.2.1.2 Les formes d'incertitude

Pour le chef de service, la première incertitude, pesant sur l'avenir de la SMIT dans ce contexte de crise, relève plus de l'imprévisibilité (i.e. la deuxième composante du sigle VUCA) et du manque de visibilité pour pouvoir anticiper la configuration qui va être finalement adoptée par l'État, suscitant ainsi des interrogations sur l'avenir des activités en cours, sur l'emploi parmi le personnel ou sur d'éventuelles fusions.

> ... tout dépend de la conjoncture en temps de crise et des perspectives incertaines dans la gestion des parts de l'État dans les entreprises publiques.
>
> (Chef de service_SMIT)

Cette inquiétude d'un ajustement structurel dont parle le répondant fait référence à ce que Rizzo (2020) nomme l'imprédictible ou l'imprévisible structurel, qui suppose que "les acteurs ont conscience de la part d'imprévu qui existe en situation de crise et que certains évènements peuvent se produire sans que l'on puisse les anticiper. L'incertitude structurelle ne fait pas référence à un déficit de connaissance, mais plutôt à des éléments non probabilisables, mais objectifs tels que l'aborde J.-P. Dupuy à propos des systèmes complexes chaotiques. L'absence de préparation à ce type d'incertitude amène fréquemment les acteurs en remettre en cause la capacité et la compétence des décideurs à faire face à la crise." (ibidem, p. 7). Déjà des années auparavant et dans la même ligné, Close (1976) a soutenu que l'incertitude structurelle correspond à "un type particulier d'incertitude : une situation tellement complexe que le dirigeant est incapable de conceptualiser les probabilités de résultats" (ibidem, p. 339).

Ainsi, en attendant la sortie, dans le Bulletin Officiel, de la loi-cadre relative à la réforme des établissements et entreprises publics (EEP), les acteurs de la SMIT n'ont aucune visibilité ni sur les dispositions qui vont être prises pour assurer la relance économique post-Covid-19, ni même sur les changements qui peuvent se répercuter sur l'organisme.

En outre, pour la seconde incertitude, le chef de service estime qu'elle revêt la forme du premier et deuxième paramètre de l'acronyme VUCA.

> ... je pense plus à la variabilité et au manque d'informations, que ça soit en termes d'ouverture ou de capacité à investir sur des produits touristiques.
>
> Par exemple :
>
> L'investissement touristique du mois 6 et celui du mois 12 ne sont pas les mêmes et en plus même les informations du mois 6 sont incomplètes.
>
> (Chef de service_SMIT)

Comme ça été déjà cité plus haut[78], la CNUCED[79] avait mis en évidence, un effondrement de près de la moitié des investissements directs étrangers (-49 %), en avertissant, toutefois, que les perspectives pour l'année à venir demeurent très incertaines et que la reprise dépendra essentiellement de l'ampleur et la durée de la crise, du climat géopolitique ainsi que de l'efficacité des mesures et des plans de relance mis en place par les gouvernements à l'échelle mondiale. Dans un contexte très morose marqué par le changement continuel, les acteurs de service de BI

78. Dans la section précédente 2.2.1.1.

79. Dans son dernier rapport de l'année 2020.

auront du mal à prévoir les tendances des investisseurs engagés dans le secteur du tourisme, ni même l'évolution des flux d'IDE entrants dans le Royaume.

En somme, la crainte majeure pour le service est que les mesures (de lockdown) prises par les pouvoirs publics et le risque d'une récession mondiale inédite qui se profile dans l'horizon, donnent lieu à une forte volatilité des flux des capitaux étrangers, mais surtout à une migration des investisseurs (voire un boycott) vers d'autres zones jugées plus sûres.

2.2.1.3 L'imbrication des incertitudes

Sur le plan contextuel, le chef de service n'a soulevé aucune forme d'imbrication entre les deux incertitudes (figure ci-dessous), néanmoins, il a réitéré l'importance qu'elles revêtent pour tous les membres de l'équipe.

> ... je ne vois pas d'incidence entre les deux, mais on leur accorde de plus en plus d'attention au sein de la SMIT, particulièrement dans le contexte actuel.
>
> (Chef de service_SMIT)

L'absence d'imbrication des incertitudes sur le plan contextuel dans le processus de Business Intelligence de la SMIT

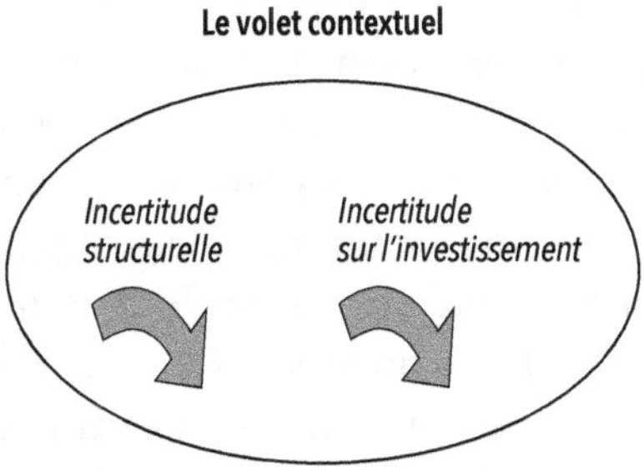

Source : Élaboration propre

2.2.2 Sur le plan technico-organisationnel

La première incertitude retenue, pour ce deuxième volet d'analyse, est inhérente aux échanges des informations entre les acteurs de service de BI et les fournisseurs de données. Le chef de service a mis en évidence un réel souci d'accès aux données à travers le réseau informationnel de l'entreprise.

> Sur le plan technique, on trouve quelquefois des difficultés pour accéder à certaines données recherchées par notre service. Le rapport Client/fournisseur de la Data est une vraie source d'incertitude pour nous.

> C'est pourquoi, parfois, on est obligé de mettre en place des conventions d'échange de données (sorte de contractualisation des échanges) pour surpasser ce problème.
>
> (Chef de service_SMIT)

Notons en préambule que la BI de la SMIT est un ensemble d'outils et de méthodes dont la vocation principale est de soutenir la prise de décisions avisées, en s'appuyant pour ce faire sur de l'information fiable et pertinente. La qualité de l'information constitue, ainsi, la clé de voûte de tout système informationnel d'aide à la décision (Bontems et Goulin, 2013). La non-qualité des informations représente dans le contexte de crise "un coût important, tant humain que financier. Les enjeux à la fois scientifiques, économiques, sociétaux et environnementaux font que les établissements doivent être en mesure aujourd'hui de contrôler la qualité de leurs données" (ibidem, p. 8). La définition des critères de qualité à privilégier doit se faire sur la base des besoins de l'utilisateur (Gondran, 2001).

C'est dans cette perspective que le chef de service a mis tout l'accent sur le processus de transmission des données (source d'incertitude pour l'équipe) et tout particulièrement sur le producteur de celles-ci (i.e. l'émetteur dans la terminologie de Reix (2004)). Un focus en amont (à la source) permettra, selon l'interviewé, d'atténuer ce souci de rétention ou, autrement dit, ce degré d'incertitude relative à la source d'information. C'est pourquoi, le producteur est tenu, quant à lui, à procéder "à une création d'un message, extrait, déconnecté de sa base de connaissances, mis en forme de façon appropriée au média utilisé pour la communication et adapté aux capacités d'assimilation qu'il prête aux destinataires potentiels de l'information ; l'émetteur doit donc se faire une représentation du processus de communication à venir, entachée d'incertitude" (Marie de Besses, 1999, p. 262). De fait, la satisfaction du chef du service dépendra donc de la qualité (voir tableau ci-dessous), à la fois, des données reçues (message) et du producteur de celles-ci (la source).

Les critères de qualité de l'information

Source	Message		Récepteur
Identification de l'auteur et son institution Fiabilité et crédibilité de la source Objectivité Validité	Lisibilité / Intelligibilité Aspects financiers Stabilité Indication d'une date de "péremption"	Originalité Exactitude<=>Réalisme Complétude<=>Interprétation Cohérence<=>dialectique	Opportunité<=>projection Ciblage<=>égalité vis-à-vis de l'information Accessibilité

Source : (Gondran, 2001, p. 47)

D'abord, selon Gondran (2001), les critères de qualité de la source, qui doivent être identifiés par l'utilisateur, portent essentiellement sur :

- L'identification du nom de l'auteur de l'information ainsi que les qualifications et les références de l'organisme (source de l'information).
- L'appréciation du degré de confiance susceptible d'être attribué à tout ou une partie de l'information diffusée. Elle permet de s'assurer de la fiabilité ou de la crédibilité de la source.
- L'appréciation de l'objectivité de la source en référant. L'indépendance de cette dernière assure que les idées des auteurs ne sont pas influencées par des finalités commerciales ou bien politiques.
- L'assurance régulière de la mise à jour et de la validité de l'information.

Concernant le message transmis, d'après le même auteur, les critères de qualité se situent à deux niveaux (la forme et le contenu) :

- La forme peut être appréciée au regard de plusieurs éléments, à savoir :
    - L'intelligibilité de l'information (compréhensible et lisible) ;
    - Le renseignement des aspects financiers (coût d'accès et de diffusion) ;
    - La stabilité temporaire de l'information (disponibilité et facilité d'accès) ;
    - L'annonce de la "date de péremption" (limite de validité) de manière claire et précise, mais avec l'assurance régulière de la validité et de la mise à jour.
- Le contenu fait référence à l'ensemble des attributs intrinsèques de l'information, à savoir :

- L'originalité (ou critère d'unicité) ;
- L'exactitude (la véracité de l'information, le reflet de la réalité) ;
- Le réalisme (l'aptitude à représenter la complexité d'un phénomène) ;
- Le degré de complétude (pas de valeurs manquantes, l'exhaustivité de l'information) ;
- L'interprétation (la marge de liberté que peut avoir le récepteur) ;
- La cohérence des données (leur compatibilité avec d'autres données dans un ensemble de données) ;
- La dialectique des données (l'incompatibilité sémantique avec d'autres données dans un ensemble de données).

En somme, devant une myriade d'attributs de qualité qui constituent autant de sources possibles d'incertitude pour le service de BI, le chef de service s'engage par nécessité à signer, occasionnellement, quelques conventions d'échange de données avec des fournisseurs de celles-ci. Le but est d'assurer la continuité, la transparence et la stabilité dans le transit de l'information.

Dans la suite de l'entrevue, l'interviewé a soulevé une seconde incertitude qui mérite également d'être prise en compte sur le plan technique.

> ...Je tiens aussi à mettre en avant un deuxième facteur technique source de souci et d'inquiétude pour notre service, je parle du mécanisme de conditionnement de l'information.
>
> La question porte sur la protection et la préservation de la qualité, ou si je peux me permettre, la "santé" de l'information déjà traitée et sauvegardée pour éviter tout risque de manipulation ou modification.
>
> Notre objectif est d'être à cheval sur la conformité des outils qui conditionnent les données collectées.
>
> (Chef de service_SMIT)

Ce qui interpelle en particulier, dans le discours du chef de service, est que le maître mot tourne autour de la "qualité" sur laquelle s'appuie le système de Business Intelligence de la SMIT. En fait, la question de la qualité de l'information a suscité, depuis plusieurs années, un réel engouement de la part des chercheurs (Strong et coll., 1997) et s'avère être une valeur capitale pour la performance des entreprises (DeLone et McLean, 1992 ; Gable et coll., 2003). D'ailleurs, elle confère, à l'égard des décideurs, un gage et un signe fort de crédibilité, de performance et de professionnalisme de tout système d'aide à la décision.

Néanmoins, l'information demeure, avant tout, un produit qui est caractérisé par un cycle de vie, passant par la création jusqu'à la transmission, et qui risque, avec le temps, de perdre de la valeur. Elle tend, de fait, à devenir un passif complexe plutôt qu'un actif immatériel constituant l'essentiel du patrimoine de l'organisation ou de l'entreprise, ce qui serait complètement contre-productif pour un système qui se veut soutenir la prise de décision.

À cet égard, le développement du capital informationnel impose la définition d'une politique et d'une stratégie de gouvernance de l'information en mettant en relief l'ensemble de processus, de moyens technologiques, humains et organisationnels de l'entreprise (Forster et coll., 2018). La gouvernance de l'information est une discipline qui s'intéresse essentiellement à la valorisation du patrimoine informationnel tout en contribuant à la minimisation des risques (problème de traçabilité, accessibilité, déformation, perte ou vol d'information) et des coûts que peuvent occasionner les technologies et les activités en place (Ballard et coll., 2014). Pour le décideur, elle est la garantie qu'à tout moment, les informations stockées sont traitées et exploitées de manière optimale (efficacité et efficience) et que la fiabilité, la validité et la pertinence de celles-ci inspirent encore de la confiance. La réussite d'une telle approche est, toutefois, tributaire d'un engagement collectif de l'ensemble des acteurs impliqués dans la gouvernance (Kooiman, 2002) et d'une culture d'information commune (Choo, 2013 ; Oliver et Foscarini, 2014).

C'est dans cette perspective que le chef de service préconise d'aller au-delà d'une gouvernance de Business Intelligence[80] et de mettre en avant une gouvernance de l'information de manière globale.

Par ailleurs, au cours de mon entretien avec le veilleur de BI, une troisième incertitude d'ordre technique a été mise en avant portant sur le monde d'internet et l'utilisation des moteurs de recherches, tout particulièrement "Google" le géant du web et la plateforme numérique par excellence.

> Je commence tout d'abord par la première qui est beaucoup plus opérationnelle et qui se manifeste lors de l'utilisation d'internet.
>
> On trouve pas mal de difficultés à trouver les informations recherchées par le service.
>
> (Veilleur_SMIT)

80. La gouvernance d'un système d'information (SI) est un concept faisant partie de la gouvernance d'entreprise (plus générale) et relevant du devoir des dirigeants. Elle a essentiellement pour finalité d'assurer l'alignement des systèmes d'information sur les objectifs métiers à travers l'introduction d'un cadre organisationnel et des processus de prise de décision et de pilotage des activités SI (J. Akoka et I. Comyn-Wattiau, 2019).

Ces dernières années, le monde a vu une augmentation spectaculaire de volume de données présentes sur le Net. Selon le magazine économique américain Forbes, la quantité de données produites chaque jour a atteint le chiffre époustouflant de 2,5 quintillions d'octets de données (soit 2,5 milliards de trilliards). Cette expansion rapide a été accélérée par l'essor phénoménal des plateformes numériques (les Américaines GAFAM et Chinoises BATX)[81], les milliards de smartphones et tablettes en circulation dans le monde (McKinsey Global Institute, 2011), le développement de la 5G ainsi que la démocratisation croissante des objets connectés (Statista, 2021)[82]. Selon les dernières estimations à l'échelle mondiale, le volume de données numériques créées ou répliquées "a été multiplié par plus de trente au cours de la dernière décennie, passant de 2 zettaoctets[83] en 2010 à 64 zettaoctets l'année dernière. Mais cette quantité apparaît peu élevée en comparaison avec ce qui est attendu dans les prochaines années. Comme le révèlent les prévisions, le volume de données générées dans le monde devrait dépasser 180 zettaoctets à l'horizon 2025, soit une croissance annuelle moyenne de près de 40 % sur cinq ans"[84]. Pour Google, le moteur de recherche le plus utilisé dans le monde, les serveurs de la plateforme stockent plus de 110 millions de gigaoctets[85] de données (Coëffé, 2021)[86].

En outre, cette avalanche de données a dépassé la capacité des entreprises à pouvoir les traiter et analyser en temps réel étant donné que "la majorité des données de l'univers numérique ne sont pas structurées (85 % des données, contre 15 % de données structurées) et qu'elles sont en majorité constituées de bruit"[87]. De fait, dans l'ère de la surinformation, l'infobésité et de Big Data où la lutte est universelle, l'enjeu est de taille et implique de nouvelles approches et de nouveaux procédés techniques susceptibles d'extraire des informations exploitables et à valeur ajoutée pour le processus de prise de décision.

---

81. L'acronyme GAFAM pour Google, Apple, Facebook, Amazon et Microsoft et celui BATX pour Baidu, Alibaba, Tencent et Xiaomi.

82. Statista (2021) "*Amount of data created, consumed, and stored 2010-2025*" publié le 08 septembre 2022 et consultable au lien suivant : https://www.statista.com/statistics/871513/worldwide-data-created/

83. Un zettaoctet est l'équivalent d'un milliard de trillions d'octets (i.e. le nombre d'octets contenu dans une donnée).

84. Statista (2021) "*Le Big Bang du Big Data*" article publié le 19 octobre 2021 et consultable au lien suivant :
https://fr.statista.com/infographie/17800/big-data-evolution-volume-donnees-numeriques-genere-dans-le-monde/

85. Un gigaoctet correspond à un milliard d'octets.

86. Coëffé T. (2021), "*Chiffres réseaux sociaux - 2021*", article publié le 04 août 2021 et consultable au lien suivant : https://www.blogdumoderateur.com/chiffres-reseaux-sociaux/

87. "*Tendances technologiques - Mégadonnées*" (2019), article publié par GCcollab, plateforme de collaboration professionnelle canadienne.

C'est d'ailleurs, dans ce contexte très imposant, que l'accès à la bonne information devient très difficile et source d'incertitude.

D'autre part, dans la suite de l'entrevue, le veilleur a fait valoir une dernière incertitude d'ordre, cette fois-ci, technico-organisationnelle et relative aux exigences de la tutelle.

> ... toujours au niveau opérationnel et source d'incertitude supplémentaire,
>
> Chaque trimestre, on procède, à des recherches pour collecter des statistiques auprès des délégués du tourisme régionaux. Les informations qu'on récupère, sous forme de drafts, sont porteuses d'incertitude. On est contraint de les traiter en attendant leur validation par le Ministère du Tourisme.
>
> (Veilleur_SMIT)

Le point d'incertitude, qui s'illustre dans les propos du répondant et qui conditionne certaines de ses activités de veille en raison du contrôle d'approbation mené par le Ministère de tutelle, ne se limite pas seulement à la SMIT.

Au Maroc, les entreprises publiques[88] (EP) sont des personnes morales dotées d'autonomie administrative et financière, mais soumise à plusieurs types de contrôles dont celui de la tutelle technique qui est exercée par le département ministériel de rattachement et qui peut se traduire soit par un contrôle d'intervention, de réglementation ou bien d'approbation préalable de certains actes ou de prises de certaines décisions (Ouashil et Ouhadi, 2017). Néanmoins, dans la pratique, elles sont au cœur d'un dilemme qui oppose autonomie et contrôle (Alami et Boussetta, 2018).

D'après la synthèse du dernier rapport de la Cour des comptes sur l'ancrage stratégique et la gouvernance des entreprises et établissements publics (EEP), deux anomalies majeures ont été décelées quant à la tutelle technique[89]:

- Premièrement, les liens reliant les ministères et les EEP sont relativement distants. Livrés à eux-mêmes, ces derniers sont amenés "à faire des arbitrages relevant en principe des compétences de l'État. Dans ces circonstances, la tutelle technique paraît fonctionner plutôt en réaction qu'en anticipation. Elle ne se manifeste qu'au moment de la préparation des conseils d'administration dont les résolutions sont généralement prises dans l'urgence".

88. La SMIT en fait partie, c'est une entreprise publique placée sous la tutelle technique du Ministère du Tourisme (Réf. le rapport de contrôle de la gestion de la Société Marocaine d'Ingénierie Touristique (SMIT) effectué en 2017 par la Cour des comptes).

89. Rapport de la Cour des comptes, 2016, "*le secteur des établissements et entreprises publics au Maroc : Ancrage stratégique et Gouvernance*".

- Deuxièmement, la logique de contractualisation entre l'État et les EEP se réduisent à des rapports entre celles qui sont concernées et le ministère de l'Économie et des Finances (DEPP). En revanche, les ministères de tutelle technique semblent être "moins impliqués dans le processus de négociation, même si ces derniers doivent, en principe, être en première ligne, du fait qu'ils sont responsables de la conception des stratégies sectorielles et du suivi de leur mise en œuvre".

Dans ce cadre, il apparait que pour remédier à cette situation problématique et pour éviter la tension entre l'autonomie et le contrôle, la contractualisation s'avère être "la solution optimale permettant de protéger les intérêts des deux parties" (Alami et Boussetta, 2018, p. 8). C'est d'ailleurs dans cette même perspective que le rapport de la Cour des comptes a donné lieu à certaines recommandations, notamment[90] :

- La tutelle technique devrait être dispensée de "l'approbation ou du visa préalable de tout acte qui entre dans le cadre des prérogatives légales et statutaires du conseil d'administration ou de la direction générale".
- Pour la tutelle technique, la contractualisation entre l'État et l'EEP devrait être perçue comme l'instrument approprié "permettant d'une part d'assurer la cohérence entre la politique économique de l'État et les plans d'action des EEP et d'autre part, de sauvegarder l'autonomie de ces derniers".

Ainsi, sans allégement du contrôle de la tutelle technique via des solutions d'envergure telles que les contrats-programmes, l'incertitude aura tendance à persister et à prendre de l'ampleur.

2.2.2.1 Les niveaux d'incertitude

Pour le premier souci d'ordre technique portant sur les sources d'informations et le rapport (client/fournisseur), le chef de service estime qu'en dehors des conventions, le niveau d'incertitude peut être assez élevé (N3).

> Dans le cadre de la Data, il y a des strates de recherche.
> En cas d'informations incomplètes de la part de nos fournisseurs locaux (même avec des conventions), des fois, pour compléter ce manque, on recourt à des moteurs de recherche spécialisés et très puissants pour filtrer les informations trouvées sur Net et dégager des données plus au moins nettes (pour ne pas dire brutes), Mais, parfois, même les informations issues de ces outils ne sont pas satisfaisantes et ne répondent pas vraiment à nos besoins en termes de recherche.
>
> (Chef de service_SMIT)

90. Rapport de la Cour des comptes, 2016, "*le secteur des établissements et entreprises publics au Maroc : Ancrage stratégique et Gouvernance*".

Cette situation de forte incertitude liée à l'information incomplète peut faire allusion à un phénomène bien connu en science d'économie, celui de l'asymétrie d'information (Stiglitz et Weiss, 1981, 1983 ; Greenwald et coll , 1984). Cette théorie, formulée pour la première fois par Akerlof (1970), prévoit qu'en cas de transaction entre deux acteurs, l'un ou deux se voit disposer d'informations pertinentes plus que l'autre. Elle constitue, dans ce cadre, une source d'incertitude pour celui qui se retrouve en manque d'informations.

Néanmoins, dans le cas de la SMIT, le déficit informationnel ne peut être attribuable à un acte volontaire de rétention de l'information en vue de préserver ou élargir son champ de pouvoir (Accetto et coll., 1990 ; Van Delft et Lotterie, 1993), mais il est beaucoup plus lié au contexte inédit dans lequel évolue le secteur du tourisme. Rappelons que la SMIT endosse deux rôles majeurs, celui d'assurer la promotion du produit touristique marocain, puis celui de l'accompagnement des investisseurs privés et publics. Et, quelle que soit l'une ou l'autre de ces deux missions, la pandémie a "précipité l'économie du tourisme dans une crise sans précédent, sous l'effet du choc brutal et immense qu'elle a provoqué pour ce secteur" (OCDE, 2020)[91]. Toutes les activités liées au secteur se retrouvent, ainsi, face à un avenir très incertain. De même, les perspectives de l'investissement étranger sont difficiles à prévoir et restent très dépendantes "de la durée de la crise sanitaire et de l'efficacité des interventions politiques visant à atténuer les effets économiques de la pandémie"[92].

Avec un tel contexte, l'accès à l'information complète, précise et de qualité n'est pas du tout une mince affaire.

> ... parfois, même avec des conventions avec nos fournisseurs locaux, pour boucler une étude de veille, un "ingrédient" dans la Data est plus difficilement identifiable.
>
> (Chef de service_SMIT)

---

91. L'Organisation de coopération et de développement économiques - OCDE (2020), "*Les actions engagées dans le domaine du tourisme face au coronavirus (COVID-19)*", rapport publié le 02 juin et consultable au lien suivant : https://read.oecd-ilibrary.org/view/?ref=134_134884-bnynpm0tjl&title=LES-ACTIONS-ENGAGEES-DANS-LE-DOMAINE-DU-TOURISME-FACE-AU-CORONAVIRUS-COVID-19

92. Latribune (2020), "*Covid-19 : les investissements directs à l'étranger (IDE) chutent partout dans le monde*", article publié le 27 octobre et consultable au lien suivant : https://www.latribune.fr/economie/international/covid-19-chute-des-investissements-directs-a-l-etranger-ide-partout-dans-le-monde-860802.html

Bien que tous les membres du service de BI se mobilisent à cet effet, beaucoup d'efforts et de moyens entrent en ligne de compte.

Par ailleurs, pour la deuxième incertitude technique relative à la gouvernance de l'information, le niveau est plutôt moins élevé (N2), mais demeure un risque pour le service.

> ... en cas de changement au niveau du personnel, il peut avoir un risque de modification de la Data, selon les orientations de la personne en termes de stratégie.
>
> Mais avec un backup technique fiable dans le cadre d'un ERP certifié, personne n'aura le droit de toucher ou changer la Data stockée et sécurisée.
>
> (Chef de service_SMIT)

À l'ère du Big Data et du numérique, si la gouvernance de l'information n'est pas suffisamment définie, voire inexistante, l'entreprise se retrouvera dans l'incapacité d'assurer sa fiabilité et sa crédibilité à long terme. De ce faite, l'utilisation de données ou informations de mauvaise qualité risque de ralentir la prise de décision ou bien d'entraîner des jugements ou des décisions erronés.

Dans l'histoire, le monde a connu plusieurs événements frappants qui peuvent illustrer parfaitement les conséquences désastreuses des décisions bâties sur des informations incomplètes ou même inexactes.

En 1986, la navette spatiale américaine Challenger s'est désintégrée après tout juste 73 secondes de son décollage, causant la mort de sept astronautes à son bord et la perte de plusieurs centaines de millions de dollars d'équipements. La commission présidentielle chargée de l'enquête sous le commandement de William P. Rogers, a conclu dans son rapport final qu'au-delà d'un défaut de conception technique (défaillance de l'étanchéité des joints toriques), le processus de décision conduisant à l'autorisation de lancement a été fortement entaché d'irrégularités. Ceux qui ont pris cette décision n'étaient pas au courant ni de l'historique des problèmes concernant les joints toriques ; ni des recommandations écrites du concepteur desdits joints déconseillant le lancement à des températures inférieures à 53 degrés °F ; ni même des préoccupations des ingénieurs de la société Rockwell (maître d'œuvre de la navette) signalant la présence de glace sur l'aire de décollage[93]. La commission Rogers a statué que les témoignages ont révélé que "ces échecs de communication qui ont abouti à la décision de lancer le 51-L étaient basés sur des informations incomplètes

93. Rogers W. (1986), "*Report of the Presidential Commission on the Space Shuttle Accident*", United States Government Printing.

et parfois trompeuses. Un conflit entre les données d'ingénierie et les choix de gestion ainsi que la structure de management de la NASA, ont permis que les problèmes de sécurité internes au vol passent outre les décisions de personnes chargées du vol."[94].

Le 3 juillet 1988, seconde tragédie aérienne au-dessus du golfe Persique, un Airbus A300 iranien (IR655) est pulvérisé en plein vol par deux missiles tirés par un croiseur de la marine américaine, l'USS Vincennes, causant la mort de 290 victimes civiles. D'autant qu'un peu de temps auparavant, le navire a subi des harcèlements venus de plusieurs vedettes rapides iraniennes. Ainsi, compte tenu d'un climat très anxiogène dû à la guerre Iran-Irak, l'équipage de Vincennes commet l'erreur de confondre l'avion de ligne avec un chasseur iranien (F-14 Tomcat) qui a décollé au même moment. Afin de lever le doute, ils tentent de rejoindre l'Airbus sur des fréquences radio militaires, mais aucune réaction de la part des pilotes iraniens vu qu'ils n'utilisent que des fréquences civiles pour communiquer. Et puis, dans un enchainement d'erreurs d'interprétation causé par de fausses informations qui ont été fournies par des opérateurs radaristes moins formés aux nouvelles technologies embarquées sur le croiseur, le commandant du croiseur prend la décision d'ouvrir le feu.

Ainsi, tout bien considéré, il ressort de ces deux accidents tragiques que tout système d'aide à la prise de décision doit être en mesure de maintenir la qualité de l'information à un niveau optimal et constant pour rester toujours en accord avec les besoins et les attentes des décideurs. Un dysfonctionnement dans le processus ou une mauvaise gérance de l'information peuvent coûter très cher à l'entreprise et induisent à des conséquences désastreuses.

C'est pour cette fin que le chef de service mise beaucoup sur l'intégration des ERP dans la démarche de gestion de l'information. L'objectif est d'assurer en permanence l'amélioration de la qualité de l'information stockée dans le Data Warehouse en veillant minutieusement, via un contrôle optimisé, à l'élimination de toutes irrégularités ou incohérences qui peuvent surgir postérieurement et à la mise en place, en temps réel, d'éventuels ajustements.

D'autre part, pour le veilleur de BI, le niveau de la troisième incertitude relative à la recherche sur le web est assez élevé (N3).

> Par expérience, quand on utilise un moteur de recherche pour effectuer des recherches sur certains sujets tels que la concurrence en terme touristique, on a parfois du mal à trouver l'information voulue.
>
> (Veilleur_SMIT)

94. Idem

Cette incapacité à trouver la bonne information est devenue une problématique récurrente dans le monde du numérique, particulièrement dans le contexte de la crise du Covid-19.

L'environnement digital est marqué par deux faits majeurs "d'une part, par la masse extraordinaire - et inédite dans l'histoire de l'humanité - des informations disponibles et, d'autre part, par le fait que chacun peut verser sa propre représentation du monde sur ce marché devenu proliférant" (Bronner et coll., 2022, p. 18)[95]. De plus, avec 85 % de données non structurées et majoritairement tachées d'infox (fake news) ou de bruits[96], les entreprises ou les organisations trouvent des difficultés à pouvoir extraire de cette masse de données, en constante évolution, des informations exploitables et de qualité pour la prise de décision. Cette avalanche d'infos et d'intox sur le web d'aujourd'hui complique davantage le processus de traitement et d'analyse de l'information au point de retarder, de désorienter ou de paralyser la prise de décision et de perdre, ainsi, confiance dans les moyens et les techniques mobilisés.

Le paradigme qui peut également expliquer ou justifier ce niveau d'incertitude, inhérent au web actuel et cette frustration à trouver l'information souhaitée, est l'essor de l'économie numérique[97] mondiale. Le progrès technologique, marqué par la montée en puissance de l'intelligence artificielle et l'introduction des algorithmes de plus en plus puissants, ont offert l'occasion de tirer profit de cette masse considérable de données et à leur attribuer une valeur. Ces derniers s'affirment aujourd'hui comme la monnaie des activités économiques en ligne, c'est "l'or noir du XXIe siècle"[98].

Ainsi, un marché de solutions innovantes (des moteurs de recherche spécialisés, des bases de données à hautes performances, les machines learning et autres) s'est formé pour répondre à cette demande accrue en information fiable et à haute valeur ajoutée. Ces services ont certes un coût, mais ils permettent aux entreprises ou organisations de surpasser les lacunes de la recherche sur le Net

---

95. Bronner et coll. (2022), "*Les Lumières à l'ère numérique*", rapport de la commission lancée par le Président français Emmanuel Macron le 29 septembre 2021, document consultable au lien suivant : https://www.elysee.fr/admin/upload/default/0001/12/127ff0d2978ad3ebf10be0881ccf87573fc0ec11.pdf

96. "*Tendances technologiques - Mégadonnées*" (2019), article publié par GCcollab, plateforme de collaboration professionnelle canadienne.

97. D'une part, ce type d'économie fait référence à toutes les activités économiques basées sur les TIC telles que les télécommunications, l'internet, l'audiovisuel et le secteur des logiciels spécialisés, et d'autre part, elle a pris un élan très marquant avec l'avènement de la crise sanitaire et les répercussions qu'elle provoque.

98. M. Fontaine, S. Juillet et D. Froger, "*La donnée numérique : l'or noir du XXIe siècle ?*", article issu de Petites Affiches, n° 179-180, 2017, p. 90.

et renforcent le rendement des processus d'aide à la décision, en les rendant plus performants et optimisés.

En fin, pour la troisième incertitude liée à la tutelle technique, le veilleur estime que le niveau est plutôt assez faible (N1).

> ... même si on traite ces informations incertaines issues des délégués régionaux, leurs validations se feront à un instant "J" avec le Ministère du ministre.
>
> (Veilleur_SMIT)

Même si, les défaillances[99] soulevées par la Cour des comptes sur l'exercice de la tutelle technique sur les EEP n'impliquent pas un degré élevé d'incertitude pour les membres de l'équipe de BI, la question de l'autonomie de ces établissements se place au cœur des préoccupations de l'État suite au discours de Sa Majesté le Roi Mohammed VI, que Dieu L'assiste, adresse au Parlement le 09 octobre 2020.

En mai 2021, un peu de temps après mon entrevue avec les deux acteurs de la SMIT, la Commission spéciale sur le modèle de développement (CSMD), désigné en décembre 2019, a remis à Sa Majesté le rapport du Nouveau modèle de développement (NDM), dressant la ligne de conduite pour l'économie marocaine de l'après Covid-19. Parmi les axes stratégiques de transformation, l'instance a préconisé une réforme de la politique actionnariale de l'État, dont les grandes lignes ont porté notamment sur "l'autonomisation financière des Établissements et Entreprises Publics (EEP), leur gestion par la performance, la clarification de leur tutelle, et la séparation des fonctions de stratégie, d'opération et de régulation dans tous les secteurs" (NDM[100], 2021, p. 83). Et pour assurer une reconfiguration adéquate du portefeuille public et une meilleure gouvernance des EEP, la Commission a appelé à la création d'une Agence des Participations de l'État (APE). L'une des missions principales de cet organisme a porté sur la double tutelle technique et financière des EEP qui a été, d'ailleurs, source de divergence dans les orientations. Il a été recommandé, alors, "que les départements sectoriels se focalisent sur la définition des politiques publiques qui doivent dans leur dimension opérationnelle être contractualisées avec les EEP. L'APE serait alors dans une démarche de restructuration des EEP, de valorisation de leurs actifs et de performance" (ibidem, p. 84).

---

99. Rapport de la Cour des comptes, 2016, "*le secteur des établissements et entreprises publics au Maroc : Ancrage stratégique et Gouvernance*".

100. NDM (2021), "*Le Nouveau modèle de développement. Libérer les énergies et restaurer la confiance pour accélérer la marche vers le progrès et la prospérité pour tous*", Rapport Général de la Commission spéciale sur le modèle de développement - CSMD. Le document est consultable au lien suivant : https://www.csmd.ma/documents/Rapport_General.pdf

2.2.2.2 Les formes d'incertitude

La première incertitude technique revêt la forme du second paramètre de l'acronyme VUCA. Elle renvoie plus à l'imprévisibilité et l'incomplétude dans la collecte de l'information auprès des fournisseurs locaux.

> C'est plus la deuxième. Comme j'ai dit, au niveau du rapport client et fournisseur, les informations collectées sont parfois incomplètes.
>
> Le réseau de transit de l'information souffre d'un degré de réticence d'accès.
>
> (Chef de service_SMIT)

Cette incapacité de tout savoir et de formuler des prévisions sur certains sujets, pour manque d'information de la part des fournisseurs, est susceptible de compromettre les études de veille, de retarder le processus de prise de décision, de désorienter le décideur ou même d'imposer des décisions négatives. De plus, les informations incomplètes contribuent, également, à alimenter l'incertitude quant à leur fiabilité et, par la même, à la crédibilité de la source.

Le constat est que la crise profonde et exceptionnelle que connaît le secteur du tourisme suite à la pandémie, demeure incontestablement la source du lot anxiogène d'incertitudes auquel font face les acteurs et les opérateurs touristiques. D'ailleurs, en évoquant le problème de "réticence d'accès à l'information" manifesté dans le réseau informationnel de la SMIT, la question de la culture de l'information se pose, dès lors, avec plus d'acuité comme un second facteur à prendre en considération.

La culture de l'information est une expression propre à la société de l'information[101] (Baltz, 1998) faisant allusion à "un système de valeurs, d'attitudes et de comportements, de connaissances et d'aptitudes qui conduisent non seulement à un usage intelligent et approprié de l'information externe, mais surtout à contribuer à la diffusion et à la bonne utilisation de l'information tant externe qu'interne (ou produite/reconfigurée par soi-même)" (Menou, 2008, p. 167). Succinctement, il s'agit d'une démarche volontariste sollicitant une culture au sens d'action (Chante, 2010 ; Lehmans, 2017) où, avant tout, il est question de culture de partage et d'enrichissement collectif (Menou, 2008).

Dans la pratique, l'aboutissement à la culture de l'information passe par trois phases, impliquant trois compétences (Juanals, 2003) :

101. La thèse défendue par Claude Baltz est qu'on ne pourrait envisager une "société d'information sans culture informationnelle" (Baltz, 1998, p. 77).

- Tout d'abord, par la maîtrise de l'accès à l'information qui implique une formation technique et méthodologique, notamment les techniques d'accès, d'évaluation, de tri et d'exploitation de l'information ;
- Ensuite, par la culture de l'accès à l'information qui suppose la capacité d'utilisation autonome, critique et créative de l'information (conduisant à la production de savoirs) ;
- Et enfin, par la culture de l'information qui aspire à un niveau de culture générale et une prise en compte des dimensions sociales et éthiques.

Autant d'impératifs qui témoignent de la complexité de la démarche, mais qui interpellent surtout sur ce qu'il en est du Maroc, tout particulièrement du secteur public. Existe-t-il une culture de l'information dans les administrations publiques, les collectivités territoriales, les institutions et les entreprises publiques ? Sont-elles susceptibles de se l'approprier ?.

Bien que je ne dispose pas d'éléments de réponses à ces questions, faute de disponibilité de statistiques ou d'études sur le sujet, le fait d'être inséré dans une communauté de culture collaborative de l'information permet de partager avec les autres et de participer à la construction de connaissances, ce qui concourt, in fine, à la réduction de l'incertitude et de l'asymétrie de l'information (Viviani et Vo, 2016).

Par ailleurs, la deuxième incertitude technique, liée à la gouvernance de l'information, se présente également sous l'angle du deuxième élément du phénomène VUCA, c.-à-d. le fait d'éprouver des difficultés à prévoir l'évolution de la fiabilité de l'information collectée.

> ...c'est pareil la seconde,
>
> Comme j'ai déjà fait savoir, le conditionnement de l'information (traitée et sauvegardée) et la préservation de sa fiabilité sont source d'incertitude pour le service.
>
> D'où l'importance des progiciels de gestion intégrés.
>
> (Chef de service_SMIT)

L'un des rôles majeurs de la SMIT est de mettre à disposition des investisseurs publics et privés tous les éléments nécessaires pour influencer leurs décisions d'investir dans le secteur du tourisme au Royaume. Une masse importante de données et d'informations est, alors, collectée et mise à jour périodiquement pour promouvoir le produit touristique marocain. Toute cette data traitée et sauvegardée possède une valeur qu'il se doit de protéger et préserver.

L'information est, certes, un actif stratégique qui doit être valorisé, mais, a contrario, elle est susceptible également de générer un coût. Elle peut être perçue comme "une source de menaces fortes pour toute organisation : fuite d'information, perte d'information, impossibilité de contrôler ou de restreindre ce qui se fait sur l'information, réputation, non-respect de la réglementation, présence d'information préjudiciable, information erronée, non-traçabilité, etc." (Perrein, 2012, cité par Castelo et Bolliger, 2018, p. 7). Sans une bonne gouvernance de patrimoine informationnel, "l'immatériel a un effet d'incertitude"[102].

Ainsi, si les informations perdent de leur fiabilité et pertinence, les acteurs du service BI auront du mal à prévoir les actions qu'ils prendront à l'avenir pour atteindre leurs objectifs.

> ... sans une Data de qualité et fiable, comment peut-on capter l'attention de l'investisseur et vendre l'attractivité de nos produits touristiques ?
>
> (Chef de service_SMIT)

De fait, une information de haute qualité et précise permet d'atténuer l'asymétrie d'information entre les acteurs de la SMIT et les investisseurs potentiels. Plus confiants, ces derniers peuvent, ainsi, percevoir au mieux tout le potentiel du produit touristique qui s'offre à eux et se forger une opinion plus juste sur sa valeur.

En guise d'illustration, l'affaire d'Enron, l'un des plus grands scandales financiers de l'histoire des États-Unis, vient parfaitement démontrer tout l'enjeu que peuvent avoir la fiabilité des informations comptables et financières sur la confiance des investisseurs.

Fondée en 1985, Enron est une société américaine opérante principalement dans le secteur de l'énergie (électricité et gaz), en plus d'autres activités annexes telles que les réseaux des télécommunications à haut débit, la gestion de l'eau et la pâte à papier. À la fin de l'année 2001, en seulement quelques semaines, le géant américain fait faillite et dépose le bilan pour faute de liquidité, entraînant en conséquence des pertes sociales importantes (27000 personnes licenciées et 45000 actionnaires sans leurs économies). Les enquêtes menées par les institutions publiques ont découvert un stratagème de fraude et de manipulation comptable à grande échelle, impliquant le cabinet d'audit Arthur Andersen pour complicité et destruction de preuves. En fait, pour augmenter sa valeur boursière, Enron "gonflait artificiellement ses profits tout en masquant ses déficits en utilisant une multitude de sociétés écrans et en falsifiant ses comptes"[103].

---

102. Cahier n° 30 (2016), "*le pilotage et la valorisation de l'entreprise par les actifs immatériels*", publié par l'Académie des Sciences et Techniques Comptables et Financières (ASTCF) de Paris, France.
103. A. Fernandez, "*L'affaire Enron*", sur Gouvernance Entreprise, piloter.org (consulté le 15 décembre 2021)

À la suite du scandale, la loi Sarbanes-Oxley fut adoptée en 2002 dans le but de restaurer la confiance des investisseurs et actionnaires, et tout en garantissant une meilleure transparence des comptes et une gouvernance rigoureuse des informations financières.

Les principales dispositions de cette loi portent sur (Madhar, 2016, pp. 48-49) :

- La responsabilisation des dirigeants en cas d'irrégularités volontaires au niveau des comptes, allant jusqu'à vingt ans d'emprisonnement ;
- La fiabilité de l'information financière est assurée via l'autorité de régulation de la Securities and Exchange Commission (SEC) ;
- L'obligation d'instaurer un comité d'audit indépendant ;
- La création du Public Company Accounting Oversight Board (PCAOB), société américaine relevant de la SEC et dont le rôle est de superviser les cabinets d'audit, de conduire des enquêtes, d'élaborer des normes et de sanctionner toutes personnes physiques ou morales transgressant les règles.

En somme, cette affaire et bien d'autres[104] ont dévoilé l'importance et les enjeux que peut soulever la fiabilité de l'information.

Par ailleurs, pour le veilleur de service de BI, la troisième incertitude technique relative à la recherche sur internet revêt la forme de la deuxième et la quatrième composante du phénomène VUCA.

> En utilisant internet, en l'occurrence Google. Là je peux vous dire que l'information est très incertaine, très imprévisible. On ne sait pas si elle est fiable ou pas.
>
> Sur le Net, c'est difficile de trouver facilement l'information recherchée.
>
> En tout cas, selon les situations, ça peut être parfois de l'imprévisibilité ou de l'ambigüité.
>
> (Veilleur_SMIT)

En ce temps de crise inédite dans lequel le secteur du tourisme est le plus impacté, le veilleur s'épuise à chercher en vin et se heurte souvent au paradoxe lié à l'importance d'acquisition d'informations pertinentes pour la prise de décisions. Selon l'Organisation de Coopération et de Développement Economique, "les perspectives du secteur du tourisme sont mitigées à court terme, sous l'effet notamment de l'incertitude économique et des chocs externes (alertes sanitaires,

104. À l'instar d'Enron, d'autres scandales financiers ont été commis aux États-Unis à cause de la fiabilité de l'information comptable et financière délivrée (ex. Worldcom, Maxwell, Adelphia et Tyco) et idem en Europe (ex. Vivendi Universal, Alsthom, Parmalat, Ahold, et le Crédit Lyonnais).

phénomènes météorologiques extrêmes)"[105]. Tout l'écosystème de la chaine de valeur et productive du secteur se trouve, ainsi, confronté à un avenir très imprévisible. Un contexte qui complique fortement le processus de veille, et en particulier la recherche d'information. De plus, le recours à internet et à des moteurs de recherche comme Google semble ne pas apporter beaucoup de solutions, vu la quantité massive de données qui circulent et qui sont, aujourd'hui, généralement non structurées, volatiles, parfois même contradictoires ou non valides.

Néanmoins, pour aller plus loin dans l'interprétation et pour mieux appréhender cette situation d'incertitude et d'ambigüité ainsi que ce sentiment de frustration de ne pas arriver à certains résultats escomptés, il convient de présenter l'opération de recherche d'information[106] sur le web. Pour ce faire, j'emprunte le modèle d'analyse de Simmonot (2002) (figure ci-dessous).

Les principales étapes d'un processus de recherche d'information

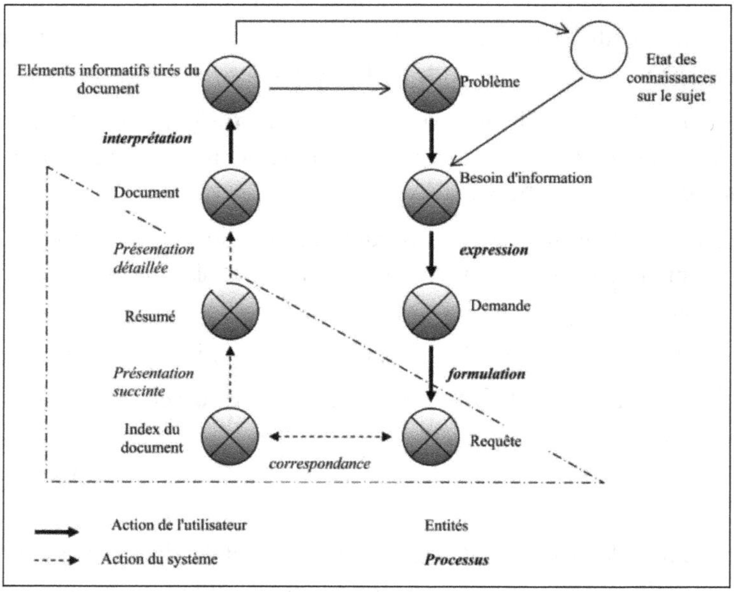

Source : Simmonot (2002, p. 3)

105. Organisation de coopération et de développement économiques (OCDE, 2020), "*Tendances et politiques du tourisme de l'OCDE 2020*", OECD Publishing, p. 3.

106. La recherche d'information est une activité complexe qui naît de "l'existence dans un contexte donné, d'un problème à résoudre, d'un objectif à atteindre et le constat d'un état de connaissance insuffisante ou inadéquate, donc d'un manque de connaissances qui génère un besoin d'information" (Y-F le Coadic, 2007, p. 18) ; et qui combine par la suite "l'identification et la localisation des sources d'information, l'accès matériel et intellectuel à ces sources et leur interrogation" (J-P Metzger, 2006, p. 3).

De ce schéma, deux entités ou plutôt deux boites noires distincts qui se combinent au sein du processus de recherche d'information.

La première est centrée sur l'utilisateur (i.e. le chercheur) et suit le cheminement suivant : l'identification du problème à résoudre, la définition du besoin d'information qui émerge du problème, l'expression du besoin (l'expression de la demande), et enfin la formulation de la requête en un format intelligible pour l'outil de recherche. La seconde boite concerne le système (l'outil informatique utilisé) et respecte l'ordre suivant : l'indexation des contenus des documents, la représentation de ces documents à l'utilisateur sous la forme de résumés suivant sa requête, la présentation détaillée des documents censés détenir des informations ou des connaissances utiles au chercheur.

Dans ce processus de recherche informationnel entre la machine et l'humain, des altérations ou des déviations mentales dans le traitement de l'information, appelées *biais cognitifs*, peuvent se manifester. Bien qu'il existe plus de 250 biais cognitifs[107] référencés, je me limite à trois biais[108] situés en aval du processus :

- *La rigidité cognitive* : elle se traduit par la tendance à persévérer et à résister à l'acquisition d'un nouveau modèle de comportement en s'accrochant à des styles de performance antérieurs même s'ils se révelent inadaptés (Schaie et Parham, 1975, cité par Ferrari et Mautz, 1997). Dans le cas d'une recherche sur internet, l'utilisateur, confronté à une surabondance d'information, a tendance à se concentrer sur les premières pages ou juste les premières réponses jugées suffisantes pour construire une représentation dominante qui tend à résoudre son problème, c'est "l'effet d'ordre" (Amato et Boutin, 2013, p. 2).
- *La dissonance cognitive* : elle fait référence à "l'existence simultanée d'éléments de connaissance qui, d'une manière ou d'un autre, ne s'accordent pas (dissonance) entraîne de la part de l'individu un effort pour les faire, d'une façon ou d'une autre, mieux s'accorder (réduction de la dissonance)" (Festinger et Aronson, 1965, p. 13). Pour Fischer (1996), elle correspond à "un état de tension intérieure résultant d'une coexistence discordante entre des idées ou des opinions

107. Classés selon six catégories : des biais sensori-moteurs (des illusions relatives aux sens et à la motricité), des biais attentionnels (problèmes de concentration), des biais mnésiques (problèmes de mémoire), Biais de jugements (altération de la capacité de jugement objectif), des biais de raisonnement (distorsions ou paradoxes dans le raisonnement), et enfin des biais liés à la personnalité (en rapport avec le social, le langage, la culture, etc.) (D. Kahneman, 2011, p. 560, citée par V. Barege, 2018, p. 32).

108. C'est les plus cités en sciences cognitives.

acquises antérieurement et un ou des faits nouveaux" (ibidem, p. 68). Sur le Net, l'utilisateur aspire, en cas d'acquisition d'une nouvelle information contradictoire avec ces connaissances déjà acquises sur un sujet, à privilégier la cohérence et à s'y maintenir pour éviter toute tension mentale. Dans ce cas, l'ordre des pages web qui s'offrent à lui en premier est d'une grande importance. Avec deux séries de pages en ordre différent, la connaissance finale ne sera pas la même (Amato et Boutin, 2013).

- *La loi des petits nombres* : le principe de cette loi est qu'une personne peut avoir "l'impression d'être capable de dégager des conclusions générales même si peu de données sont disponibles"(Robert, 2016, p. 13). Dans ce cas de figure, l'utilisateur aura du mal à apprécier la représentativité de ces recherches sur le web et aura plus tendance à attribuer une confiance abusive à des conclusions issues de l'exploitation d'informations obtenues à partir d'échantillons non significatifs (Boutin, 2013).

Au terme de ce survol psychologique, le contexte de crise avec toutes les répercussions que la pandémie a eues sur le secteur du tourisme constitue le facteur le plus éminent qui peut justifier la présence de l'incertitude et de l'ambigüité dans les résultats de recherche obtenus par l'interviewé, néanmoins, la prise en compte des biais cognitifs dans la recherche d'information sur internet apporte également des éléments de réponses à ce déficit informationnel.

Par ailleurs, la dernière incertitude organisationnelle inhérente à la tutelle technique porte la forme du second paramètre VUCA.

> ... C'est plus de l'imprévisibilité au niveau des Drafts fournis par les délégués régionaux vu qu'ils ne sont pas encore validés par le Ministère.
>
> (Veilleur_SMIT)

L'entrevue avec le veilleur a été tenue juste quelque mois avant l'adoption du nouveau modèle de développement (NMD) en mai 2021, dans lequel des recommandations sur la politique actionnariale de l'État ont été formulées. En vue de la création de l'Agence des Participations de l'État (APE), la feuille de route de restructuration des EEP a eu comme objectif principal de sortir de la double tutelle technique et financière en faveur d'une gouvernance autonome et indépendante. L'instauration de telles réformes permettrait aux EEP d'avoir plus de souplesse dans la gestion de leurs activités et de contribuer, ainsi, avec plus d'efficacité au dynamisme économique et social du pays.

Pour le cas de la SMIT, en cas d'allégement de la tutelle technique, le veilleur pourra mieux assurer le traitement de certaines opérations à caractère imprévisible.

2.2.2.3 L'imbrication des incertitudes

Pour les quatre incertitudes d'ordre technico-organisationnel, les deux acteurs de service de BI n'ont soulevé aucune forme d'imbrication entre elles (figure ci-dessous).

> ... je ne vois pas d'incidence, mais elles se complètent.
>
> Le verrouillage des deux est très important.
>
> (Chef de service_SMIT)

> ... pas d'incidence entre les deux.
>
> (Veilleur_SMIT)

L'absence d'imbrication des incertitudes sur le plan technico-organisationnel dans le processus de Business Intelligence de la SMIT

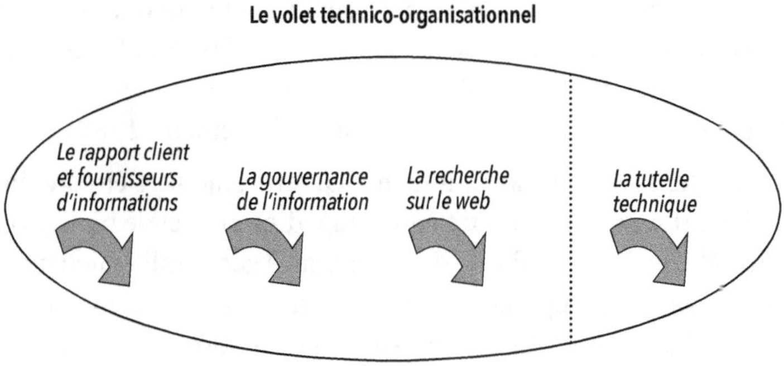

Source : Élaboration propre

2.2.3 Sur le plan social

Dans ce dernier champ d'évaluation, les deux acteurs de service de BI se sont retrouvés sur les mêmes longueurs d'onde et ont mis en évidence deux incertitudes sociales : la fiabilité humaine en interne et celle en externe.

> Pour moi, l'incertitude sociale est la plus importante. Il n'y a pas d'incertitude autre que l'être humain. Aujourd'hui, c'est la source de toutes les incertitudes.
>
> Sur le plan opérationnel, l'acteur impliqué dans le processus de BI, s'il est mal géré (ou mal cadré), il peut nuire au bon fonctionnement du travail, aussi bien au niveau interne qu'externe.

> En interne, en cas de mobilisation d'un collaborateur dans le cadre d'une mission, par exemple, chercher sur internet l'annuité d'investissement d'un groupe américain dans le Moyen-Orient, le tableau remis par la personne est à prendre avec précaution puisque, tout d'abord, c'est un document "handmade" (fait à la main) et également, il peut y avoir une part d'erreurs dans les données fournies.
>
> (Chef de service_SMIT)

> L'incertitude sociale, pour moi c'est naturel. Ça arrive parfois qu'on demande des informations précises à une ressource et on se retrouve devant certaines données qui s'avèrent être erronées, erreurs de calcul ou autres.
>
> (Veilleur_SMIT)

Dans cette partie de l'entrevue, le chef de service a accordé plus d'intérêt au volet social et a mis l'accent, tout particulièrement, sur le facteur humain en interne. Pour lui, ce dernier est l'un des actifs, sinon l'actif, le plus important du processus BI. Néanmoins, sa fiabilité ne peut être atteinte que par sa capacité à rendre le service attendu avec succès et sans erreurs. En clair, la fiabilité humaine se réfère à l'aptitude d'un individu à accomplir une tâche demandée dans des conditions données et pour une période donnée (Villemeur, 1988).

Dans un contexte très instable, influent et à forts enjeux, l'être humain, de par sa complexité, est susceptible d'être à l'origine d'erreurs et de biais, donnant lieu à de l'incertitude quant à la fiabilité du travail qu'il accomplit. Bien que l'humain soit difficile à évaluer, à appréhender et à maîtriser, mon interlocuteur, dans une optique de régulation, mise beaucoup sur l'encadrement de son équipe afin de contenir cette zone d'incertitude.

Pour le veilleur, l'accent est beaucoup plus prononcé sur la fiabilité humaine en externe. Pour assurer pleinement ses études de veille, il s'appuie, de temps à autre, sur la contractualisation comme cadre de coopération imposant des droits et des obligations à respecter.

2.2.3.1 Les niveaux d'incertitude

Pour l'incertitude inhérente à la fiabilité humaine en interne, les deux répondants estiment que le niveau est beaucoup moins élevé (N1) que celle en externe (N2).

> Pour la partie interne, on fait partie de la même équipe et je dirais qu'à la limite c'est plutôt gérable qu'en externe.
>
> (Chef de service_SMIT)

> En interne, je dirais que c'est plutôt maîtrisable et peut être corrigé facilement, mais en ce qui concerne la dimension sociale en externe, c'est un peu délicat de faire savoir l'erreur.
>
> (Veilleur_SMIT)

Pour le service, la maîtrise de la fiabilité des collaborateurs en interne passe par le renforcement de l'engagement de l'ensemble des membres de l'équipe, tout en favorisant une communication interne cohérente et des responsabilités clairement définies. La finalité est d'arriver à assurer un environnement de travail inclusif et épanouissant pour les collaborateurs, à même de permettre d'apporter une confiance collective indispensable pour accroître leur fiabilité et la qualité des taches dont ils devront s'acquitter.

Et dans une approche plus normative, le chef de service compte énormément sur les progiciels de gestion intégrés pour optimiser le travail des collaborateurs, réduire les éventuelles erreurs humaines et garantir, in fine, l'intégrité et la fiabilité des informations nécessaires à la prise de décision.

> ... quand on responsabilise un collaborateur sur les inputs à mettre dans les ERP, il est obligé de respecter le processus, déjà établi, de traitement de la DATA.
>
> Cela aide à limiter le risque d'erreurs.
>
> (Chef de service_SMIT)

Quant au veilleur, la fiabilité humaine en externe est la plus incertaine et susceptible de conduire à des incidences sur le bon fonctionnement du processus BI.

> ... avec les sources externes, c'est plus difficile.
>
> C'est pourquoi, parfois, on fait recours à la contractualisation, à des conventions d'échange, pour se mettre dans une logique d'articles, des droits et des obligations.
>
> L'objectif est de limiter le canal personnel pour accéder à l'information.
>
> (Veilleur_SMIT)

2.2.3.2 Les formes d'incertitude

Pour les deux acteurs de la SMIT, l'incertitude liée à la fiabilité humaine, interne ou externe, revêt la forme du second paramètre du phénomène VUCA.

> ... c'est plus de l'imprévisibilité pour manque d'informations.
>
> (Chef de service_SMIT)

> ... difficile à prévoir ou à anticiper.
>
> (Veilleur_SMIT)

En dehors de la contractualisation ou du conventionnement, mes deux répondants estiment que la prédiction de la fiabilité humaine, principalement en externe, est la plus difficile à acquérir. Cette difficulté peut s'expliquer par le caractère imprévisible de l'être humain, c'est-à-dire que ce dernier "n'agira pas de la même manière face à des situations identiques et à des moments différents" (Dussarps, 2014, p. 88). Comme relevant de l'immatériel (Casalegno, 2008), le comportement du facteur humain est très délicat à prédire (Perrett, 1986).

À cet égard, l'appréhension de l'incertitude quant à la fiabilité humaine passe par une attention qui doit être portée à la question de "l'erreur humaine".

Au sens large[109], la notion d'erreur humaine se réfère à toutes activités mentales ou physiques conduisant à des fins non désirées ou non attendues et quand "ces échecs ne peuvent être attribués à l'intervention du hasard" (Reason, 1990, p. 9). Loin de se détourner de diverses classifications d'erreurs existantes dans la littérature[110], Reason (1990) a proposé une taxonomie intéressante pour catégoriser les erreurs en fonction de leur genèse :

- *Le niveau comportemental* : il se réfère à la partie superficielle (aisément observable) du comportement imputé directement à l'individu responsable de l'erreur. La classification de ce niveau peut s'intéresser à la caractéristique formelle de l'erreur (commis par acte ou omission, par répétition ou mauvais ordonnancement des taches), mais également à ses conséquences telles que la nature et l'étendue du préjudice causé.
- *Le niveau conceptuel* : il se rapporte aux hypothèses inhérentes aux mécanismes cognitifs favorisant la production de l'erreur, en spécifiant les différentes formes d'erreurs (un raté ou un lapsus, une violation ou une faute) ainsi que la typologie de l'erreur (intentionnelle ou non intentionnelle).
- *Le niveau contextuel* : il porte attention aux des hypothèses causales relevant de l'environnement susceptible d'occasionner des erreurs. Il se présente comme une sorte de position médiane, intermédiaire entre les deux autres niveaux de la taxonomie. Il permet, ainsi, d'attirer l'attention sur l'interférence complexe entre les éléments environnementaux et les mécanismes d'erreur sous-jacents.

109. Les points de vue varient selon la discipline qui en fait l'étude : psychologie, philosophie ergonomie, ingénierie ou sociologie. Pour d'autres exemples de définitions, voir notamment les travaux de : Leplat (1985, 1989, 1996 et 1993) ; De Beaurepaire (1996) ; Reason (1990) ; Rasmussen (1982, 1987) ; Neboit (1996) ; De Terssac et Chabaud (1990) ; Wanner (1989) ; Hagen et Mays (1981) ; Villemeur (1988) ; Amalberti (1997, 1999 et 2001) ou De Keyser (1989 et 1993).
110. Parmi les taxonomies disponibles, on distingue notamment Rasmussen et Jensen (1974) ; Rasmussen (1980) ; Norman (1981) ; Rouse et Rouse (1983) ; Swain et Gutmann (1983) ; Leplat (1985) ; Villemeur (1988) ; Nicolet (1989) ; Cellier (1990) ; Laprie (1995) ; Van Elslande et coll. (1997).

La multiplicité de facteurs à prendre en compte lors de l'examen de ce spectre taxonomique sur les origines de l'erreur humaine est susceptible de discerner les raisons de l'incapacité des acteurs à prévoir la fiabilité des collaborateurs ou des partenaires externes (L'erreur est-elle d'origine contextuelle, conceptuelle ou bien comportementale ?).

2.2.3.3 L'imbrication des incertitudes

Aucune imbrication n'a été envisagée, par les deux acteurs de SMIT, entre les deux incertitudes vu qu'elles se complètent.

> ... je ne vois pas d'incidence entre les deux.
>
> (Chef de service_SMIT)

> ... non, mais les deux sont importantes.
>
> (Veilleur_SMIT)

L'absence d'imbrication des incertitudes sur le plan social dans le processus de Business Intelligence de la SMIT

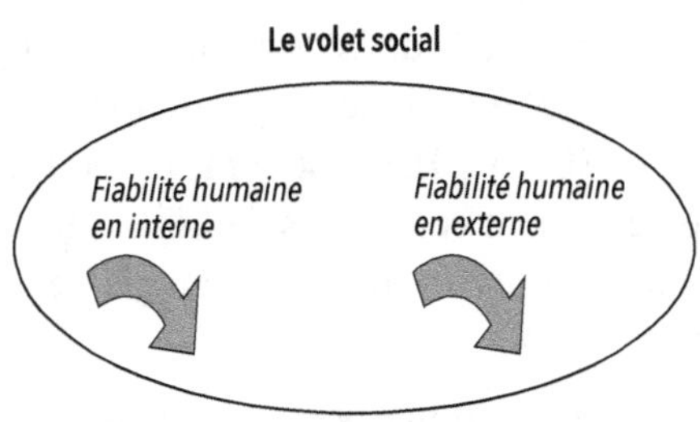

Source : Élaboration propre

2.2.4 L'imbrication des incertitudes dans les trois dimensions

Dans le cas de Business Intelligence de la SMIT, le chef de service a mis en évidence la priorité de la maîtrise de l'incertitude contextuelle et technico-organisationnelle. Une forme d'incidence très forte a d'ailleurs été soulignée entre ces deux dimensions (figure ci-dessous).

> Quand l'incertitude contextuelle et technique est maîtrisée, l'impact de l'incertitude social devient minime.

> Pour arriver à limiter les incertitudes relatives aux trois volets, je commencerai tout d'abord par mettre en œuvre une bonne maîtrise technique, puis assurer une clarté contextuelle et enfin établir une responsabilisation sur le plan social.
>
> En plus claire, en assurant conjointement la mise en place des conventions d'échange de données et une bonne gouvernance de l'information déjà traitée et sauvegardée (double verrouillage : contractualisation + conditionnement de la Data via les ERP), j'aurai tous les éléments nécessaires (en termes de fiabilité et pertinence des informations) pour pouvoir capter l'attention des investisseurs et vendre l'attractivité de nos produits touristiques, limitant ainsi l'incertitude liée à l'investissement étranger.
>
> Par exemple, si Aujourd'hui, je n'arrive pas à avoir une information, en amont, en matière d'historiques et des habitudes de la région sur son attractivité touristique, alors comment pourrais-je présenter ceci comme un levier d'intéressement à un investisseur potentiel.
>
> (Chef de service_SMIT)

L'objectif principal de la mission de la SMIT est d'assurer la conception, le développement et le placement des produits touristiques marocains sur le marché de l'investissement. C'est ainsi qu'elle s'engage au profit des investisseurs à "ne retenir aucune information dont la teneur puisse orienter la décision d'investissement et leur communiquer des informations vérifiées et fiables"[111]. L'information est au cœur de la politique promotionnelle de la destination du Royaume. Toutefois, les perspectives du marché en cette période de pandémie demeurent imprévisibles et très incertaines (CNUCED, 2020). C'est la raison pour laquelle, les membres de l'équipe du service de BI sont conscients de l'importance que revêt la qualité de l'information et s'appuient sur une double stratégie de gestion pour limiter les incertitudes en amont :

- D'une part, la mise en œuvre d'une bonne gouvernance du Data Warehouse en ayant recours aux progiciels de gestion intégrés de type ERP afin d'optimiser la préservation du patrimoine informationnel ;
- D'autre part, le recours à des conventions d'échange de données avec les partenaires en vue de maîtriser le transit d'information et s'assurer de la disponibilité, la fiabilité et la pertinence des informations partagées.

111. Site web officiel de la SMIT.

L'imbrication des incertitudes sur le plan technico-organisationnel et contextuel dans le processus de Business Intelligence de la SMIT

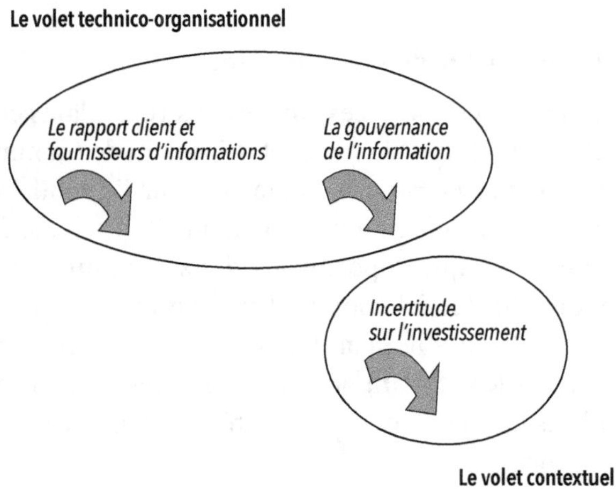

Source : Élaboration propre

3. L'Office National de l'Électricité et de l'Eau potable - ONEE (Cas 3)

Ce troisième et dernier cas d'étude porte sur l'analyse de l'Office National de l'Électricité et de l'Eau potable, lequel constitue un autre secteur d'activité qui a subi, à l'instar du secteur du tourisme, un bouleversement profond en raison de la crise sanitaire et de ses conséquences sociales, économiques et politiques. Face à une conjoncture inédite, synonyme du monde VUCA, l'office s'est trouvé confronté à des perturbations spécifiques et a dû consentir à des ajustements et à des efforts supplémentaires pour garantir la continuité de ses services essentiels, en l'occurrence l'alimentation en eau potable et en électricité ainsi que l'assainissement liquide. D'autant plus que la forte dépendance énergétique du pays à l'international a également contribué à exacerber la situation déjà difficile.

Avant d'évaluer qualitativement les trois dimensions de la grille d'analyse (contextuelle, technico-organisationnelle et sociale) dans lesquelles se trouve la cellule de veille stratégique de l'ONEE, je commence dans la section suivante par l'examen de la perception des acteurs quant à la notion d'incertitude.

3.1 La perception du concept d'incertitude

En poursuivant fidèlement les mêmes orientations d'analyse, l'exploration des interprétations des interviewés s'opère à partir, du sens utilisé pour définir le mot incertitude, des termes utilisés dans les discours officiels pour appréhender l'avenir incertain et enfin de la confrontation à l'incertitude (source de motivation ou de déstabilisation).

3.1.1 Le sens utilisé pour définir le mot incertitude

Les deux interprétations conférées par les deux répondants convergent vers la même approche scientifique du concept d'incertitude (comme traitée dans le premier chapitre), qui repose principalement sur l'hypothèse que celle-ci peut être mesurée et exprimée numériquement. Rappelons, à cet égard, la dichotomie knightienne qui opposait les deux courants économiques, le premier courant qui attribue à la notion d'incertitude son caractère inconnu, la rendant imprévisible et non quantifiable et le second courant, fasciné par les mathématiques et les statistiques, qui s'évertue à réduire l'incertitude en risque probabilisable pour pouvoir l'intégrer dans des équations et des modèles de prévision.

> Pour moi, l'expression "incertitude" renvoie à la notion des écarts par rapport à un référentiel.
>
> Autrement dit, l'élaboration des prévisions se fait sur la base de données (des hypothèses) qui peuvent changer dans le temps, surtout à cause de facteurs exogènes survenus suite à l'arrivée du Covid. Ainsi, par rapport à nos indicateurs de performance, soit d'activité ou d'outils industriels, des écarts (exogènes ou externes) sont à considérer. Toutefois, une fois ces derniers sont définis, tout l'intérêt est porté sur les écarts internes (par rapport au rendement des machines et la continuité du service (la disponibilité)) pour élaborer nos plans d'action.
>
> De fait, pour moi, l'incertitude correspond à quelque chose qui permet de mesurer les écarts et d'élaborer des plans d'action pour atteindre nos objectifs (de performance, d'amélioration...).
>
> L'incertitude est un indicateur d'action qui permet d'aider à améliorer les performances.
>
> (Chef de service_ONEE)

> Par rapport à notre activité au sein de la direction stratégie et planification, on a tendance à lier le mot "incertitude" aux fluctuations des coûts, notamment des matières premières (les produits énergétiques) et également, à tout ce qui est relatif aux études prospectives (plan d'investissement ou de prévision de la demande ou autres).
>
> Pour nous, tout cela est entaché d'incertitude et sa maîtrise se fait à l'aide des scénarios ou avec des modèles plus au moins sophistiqués.

> En somme, pour moi l'incertitude correspond à tout ce qui est variation et variabilité des coûts, des prix ou des CAPEX, que ça soit au niveau des technologies ou par rapport à la demande.
>
> (Veilleur_ONEE)

Ce mode d'appréhension s'explique en grande partie, d'une part, par l'influence que peut exercer la vision et les orientations de la Direction Stratégie et Planification à laquelle est rattachée la cellule de veille stratégique (la conduite des études de prospective à long terme, la conception des plans d'action et le développement des projets alignés à la stratégie énergétique nationale), et d'autre part, par le profil de ses collaborateurs qui sont majoritairement issus de grandes écoles d'ingénieurs.

Dans ce cadre, le rôle principal des acteurs de veille est de soutenir la direction en s'assurant de fournir de l'information adéquate et nécessaire pour le bon déroulement des activités.

> ... notre mission est de chercher l'information demandée par la Direction pour pouvoir actualiser les modèles de prévision et les rendre le plus précis possible.
>
> (Veilleur_ONEE)

Ainsi, le fait d'appréhender le concept de l'incertitude en l'associant à des termes couramment utilisés en statistiques et en théorie des probabilités pour mieux décrire les mesures de dispersion des données, tels que "écart type", "fluctuation" "variabilité" "variation", illustre le genre de discours qui se tient en interne. Un mode de raisonnement qui se contente de transformer l'incertitude en risque "pour disposer d'une meilleure capacité de maîtrise sur le futur" (Bance, 2018, p. 4), et c'est ce qui se confirme, d'ailleurs, dans la section suivante.

3.1.2 Les termes utilisés dans les discours officiels pour appréhender l'avenir incertain

D'après mes deux répondants, le risque reste le terme le plus communément utilisé, en interne, pour désigner le concept de l'incertitude.

> ... toujours par rapport à notre activité, au lieu d'utiliser le terme d'incertitude, on parle plutôt d'écart par rapport à un référentiel d'indicateurs (écart important signifie risque).
>
> On a une similitude dans la conception.
>
> (Chef de service_ONEE)

> ... dans un environnement dans lequel évolue l'ONEE (secteur d'énergie), on a tendance à associer le risque à l'incertitude.
>
> (Veilleur_ONEE)

Le risque est le maître mot de la relation des acteurs de la cellule de veille stratégique et de l'ensemble de la division avec l'avenir incertain. Le travail de la Direction semble être spécifiquement orienté vers la mesure et la gestion des risques quantifiables.

Néanmoins, au regard de la thèse défendue dans ce travail de recherche, la réalité avec le Covid-19 a montré que l'incertitude va bien au-delà des événements risqués, mesurables et probabilisables. Et que dans la réalité, elle varie de manière considérable, donnant lieu à des situations radicalement inédites, où tout est incertain.

En effet, à partir d'une menace au départ épidémique (localisée), une série de conséquences en chaîne (économiques, sociales et géopolitiques) a touché l'ensemble de la planète avec des effets de rétroaction, décalés dans le temps et dans l'espace, à tel point que les conséquences de cet événement initial deviennent très vite imprévisibles, voire imprédictibles. Cette crise inédite, parfaite illustration du monde VUCA, a profondément transformé la manière dont nous appréhendons l'avenir. Ce qui est certain, c'est que "l'ampleur et la simultanéité du choc pandémique engendrent une incertitude knightienne extrême et des environnements en constante mutation" (Okamoto, 2020, p. 11).

Alors que le monde bascule d'une société de risques à une société d'incertitudes, la gestion des risques est censée être beaucoup plus étendue et évoluer vers une gestion des incertitudes dans laquelle la conscience des acteurs devrait être capable de bien distinguer entre les quatre niveaux d'incertitude (en référence à Courtney (1997)), entre ce que l'on sait, ce que l'on suppose, ce que l'on ne sait pas et, tout particulièrement, ce qui ne peut être connu (Silberzahn, 2020).

Ainsi, une prise de conscience doit être opérée sur le fait que d'être habitué à ce que l'incertitude soit maîtrisée ou maîtrisable (mesurée) par la technique et la science, en apportant des indicateurs (des métriques) servant à la réduire au maximum par le calcul de probabilité, s'avère être plus compliqué et limitée de nos jours (i.e. dans un environnement VUCA). Comme l'a déjà fait remarquer May (2001), "La société doit mieux décider du monde qu'elle souhaite créer avec les opportunités qu'offre la science [...] Mais la tâche est extrêmement difficile et colossale. Une grande partie de la difficulté vient des incertitudes qui font partie intégrante de la science à la frontière. Il est utile de reconnaître, et d'admettre explicitement, ces incertitudes."[112].

---

112. Cité dans le colloque international "*Risques et Incertitude*", organisé par l'université du Mans le 17, 18 et 19 novembre 2021.

3.1.3 La confrontation à l'incertitude (source de motivation ou de déstabilisation)

Au sein de la cellule de veille stratégique, mes deux interviewés appréhendent l'avenir incertain avec un état d'esprit plutôt positif et considèrent l'incertitude comme un facteur de progression pour la mise en œuvre des projets.

> ... l'incertitude alimente nos plans d'action. Elle nous pousse à progresser et à évoluer.
>
> Sur le plan technologique, le développement des projets s'inscrit dans une approche technico-économique qui impose à ce que les technologies soit matures et validées par l'expert, ce qui peut prendre un certain temps et nous offre l'avantage de nous situer dans une zone de confiance afin de moderniser nos outils.
>
> (Chef de service_ONEE)

> ... c'est plutôt une source de motivation.
>
> On appréhende l'avenir avec un esprit positif puisque ça permet d'insérer nos méthodes et nos outils dans un processus d'amélioration en continu.
>
> Sans l'incertitude accrue et des risques invraisemblables, l'activité ne peut que stagner et ne va pas évoluer.
>
> C'est pourquoi, au contraire, l'incertitude alimente la progression que ça soit sur le plan organisationnel ou bien sur le capital humain.
>
> (Veilleur_ONEE)

Bien que, suite à la crise sanitaire, le secteur de l'énergie mondiale ait été confronté à d'importantes perturbations (les prix des matières premières et les investissements mondiaux dans l'efficacité énergétique)[113], la posture professionnelle des deux acteurs à l'égard de l'incertitude reste largement positive. Cette attitude très sereine, et en même temps très motivante par rapport à l'incertain. Elle peut s'expliquer, d'une part, par le caractère public de l'établissement "... nous sommes un groupe industriel et on n'est pas soumis à la concurrence même si on partage la distribution avec des partenaires privées" (Veilleur_ONEE) et, d'autre part, par les ambitions de la stratégie nationale de transition énergétique (en faveur des énergies renouvelables) et de développement de l'efficacité énergétique dans laquelle le pays s'est inscrit en 2009, à l'horizon 2030.

113. Rapport du Ministère de la Transition énergétique et du Développement durable (2020), "*Stratégie Nationale d'Efficacité Énergétique à horizon 2030*", p. 28.

Au prisme de cette dichotomie complexe entre incertitude paralysante et incertitude stimulante, Morin (2004) expose sa thèse que celle-ci "à la fois, paralyse et stimule. Elle paralyse, même souvent à l'inaction, par crainte des conséquences éventuellement funestes. L'incertitude stimule parce qu'elle appelle le pari et la stratégie" (ibidem, p. 69). Concernant les acteurs de la cellule de veille stratégique et de la Direction à laquelle ils sont rattachés, il s'agit en effet d'agir, chacun à son échelle, dans une dynamique collective et de parier sur la stratégie énergétique mise en œuvre par les pouvoirs publics en élaborant des plans d'action et des scénarios futurs, même parfois tachés par un degré d'incertitude. Pour l'équipe, ne pas agir dans de telles situations risque, a contrario, de faire ralentir le développement de l'établissement et d'entraîner une perte de chance de réaliser une économie d'énergie conséquente et de consolider les capacités nationales.

Pour conclure, en pleine pandémie du coronavirus, Morin (2020) illustre par une métaphore insolite la condition humaine face à l'inconnu "nous essayons de nous entourer d'un maximum de certitudes, mais vivre, c'est naviguer dans une mer d'incertitudes, à travers des îlots et des archipels de certitudes sur lesquels on se ravitaille"[114].

3.2 L'évaluation du concept d'incertitude

Tout comme les deux premiers cas d'étude, la section suivante se penche sur l'évaluation qualitative de l'incertitude à travers les perceptions et le vécu des acteurs de la cellule de veille stratégique de l'ONEE.

Rappelons que la démarche d'évaluation est structurée autour de trois niveaux d'analyse (contextuel, technico-organisationnel et social) et où chaque niveau sera analysé et interprété suivant la même logique d'application : les quatre niveaux d'incertitude de Courtney et coll. (1997), les quatre composantes de l'approche VUCA et enfin les imbrications entre les incertitudes.

3.2.1 Sur le plan contextuel

Dans ce premier volet d'évaluation, les deux acteurs ont fait part de deux incertitudes d'ordre contextuel.

La première incertitude, mise en avant par le chef de service, porte sur l'importante dépendance énergétique du pays vis-à-vis de l'étranger, en particulier dans une conjoncture internationale troublée par les perturbations que connaît le secteur.

114. E. Morin, "*Nous devons vivre avec l'incertitude*", Journal du CNRS du 6 avril 2020.

> Déjà, je tiens à noter tout d'abord qu'on a une forte dépendance énergétique, notre système dépend de l'externe. Ce qui représente une source d'incertitudes pour l'activité et ça engage un enjeu de délai très important.
>
> Ces préoccupations peuvent porter soit sur le prix d'achat des combustibles (avec une forte variation en raison du Covid) ou bien sur l'achat de la devise (en fonction du cours du Dollar/Euro).
>
> (Chef de service_ONEE)

Bien que le taux de dépendance énergétique ait connu une légère régression, passant de 93 % en 2010 à 88 % en 2020[115], la situation énergétique du pays demeure extrêmement vulnérable aux éventuelles fluctuations des prix des produits énergétiques à l'échelle internationale en raison de l'ampleur de la crise sanitaire et de ses répercussions économiques. D'ailleurs, C. Pazarbasioglu, Vice-présidente de la Banque mondiale pour le pôle Croissance équitable, finance et institutions, a affirmé en avril 2020 que "l'impact économique de la pandémie va freiner la demande et entraîner des perturbations au niveau de l'offre, affectant négativement les pays en développement très dépendants des produits de base"[116].

Ainsi, depuis l'avènement de la pandémie Covid-19 début 2020 jusqu'au premier trimestre 2021, les cours des matières premières ont connu des variations inattendues et de forte amplitude (figure ci-dessous). Au cours des deux premiers trimestres de l'année 2020, les prix ont enregistré une chute brutale en raison de la faible demande énergétique mondiale et des fortes perturbations dont a été victime le transport maritime, bouleversant par la même le rythme des chaînes d'approvisionnement du monde entier.

115. Bulletin Officiel N° 6914 bis du 3 septembre 2020, p. 9.

116. Communiqué de presse n°: 2020/173/EFI, publié par la Banque Mondiale le 23 avril 2020.

Les indices des prix des produits de base

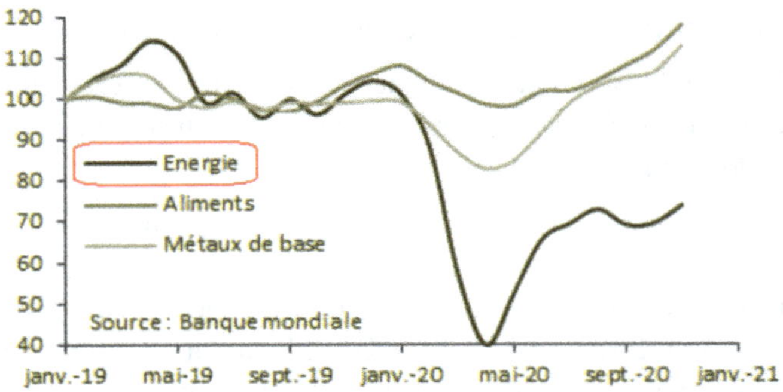

Source : (DEPF117, 2020, p. 15)

De surcroît, entre les différentes phases de confinement, déconfinement, reconfinement et l'apparition d'éventuels variants, les incertitudes ont continué à planer sur le secteur de l'énergie et particulièrement sur la balance des paiements. En effet, la quasi-totalité des achats des produits énergétiques est libellée en devises étrangères (dollar et euro) et une fluctuation défavorable sur le marché des changes risque de peser lourd sur la facture d'importations énergétiques.

Par ailleurs, une seconde incertitude, soulevée cette fois-ci par les deux acteurs de la cellule de veille, est associée au changement climatique et à son incidence sur le secteur de l'énergie, et particulièrement sur l'essor des énergies renouvelables dans le pays.

> .... dans le cadre de la politique de transition énergétique, le passage d'un système de production d'énergie stable (charbon ou autres combustibles de base) à un autre système "intermittent" basé sur l'utilisation des énergies renouvelables, soulève une incertitude très importante qui est liée à la question de continuité du service (l'électricité).
>
> Ceci impose la mise en place d'un système de pilotage plus fort afin d'assurer l'équilibre entre l'offre et la demande et limiter au maximum cette incertitude. L'enjeu est d'éviter les situations de blackout.
>
> C'est pourquoi la notion du mix énergétique est toujours présente. La marge de réserve assurée par les centrales de base est essentielle pour préserver la continuité du service.
>
> (Chef de service_ONEE)

117. Note de conjoncture n° 284 du mois d'octobre 2020, publiée par la Direction des Études et des Prévisions Financières (DEPF) du Ministère de l'Économie et des Finances.

> Sur le plan contextuel, l'impact du changement climatique sur le secteur est un vrai facteur d'incertitude. Elle peut agir à la fois sur l'offre (insuffisance dans la production de l'énergie solaire et éolienne), mais également sur la demande (en cas de canicule ou de saison à forte chaleur, la demande en énergie va être plus élevée).
> C'est une incertitude qui peut induire à un risque très important sur la gestion du système électrique.
>
> (Veilleur_ONEE)

La stratégie nationale d'efficacité énergétique, adoptée par le Maroc en 2009, intervient dans le cadre d'un processus ambitieux de transition énergétique visant d'atteindre 52 % d'énergies renouvelables à l'horizon 2030. Elle s'appuie sur quatre leviers fondamentaux, notamment le renforcement de la sécurité d'approvisionnement et la disponibilité de l'énergie ; l'accès généralisé à l'énergie à des prix compétitifs ; la maîtrise de la demande ; et enfin la préservation de l'environnement[118]. Toutefois, la mise en œuvre d'un projet d'envergure de transition vers un modèle, certes durable et plus écologique, implique la prise en compte des conditions météorologiques (sur le court terme) et du changement climatique (sur le long terme).

Dans le rapport du groupe d'experts intergouvernemental sur l'évolution du climat (GIEC, 2018)[119], les résultats obtenus ont dressé un tableau très alarmant sur le changement climatique dans le monde, notamment le réchauffement climatique, généré par les émissions des gaz à effet de serre, continue d'augmenter à un rythme de 0,17°C par décennie depuis 1950 et les prévisions prévoient une hausse de température moyenne sur terre de 1,5°C entre 2030 et 2052 pour atteindre 3°C d'ici 2100.

Au Maroc, le changement du climat est déjà présent et la tendance au réchauffement climatique ne s'est pas démentie depuis les années 70 (Echakraoui et coll., 2018). La Direction Générale de la Météorologie indique, dans son rapport de 2021, que "l'année 2020 est l'année la plus chaude jamais enregistrée

118. Rapport du Ministère de la Transition énergétique et du Développement durable (2020), "*Stratégie Nationale d'Efficacité Énergétique à horizon 2030*", p. 9.
119. GIEC (2018), "*Réchauffement planétaire de 1,5 °C*", Rapport spécial du GIEC sur les conséquences d'un réchauffement planétaire de 1,5 °C par rapport aux niveaux préindustriels et les trajectoires associées d'émissions mondiales de gaz à effet de serre, dans le contexte du renforcement de la parade mondiale au changement climatique, du développement durable et de la lutte contre la pauvreté [Masson-Delmotte, V. P. Zhai, H.-O. Pörtner, D. Roberts, J. Skea, P.R. Shukla, A. Pirani, W. Moufouma-Okia, C. Péan, R. Pidcock, S. Connors, J.B.R. Matthews, Y. Chen, X. Zhou, M.I. Gomis, E. Lonnoy, T. Maycock, M. Tignor, et T. Waterfield (dir.)].

au Maroc devant respectivement 2017 et 2010, avec une anomalie de température moyenne annuelle nationale de +1,4°C par rapport à la normale climatologique sur la période 1981-2010. Le climat du Maroc en 2020 a été marqué par des températures minimales et maximales annuelles anormalement chaudes et par un déficit pluviométrique presque généralisé sur l'ensemble du territoire"[120].

Face à un avenir climatique évolutif et incertain (Banos et Deuffic, 2020), la maîtrise des techniques du processus de veille (collecte, traitement et diffusion) des données climatiques devient primordiale et un réel enjeu stratégique pour anticiper les risques et permettre une meilleure gestion des répercussions liées à la variabilité du climat et aux phénomènes météorologiques extrêmes sur l'infrastructure des énergies renouvelables. La finalité première est d'assurer en permanence la continuité du service public en matière d'approvisionnement en électricité par le maintien de l'équilibre entre l'offre et la demande.

3.2.1.1 Les niveaux d'incertitude

Bien que l'ONEE dispose de moyens techniques performants pour élaborer des prévisions, le niveau d'incertitude liée à la dépendance énergétique est exceptionnellement, d'après le chef de service, élevé (N3) en raison de la conjoncture mondiale.

> Concernant la première incertitude, on a des méthodes de prévisions, de rapprochement, qui permettent d'ajuster et de réajuster en temps réel, de manière à piloter les écarts pour pouvoir agir.
>
> Le pilotage se fait sur la base d'un background (un historique), sauf bien sûr dans le cas des situations inédites et exceptionnelles comme c'est le cas aujourd'hui avec la crise du Covid.
>
> (Chef de service_ONEE)

Au cours de l'année 2020, selon le rapport des perspectives des marchés de matières premières (Commodity Markets Outlook) publié par la Banque mondiale, les perspectives d'évolution des cours des produits énergétiques restent exceptionnellement incertaines et dépendent de la durée et de la gravité de la pandémie ; du risque d'une deuxième vague qui peut s'intensifier pendant la période d'hiver, particulièrement dans l'hémisphère Nord ; et également de la vitesse à laquelle un vaccin sera développé et mis à disposition à grande

120. Rapport du Ministère de l'Équipement, du Transport, de la Logistique et de l'Eau (2021), "*Maroc, État du climat en 2020* ", p. 3.

échelle[121]. De plus, pour Ayhan Kose (2020), le Vice-président du Groupe de la Banque mondiale pour la division Croissance équitable, finance et institutions, "la pandémie de Covid-19 n'a pas eu un impact uniforme sur les prix des produits de base, et elle risque d'avoir des répercussions durables sur les marchés énergétiques"[122].

De surcroît, alors que les prévisions les plus optimistes de la Banque mondiale tablaient sur un redressement lent de la demande et un retour de l'activité économique mondiale à son niveau d'avant la crise en 2022[118], la Russie envahit l'Ukraine le 24 février de ladite année, déclenchant une nouvelle crise internationale et de lourdes répercussions dans un très grand nombre de secteurs clés de l'économie internationale, notamment celui de l'énergie.

Ainsi, avec la montée des tensions géopolitiques dans le monde suite à l'escalade du conflit entre deux grands pays exportateurs de matières premières, les cours mondiaux des produits énergétiques ont marqué une forte tendance haussière[123] (figure ci-dessous).

Les indices des prix des produits de base

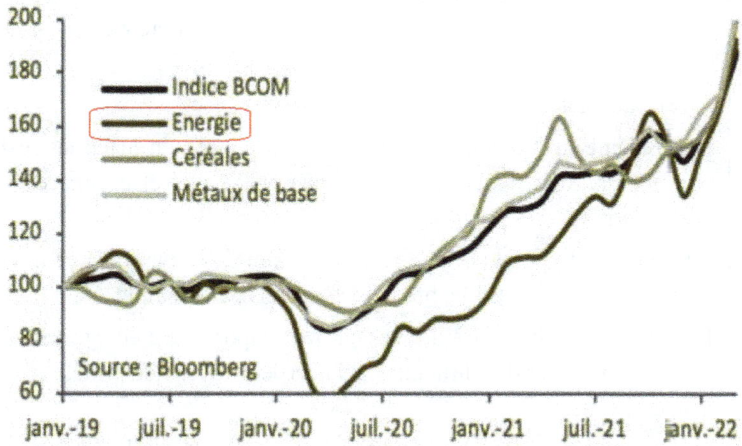

Source : (DEPF119, 2022, p. 16)

121. World Bank Group (2020), "*Commodity Markets Outlook - Persistence of Commodity Shocks*", du mois d'octobre, p. 1.
122. Communiqué de presse n° 2021/047/EFI, publié par la Banque Mondiale le 22 octobre 2020.
123. Note de conjoncture n°.301 du mois de mars 2022, publiée par la Direction des Études et des Prévisions Financières (DEPF) du Ministère de l'Économie et des Finances, p. 16.

Pour le cas du Maroc dont la dépendance énergétique est quasi totale, la flambée des cours des principaux produits énergétiques, notamment ceux du gas-oil et fuel-oil, a considérablement alourdi la facture énergétique, s'élevant, à fin juin 2022, à 43,8 milliards de dirhams[124]. Une addition très salée qui va peser certainement sur la balance commerciale du Royaume.

À ce moment d'écriture de cette section, le conflit est toujours en cours et continue d'induire "un niveau élevé d'incertitudes et des risques baissiers liés notamment à l'évolution de la situation géopolitique et les effets qui en découlent en particulier les perturbations des chaines d'approvisionnement et la pénurie des produits de base"[125], un avenir susceptible de compliquer davantage le pilotage des écarts soulevés par le chef de service.

Par ailleurs, selon mes deux interviewés, la seconde incertitude contextuelle atteint un niveau bien élevé (N3).

> ... du niveau 3, c'est incertain.
>
> Les énergies renouvelables se basent sur des prévisions climatiques (le vent, les températures, etc.) Et c'est vraiment imprévisible.
>
> C'est pourquoi on met en place des réserves de secours qui permettent de faire face à ce genre de situations.
>
> (Chef de service_ONEE)

> ... je dirais plutôt le niveau 3.
>
> Le problème du changement climatique est très incertain en termes de difficulté puisqu'aujourd'hui tout ce qui est en lien avec la météo et le climat est vraiment imprédictible.
>
> En pratique, tu peux prédire jusqu'à un mois, mais au-delà ça devient très difficile, voire impossible, prédire les saisons par exemple.
>
> Dans le cas du mix électrique avec une part importante d'énergie renouvelable, ça risque de poser des difficultés à placer les moyens de production pour les années à venir.
>
> L'enjeu est très important même si on dispose de modèles de prévision robustes, ça reste vraiment très difficile à cerner.
>
> (Veilleur_ONEE)

---

124. Bank Al-Maghrib (2022), "*Rapport sur la politique monétaire*", n°63 du mois de juin, p. 13.
125. Haut-Commissariat au Plan, Budget économique exploratoire (2022), "*Les perspectives économiques en 2022 et 2023*", p. 16.

Aujourd'hui, le Maroc reste résolument engagé dans sa stratégie de transition énergétique en favorisant l'intégration massive des énergies renouvelables dans son système d'approvisionnement électrique, avec pour ambition de parvenir à dépasser le seuil de 52 % dans le mix énergétique national à l'horizon 2030. En collaboration avec la Moroccan Agency for Sustainable Energy (Masen) qui pilote l'ensemble des énergies renouvelables au Maroc, l'Office vise à développer 6.000 MW de capacité de production supplémentaire d'électricité à base de sources renouvelables. Un chantier aussi gigantesque que stratégique se poursuit, néanmoins, dans un avenir climatique incertain. Le problème avec le changement climatique est que la partie incertaine de l'avenir croît et donc davantage susceptible à des évolutions imprévisibles, plus soudaines et non graduelles[126].

Quand bien même les acteurs de l'ONEE auraient recours à des scénarios issus de modèles climatiques les plus sophistiqués, la fiabilité des prévisions est à discuter.

D'ailleurs, les concepteurs eux-mêmes reconnaissent les limites des simulations climatiques de leurs modèles (Nefzi, 2012), comme en affirme Brian P. Flannery, astrophysicien et ancien modélisateur climatique pour ExxonMobil, "Il est peu probable que nous soyons en mesure de détecter ou de réfuter les prédictions de changement climatique dues à un effet de serre accru avant au moins une décennie. De même, il est peu probable que nous ayons confiance dans les capacités de prédiction pendant de nombreuses années. [...] les projections basées sur des modèles sont controversées, incertaines et sans confirmation" (cité dans Bonneuil et coll., 2021, p. 5). D'autre part, témoignant d'un niveau extrême d'incertitude dans les prévisions, Kemp et coll. (2020) empruntent l'expression de l'incertitude profonde de Knight et Keynes pour décrire le caractère imprévisible, voire imprédictible quant aux conséquences du changement climatique, "Climate damages lie within the realm of "deep uncertainty": We don't know the probabilities attached to different outcomes, the exact chain of cause and effect that will lead to outcomes, or even the range, timing, or desirability of outcomes" (ibidem, p 2).

Avec un tel niveau d'incertitude, tout l'enjeu de l'ONEE est d'assurer à long terme, en ce qui concerne le pilotage du mix-énergie, l'équilibre entre l'offre et la demande et d'éviter des cas extrêmes de coupure généralisée ou partielle de l'approvisionnement en électricité, le *blackout*[127] électrique.

126. Observatoire national sur les effets du réchauffement climatique (2022), "*La prospective au service de l'adaptation au changement climatique*", La documentation Française, p. 57.

127. De nombreux blackout ou pannes de courant ont été enregistrés dans l'histoire. Le plus récent est celui de 29 septembre 2019 survenu dans l'île de Tenerife (Espagne). Près d'un million de personnes se sont retrouvées sans lumière pendant six heures.

3.2.1.2 Les formes d'incertitude

Pour le chef de service, la première incertitude revêt la forme du second paramètre du phénomène VUCA, faute de disponibilité d'informations fiables.

> ... On est vraiment dans un contexte d'imprévisibilité.
>
> Notre travail est basé beaucoup plus sur la disponibilité de l'information.
>
> (Chef de service_ONEE)

Alors qu'au moment de mes entretiens avec les acteurs de l'ONEE, la crise sanitaire n'est pas encore totalement jugulée, avec les inquiétudes d'une nouvelle vague ou l'arrivée de nouveaux variants plus virulents ; tout juste six mois après ces rencontres, l'invasion de l'Ukraine et les diverses sanctions économiques et financières imposées par la communauté internationale contre la Russie ont eu pour effet d'amplifier le contexte d'imprévisibilité et d'incertitudes déjà en cours et de faire surgir "une crise dans la crise"[128]. L'impact de l'envolée des prix des produits énergétiques et de la forte incertitude qui plane sur la chaîne d'approvisionnement est plus durement ressenti dans les pays à forte dépendance énergétique, tel que le Maroc.

Dans cet environnement troublé par le manque de visibilité et le niveau extrêmement élevé des incertitudes qui entourent les projections macroéconomiques[129], le recours à des estimations et des jugements, fondés sur l'expérience des experts et l'historique de l'établissement, devient une composante essentielle pour l'élaboration des prévisions et la préparation des plans d'action. Des estimations qui peuvent être révisées et améliorées au fur et à mesure que de nouvelles informations sont acquises ou en cas de changement de conjoncture.

Par ailleurs, pour mes deux interviewés, la forme de l'incertitude liée au rapport entre le changement climatique et l'intégration des énergies renouvelables dans le réseau électrique correspond, également, au deuxième élément de l'acronyme VUCA.

> ... notre système productif dépend fortement des conditions climatiques et météorologiques néanmoins la réalité est que les informations d'ordre climatique sont vraiment imprévisibles.
>
> (Chef de service_ONEE)

---

128. "Marioupol est une crise dans la crise", une citation tirée du discours d'António Guterres, le secrétaire général de l'ONU, lors d'une conférence de presse tenue le 28 avril 2022 en Ukraine aux côtés du Président ukrainien Volodymyr Zelensky.

129. Bank Al-Maghrib (2022), "*rapport sur la politique monétaire*", n° 62, du mois de mars, p. 7.

> ... ça renvoie plus à l'imprévisibilité.
>
> Même avec des modèles les plus robustes, les projections sont incertaines.
>
> (Veilleur_ONEE)

L'imprévisibilité est le maître mot dans le discours des deux acteurs sur la question du changement climatique. Pour eux, en fait, les problématiques se résident, d'une part, dans les limites des modèles climatiques actuels à simuler avec fiabilité les évolutions du climat et, d'autre part, dans la fréquence et la sévérité des phénomènes météorologiques extrêmes que connait le monde actuellement (inondations, vagues de froid, canicules, records de température, incendies, sécheresse, etc.). Ces affirmations ne sont pas propres qu'à mes interlocuteurs, mais de nombreux chercheurs et experts, dans les quatre coins du monde, partagent les mêmes constats et semblent, aujourd'hui, s'accorder sur le fait que le climat est un système naturel complexe, chaotique et incertain.

X. Cai et coll. (2021), académiciens et experts météorologiques chinois, considèrent que "des prévisions inexactes se produisent tout le temps dans les prévisions météorologiques opérationnelles et les prévisions climatiques dans lesquelles se cache l'imprévisibilité atmosphérique" (ibidem, p. 1). Ellis (2022), chercheur en écologie de l'Université de la Colombie-Britannique, estime que les phénomènes météorologiques extrêmes accroîtront, au cours des mois et des années à venir, à la fois en fréquence et en intensité ; et que malgré la quantité de données météorologiques disponibles et la sophistication des modèles de prévision, le climat devient moins prévisible, en particulier sur des périodes plus longues[130]. Coffey (2020), chercheur de l'Université d'État de Géorgie aux États-Unis, reconnaît qu'étant donné la grande variabilité des modèles climatiques, la prédiction du climat futur de la planète devient une entreprise incertaine ; et qu'il existe des centaines de variables qui affectent le climat de la Terre rendant le système climatique plus complexe et très difficile à comprendre avec précision. Bartos (2022), expert en gouvernance, stratégie et risque du secteur public et professeur à l'Université de Canberra en Australie, affirme que le changement climatique rend les conditions météorologiques moins prévisibles et augmente le risque d'événements inattendus. Golembeski et coll. (2022), groupe de chercheurs de la Think Global Health aux États-Unis, parle d'une "crise climatique" et la voit comme la plus grande menace pour la santé humaine en ce 21e siècle ; et estiment, également, que le changement climatique et les conditions météorologiques extrêmes ont contribué, au cours des 50 dernières années, à une multiplication

130. Ellis R. (2022), "*Offshore Sailing in the Climate Crisis - Part 1*", article publié le 30 juillet et consultable au lien suivant : https://currents.bluewatercruising.org/articles/offshore-sailing-in-the-climate-crisis-part-1/

par cinq des catastrophes climatiques qui deviennent de plus en plus chaudes, graves, fréquentes, longues et imprévisibles[131]. Delevingne et coll. (2020), groupe de conseillers du cabinet de conseil McKinsey, considère que le changement climatique introduit l'imprévisibilité et qu'il est primordial d'intégrer ce qu'ils qualifient d'"intelligence climatique" dans les processus décisionnels[132].

Ainsi, concernant mon cas d'étude, cette nouvelle normalité d'imprévisibilité climatique implique un rôle plus proactif de la cellule de veille stratégique dans la mise en œuvre d'une bonne gouvernance des risques associés aux extrêmes météorologiques afin de relever le défi de l'intégration d'une part plus importante des énergies renouvelables dans le mix électrique.

3.2.1.3 L'imbrication des incertitudes

Au niveau contextuel, le chef de service n'a soulevé aucune forme d'imbrication entre les deux incertitudes (figure ci-dessous). Toutefois, il a réitéré l'importance qu'elles revêtent quant à la performance énergétique.

> ... tout d'abord, en ce qui concerne notre outil industriel par rapport à l'offre et la demande, on a deux types de sorties finaux (l'énergie produite et le coût). Du coup, le changement climatique (température, vent, conditions climatiques) et tous les facteurs exogènes peuvent influencer la production et le rendement des outils techniques et par conséquent ça aura un impact sur le résultat final de l'entreprise.
>
> (Chef de service_ONEE)

L'absence d'imbrication des incertitudes sur le plan contextuel dans le processus de veille stratégique de l'ONEE

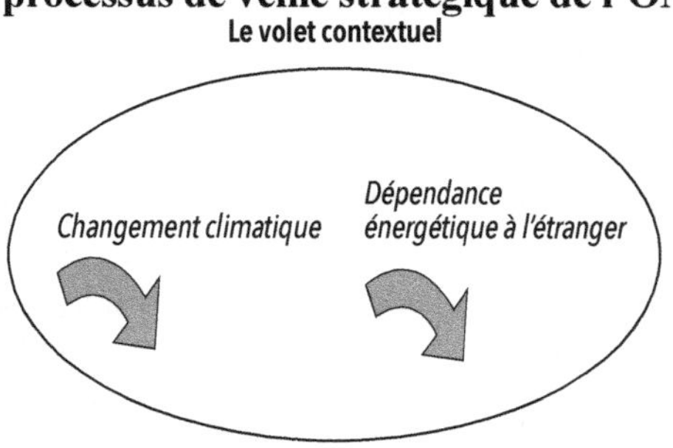

Source : Élaboration propre

131. Golembeski C. et coll. (2020), "*Climate Change and Incarceration*", article publié le 29 avril et consultable au lien suivant : https://www.thinkglobalhealth.org/article/climate-change-and-incarceration
132. Delevingne L. et coll. (2020), "*Climate risk and decarbonization : What every mining CEO needs to know*", article publié le 28 janvier et consultable au lien suivant : https://www.mckinsey.com/capabilities/sustainability/our-insights/climate-risk-and-decarbonization-what-every-mining-ceo-needs-to-know

3.2.2 Sur le plan technico-organisationnel

Pour ce deuxième volet d'évaluation, les deux acteurs de l'ONEE ont mis l'accent sur une seule incertitude d'ordre technique. Elle porte sur l'obsolescence des outils techniques.

> Sur le plan technique, l'incertitude est relative à la rénovation de nos outils techniques et particulièrement sur la question de l'obsolescence. D'où la nécessité d'instaurer une veille technologique pour améliorer le processus.
>
> Également, dans le cas des énergies renouvelables, le recours à de nouveaux outils suscite la mise en place d'un plan de mise à niveau et d'un programme de formation au niveau de toutes les directions de l'ONEE.
>
> (Chef de service_ONEE)

> Sur le volet technique, ce qui fait peur c'est l'obsolescence des outils techniques.
>
> Le fait de travailler avec un certain nombre d'outils (logiciels, modèles, approches ou système de base de données, etc.) soulève le problème du risque d'obsolescence. C'est-à-dire que ces outils n'arrivent plus à suivre le changement dans un contexte en constante évolution. On s'insère dès lors dans une approche d'amélioration continue : acheter des mises à jour, des données et, également, renforcer les compétences techniques des équipes.
>
> (Veilleur_ONEE)

L'obsolescence en soi, n'est pas une problématique nouvelle, mais ce qui est nouveau, c'est la prise de conscience en cette période de crise de l'enjeu qu'elle représente dans la stratégie nationale de transition énergétique à l'horizon 2030, basée sur le renforcement de l'efficacité énergétique et le développement à grande échelle des énergies renouvelables (52 % de capacité de production). Ainsi, dans un secteur d'activité en perpétuelle évolution, la veille technologique devient une composante incontournable et indispensable dans cette stratégie énergétique renouvelée du pays, et l'une des clés pour garantir une recherche méthodologique permanente et prospective des progrès techniques, des inventions et des innovations technologiques.

D'ailleurs, lors de mes échanges avec l'équipe de veille stratégique, les membres reconnaissent clairement les enjeux du changement qui se dessine devant eux et continuent de suivre une approche proactive pour s'assurer d'une surveillance optimale des informations relatives aux innovations du secteur. Le but est de gérer la question d'obsolescence en amont et de parer à tout imprévu qui pourrait survenir, causant une discontinuité ou une perturbation dans l'approvisionnement du pays en électricité.

Il est à noter, toutefois, que la notion d'obsolescence peut être définie comme la dépréciation de la valeur d'usage d'un produit ou d'un matériel avant son usure matérielle (Castellazzi et coll., 2021)[133] et qu'elle peut revêtir plusieurs formes (Pilnard, 2015 ; Laliberté, 2020), classées en deux catégories, selon sa nature (absolue ou relative).

L'obsolescence absolue fait référence à un matériel ou produit qui arrive au terme de son cycle de vie technique. L'obsolescence relative se réfère, quant à elle, à la fin de leurs vies de manière prématurée pour diverses raisons, essentiellement conjoncturelles comme celles listées ci-dessous :

- Technologique : elle traduit l'influence d'un certain nombre de facteurs sur la fonction du matériel, notamment son indisponibilité sur le marché (sauts technologiques) ou bien son incompatibilité avec d'autres équipements ou avec l'évolution des usages.
- Economique : elle se réfère le plus souvent à l'augmentation du coût du stockage des pièces de rechange.
- Environnementale : elle correspond à des forces externes et à des changements environnementaux (tel que le climat).
- Réglementaire : évolution des normes et des exigences légales.

Ce sont autant de facteurs qui peuvent se manifester à n'importe quel stade du cycle de vie d'un matériel ou produit, et qui suscitent une prise de conscience accrue des risques de l'obsolescence de la part des acteurs de service de veille stratégique. Tout l'enjeu est de permettre la détermination la plus précoce possible des ruptures techniques afin de laisser suffisamment de latitude aux équipes chargées de l'outil industriel pour envisager les actions de résolution ou d'ajustement à effectuer.

3.2.2.1 Les niveaux d'incertitude

Quoique mes deux interviewés estiment que la gestion de l'obsolescence est plus au moins maîtrisable, la crise sanitaire et le processus accéléré de transition énergétique peuvent, néanmoins, contribuer à hisser le degré d'incertitude à un niveau (N2) étant donné la prise en compte d'un risque potentiel, comme l'a affirmé le veilleur.

> ... un risque peut-être envisageable.

---

133. Castellazzi M., Moatti A., Flury-Hérard B. et Schwob B. (2021), "*Obsolescence logicielle*", rapport du Conseil général de l'Environnement et du Développement durable (CGEDD), n°13416-01, février.

> Exemple :
>
> La nécessité d'adapter le dispositif de veille à cette problématique d'intégration massive des énergies renouvelables à travers l'acquisition d'outils plus performants (qui travaille avec une granularité temporelle plus fine et des outils avec des solveurs plus puissants qui vont permettre de mieux modéliser plus les énergies renouvelables dans le système électrique).
>
> C'est le changement dans le contexte actuel qui impose un investissement important dans des outils techniques plus puissants.
>
> Le risque lié à l'obsolescence est prépondérant.
>
> (Veilleur_ONEE)

Selon une enquête[134] réalisée en 2017 par le cabinet d'étude anglais "Vanson Bourne" auprès de 450 professionnels de 350 entreprises installées aux États-Unis, au Royaume-Uni, en Allemagne et en France dans divers secteurs (notamment de l'énergie, du transport, du pétrole, du gaz et des services publics), le coût des temps d'arrêt imprévus est d'environ 250 000 de dollars par heure. 82 % d'entre eux ont connu, au cours des trois dernières années de l'enquête, des pannes d'une durée moyenne de quatre heures et un coût moyen de 2 millions de dollars par cas d'indisponibilité inattendue. 70 % des répondants confrontés à l'obsolescence ont déclaré ne pas savoir avec exactitude les dates prévues pour l'entretien, la mise à niveau ou le remplacement de leur équipement.

Des résultats aussi surprenants ne peuvent que soulever l'importance que revêt la gestion de l'obsolescence des équipements pour éviter les risques et les coûts financiers encourus, sachant que "le coût réel d'une panne de machine ait été estimé entre 4 et 15 fois les coûts de maintenance" (Thomas, 2019)[135].

De fait, si le Maroc s'est résolument engagé dans une voie stratégique de transition verte et de développement durable, à travers l'intégration massive des énergies renouvelables (Deloitte, 2021) dans un contexte de changement climatique imprévisible (Golembeski et coll., 2022)[127], l'obsolescence de l'outil de production est inévitable et peut être extrêmement préjudiciable financièrement. Ainsi, la réussite d'une stratégie d'obsolescence repose sur l'anticipation précoce et une gestion proactive des risques potentiels afin d'éviter au maximum des pertes et des coûts inutiles.

---

134. L'enquête est effectuée pour le compte de l'entreprise américaine "ServiceMax" de "GE Digital" et publiée en 2017 dans un rapport intitulé "*After the fall : The costs, causes consequences of unplanned downtime*".

135. Thomas M. (2019), "*Managing your obsolescence*", article publié le 04 avril et consultable au lien suivant : https://pwemag.co.uk/news/fullstory.php/aid/3513/Managing_your_obsolescence.html

C'est dans cette perspective que mes deux interviewés et l'ensemble de l'équipe de service de veille stratégique se mobilisent pour détecter à l'avance les facteurs à l'origine de l'obsolescence.

3.2.2.2 Les formes d'incertitude

Étant donné les divers facteurs qui peuvent affecter la gestion de l'obsolescence (économiques, politiques, écologiques et réglementaires), l'incertitude en question peut être relative au deuxième paramètre du phénomène VUCA. Néanmoins, le caractère public de l'établissement impose une approche plus rationnelle dans le traitement informationnel de cette problématique.

> ... je pense que c'est plus lié au manque de données.
>
> Mais dans le cadre de l'outil industriel, généralement on intègre dans le schéma directeur de production, c'est-à-dire dans le plan d'investissement, que les technologies qui sont matures et pour lesquelles, on dispose de plus d'informations et d'un REX ou Retour d'Expérience plus important. Pour cela, on fait du benchmarking, des prospections et du consulting auprès de fournisseurs pour avoir plus de données sur la maturité des équipements à acquérir.
>
> Vu qu'on est un opérateur public, la décision de faire l'acquisition d'un nouvel outil ou d'une nouvelle technologie doit être réfléchie et rationnelle, on n'a pas de marge d'erreur.
>
> (Veilleur_ONEE)

Cette question d'obsolescence intervient dans un contexte où :

- le rythme accéléré du changement technologique contribue à réduire sensiblement le cycle de vie du matériel technique (Deloitte, 2015a)[136] ;
- le réchauffement climatique entraîne la multiplication et l'intensification des événements climatiques extrêmes (fortes chaleurs, précipitations massives et sécheresses) (Giec, 2021)[137] ;
- le Royaume accélère sa politique de transition énergétique en faveur d'une énergie plus verte et durable (Tabih, 2022)[138] ;

---

136. Deloitte (2015a), "*Shipping smarter*", dans IoT Opportunities in Transport and Logistics, consultable au lien suivant : https://www2.deloitte.com/content/dam/insights/us/articles/iot-in-shipping-industry/DUP1271_IoT_Transportation-and-Logistics_MASTER.pdf
137. Giec (2021), "*les phénomènes climatiques extrêmes se multiplient*", rapport d'évaluation du Groupe d'experts intergouvernemental (Giec) sur l'évolution du climat des Nations unies, septembre.
138. Tabih M. (2022), "*Électricité : comment sécuriser l'approvisionnement du Maroc*", article publié le 21 septembre et consultable au lien suivant : https://lematin.ma/express/2022/energie-electrique-atouts-opportunites-maroc-se-positionner-lechiquier-mondial/381114.html

- et enfin les pressions écologiques réglementaires continuent d'avoir un impact déterminant sur le développement et l'exploitation de certaines activités de production énergétique (Énergies, 2020)[139].

Autant de facteurs d'influences qui exposent le service de veille à un large éventail de champs à surveiller pour pouvoir en extraire les données les plus utiles à une prise de décision d'investissement.

Toutefois, l'ONEE est, avant tout, un établissement public dans lequel tout acte d'achat ou d'investissement doit être pris avec minutie.

3.2.2.3 L'imbrication des incertitudes

Les deux acteurs n'ont soulevé aucune imbrication vu qu'il existe une seule incertitude préoccupante sur le plan technique (figure ci-dessous).

L'absence d'imbrication des incertitudes sur le plan technico-organisationnel dans le processus de veille stratégique de l'ONEE

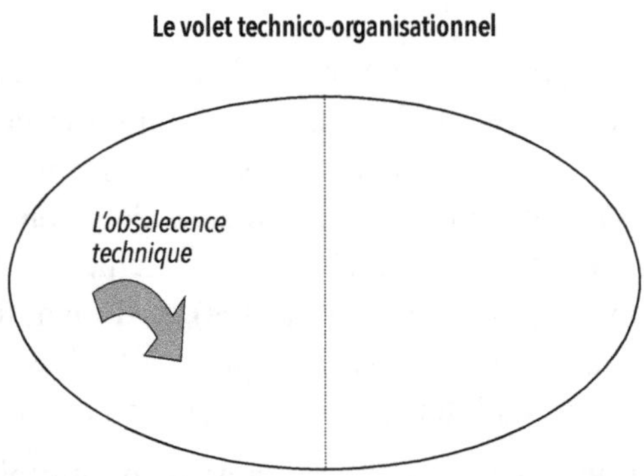

Source : Élaboration propre

3.2.3 Sur le plan social

Pour ce troisième et dernier volet d'évaluation, la seule source d'incertitude d'ordre social soulevée par mes deux interlocuteurs porte sur le recrutement. Leur principale préoccupation est la difficulté de trouver de profils adéquats possédant les compétences nécessaires à la stratégie nationale de transition énergétique.

> Avec la mutation et la transition énergétique actuelle, le marché de travail est une vraie source d'incertitude et demande la coordination de tous les acteurs (Ministère d'emploi, OFPPT, les gens de métier, etc.).

139. Énergies (2020), "*Devenir du secteur de l'électricité au Maroc*", Contribution de l'association Énergies au débat sur le nouveau modèle de développement, décembre.

> Une difficulté à trouver les profils adéquats pour répondre aux exigences du changement de contexte (l'intégration des nouvelles technologies, les nouveaux services créés, etc.). Cela impose une orientation nationale et stratégique pour pouvoir cerner cette problématique, source d'incertitude pour l'ONEE et même pour toute autre entreprise
>
> (Chef de service_ONEE)

> Sur le plan social, c'est beaucoup plus au niveau des compétences humaines. C'est un point très important dans l'entreprise telle que l'ONEE, particulièrement dans sa stratégie de mix énergétique.
>
> Le marché de travail constitue l'un des facteurs d'incertitude les plus importants associés au facteur humain. Puisque ce qu'il est sensé fournir les compétences techniques et les profils adéquats pour apporter de la valeur ajoutée et surtout pour suivre les nouvelles activités qui se développent dans le secteur énergétique national.
>
> (Veilleur_ONEE)

En préambule et à titre d'illustration de l'état du recrutement dans le pays, une enquête nationale a été menée par le Haut-Commissariat au Plan (HCP) en 2019 auprès de 2101 entreprises dans divers secteurs (industrie, construction, commerce et autres). Deux raisons majeures se dégagent pour expliquer la difficulté de recrutement des profils, tels que les ingénieurs, d'un côté l'absence de formation appropriée (43 % des entreprises) et, d'un autre côté, le manque d'expérience (49 % des entreprises). De plus, 75 % des grandes entreprises prévoient des formations en interne pour les nouveaux recrus.

Des lacunes qui montrent la réalité du marché d'emploi et la nécessité de recourir à des programmes de formation et de perfectionnement pour développer les connaissances et les compétences des nouveaux employés.

Pour le cas de la stratégie nationale de l'énergie, adoptée en 2009, le secrétariat d'État a lancé, depuis 2011, une importante série de projets de création et d'organisation des instituts sectoriels spécialisés, notamment ceux dédiés exclusivement à la formation aux métiers des énergies renouvelables et de l'efficacité énergétique et celui destiné à la formation des formateurs et des tuteurs[140]. Cependant, le rapport de la Cour des comptes de 2018 a mis en lumière un certain nombre de dysfonctionnements, notamment au niveau de la planification (des retards dans l'achèvement des études), de la mise en œuvre

140. Cour des Comptes (2018), "*Rapport d'activités relatif à l'exercice 2018*", Volume I, Livre 2.

(absence de suivi efficace et efficient de l'exécution des travaux, multiplicités des interlocuteurs) et de l'exploitation des projets.

Au finale, l'Institut situé dans la ville d'Oujda n'a été opérationnel qu'en septembre 2015, ceux de Tanger et d'Ouarzazate ont ouvert leurs portes respectivement en 2019 et 2020. Pour, celui de l'Institut national de formation des formateurs et des tuteurs (INFFT), attendu dans la ville de Tamesna (Rabat), la mise en service a été normalement prévue pour l'année 2022, en attendant la fin de la consolidation des référentiels des métiers de formation, des textes réglementaires et de l'intégration de formations techniques transversales au sein de l'Institut[141].

Une réalité qui peut expliquer et justifier l'inquiétude que suscite l'avenir du recrutement et le manque de profils compétents à l'ère de la transition énergétique, dont l'horizon est en train de se rapprocher (2030).

3.2.3.1 Les niveaux d'incertitude

Pour les deux acteurs de l'ONEE, cette incertitude liée au marché de travail se présente à un niveau (N2) puisque les informations et les données sont disponibles, mais elle constitue une source de risque pour l'établissement.

> ... c'est plus le deuxième niveau.
>
> Tous les acteurs du marché de travail, particulièrement les ministères en charge de cette problématique, les centres de formation, les écoles, les universités, etc.,), doivent être capables de fournir des lauréats compétents et bien formés pour satisfaire l'offre.
>
> Ex. : en 2010, avec la politique d'intégration massive des énergies renouvelables, on a vu l'apparition des masters spécialisés et des cursus universitaires spécialisés en la matière, mais au finale le nombre des lauréats n'était pas suffisant.
>
> (Veilleur_ONEE)

Selon les chiffres de 2020 des lauréats issus de différentes écoles et instituts de formation dans les filières d'efficacité énergétique (EE) et des énergies renouvelables (EnR), l'Institut de Formation aux Métiers des Énergies Renouvelables et de l'Efficacité Énergétique d'Oujda a pu former 220 techniciens spécialisés et l'École Nationale Supérieure des Mines de Rabat (ENSMR) a produit, quant à elle,

141. Rapport du Ministère de l'Éducation Nationale, de l'Enseignement Supérieur de la Formation Professionnelle et de la Recherche Scientifique (2021), "*Bilan d'activité 2017-2021*", p. 32.

110 ingénieurs[142]. Un nombre de diplômés qui reste, néanmoins, limité comme l'a affirmé le veilleur de l'ONEE :

> ... la quantité des lauréats n'est pas suffisante puisqu'il y a l'ONEE, MASEN[143], ADEREE[144], beaucoup d'entreprises qui souhaitent recruter, mais qui trouvent des difficultés.
>
> (Veilleur_ONEE)

Un autre point à risque qui entre également en jeu dans le cadre du marché d'emploi est le nombre de postes budgétaires alloués aux établissements et entreprises publics (EEP) au titre des années budgétaires à venir.

> ... dans cette problématique de recrutement, le budget annuel a également contribué à limiter le nombre des recrutés.
>
> (Chef de service_ONEE)

D'ailleurs, comme le cas de la SMIT, le nouveau modèle de développement (NDM), présenté au Souverain le 25 mai 2021, a préconisé une réforme de la politique actionnariale de l'État, dont les grandes lignes ont porté notamment sur la rationalisation des dépenses et l'amélioration des ressources. Des mesures qui seront, de plus, appliquées à partir de la loi de finances de 2023 et qui risquent d'avoir une incidence sur le nombre des postes budgétaires à octroyer. Dans la circulaire du Ministère de l'Économie et des Finances concernant l'élaboration du budget 2023, les EEP " doivent se conformer à la ligne de conduite entamée depuis 2020 dans la rationalisation des dépenses de fonctionnement et d'équipement et la maîtrise des prévisions des dépenses des fonctionnaires tout en limitant l'ouverture de nouveaux postes budgétaires aux besoins de l'établissement ou l'entreprise publique"[145].

3.2.3.2 Les formes d'incertitude

Pour le service de veille, l'incertitude liée au recrutement et aux contraintes du marché du travail peut revêtir deux formes. D'une part, au niveau externe, elle est plus relative à l'imprévisibilité en raison de la multiplicité des acteurs et entités concernés par la question d'emploi et la variabilité du nombre des

142. Rapport du Ministère de la Transition énergétique et du Développement durable (2020), "*Stratégie Nationale d'Efficacité Énergétique à horizon 2030*", p. 16.

143. L'Agence marocaine pour l'énergie durable.

144. L'Agence Nationale pour le Développement des Énergies Renouvelables.

145. EcoActu (2022), "*Budget 2023 : les EEP face à un triple défi*", article publié le 21 septembre.

postes budgétaires prévus par le projet annuel de la loi de finances (qui dépend lui-même de la conjoncture nationale et internationale). D'autre part, au niveau interne, elle peut être sous forme d'ambigüité entre les différents services au sein de l'ONEE.

> ... en interne, par exemple, si on cherche à renforcer notre équipe, que ça soit en termes de recrutement ou bien par la formation continue, on connait très bien nos besoins (les sujets de formation, les profils recherchés, etc.), mais on peut être confronté à une ambigüité dans le processus de prise de décision.
>
> (Veilleur_ONEE)

3.2.3.3 L'imbrication des incertitudes

Aucune imbrication ne peut être réalisée sur le plan social vu l'existence d'une seule incertitude (figure ci-dessous).

L'absence d'imbrication des incertitudes sur le plan social dans le processus de veille stratégique de l'ONEE

Source : Élaboration propre

3.2.4 L'imbrication des incertitudes dans les trois dimensions

Au terme de la démarche d'évaluation, mes deux interlocuteurs de l'ONEE ont mis en avant une forte incidence entre les trois volets d'analyse.

Un schéma d'imbrication en cascade (figure ci-dessous) dans lequel :

- la dynamique mondiale de lutte contre le changement climatique à travers une politique internationale de développement durable de transition énergétique (1re incertitude d'ordre contextuel) a contraint ;
  - le Maroc, à l'instar des autres États engagés sur le plan environnemental, via son opérateur l'ONEE a adapté ses outils et procédures techniques de production pour une intégration massive des énergies renouvelables (incertitude d'ordre technico-organisationnelle) exigeant par conséquent ;

- une mise à niveau des compétences humaines, allant de la formation interne à la recherche de nouveaux profils adéquats aux besoins de la transformation du système énergétique (incertitude sociale).

Je peux dire déjà que les trois axes sont toujours présents.

Quand tu génères un écart sur le plan contextuel, automatiquement tu génères une incertitude au niveau technico-organisationnel et du coup une incertitude sur le niveau social. Mais, cette liaison ne se fait pas en même moment, mais plutôt en cascade. Les deux dernières dimensions suivent parfaitement le premier, quand le contexte change automatiquement, les deux autres doivent suivre le rythme.

Au niveau mondial, avec le changement du climat, le problème du réchauffement climatique, l'effet de serre, la COP21 et avec toutes les répercussions économiques et politiques, il fallait s'adapter.

Donc sur le plan technique, plus de production à base de charbon, on passe à l'intégration des énergies renouvelables (avec un objectif de zéro CO_2). Ensuite, sur le plan social, il fallait un redéploiement des ressources humaines à travers des plans de formation, de motivation et de recrutement de nouveaux profils.

(Chef de service_ONEE)

Moi je pense que c'est très lié.

D'ailleurs, l'ordre que vous avez utilisé dans votre guide est bien ordonné puisque le contexte est le point de départ, ensuite vient le technico-organisationnel et enfin le social.

C'est trois volets qui sont vraiment intiment liés puisque lorsque le contexte impose un changement, il faut nécessairement mettre à niveau les outils techniques et également les ressources humaines.

(Veilleur_ONEE)

L'imbrication des incertitudes sur le plan contextuel, technico-organisationnel et social dans le processus de veille stratégique de l'ONEE

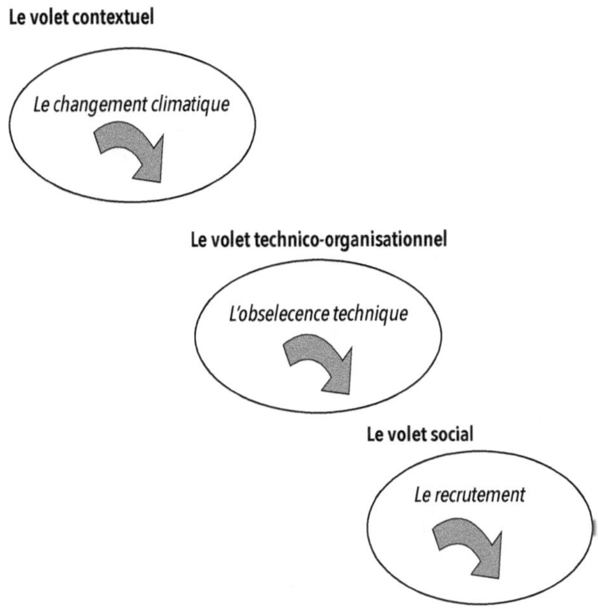

Source : Élaboration propre

CHAPITRE 6

ANALYSE INTERCAS ET DISCUSSION DES RÉSULTATS

" S'il n'y avait qu'une seule vérité, on ne peindrait pas cent tableaux sur le même thème."

Pablo Picasso

Après avoir effectué une analyse intracas dans le chapitre précédent, je passe à présent à une analyse transversale intercas ou intersites (cross-sectionnal synthesis selon Yin (2014)) afin de faire émerger les éléments de convergence et de divergence entre les trois cas d'étude et d'assurer plus de crédibilité et de rigueur à ce projet de recherche. Ma démarche s'inscrit dans la stratégie réplicative préconisée par Yin (1984, 1991) dans laquelle le chercheur se base sur un cadre théorique pour étudier en profondeur un cas et ensuite de l'utiliser pour examiner d'autres cas de manière successive afin de vérifier si le modèle mobilisé dans le premier cas concorde à celui des autres. D'après Miles et Huberman (2003), même si chaque cas est unique, le but essentiel est d'arriver à développer "une théorie qui explique ce qui est en train de se passer - une théorie qui cependant ne nivelle pas de force la diversité qui s'offre à nous, mais qui au contraire l'exploite au maximum pour élaborer et tester une série d'explications correctement enracinées" (ibidem, p. 368). Pour ces deux auteurs, le recours à la comparabilité intercas s'avère indispensable pour permettre l'émission de conclusions valides (ibidem, 2003).

Dans ce cadre, tout en restant fidèle à ma ligne de conduite, les résultats issus des analyses précédentes seront utilisés pour comparer les trois cas d'étude à lumière de mes deux questions principales de recherche, d'une part, la perception de la notion d'incertitude et d'autre part, la question d'évaluation de celle-ci dans un processus d'intelligence économique (ou de veille stratégique) contextualisé par le phénomène VUCA, ceci sur la base des orientations de la grille d'analyse thématique. Notons qu'à mesure de la restitution de l'analyse intercas, les résultats obtenus seront confrontés aux critères théoriques mobilisés dans la démarche d'évaluation de l'incertitude.

1. Synthèse sur la perception du concept d'incertitude

Dans cette première partie d'analyse intercas, je présenterai, sous forme de synthèse comparative, les diverses perceptions des acteurs des trois cas étudiés, suivant les mêmes critères d'évaluation :

- Le sens utilisé pour définir le concept d'incertitude ;
- Les termes utilisés dans les discours officiels pour appréhender l'avenir incertain ;
- La confrontation à l'incertitude (source de motivation ou de déstabilisation).

1.1 Synthèse sur le sens utilisé pour définir le mot incertitude

La représentation de l'incertitude selon les perceptions des acteurs des trois cas d'étude

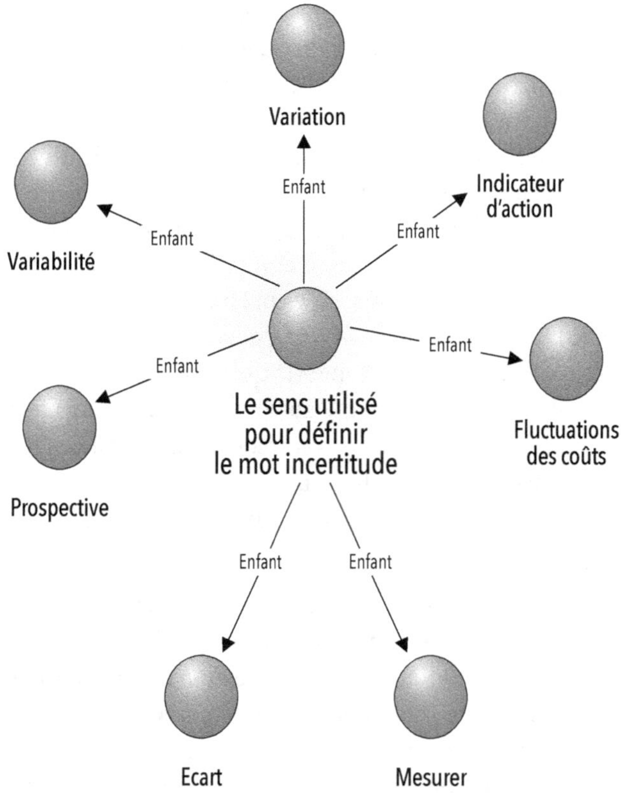

ONEE

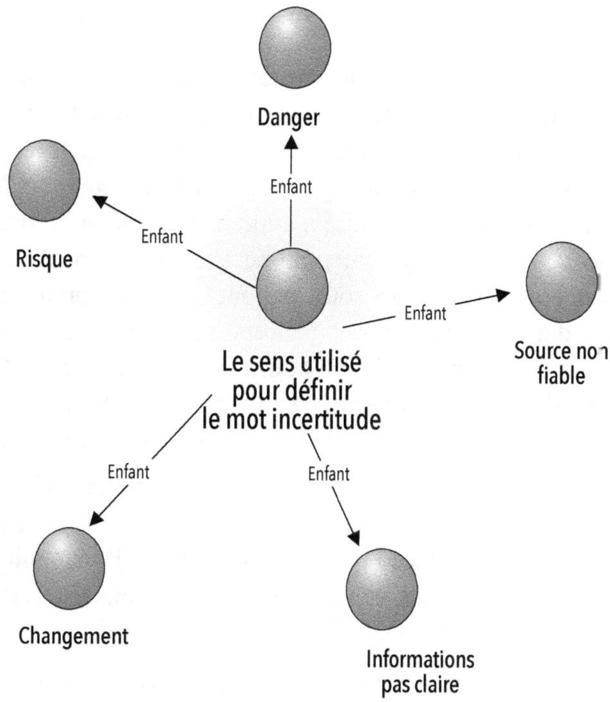

SMIT

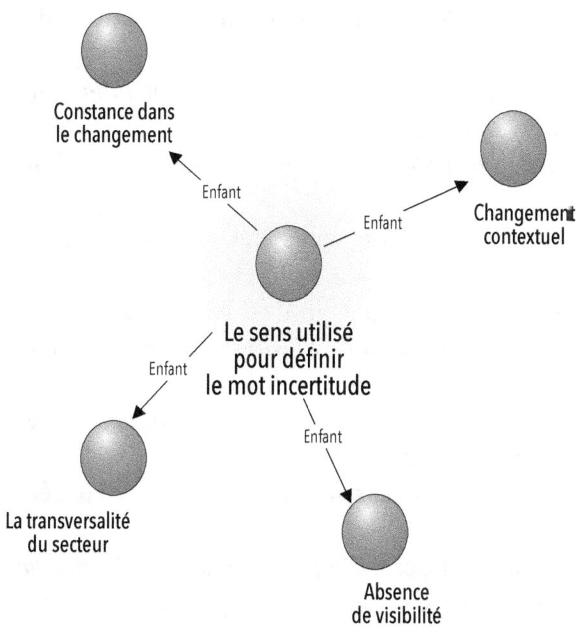

MT

Source : Élaboration propre

Au regard de la figure ci-dessus, le constat qui se dégage est que les différents interviewés apportent une perception et une représentation de l'incertitude bien particulière et spécifique à chacun d'entre eux. D'un côté, ceux du Ministère du Tourisme utilisent des expressions telles que le changement et le manque de visibilité pour exprimer leur difficulté à appréhender un environnement inédit. D'un autre côté, ceux de la SMIT mettent l'accent sur les aspects liés à la qualité de l'information et la fiabilité des sources, tout en s'appropriant la sémantique du risque et du danger pour exposer les répercussions que suscite un avenir incertain. Et enfin, les acteurs de l'ONNE, très influencés par leurs formations de base, empruntent des termes couramment utilisés en statistiques et en théorie des probabilités tels que l'écart, la fluctuation, la variabilité et la variation.

Des éléments de réponse qui ne peuvent que se compléter et s'entremêler pour témoigner de la richesse sémantique du concept et de la difficulté à trouver une définition univoque, harmonisée et universelle, comme l'ont souligné (Lipshitz et Strauss, 1997 ; MacCormack et Verganti, 2003 ; Jalonen, 2011 ; St-Pierre et Labelle, 2017 ; Dönmez et Grote, 2018).

D'ailleurs, un survol non exhaustif de quelques définitions issues de la littérature pluridisciplinaire (présentées ci-dessous) permet de retrouver les mêmes perceptions. L'incertitude correspond :

- à l'***incomplétude de l'information*** dans le processus décisionnel (Hayek, 1945) ;
- à la possibilité d'un événement potentiellement ***dangereux*** (Freeston et coll. 1994) ou ***négatif*** (Dugas et coll., 2001) ;
- au ***manque de certitude*** impliquant la ***variabilité*** et/ou l'***ambigüité*** (Brauers, 1986) ;
- au ***manque d'informations*** complètes sur les événements futurs (Krickx, 2000) ;
- aux événements sur lesquels il n'est pas possible d'obtenir des données fiables et il n'est pas possible ***d'estimer la probabilité*** de leur occurrence (Holton, 2004) ;
- au manque de certitude pour cause de ***variabilité*** au niveau des indicateurs de performances (Ward et Chapman, 2003) ;
- à la possibilité d'événements ***négatifs*** qui ne peuvent pas être prédits (Carleton et coll., 2010) ;
- à ne pas être sûr de disposer ***d'informations complètes, exactes et cohérentes*** pour prendre une décision ou pour accomplir une tâche (Ibrahim et coll., 2009) ;
- à une situation où les décideurs ont des ***connaissances limitées*** pour être en mesure de décrire avec précision les résultats d'événements futurs (Carbonara et Caiazza, 2010) ;

- à l'inévitable imprévisibilité du futur résultant de facteurs imprévisibles (Spiegelhalter, 2017).

Au-delà de cette diversité de définitions, l'incertitude, dans son sens le plus large, est de plus en plus considérée, aujourd'hui, comme un concept holistique qui englobe un vaste champ disciplinaire allant de l'économie aux sciences exactes en passant par la philosophie, la psychologie et la sociologie (Han et coll., 2018). Chaque discipline apporte une vision et un regard sémantique propres à la définition de l'incertitude, engageant, par conséquent, davantage la polysémie autour du concept.

1.2 Synthèse sur les termes utilisés dans les discours officiels pour appréhender l'avenir incertain

Rappelons au préalable que, d'une part, l'objectif attendu, à travers la présente question, est d'examiner dans les discours des interviewés d'éventuelle présence d'assimilation trop réductrice, voire même d'amalgame entre le concept du risque et celui de l'incertitude ; et que, d'autre part, la théorie pivot mobilisée à cet effet est centrée sur la dichotomie radicale de Knight et Keynes et sur leur scepticisme absolu envers le traitement mathématique du raisonnement en avenir incertain.

Ainsi, à la lecture du tableau de synthèse ci-dessous, il est apparaît que seul le discours officiel au sein de la Direction, à laquelle est rattaché le service de veille stratégique de l'ONEE, aborde et traite le futur incertain avec langage beaucoup plus centré sur la notion du risque. Comme cela a été déjà soulevé dans l'analyse intracas, la maîtrise et la gestion du risque sont les préoccupations majeures auxquelles tentent de répondre plus spécialement les acteurs de l'Office. Une approche pragmatique qui attribue au concept d'incertitude une connotation statistique en l'associant à des termes couramment utilisés en théorie des probabilités, tels que "l'écart-type". Un mode d'appréhension qui a plus tendance à traduire l'incertitude en risque afin de disposer d'une meilleure capacité de maîtrise sur le futur (Bance, 2018). Pour les deux autres cas d'étude, le terme "incertitude" est le plus usuellement utilisé dans le discours officiel avec, toutefois, une certaine interprétation de méfiance reflétée par des expressions de préoccupation et de crainte, comme c'est le cas de la SMIT.

Les termes utilisés dans les discours officiels des trois cas d'étude pour appréhender l'avenir incertain

	A : Avenir incertain
MT	Au niveau du Ministère ou même au niveau de notre Division, pour parler d'un futur incertain, ***on utilise plus l'expression «incertitude».*** Dans notre cellule de veille, ***on utilise beaucoup plus le terme «incertitude»*** pour parier d'un contexte incertain.
ONEE	Toujours par rapport à notre activité, ***au lieu d'utiliser le terme d'incertitude, on parle plutôt d'écart*** par rapport à un référentiel d'indicateurs (***écart important signifie risque***). Dans un environnement dans lequel évolue l'ONEE (secteur d'énergie), ***on a tendance à associer le risque à l'incertitude***.
SMIT	Je vais reprendre les mêmes termes utilisés pour définir l'incertitude, le ***risque***, le ***danger*** et le changement. On utilise plus des expressions telles que : ***pas claire***, des ***sources*** non fiables.

Source : Élaboration propre

D'ailleurs, un examen succinct des différentes définitions du risque dans la littérature[146] permet d'apporter plus d'explications au choix des termes retenus par mes interlocuteurs pour décrire un avenir incertain.

Il est question d'une liste chronologique de définitions issue de divers domaines d'intérêts scientifiques (économie, finance, informatique, gestion de projets, psychologie et sciences de l'environnement) dans laquelle les auteurs considèrent que le risque peut être défini comme suit :

- Une des conditions de prise de décision managériale qui nécessite de pouvoir déterminer la ***probabilité*** des effets anticipés des décisions (Raiffa et Luce, 1957).
- ***Variation*** du rendement des investissements sur le marché des capitaux (Markowitz, 1959).
- La possibilité d'un ***échec***, en particulier l'avènement d'événements indépendants, qui ne peuvent être prévus ni entièrement évités, et qui peuvent induire des contraintes d'efficacité, de rentabilité et d'économie (Zieleniewski et Szczypiorski, 1963).

146. J'ai eu recours à une liste récente de définitions proposée par Jedynak et Bąk (2020).

- Il s'agit d'une ***incertitude mesurable*** quant à savoir si l'objectif visé sera atteint (ARIA[147], 1966).
- La ***mesure de la probabilité*** et le ***poids*** des conséquences indésirables (Lawrence, 1976).
- Situation où au moins un des éléments qui la composent n'est pas connu, mais la ***probabilité*** de son événement peut être ***mesurée*** (Pasieczny, 1981).
- Relatif à la ***probabilité d'occurrence*** et à la ***gravité*** des conséquences d'un événement (Wilson et Croupton, 1982).
- Risque de ne pas atteindre l'objectif prévu en raison d'***informations incomplètes*** (Holscher, 1987).
- Situation où, ***faute d'informations suffisantes***, les décisions qui doivent être prises ne sont pas optimales en vue des objectifs visés (Kreim, 1988).
- ***Danger*** de ne pas atteindre les objectifs visés ou de subir des ***pertes*** (Sierpińska et Jachna, 1993).
- ***Incertitude*** liée à des événements futurs ou aux résultats des décisions prises (Sankey Jr., 1992).
- ***Menace*** de ne pas atteindre l'objectif souhaité (Gruszka et Zawadzka, 1992).
- ***Volatilité*** des flux de trésorerie nets générés dans une entreprise donnée, mesurée par ***l'écart type*** (Uyemura et Deventer, 1993).
- Possibilité d'***écart*** entre le résultat réel et celui prévu (Büschgen, 1997).
- ***Incertitude*** sur l'***écart*** entre les résultats obtenus et ceux prévus (Johanning, 1999).
- La possibilité que des événements ou des tendances défavorables entraînent des pertes futures ou des fluctuations des revenus futurs (Marshall, 2001).
- Probabilité que les résultats du processus ne répondent pas aux attentes (Knechel, 2002).
- ***Danger*** menaçant le succès des actions entreprises (Damodran, 2002).
- ***Menace*** de subir une ***perte*** quantifiable (Buła, 2003).
- ***Incertitude*** quant à l'obtention de résultats attendus (Doerig, 2003).
- ***Dommages*** attendus suite à la survenue d'un événement (Campbell, 2005).

147. L'American Risk and Insurance Association (ARIA) est une organisation professionnelle consacrée à la gestion des risques et à l'étude des différents marchés d'assurance.

- Le degré de ***variabilité*** ou d'***incertitude*** dans l'atteinte d'un résultat prévu (Stabryła, 2006).
- ***Incertitude*** quant à la survenance d'un sinistre (Regda, 2007).
- ***Incertitude*** et ***gravité*** des événements et de leurs conséquences (Aven et Renn, 2009).
- Effet (exprimé en ***écart*** par rapport à l'état attendu) de l'incertitude sur les objectifs (qui peut avoir différents aspects et catégories et qui peut être utilisé à différents niveaux de gestion) (ISO 31000, 2018).

Cette chronologie, certes non exhaustive, révèle, néanmoins, qu'il n'existe pas de consensus sur une définition du risque communément acceptée par la communauté scientifique. Une forme de polysémie qui peut se traduire en une situation d'ambigüité sémantique (un chevauchement terminologique) avec le concept d'incertitude. D'ailleurs, une analyse textuelle de cette série de définitions (figure ci-dessous) permet d'éclairer comment l'incertitude fait partie des mots les plus utilisés pour décrire la notion du risque. Ce parallélisme entre les deux concepts est plus apparent en économie où l'état d'incertitude a été réduit à un état de risque par l'attribution de probabilités subjectives.

Le nuage des mots les plus cités dans la liste des définitions

Source : Élaboration propre

Que ce soit dans le milieu académique ou dans le monde de l'entreprise, l'incertitude, à l'instar du risque, continue d'être un terme assez vaguement défini, entraînant souvent confusion et ambigüité. Néanmoins, le contexte international marqué par la pandémie du Covid a permis de révéler toute l'ampleur sémantique que revêt réellement ce concept et d'illustrer au grand jour la dichotomie knightienne, vieille de plus d'un siècle. Bien qu'il existe un lien de causalité[148] entre les deux, le sens de l'incertitude va bien au-delà de celui du risque et couvre un continuum, impliquant de multiples niveaux à prendre en considération (en référence à Courtney et coll., 1997). La crise sanitaire est l'exemple parfait que le monde est trop imprévisible pour qu'il soit modélisé avec exactitude en ayant recours à des techniques statistiques et probabilistes de gestion de risques, les plus sophistiquées soient-elles. La pandémie a prouvé l'existence d'un niveau extrême d'incertitude, le fameux *cygne noir* de Taleb ou *inconnu inconnu* de Rumsfeld, auquel le calcul rationnel n'est plus approprié.

En somme, cette disparité dans l'emploi des mots "incertitude" et "risque" dans le discours officiel de mes trois cas d'étude pour décrire leur futur incertain, impose de tirer les leçons de cette situation de crise inédite pour élaborer une sémantique plus claire et précise et éviter toute confusion ou amalgame entre les deux concepts.

1.3 Synthèse sur la confrontation à l'incertitude (source de motivation ou de déstabilisation)

La présente question avait pour objectif de vérifier, auprès d'interviewés, si l'incertitude jugée motivante ou non motivante a une influence sur leurs attitudes face à l'incertain. Le tableau de synthèse ci-dessous montre que tous les acteurs considèrent l'incertitude comme une source de motivation et qu'elle exerce un effet de levier important sur leur capacité à affronter des situations incertaines, comme celles vécues avec la crise du Covid-19.

148. L'incertitude est la source/cause du risque.

La confrontation à l'incertitude (source de motivation ou non) pour les trois cas d'étude

	A : Motivante	B : Non motivante
Noeud de cas		
MT	Dans le cas de la pandémie actuelle, l'incertitude a contribué à ***mobiliser*** toute l'équipe de veille en cherchant plus de données et d'informations pour la ***cerner***. Beaucoup plus de motivation. L'incertitude nous ***mobilise*** à chercher plus pour combler le déficit informationnel et rendre l'environnement plus intelligible.	
ONEE	L'incertitude ***alimente*** nos plans d'action. Elle nous pousse à progresser et à évoluer. C'est plutôt une source de ***motivation***. On appréhende l'avenir avec ***un esprit positif*** puisque ça permet d'insérer nos méthodes et nos outils dans un processus d'amélioration en continu.	
SMIT	L'incertitude nous offre beaucoup plus de ***sources d'opportunités*** et nous amène à s'engager comme partie prenante. Face à une situation incertaine, l'objectif est d'essayer de développer des scenarios pour avancer. Il faut, du coup, ***accepter l'incertitude et vivre avec***, mais, en même temps, ça suscite la recherche de bons outils techniques pour mieux la gérer	

Source : Élaboration propre

Malgré des perspectives très incertaines qui planent sur le secteur du tourisme et celui de l'énergie, les interviewés ont mis en avant qu'ils sont plus enclins à accepter l'incertitude telle qu'elle se présente aujourd'hui et à déployer toute l'énergie et les moyens nécessaires pour affronter l'avenir imprévisible qui se profile devant eux. Une attitude volontariste, combinée à une motivation extrinsèque très forte générée par l'incertitude, les pousse à vivre avec, à se mobiliser de façon positive et à chercher les solutions appropriées à entreprendre pour tenter de maîtriser une conjoncture aussi imprévisible.

Ainsi, bien que cette synthèse comparative ne puisse être exhaustive étant donné le nombre restreint de participants à cette étude, la thèse de "l'incertitude motivante", soulevée dans l'analyse intracas, apparaît clairement comme le principal point de ralliement entre les trois cas d'étude.

Notons toutefois qu'à travers la revue de littérature, cette tendance n'est pas toujours à sens unique de point de vue psychocomportemental.

Pour H. Xu et coll. (2020) le stimulus d'incertitude est une épée à double tranchant, d'une part, les individus ont généralement tendance à éviter l'incertitude, et d'autre part, le stimulus peut, dans certaines circonstances, les inciter à prendre des décisions. Si auparavant, dans les fondements historiques de la prise de décision comportementale, des théories économiques telles que *l'utilité espérée* de Von Neumann et Morgenstern (1944), *la théorie des perspectives* de Tversky et Kahneman (1992) et *l'effet de l'incertitude* de Gneezy et coll. (2006) soutiennent que plus le degré d'incertitude est élevé, plus l'individu sera porté à un comportement d'évitement ou d'indifférence ; récemment, des recherches et des études expérimentales ont montré que l'appropriation de l'incertitude permet d'augmenter la motivation lors de la poursuite d'un objectif (Shen et coll., 2015 ; Moon et Nelson, 2019 ; Sevilla et Meyer, 2020). Ce dernier courant de chercheurs a perçu à travers des expériences que l'incertitude a un effet positif sur le comportement des individus et qu'elle est susceptible de susciter chez eux des sensations motivantes à l'égard de l'inconnu telles que le suspense, la curiosité, l'enthousiasme et l'excitation, comme le suggèrent Shen et coll. (2015) "uncertainty increases motivation by generating positive experience during the pursuit of a reward of an uncertain magnitude. Research has shown that uncertainty about positive outcomes stimulates positive feelings and arousal" (ibidem, p. 2).

D'ailleurs, lors de leurs interventions dans les entretiens, les acteurs des trois cas d'étude ont dégagé des sentiments et des sensations semblables à ceux cités plus haut, révélant un état d'esprit très positif face à l'incertain.

2. Synthèse sur l'évaluation de l'incertitude

Cette seconde et dernière partie d'analyse intercas, expose les synthèses comparatives des résultats obtenus lors de l'analyse intracas au regard du cadre théorique et de l'ensemble des éléments théoriques mobilisés dans la grille d'analyse thématique, à savoir :

- Les trois dimensions d'évaluation de l'incertitude dans un processus d'intelligence économique (le contextuel, le technico-organisationnel et le social).

- Les trois critères retenus pour évaluer l'incertitude dans chaque dimension :
    - Les quatre niveaux d'incertitude de Courtney et coll. (1997),
    - Les quatre composantes de l'approche VUCA,
    - Les imbrications entre les incertitudes.

2.1 Synthèse sur les trois dimensions d'évaluation de l'incertitude

Dans un premier temps, l'analyse croisée des trois cas d'étude sur l'ensemble des dimensions d'évaluation (figure ci-dessous) met en lumière l'ampleur des incertitudes contextuelles qui planent sur le Ministère du Tourisme par rapport aux deux autres organismes. Compte tenu de la conjoncture mondiale, marquée par la crise sanitaire, le secteur du tourisme a été sujet à plus d'incertitudes[149] en externe que celui de l'énergie, pas uniquement à l'échelle nationale, mais même à l'échelle internationale, comme l'en a témoigné Zurab Pololikashvili (2020), le Secrétaire général de l'OMT "The impact of the pandemic on already slowing economies has made tourism particularly vulnerable, becoming the hardest-hit sector so far"[150]. Bien que la SMIT opère dans le même secteur d'activité et fait face à un nombre aussi important d'incertitudes, la cellule de veille stratégique au sein du Ministère adopte une approche plus large en prêtant attention à tous les maillons de la chaîne touristique.

Par ailleurs, sur le plan technico-organisationnel, la SMIT et le Ministère du Tourisme se partagent le même niveau en termes d'incertitudes. Certes ces derniers ne sont pas similaires, mais elles reflètent néanmoins l'envergure des enjeux et des préoccupations que doivent affronter ou surmonter les différents acteurs, que ce soit ceux du service de veille stratégique ou ceux de business intelligence. Notons toutefois que le point central et commun qui les relie et qui attire toute leur attention, surtout des veilleurs, gravite autour de la notion de "information" et tout particulièrement les deux problématiques annexes "information utile" et "source d'information fiable". En effet, comme déjà présentée et détaillée dans l'analyse intracas, l'univers numérique actuel soumis au Big Data, à la désinformation, à l'explosion des plateformes et des canaux de communication et à l'infobésité donne lieu à des perspectives très moroses en raison de l'incertitude qui règne quant à la fiabilité de l'information et des sources dont celle-ci émane.

149. Dans l'analyse intracas du Ministère du tourisme, j'ai recensé trois incertitudes sur le plan contextuel plus une quatrième que j'ai intégrée à la deuxième (Comportement des touristes + (réglementaire+transversalité) + géopolitique)

150. Une déclaration publiée le 17 mars 2020 sur le site internet officiel de l'Organisation mondiale du tourisme (OMT).

Finalement, au niveau social, bien que le nombre d'incertitudes soit moins élevé pour les trois cas d'étude, le facteur humain, qu'il soit en interne ou en externe, demeure un élément important et un maillon clé qui conditionne à la fois la réussite des différents processus de veille mis en place mais également la qualité de leurs outputs..

Le nombre d'incertitudes pour les trois cas d'étude

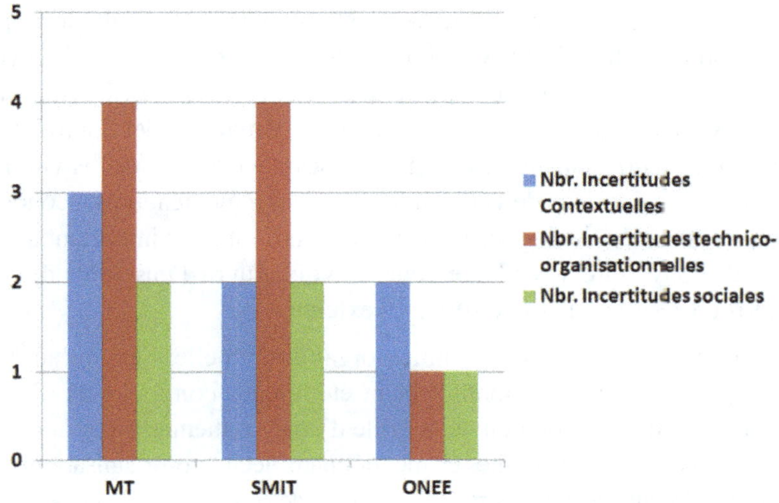

Source : Élaboration propre

Au regard du cadre théorique, l'agrégation du triptyque (contextuel, technico-organisationnel et social) a permis de révéler un nombre conséquent d'incertitudes couvrant l'ensemble de la démarche d'intelligence économique.

Rappelons que le choix de ces trois dimensions a été fait de manière progressive à travers des allers-retours entre la littérature et ma première immersion exploratoire du terrain. À cet effet, le modèle d'Explication du Problème Décisionnel proposé par Bouaka et David (2004) a servi de référence puisqu'il appréhende l'intelligence économique selon un aspect décisionnel et offre, ainsi, un cadre général de la partie amont du processus de prise de décision, en intégrant les rôles des acteurs concernés par la démarche (décideur/veilleur). La confrontation entre les dimensions proposées dans le modèle et les propos des répondants de la première phase d'exploration a permis de statuer sur la combinaison la mieux adaptée à l'objet de cette recherche. D'ailleurs, la définition de l'intelligence économique proposée par Bournois (2000) réintègre implicitement les mêmes notions, "C'est une démarche **organisée** visant à améliorer la compétitivité par la collecte, le traitement et la diffusion de l'information en provenance de l'**environnement** qui enrichit le projet stratégique, mobilise les acteurs externes, utilise **des outils** spécifiques et s'appuie sur des **réseaux internes et externes.**"[151] (ibidem, citée par Daguzan, 2004, p. 163).

De fait, pour évaluer l'incertitude, je me suis intéressé dans un premier temps au contexte environnemental, qu'il soit immédiat ou global (au sens de Bouaka). Toute entreprise, privée ou publique, est avant tout un système ouvert qui interagit en permanence avec l'environnement externe dans lequel elle doit opérer et se développer (Dhaoui, 2008). De plus, celui-ci est en perpétuelle évolution au prisme des transformations sociétales (Chadoin, 2020). C'est dans cette perspective que l'intelligence économique vise à maîtriser les contraintes et les incertitudes environnementales en anticipant les changements de l'environnement et en menant des actions de veille qu'elles soient réglementaires, économiques, politiques, sociales, écologiques ou culturelles. Il est donc important d'avoir un champ de couverture assez large pour pouvoir couvrir l'ensemble des sources d'incertitudes susceptibles de surgir en externe.

Concernant la dimension technico-organisationnelle, bien qu'au départ le "technique" et l'"organisationnel" aient été retenus comme deux dimensions distinctes lors de l'élaboration de la grille d'analyse thématique, j'ai opté par la suite à fusionner les deux termes en mentionnant "technico-organisationnel" en se référant à la logique technico-organisationnelle de Hubault et coll. (1996). Pour ces derniers, il importe de faire une distinction entre deux logiques, la logique technico-organisationnelle ou logique de la prescription (la tâche à exécuter) et la logique du vivant (la personne dans sa dimension psychique, sociale, psychophysiologique, etc.). Cette dichotomie m'a servi à mettre en évidence une troisième dimension "le social" basée principalement sur le "facteur humain".

Ce volet social s'intéresse aux incertitudes que peut engendrer le facteur humain dans une démarche d'intelligence économique, que ce soit en interne et en externe. De plus, la prise en compte de cet élément s'inscrit dans une logique de réseau, indispensable à tout processus informationnel en raison de la richesse des sources d'informations qu'elle peut offrir. Autrement dit, la dimension sociale couvre à la fois le réseau interne et le réseau externe de chaque cas d'étude.

En somme, ce triptyque m'a permis d'identifier un ensemble varié d'incertitudes touchant la pratique d'intelligence économique dans un contexte VUCA.

151. Citation mise en gras par mes soins.

2.2 Synthèse sur les trois critères mobilisés pour l'évaluation de l'incertitude dans chaque dimension

2.2.1 Les quatre niveaux d'incertitude (H. Courtney et coll., 1997)

Rappelons, en préambule, que Courtney et coll. (1997) ont proposé un cadre d'analyse permettant de déterminer quatre niveaux d'incertitude entourant les décisions stratégiques :

- N1 : *un avenir suffisamment clair,* où le décideur n'a besoin que d'une seule prévision ou d'une seule direction stratégique assez précise pour développer une stratégie. Dans ce cas de figure, l'avenir est suffisamment prévisible pour que cette incertitude n'ait pas ou n'ait que peu d'importance dans la prise de décision.
- N2 : *des futurs alternatifs,* le décideur se trouve confronté à un ensemble limité de résultats possibles dont un seul se produira. Sans stratégie dominante, le recours aux probabilités relatives aux différents scénarios éventuels s'avèrera indispensable pour faciliter la prise de décision. Communément, le choix se portera en fin de compte sur la stratégie dont la valeur attendue est la plus élevée. Néanmoins, en cas d'aversion au risque, le décideur va se concentrer uniquement sur les stratégies dont les bénéfices sont les plus stables.
- N3 : *une gamme de futurs,* contrairement au précédent niveau, le décideur se place devant des scénarios inclus dans un éventail plus large de résultats possibles. Dans l'impossibilité d'attribuer des probabilités, il peut tout de même essayer d'évaluer qualitativement les caractéristiques du rapport (risque vs bénéfice) globales de différentes stratégies qui s'offrent à lui.
- N4 : *la véritable ambigüité,* les multiples dimensions de l'incertitude se chevauchent, se connectent et finissent par instaurer un environnement encore plus difficile à prédire. Toutefois, ces types de situations extrêmes arrivent très rarement et si elles existent, elles ont tendance à se dégrader au fil du temps pour atteindre un niveau inférieur d'incertitude.

Ainsi, l'examen croisé du niveau d'incertitude dans les trois cas d'étude (figure ci-dessous) met en évidence, à première vue, que le Ministère du Tourisme s'illustre, à elle seule, par la présence d'un nombre conséquent de sources d'incertitude atteignant un degré extrême (N4), et ceci dans les trois dimensions requises pour l'évaluation. Un constat qui s'accorde bien avec la situation très délicate et incertaine dans laquelle se trouve le secteur du tourisme. La crise sanitaire et l'ère du numérique ont contribué à hisser certaines incertitudes vers des niveaux très élevés, particulièrement celles relatives au volet technico-organisationnel au sein du service de veille stratégique du Ministère. Des dimensions d'incertitude qui sont difficiles à prédire et dont les répercussions peuvent évoluer en fonction de l'ampleur de la pandémie.

Par ailleurs, pour le cas de l'ONEE, le niveau d'incertitude est assez élevé (N3) sur le plan contextuel en raison de la crise sanitaire et de la guerre russo-ukrainienne. Quant à la SMIT, les incertitudes d'ordre contextuel plus deux autres technico-organisationnelles (la tutelle technique et le rapport avec les fournisseurs d'informations) atteignent également un niveau assez élevé (N3).Des situations, certes incertaines, mais les acteurs peuvent néanmoins recourir à la méthode des scénarios pour envisager leur évolution dans le futur et tracer les différents cas de figure possibles.

D'autre part, concernant le degré d'incertitude (N2) auquel l'information est disponible, mais la situation demeure tout de même à risque, les trois cas d'étude se partagent ce niveau avec certaines incertitudes issues de deux dimensions d'évaluation (le social et le technico-organisationnel), telles que la rétention de l'information, la fiabilité humaine en externe, le recrutement, la gouvernance de l'information et l'obsolescence technique.

Enfin, seulement trois incertitudes, prévenant de la SMIT et du Ministère et relatives aux trois dimensions, limitent leur position au premier niveau (N1) auquel l'avenir est suffisamment explicite et aisément prévisible, notamment l'environnement géopolitique du secteur du tourisme et la fiabilité humaine en interne. Un constat qui montre que la majorité des incertitudes auxquelles doivent faire face les acteurs des trois cas d'étude couvrent une plage allant d'un niveau à risque vers des degrés plus extrêmes et où chacune d'elles peut passer d'un niveau à un autre à tout moment au gré de la conjoncture, ce qui atteste de l'aspect morose du futur qui se dessine pour le secteur du tourisme et celui de l'énergie.

Le niveau d'incertitude pour les trois cas d'étude selon les dimensions contextuelle, technico-organisationnelle et sociale

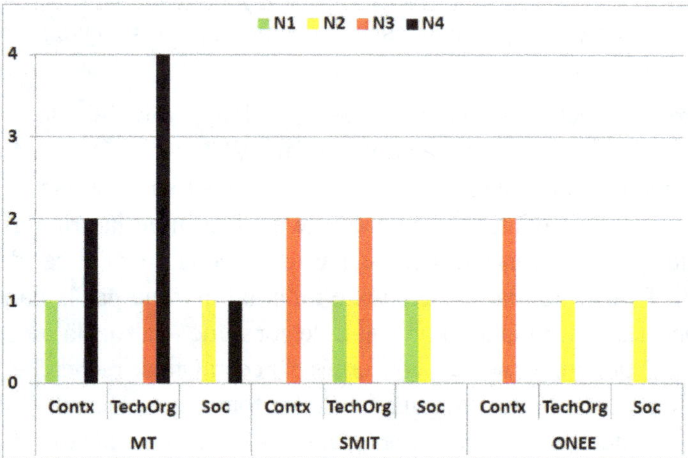

Source : Élaboration propre

Ainsi, le modèle proposé par Courtney pourrait permettre aux protagonistes de l'intelligence économique (ou de veille stratégique) d'avoir un aperçu global sur le niveau de chaque incertitude qui se présente devant eux (classé selon les trois dimensions sources d'incertitudes) et ainsi adapter, bien en amont, leur approche de veille et de recherche d'informations. Une grille d'évaluation qui n'est pas statique et qui peut évoluer dans le temps, c.-à-d. elle est sujette à d'éventuelles mises à jour.

2.2.2 Les formes d'incertitude (approche VUCA)

Notons pour rappel que l'approche VUCA est utilisée comme grille de lecture dans cette partie d'évaluation puisqu'elle permet de mieux illustrer les différentes formes que peut revêtir l'incertitude dans un contexte de crise inédite, la réalité parfaite du "VUCA world". Elle est basée sur quatre niveaux d'analyse :

- Volatility (volatilité) : l'incertitude due au caractère fluctuant, rapide et chaotique du changement.
- Uncertainty (incertitude) : l'incertitude due au manque ou à l'imperfection des informations, notamment sur la fin de la pandémie, sur l'efficacité des vaccins ou sur la dangerosité des variants.
- Complexity (complexité) : l'incertitude due à la complexité du contexte puisqu'au-delà de l'aspect purement sanitaire, la pandémie affecte également

d'autres secteurs (l'économie, la politique et le social) et ceci de manière complexe et interactive.

- Ambiguity (ambigüité) : l'incertitude due, par exemple, à la pluralité et la variété des mesures préventives mises en place par les gouvernements pour lutter contre la propagation du virus.

À la première lecture de la figure ci-dessous, Il apparaît d'emblée et de façon proéminente que le "**U**", deuxième paramètre VUCA relatif au manque ou à l'imperfection de l'information, est la forme la plus répandue dans l'ensemble des dimensions d'évaluation et se présente ainsi comme la principale source d'incertitude pour les trois cas d'étude, particulièrement pour le cas de la SMIT et l'ONEE. D'ailleurs, dans le contexte mondial marqué par la pandémie du Covid, l'accès à l'information fiable et utile constitue à la fois la préoccupation et l'enjeu majeur pour les acteurs concernés par ce travail de recherche. Le déficit en termes de disponibilité et de qualité de l'information a accentué davantage l'ampleur des incertitudes sur tous les plans, qu'ils soient contextuels, technico-organisationnels ou sociaux.

En second lieu, le "**A**" pour ambigüité est également bien présent dans les trois cas, mais beaucoup plus dans le cas du Ministère du Tourisme. Comme déjà présentée en détail dans l'analyse intracas, le service de veille stratégique au sein de cette institution a été confronté à un contexte inédit. En pleine crise, le secteur du tourisme, en plus de sa transversalité, dépend très étroitement de l'évolution de la pandémie et où l'équivocité des interprétations et des arguments qu'ont fournis les autorités, qu'elles soient nationales ou internationales, sur la gestion de la crise ont semé la confusion et la perplexité dans l'esprit des touristes potentiels, rendant la situation très ambiguë.

Ensuite, le "**V**" pour volatilité est uniquement présent dans deux cas d'étude (la SMIT et le Ministère) et cela principalement au niveau contextuel en raison l'environnement très chaotique que traverse le secteur du tourisme. L'instabilité, le dynamisme, la rapidité et la fréquence des changements ont été les maîtres mots qui ont marqué cette période de crise sanitaire et ont constitué, par conséquent, pour les acteurs du ce secteur, un enjeu majeur à gérer au quotidien.

Enfin, le Ministère est le seul cas d'étude où le "**C**" pour complexité est jugé comme source d'incertitude à la fois sur le plan contextuel et technico-organisationnel. De par la transversalité du secteur et de la forte dépendance du Ministère aux règlements pris par d'autres instances de l'État, le service de veille stratégique a dû faire face à un contexte très complexe dans lequel l'interconnexion croissante et l'interaction de multiples acteurs et facteurs environnementaux ont perturbé fortement la prise de décision.

Les formes d'incertitude pour les trois cas d'étude selon les dimensions contextuelle, technico-organisationnelle et sociale

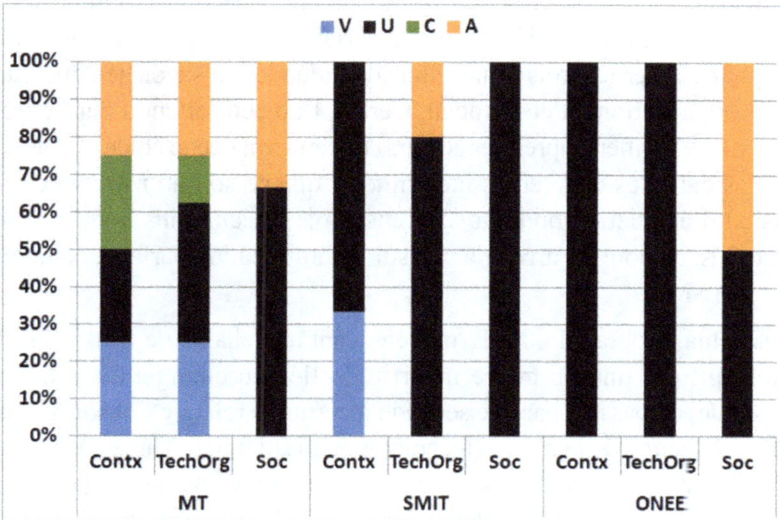

Source : Élaboration propre

En somme, le reflet clinquant du phonème VUCA est bel et bien présent dans la configuration des formes d'incertitudes du Ministère dans laquelle le volet contextuel présente la particularité d'allier à parts égales les quatre paramètres, volatilité, incertitude, complexité et ambigüité. Un constat qui témoigne encore une fois de la situation difficile dans laquelle se trouve le secteur du tourisme.

À l'instar du modèle de Courtney et coll. (1997), l'approche VUCA, comme déjà présentée et détaillée dans le troisième chapitre, apporte également un enrichissement dans l'évaluation des incertitudes entourant la démarche d'intelligence économique puisqu'elle permet aux acteurs concernés d'identifier, en amont du processus, la forme (ou les formes) exacte de chaque source d'incertitude. Une grille de lecture supplémentaire, mais nécessaire pour mieux appréhender les différentes natures de l'incertitude et pour permettre une meilleure maîtrise sur celle-ci.

2.2.3 L'imbrication des incertitudes

J'aborde, dans cette dernière étape d'analyse intercas, la question d'imbrication des incertitudes constatée lors de l'analyse intracas. Je me focalise essentiellement sur les relations causales qui se jouent entre les trois dimensions d'évaluation de l'incertitude dans les trois cas d'étude.

L'examen comparatif des trois imbrications d'incertitudes illustrées dans la figure ci-dessous met en exergue, de prime abord, que la forme d'imbrication correspondant à la SMIT est celle qu'on pourrait qualifier de configuration "parfaite". En effet, elle se présente, par rapport aux deux autres formes, comme la représentation en cascade "idéale" qui suit parfaitement l'ordre que j'ai sciemment adopté pour classer les trois dimensions d'évaluation, à savoir le contextuel, le technico-organisationnel et le social. Certes, l'objectif attendu par la présente question est de vérifier, auprès des acteurs concernés par cette étude, d'éventuelles incidences entre les différentes incertitudes, que ce soit au niveau de chaque dimension d'évaluation ou bien sur l'ensemble ; néanmoins, mon ambition a été, toutefois, de pouvoir arriver à une suite d'imbrication parfaite, comme celle relative à la SMIT.

Le schéma, propre à l'ONEE, met en avant une chaîne de liens d'incidence commençant par une première incertitude liée au changement climatique (contextuelle) en passant par une seconde incertitude relative l'obsolescence des outils de production de l'énergie (technico-organisationnelle) jusqu'à la troisième incertitude inhérente à la mise à niveau des ressources humaines (sociale). Un ordre que j'avais défini, au préalable, lors de l'élaboration du guide d'entretien. Ma conviction était fondée sur l'idée que tout changement dans le volet contextuel peut enchaîner sur une série d'imbrication ordonnancée, ceci a été d'ailleurs partagé par le veilleur de l'ONEE, "l'ordre que vous avez utilisé dans votre guide est bien ordonné puisque le contexte est le point de départ ensuite vient le technico-organisationnel et enfin le social".

Toutefois, au-delà de ce cas de figure, toutes autres configurations, que ce soit celle de la SMIT ou bien celle du Ministère, restent également valables dans cette étude puisque mon objectif principal est d'utiliser le critère de l'imbrication pour évaluer les liens d'influence entre les différentes incertitudes possibles.

Ainsi, au regard du cadre théorique, ce dernier critère d'évaluation fondé sur l'imbrication des incertitudes permet d'apporter plus d'éclairage aux acteurs de l'intelligence économique (ou de veille stratégique) sur les relations qui peuvent exister entre les différentes incertitudes auxquelles ils sont confrontés. Il leur permet d'identifier à la fois la nature et l'emplacement de l'incertitude (ou des incertitudes) qui peuvent influer sur d'autres incertitudes en augmentant leurs niveaux.

L'imbrication des incertitudes pour les trois cas d'étude selon les dimensions contextuelle, technico-organisationnelle et sociale

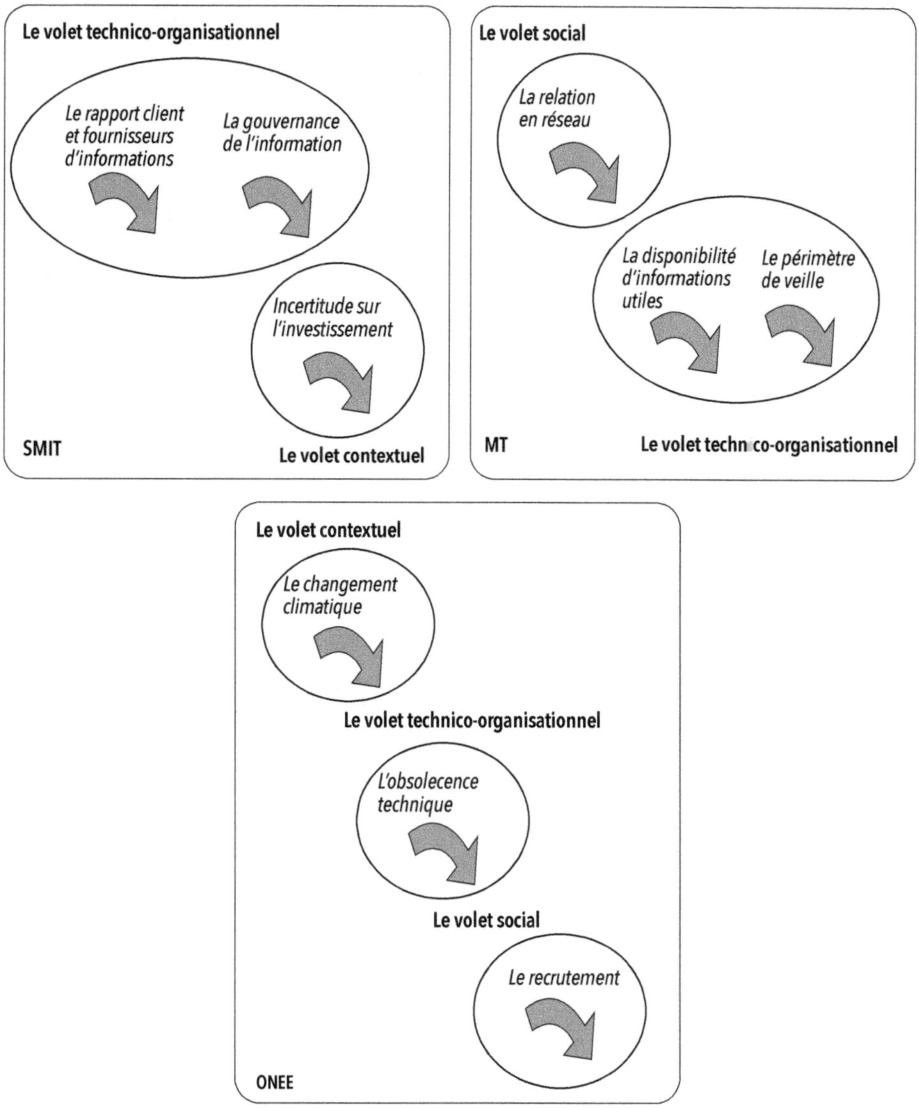

Source : Élaboration propre

CONCLUSION

" *Toute connaissance est une réponse à une question.*"
Gaston Bachelard

" *L'erreur n'annule pas la valeur de l'effort accompli.*"
Proverbe

La présente conclusion marque bien l'aboutissement de cet ouvrage, mais elle propose, surtout, au lecteur, une synthèse générale de l'étude, étayée par une présentation de ses principales limites ainsi que les voies de recherche les plus prometteuses qui peuvent en émerger.

Synthèse de la recherche

Cette recherche a eu comme objectif de répondre à deux questions majeures, d'une part, la perception que les acteurs de l'intelligence économique ont envers la notion de l'incertitude et, d'autre part, la question d'évaluation de celle-ci dans un processus d'intelligence économique contextualisé par le phénomène VUCA. L'originalité de ce travail réside dans le rapprochement et le dialogue opérés entre le cadre théorique mobilisé par la recherche et le terrain empirique. Le maintien d'une ligne de conduite entre les deux corpus a permis d'établir une grille d'analyse originale susceptible de contribuer à mieux comprendre la réalité du phénomène étudié et de permettre, ainsi, de présenter un modèle d'évaluation qualitatif de l'incertitude aux protagonistes de l'I.E.

Les trois premiers chapitres étaient l'occasion d'apporter plus d'éclairage sur un triptyque dont les trois composants (incertitude - intelligence économique - VUCA) forment un ensemble cohérent et déterminant pour la conduite de la phase empirique de la recherche.

Le chapitre d'introduction a permis de dresser, à travers un survol chronologique des débats philosophiques et théoriques, un panorama historique sur l'interprétation et l'évaluation du concept d'incertitude dans la pensée économique. Ainsi, il a permis d'exposer le duel féroce qui s'est imposé entre deux grands courants sur la conception de la décision en univers incertain. D'un côté, le courant de la théorie subjective de probabilité et dont les principaux porte-parole Ramsey (1931), de Finetti (1937) et Savage (1954) ont été de grands défenseurs du modèle d'espérance subjective d'utilité qui permet de ramener la décision dans l'incertain à un risque subjectif. De l'autre côté, Knight (1921) et Keynes (1921, 1936), résolument sceptiques au traitement mathématique du raisonnement en incertitude, ont prescrit une distinction radicale entre le risque qui est mesurable par les probabilités et l'incertitude qui ne repose, quant à elle, sur aucune base de calcul (non probabilisable ou non mesurable). Le second chapitre a contribué à étayer les fondements historiques, sémantiques et culturels de l'intelligence économique. La délimitation de l'objet de recherche et du problème décisionnel ont contribué, d'une part, à apporter un éclairage sur les paramètres situés en amont du processus d'intelligence économique et, d'autre part, à permettre l'élaboration de la grille d'analyse prévue pour l'appréhension et l'évaluation de l'incertitude. Le troisième chapitre a été l'occasion de se pencher sur les bases théoriques qui sous-tendent le concept VUCA et qui peuvent cerner les fondements mêmes de chaque élément de l'acronyme. Le recours à l'approche VUCA a offert une grille de lecture inédite et un protocole d'analyse intéressant pour identifier les formes d'incertitudes qui se dessinent dans l'environnement des entreprises et des organisations, tout particulièrement dans le contexte mondial bouleversé par la venue de la pandémie du Coronavirus.

De surcroît, le volet empirique a été structuré en trois chapitres complémentaires combinant protocole méthodologique et analyse des résultats obtenus.

Le quatrième chapitre a eu pour objet de présenter la démarche exploratoire qualitative comme stratégie d'accès au terrain au regard de la compréhension de l'objet de recherche. S'inscrivant dans une logique épistémologique interprétativiste et un raisonnement par abduction, le travail d'investigation s'est déroulé en deux phases principales. La première immersion a été réalisée sous la forme d'une étude exploratoire préliminaire caractérisée par des allers-retours réguliers entre terrain et revue de littérature. Le matériau recueilli par le biais d'une série d'entretiens peu structurés auprès de praticiens et acteurs directement concernés par l'étude a permis de faire évoluer progressivement le canevas de recherche et de laisser émerger spontanément des thèmes et des sous-thèmes particulièrement utiles pour formaliser le guide d'entretien de la seconde phase. D'ailleurs, dans cette dernière, le travail de recueil de données a été réalisé avec plus de profondeur en ciblant, cette fois-ci, trois cas d'étude et en recourant à des entretiens semi-directifs. L'ambition étant d'apporter des éléments de réponse plus étoffés aux questions de recherche à travers les interprétations et le vécu des interviewés confrontés à un contexte particulier, tel que celui de la crise sanitaire. De plus, le recours une approche qualitative par étude de cas multiples, inspirée des recommandations de Yin (2009) et Eisenhardt (1989), a permis d'appréhender une *réalité vécue*. Le protocole adopté constitue, ainsi, un apport méthodologique intéressant pour étudier un *phénomène complexe dans un contexte inédit*. Par ailleurs, les deux derniers chapitres sont consacrés à l'analyse du corpus issu de l'enquête. Le cinquième chapitre a été l'occasion de présenter les résultats de la première phase de traitement de données intracas. À ce stade, la confrontation du cadre théorique aux données recueillies des entrevues a permis, d'une part, d'obtenir une image détaillée et plus représentative de la réalité de chaque cas étudié et d'autre part, de rendre compte de la mise en œuvre et de l'opérationnalité du modèle conceptuel mobilisé dans l'évaluation de l'incertitude dans un environnement VUCA. Enfin, le sixième chapitre s'est intéressé à l'analyse comparative intercas. En croisant les résultats des trois cas d'étude, cette seconde phase d'analyse a apporté un éclairage complémentaire à mes questionnements, tant sur le plan théorique (l'appréhension du concept d'incertitude) que pratique (la mise en perspective de la faisabilité du modèle d'évaluation qualitative proposé aux acteurs de l'intelligence économique).

En définitive, comme l'avait déjà fait remarquer Girin (2016), "on ne peut jamais donner de représentation simplifiée d'un fait quelconque sans laisser de résidu" (ibidem, p. 306). Ce travail de recherche, bien qu'il apporte des contributions conceptuelles et managériales très pertinentes, n'est toutefois pas exempt d'un certain nombre de limites qui constituent autant de perspectives et de nouvelles voies d'études pour de futures recherches.

Limites de la recherche

Comme toute recherche, la présente étude doit faire l'objet d'une lecture critique et accuse, certes, des limites qui demandent à être prises en compte lors de l'interprétation des résultats. Parmi lesquelles, il convient de distinguer celles qui sont liées au cadre théorique de celles qui sont relatives au protocole méthodologique.

Du côté théorique, et en rapport étroit avec la problématique, cette étude s'est principalement construite autour d'un postulat de base, inspiré de la dichotomie qu'introduit Knight (1921) et Keynes (1921), selon lequel le concept de l'incertitude, a contrario du risque, ne peut être quantifié ni probabilisé. Une prémisse qui trouve son empreinte dans le contexte de crise où l'avènement de la pandémie du Covid-19 a surpris le monde entier tant par ses multiples incertitudes que par sa virulence. En présence d'un événement de type cygne noir (Taleb, 2007), l'absence de visibilité devient la normalité, mais surtout révèle comment l'élaboration des prévisions en univers incertain paraît très difficile, voire impossible. Un ancrage théorique qui a fortement contribué à structurer mes réflexions et à orienter ce travail de recherche. À cela s'ajoute une seconde limite portant, cette fois, sur le modèle théorique proposé aux acteurs de l'intelligence économique pour évaluer les différentes incertitudes générées par un environnement VUCA. Élaboré de manière abductive par des allers-retours entre terrain et littérature, le modèle constitue, certes, par l'articulation d'éléments conceptuels intéressants, un apport considérable, tant sur le plan théorique que pratique, mais celui-ci se présente, néanmoins, comme un essai de modélisation. L'ambition dans ce travail de recherche n'est pas d'apporter une réponse universelle, mais de proposer un modèle théorique pratique répondant à la problématique. Il apparaît, ainsi, comme un moyen d'évaluation opérationnel ; et non une fin en soi.

Par ailleurs, du côté méthodologique, le recours exclusif à une approche qualitative par étude de cas reste la limite majeure de ce travail doctoral, soulevant des interrogations quant au manque d'objectivité, à la représentativité de la recherche, à la rigueur scientifique ou encore au fort ancrage du chercheur dans le contexte étudié (Yin, 2014). L'intérêt de souscrire à tel protocole apparaît clairement de ma volonté d'essayer de comprendre de manière plus approfondie un phénomène complexe, encore peu étudié et surtout dans un contexte inédit. Ainsi, au regard de la spécificité et la nature de l'objet étudié, l'analyse qualitative s'annonce communément comme un excellent exercice intellectuel pour faire émerger du sens (Paillé et Mucchielli, 2003). Sur un terrain inexploré, l'utilisation l'étude quantitative semble moins appropriée dans un premier temps. De surcroît, toujours dans un souci de généralisation des résultats obtenus, la seconde limite d'ordre méthodologique porte sur la faible taille de l'échantillon de l'étude. Bien que ce travail de recherche repose uniquement sur trois cas d'étude, le but n'est pas de valider ou invalider des hypothèses sur un échantillon plus large, mais, plutôt, d'apporter des éléments de compréhension à un phénomène étudié dans un contexte précis (l'environnement VUCA). C'est pourquoi, en vue de favoriser la réplication littérale, j'ai veillé à retenir des cas d'étude répondant à cet intérêt. En dernier lieu, une troisième limite est à prendre en compte. Elle est liée au choix de l'entretien semi-directif comme principal outil de recueil de données. Certes, cette technique d'enquête est la plus fréquemment utilisée pour mener des études exploratoires, mais elle contribue à rendre la recherche sujette à différents types de biais, notamment en termes de biais de subjectivité des données recueillies, de sélection des interviewés ou bien de contamination au moment du recueil des discours. De plus, même les opérations préalables à l'analyse qualitative du corpus issu des entretiens (le codage des données, la transcription et le choix des passages à retenir) sont également l'occasion de reconnaître la part de subjectivité dans le traitement des données.

En dépit des limites et biais précédemment discutés, j'ai veillé dans la présente étude à prendre toutes les mesures de précaution nécessaires pour assurer la viabilité et la fiabilité de mes résultats, et tout particulièrement pallier partiellement au problème de subjectivité.

Finalement, au terme de ce manuscrit, des pistes futures de recherche peuvent être utilisées ou développées pour prolonger cette étude.

Perspectives de la recherche

De prime abord, une piste de recherche consisterait à l'exploitation de mes résultats empiriques pour mener une étude quantitative avec un échantillon représentatif plus large. Le prolongement de ce travail par le biais d'une recherche hypothético-déductive pourrait apporter plus d'éclairage théorique et d'appui empirique, plus particulièrement, au niveau du test de la validité et la fiabilité du modèle d'évaluation de l'incertitude proposé aux acteurs de l'intelligence économique. Le concept de l'incertitude, de par l'engouement qu'il a suscité en cette période de crise sanitaire, mériterait d'être beaucoup plus étudié tant au plan théorique que pratique afin de mieux cerner ses contours et de saisir en profondeur toute la richesse sémantique qu'il procure.

De second abord, une autre perspective de recherche consisterait à traiter la question d'évaluation de l'incertitude avec une approche d'étude de cas longitudinale, en particulier la méthode des cas enchâssés. Cette stratégie permettrait d'assurer un suivi du phénomène étudié dans le temps en fonction d'un événement de type VUCA, tel que la pandémie de Covid-19. Pour Musca (2006), cette démarche "est très adaptée à des recherches visant à comprendre et expliquer des processus complexes. Elle peut faciliter la génération de théorie en permettant d'établir des comparaisons synchroniques et diachroniques, voire en parallèle, entre données" (ibidem, p. 159). La prise en compte d'une dynamique temporelle serait l'occasion de tendre vers des modèles d'évaluation plus élaborés et mieux adaptés au contexte étudié.

En fin de compte, il serait intéressant également de prolonger ce travail de recherche en étudiant sur la base de méthodes qualitatives d'autres terrains d'investigation aux caractéristiques hétérogènes dans le but d'apporter de nouveaux angles d'interprétation à l'objet de cette étude et d'enrichir davantage les résultats obtenus.

En définitive, la concrétisation de ce travail m'a permis de profiter d'une expérience enrichissante et diversifiée, venant ainsi compléter mes connaissances de base tout en m'ouvrant la voie vers de nouvelles perspectives.

BIBLIOGRAPHIE

Abdallah, C. et Langley, A. (2014), "The double edge of ambiguity in strategic planning", Journal of Management Studies, vol. 51, n°2.

Abraham, R. H. (2011), "The Genesis of Complexity", World Futures.

Accetto, T., Nigro, S. et Blanc-Sanchez, M. (1990), "De l'honnête dissimulation", Paris, Verdier Coll., Terra d'altri.

Achchab, B. et Harrizi, D. (2013), "Les défis de l'intelligence économique au Maroc", La Revue Gestion et Organisation, vol. 5.

Afep (2017), "33 entreprises se mobilisent avec 100 engagements", Livre blanc.

AFNOR (1998), "La norme XP X50-053 Prestation de veille et mise en place d'un système de veille", in Hermel L., 2001 : Maîtriser et pratiquer la veille stratégique, Paris : AFNOR.

Aguilar, F. (1967), "Scanning the business environment", Mac Millan, New York.

Akerlof, G. (1970), "The Market for Lemons : Qualitative Unvertainty and the Market Mechanism", Quarterly Journal of Economies, vol. 84.

Akerlof, G. A. et Shiller, R. (2009), "Animal Spirits : How Human Psychology Drives the Economy, and Why it Matters for Global Capitalism", Princeton, Princeton University Press.

Alami, S. et Boussetta, M. (2018), "Le système de contrôle de gestion des établissements publics hospitaliers du Maroc", Revue Économie, Gestion et Société, n°17.

Aliseda, A. (2006), "What is abduction ? Overview and Proposal for Investigation" dans Aliseda A. Abductive Resaoning. Logical Investigation into Dicovery and Explanation, Dordrecht, Springer, Synthese Library, Studies in Epistemology, Logic, ethodology, and philosophy of Science, vol. 330, Chap. 2.

Allais, M. (1953), "Le comportement de l'homme rationnel devant le risque : critique des postulats et axiomes de l'école américaine", Econometrica.

Allan, H. (1972), "l'Organisation biologique et la théorie de l'information", Paris, Herman.

Allard-Poesi, F., Drucker-Godard, C. et Ehlinger, S. (2001), "Analyzing Representations and Discourse", dans Thietart, Doing Management Research : A Comprehensive Guide, London, Sage Publications.

Allard-Poesi, F. et Maréchal, C. G. (2003), "Construction de l'objet de recherche" dans Thiétard R. A. et coll. (2003), "Méthodes de recherche en management", 2e édition, Paris - Dunod, pp. 34-56.

Allard-Poesi, F. et Perret, V. (2003), "La recherche-action", dans Giordano (dir.), Conduire un projet de recherche : une perspective qualitative, EMS.

Allen, C. D. et Coates, B. E. (2009), "The engagement of military voice", Parameters, US Army War College.

Amalberti, R. (1999), "Dysfonctionnements des systèmes et dysfonctionnements de la cognition : contribution à la compréhension de la sécurité des systèmes ultra-sûrs", dans Ganacia, J-G., Sécurité et cognition, Édition Hermès, Paris, pp. 185-201.

Amalberti, R. (2001), "L'erreur humaine en perspective, Risques erreurs et défaillances : approche interdisciplinaire", dans Amalberti R., Fuchs C. et Gilbert C., Publications de la MSH-ALPES, mai, pp. 71-106.

Amalberti, R. et Mosneron-Dupin, F. (1997), "Facteurs humains et fiabilité : Quelles démarches pratiques ?", Éditions Octarès.

Amato, S. et Boutin, E. (2013), "Étude des effets d'ordre dans la recherche d'information sur le web : le cas d'une expérimentation sur les techniques de sevrage tabagique", ESSACHESS, Journal for Communication Studies, vol. 6, n°1.

Andreani, J. C. et Conchon, F. (2005), "Les Méthodes d'analyse et d'interprétation des études qualitatives, un état de l'art en marketing", Congrès des Tendances du Marketing.

Ansoff, H. I. (1975), "Managing Strategic Surprise by Response to Weak Signals", California Management Review, vol. 18, n°2.

Ardoino, J. (2000), "Les Avatars de l'Éducation", Paris, Presses Universitaires de France.

Ashby, W. R. (1962), "Principles of the Self-Organising System", Self-Organising Systems, Spartan Books, Washington.

Auster, E. et Choo, C. W. (1994), "CEO's, information and decisionmaking : scanning the environment for strategic advantage", Library Trends, vol. 43, n°2.

Aven, T. et Renn, O. (2009), "On risk defined as an event where the outcome is uncertain", Journal of Risk Research, vol. 12.

Baek, S., Mohanty, S. K. et Glambosky, M. (2020), "COVID-19 and Stock Market Volatility : An Industry Level Analysis", Finance Research Letters.

Bak, P. 1999, "Quand la nature s'organise", Flammarion, Paris.

Ballard, C., Compert, C. et Jesionowski, T. (2014), "Information Governance Principles and Practices for a Big Data Landscape", IBM Redbooks Publication.

Baltz, C. (1998), "Une culture pour la société de l'information ? Position théorique, définition, enjeux", dans Documentaliste - Sciences de l'information, vol. 35, n°2.

Bance, P. (2018), "Conclusion. Public-social and solidarity economy partnerships (PSSEPs) and collective action paradigm", dans Bance, P. (dir.), Providing Public Goods and Commons, Towards Coproduction and New Forms of Governance for a Revival of Public Action, Liège, CIRIEC, pp. 301-312.

Banos, V. et Deuffic, PH. (2020), "Après la catastrophe, bifurquer ou persévérer ? Les forestiers à l'épreuve des événements climatiques extrêmes", Natures Sciences Sociétés, vol. 28, n°3-4.

Bardin, L. (2001), "L'analyse de contenu", Paris, Presses universitaires de France.

Bardin, L. (2003), "L'Analyse de contenu", PUF, Paris.

Bardin, L. (2013), "L'Analyse de contenu", Paris, Presses Universitaires de France.

Bartos, S. (2O22), "Fork in the road : impacts of climate change on our food supply", Farmers for Climate Action Publisher.

Bartscht, J. (2015), "Why systems must explore the unknown to survive in VUCA environments", Kybernetes.

Baumard, P. (1991), "Stratégie et surveillance des environnements concurrentiels", Masson.

Baumard, P. (1992), " Guerre économique et communauté d'intelligence", La Revue Politique et Parlementaire.

Baumard, P. (1997), "Contructivisme et processus de recherche : l'émergence d'une posture épistémologique chez le chercheur", Cahiers du LAREGO, UVSQ, n°27.

Baumard, P. (2000), "Analyse stratégique, mouvements, signaux concurrentiels et interdépendance", Paris, Dunod.

Baumard, P. et Ibert, J. (2014), "Quelles approches avec quelles données ?", dans Thiétart R.A. et coll., Méthodes de recherche en management, 4e édition, Paris, Dunod.

Baumard, P., Donada, C., Ibert, J. et Xuereb, J. M. (2003), " La collecte des données et la gestion de leurs sources", dans Thiétart, R.A. et coll. (dir.), Méthodes de recherche en management, Dunod, Paris.

Baumard, P., Donada, C., Ibert, J. et Xuereb, J. M. (2007), "La collecte des données et la gestion de leurs sources", dans Thiétart R.A.et coll., Méthodes de Recherche en Management, 3e édition, Dunod.

Beckert, J. (2016), "Imagined Futures : Fictional Expectations and Capitalist Dynamics", Cambridge, MA, Harvard University Press.

Beckert, J. et Bronk, R. (2018), "Uncertain Futures : Imaginaries, Narratives, and Calculations in the Economy", Oxford, Oxford University Press.

Beer, S. (1959), "What has Cybernetics to do with Operational Research ?", Operational Research Quarterly.

Bennett, N. et Lemoine, G. J. (2014), "What a difference a word makes : Understanding threats to performance in a VUCA world", Business Horizons, May.

Bentham, J. (1780), "The Principles of Morals and Legislation", Buffalo : Promethens, 1988.

Bentham, J. (1789), "An Introduction to the Principles of Morals and Legislation", éd. par, Burns, J. H. et Hart, H. L. A., Oxford : Clarendon Press, 1996.

Berger, P. L. et Luckmann, T. (1966), "The social construction of reality : A treatise in the sociology of knowledge", New York, Doubleday.

Bergeron, P. (2000), "Veille stratégique et PME : comparaison des approches gouvernementales de soutien", Sainte-Foy : Presses de l'Université du Québec.

Bergeron, P., Christine, D., Dominique, M. et Diane, M. (2009), "La gestion stratégique de l'information", dans Salaün, J.M. et Arsenault, C. (dir.), Introduction aux sciences de l'information, Montréal, Les Presses de l'Université de Montréal.

Besson, B. et Possin, J. C. (2006), "Proposition de modélisation par l'intelligence économique de la gouvernance d'organisation", paru dans : Intelligence économique et gouvernance compétitive, la documentation française.

Besson, B., Fonviell[e], D., Fourez, M., Levet, J. L., Lionnet, J. P. (2001), "La performance des organisations", AFDIE.

Bird, R. C. (2018), "VUCA and the Legal Environment of Business", University of Connecticut School of Business Research Paper n°18-09.

Blanchet, A. et Gotman, A. (1992), "L'entretien : L'enquête et ses méthodes", Paris, Armand Colin, Nathan.

Blanchet, A. et Gotman, A. (2005), "L'enquête et ses méthodes : l'entretien", Paris, Armand Colin, Nathan.

Blanchet, A. et Gottman, A. (1992), "L'enquête et ses méthodes : l'entretien", Paris, Nathan.

Bloch, A. (1996), "L'intelligence économique", Paris : Economica.

Bonneuil, C., Choquet, P-L. et Franta, B. (2021), "Early Warnings and Emerging Accountability : Total's Responses to Global Warming, 1971-2021", Global Environmental Change, vol. 71.

Bonnier, K. A. et Bruner, R. F. (1989), "An analysis of Stock Price Reaction to Management Change in Distressed Firms", Journal of Accounting and Economics, n°11.

Bontems, T. et Goulin, S. (2013), "Qualité de l'information", QUALITA2013, Compiègne, France.

Borraz, O. et Guiraudon, V. (2008), "Politiques publiques 1. La France dans la gouvernance européenne", Presses de Sciences Po, Paris.

Bouaka, N. (2004), "Développement d'un modèle pour l'explicitation d'un problème décisionnel : un outil d'aide à la décision dans un contexte d'intelligence économique", Thèse de Doctorat en Sciences de l'Information et de la Communication, Université de Nancy.

Bouaka, N., David, A. (2004), "A Proposal of a Decision Maker Problem for a Better Understanding of Information Needs", IEEE Explore.

Bourcier-Desjardins, R., Mayere, A., Muet, F. et Salaûn, J. M. (1990), "Veille technologique : revue de la littérature et étude de terrain", Rapport du Centre d'études et de recherche en sciences de l'information.

Bourg, D., Joly, P. B. et Kaufmann, A. (2013), "Du risque à la menace", PUF, Paris.

Boussaguet, S. (2005), "L'entrée dans l'entreprise du repreneur : un processus de socialisation repreneuriale", Thèse de doctorat en Sciences de Gestion non publiée, Université Montpellier, France.

Bouthillier, F. et Shearer, K. (2003), "Assessing competitive intelligence software : a guide to evaluating CI technology", Medford, Information Today.

Bradley, J., Loucks, J., Macaulay, J., Noronha, A., et Wade, M. (2015), "Digital Vortex : How Digital Disruption Is Redefining Industries", Cisco.

Branchetti, L., Cutler, M., Laherto, A., Levrini, O., Palmgren, E.K., Tasquier, G. et Wilson, C. (2018), "The I SEE project : An approach to futurize STEM education", Visions for Sustainability.

Bratianua, C. et Bejinaru, R. (2021), "COVID-19 induced emergent knowledge strategies", Knowledge and Process Management, vol. 28, n°1.

Brauers, W. K. (1986), "Essay Review Article : Risk, Uncertainty and Risk Analysis", Long Range Planning, vol. 19, n°6.

Breit, W. et Ransom, R. L. (1982), "The Academic Scribblers", Revised Edition, New York.

Buckman, S. J. (2009), "Uncertainty in the physical sciences : How big ? How small ? Is it actually there at all ?", dans Uncertainty and Risk : Multidisciplinary Perspectives, London, UK : Earthscan.

Buła, P. (2003), "Zarządzanie ryzykiem w jednostkach gospodarczych, Aspekt uniwersalistyczny ["Gestion des risques dans les entités commerciales, L'aspect universaliste]", Université d'économie de Cracovie.

Bulinge, F. (2006a), "French Policy for Competitive Intelligence", International Conference on Competitive Intelligence and Knowledge Management, Trade University of Vietnam, Hanoi, August 23rd.

Bulinge, F. (2006b), "Le cycle du renseignement : analyse critique d'un modèle empirique", Market Management.

Bulinge, F. (2013), "Intelligence économique : l'information au cœur de l'entreprise". Paris, France.

Bulinge, F. et Moinet, N. (2003), "L'intelligence économique : un concept, quatre courant", Revue sécurité et stratégie.

Burns, T. et Stalker, G. (1961), "The Management Innovation", Tavistock Institute.

Cabantous, L. et Hilton, D. (2006), "De l'aversion à l'ambigüité aux attitudes face à l'ambigüité. Les apports d'une perspective psychologique en économie" Revue économique, vol. 57, n°2.

Cai, X., Cao, H., Fang, X., Sun, J. et Yu Y. (2021), "A View for Atmospheric Unpredictability", Frontiers in Earth Science.

Callon, M., Lascoumes, P. et Barthe, Y. (2001), "Agir dans un monde incertain, essai sur la démocratie technique", Paris, Seuil.

Camerer, C. et Weber, M. (1992), "Recent Developments in Modeling Preferences : Uncertainty and Ambiguity", Journal of Risk and Uncertainty.

Campbell, D. T. et Stanley, J. (1966), "Experimental and quasi-experimental designs for research", Chicago, Rand McNally and Company.

Campbell, S. (2005), "Determining overall risk", Journal of Risk Research, vol. 8.

Carayon, B. (2003), "Intelligence économique, compétitivité et cohésion sociale", Paris, La Documentation française.

Carbonara, G. et Caiazza, R. (2010), "How to turn crisis into opportunity : perception and reaction to high level of uncertainty in banking industry", Foresight, vol. 12, n°4.

Carleton, R. N., Gosselin, P. et Asmundson, G. J. G. (2010), "The intolerance of uncertainty index : Replication and extension with an English sample". Psychological Assessment, vol. 22, n°2.

Casalegno, J. C. (2008), "La compétence managériale, devenir manager", Books on demand.

Castelo, G. et Bolliger, M. (2018), "Gestion des risques informationnels dans les organisations" ; Mémoire de recherche, Haute École de Gestion de Genève (HEG-GE).

Castro G., et coll. (2020), "The effects of COVID-19 in a hyperconnected world", Marine Biology Research Program, New York Harbor School, Second Edition.

Cellier, J. M. (1990), "L'erreur humaine dans le travail", dans Leplat, J. et De Terssac, G., Les facteurs humains de la fiabilité dans les systèmes complexes, Édition Octarès, pp. 193-209.

Chadoin, M. (2020), "Permettre la régulation conjointe des différents niveaux organisationnels : l'apport d'un dispositif de gestion au travail des gestionnaires", Thèse de doctorat, Université du Québec à Montréal.

Chante, A. (2010), "La culture de l'information, un domaine de débats conceptuels", Les Enjeux de l'information et de la communication, vol. 2010, n°1.

Charreire, S. et Durieux, F. (2007), "Explorer et tester : deux voies pour la recherche", dans Thiétart, (dir.), Méthodes de recherche en management, Dunod.

Charreire, S. et Huault, I. (2001), "Le constructivisme dans la pratique de recherche : une évaluation à partir de seize thèses de doctorat", Finance contrôle stratégie, vol. 4, n°3.

Charreire, S., Durieux, F. (1999), "Explorer et tester", dans Méthodologie de Recherche en Management, coordonné par Thiétart, Dunod.

Chevallier, C. (2020), "Des formations pour élaborer le plan de reprise", l'actu FormaCCion n°8 du mois de septembre 2020, p. 2.

Chirouze, Y., Moinet, N. (2007), "Éditorial", Market Management, vol. 7, n°4.

Choo, C. W. (2002), "Information management for the intelligent organisation : The art of scanning the environment", Medford, Information Today, 3e édition.

Choo, C. W. (2013), "Information culture and organisational effectiveness", International Journal of Information Management, vol. 33, n°5.

Churchman, C. W. (1968), "The Systems Approach", New York, Dell.

Churchman, C. W., Ackoff, R. L. et Arnoff, E. L. (1957), "Introduction to Operations Research", New York, Wiley.

Cigref, (2009), "Business intelligence : Place de la BI et pilotage des projets décisionnels dans les grandes organisations française", rapport publié en octobre.

Close, P. M. (1976), "L'incertitude structurelle des crises internationales : une étude analytique", Études internationales, vol. 7, n°3.

Codreanu, A. (2016), "A VUCA action framework for a VUCA Environment. Leadership challenges and solutions", Journal of Defense Resources Management, vol. 7, n°2.

Coffey, A. et Atkinson, P. (1996), "Making sense of qualitative data", Thousand Oaks, CA Sage.

Coffey, A. J. (2020), "Feeling the Heat : The Endangered Species Act and Climate Change", Georgia State University Law Review, vol. 36, Iss. 2, Art.6.

Collesei, U. (2000), "Marketing", Cedam, 3e édition.

Colon, M. (2014), "Les contrats de performance dans le secteur de l'eau urbaine ougandais, structures de la matérialisation de la logique de marché et supports du travail institutionnel", Doctoral dissertation, AgroParisTech.

Conrath, D. (1967), "Organisational decision making behaviour under varying conditions of uncertainty", Management Science, vol. 13, n° 9, pp. 487-500.

Cooke, A. (2013b), "How to manage volatility, uncertainty, complexity and ambiguity – Part 2" Growthandprofit.

Courtney, H., Kirkland, J. et Viguerie, P. (1997) "Strategy Under Uncertainty", Harvard Busienss Review.

Cousins, B. (2018), "Design thinking : Organisational learning in VUCA environments", Academy of Strategic Management Journal.

Crozier, M. et Friedberg, E. (1977), "L'Acteur et le Système : Les contraintes de l'action collective", Paris, Seuil.

Dab, W. (2022), "Pandémie de Covid-19 et santé publique. Comment se préparer à la prochaine crise ?", Elsevier Masson France, Archives des Maladies Professionnelles et de l'Environnement (AMPE) Vol. 83, Issue 4, août 2022, pp. 301-303.

Daft, R. L. (1986), "Organisation theory and design", West Publishing Company, 2e édition.

Daguzan, J-F. (2004), "Pour en finir avec l'intelligence économique", Défense Nationale, n°12.

Dalmedico, D. A. (2004), "Chaos, Disorder, and Mixing : À new fin-de-siècle image of science ?" London, Duke University Press.

Damodran, A. (2002), "Investment Valuation : Tools and Techniques for Determining the Value of Any Asset", New York : Wiley Finance.

David, A. (2005), "Des rapports entre généralisation et actionnabilité : le statut des connaissances dans les études de cas", dans le 6e Congrès Européen de Science des Systèmes, Paris.

David, A. (2005), "Logique, épistémologie et méthodologie en sciences de gestion", Conférence de l'AIMS, AIMS.

De Beaurepaire, C. (1996), "L'erreur humaine est-elle une action irrationnelle ? le point de vue de la philosophie analytique", dans Cambon De Lavette, B. et Neboit, M., L'erreur humaine : question de point de vue ?, Édition Octarès, vol. 11, n°22.

De Besses, M. (1999), "Les logiciels libres, un système de circulation fertile en apprentissages", dans revue Terminal, Technologies de l'Information, Culture et Société n°80/81, Les logiciels libres : de l'utopie au marché, pp. 257-278.

de FINETTI, B. (1937), "La prévision : ses lois logiques, ses sources subjectives", Annales de l'Institut Henri Poincaré.

de FINETTI, B. (1949), "La 'logica del plausible' secondo la concezione di Polya", Atti della XLII Riunione Società Italiena per il Progresso della Scienza.

de Finetti, B. (1951), "Recent Suggestions for the Reconciliation of Theories of Probability", in Proceedings of the Second Berkeley Symposium on Mathematical Statistics and Probability, Berkeley : University of California Press.

De Keyser, V. (1989), "L'erreur Humaine", La recherche, vol. 20, n°216.

De Keyser, V. (1993), "Les erreurs humaines en anesthésie", Le travail humain, tome 5.

De la Rupelle, G. et Mouricou, P. (2009), "Donner du sens à ses données qualitatives en systèmes d'informations : deux démarches d'analyse possibles à l'aide du logiciel Nvivo 8", 14e Colloque AIM, Marrakech.

De Terssac, G. et Chabaud, C. (1990), "Référentiel opératif commun et fiabilité", Les facteurs humains de la fiabilité dans les systèmes complexes, Édition Octarès.

Deaton, A. V. (2018), "VUCA tools for a VUCA world : Developing leaders and teams for sustainable results", Da Vinci.

Delbecque, E. (2011), "L'influence, pointe de diamant de l'intelligence économique", Communication & Influence, n°28, décembre.

Deloitte, (2021), "Le Maroc, de la résilience à l'émergence ?", Policy Paper Deloitte, juillet.

DeLone, W. H. et McLean, E. R. (1992), "Information Systems Success : The Quest for the Dependent Variable", Information Systems Research 3, vol. 3.

Derborg, K. H. (1996), "Essence of Backcasting", Future, vol. 28, n°9.

Desmarais, C. et Moscarola, J. (2004), "Analyse de contenu et analyse lexicale, Le cas d'une étude en management public" Actes JADT.

Dhaoui, C. (2008), "Les critères de réussite d'un système d'intelligence économique pour un meilleur pilotage stratégique : Proposition d'un Modèle d'Évaluation de la Réussite d'un Système d'Intelligence Économique MERSIE", Thèse de doctorat, Université Nancy 2, Sciences de l'Information et de la Communication.

Diallo, A., Bulinge, F. (2006), "Réflexion préalable à une recherche sur le développement de l'intelligence économique en Afrique sub-saharienne", Information Sciences for Decision Making Journal, n°27.

Dill, W.R. (1958), "Environment as an influence on managerial autonomy", Administrative Science Quarterly, 2 (4), pp. 409-443.

Dillon, S., Buchanan, J. and Corner, J. (2010), "Comparing Public and Private Sector Decision Making : Problem Structuring and Information Quality Issues", Proceedings of the 45th Annual Conference of the ORSNZ, November 2010.

Doerig, H. (2003), "Operational Risk in Financial Services", New York : Credit Suisse Group.

Donckels, R. (1995), "Taking over a Company : An Exciting Career Alternative… but not for Adventurers", Gestion 2000, vol. 6.

Dönmez, D. et Grote, G. (2018), "Two sides of the same coin-how agile software development teams approach uncertainty as threats and opportunities", Information and Software Technology, vol. 93.

Dow, S. C. (2013), "Keynes on knowledge, expectations, and rationality", Frydman, R. & Phelps, E. (eds.) Rethinking Expectations : The Way Forward for Macroeconomics. Princeton, USA : Princeton University Press.

Dow, S. C. (2016), "The Political Economy of Monetary Reform", Cambridge Journal of Economics, vol. 40, n°5.

Drevon, E. (2020), "La veille stratégique dans le secteur public de la santé au Québec : une étude de cas multiples", thèse de doctorat, Université de Montréal.

Drew, S. A. (2006), "Building technology foresight : using scenarios to embrace innovation", European Journal of Innovation Management, vol. 9, n°3.

Dugas, M. J., Gosselin, P., et Ladouceur, R. (2001), "Intolerance of uncertainty and worry : investigating specificity in a nonclinical sample", Cognitive Therapy and Research, vol. 25, n°5.

Duhamel, D. (2008), "Competitive Intelligence Asia : The strategic edge for corporate Asia in times of turmoil", Fast Company.

Dumas, L. (2005), "Élaboration d'un prototype de veille marketing en hôtellerie", thèse de doctorat, Université du Québec à Trois-Rivières, Trois-Rivières, Québec.

Dumez, H. (2012), "Qu'est-ce que l'abduction, et en quoi peut-elle avoir un rapport avec la recherche qualitative", Le Libellio d'AEGIS, n°3, vol. 8.

Duncan, R. B. (1972), "Characteristics of Organisational Environments and Perceived Environmental Uncertainty", Administrative Science Quarterly, vol. 17, pp. 313-327.

Dupuy, J. P. (2002), "Pour un catastrophisme éclairé. Quand l'impossible est certain", Paris, Seuil.

Dussarps, C. (2014), "Dimension socioaffective et abandon en formation ouverte et à distance", Thèse de doctorat, Université Michel de Montaigne – Bordeaux 3.

Echakraoui, Z., Boukdir, A., Ben Said, H., Zitouni A., Aderoju, O. M , Ikhmerdi, H. et El Masouhi, M. R. (2018), "Impact study of climate change on water resources in the Tessaout Basin (Morocco)", Journal of Water Sciences & Environment Technologies (JOWSET), vol.03, n°1.

Eisenberg, E. M. (1984), "Ambiguity as strategy in organisational communication", Communication Monographs, vol. 51, n°3.

Eisenberg, E. M. (2007), "Strategic Ambiguities. Essays on Communication, Organisation, and Identity", London, Sage.

Eisenhardt, K. M. (1989), "Building Theories from Case Study Research", The Academy of Management Review, vol. 14, n°4.

Elkington, R., Pearse, N. J., Moss, J., Van, d. S. et Martin, S. (2017), "Global leaders' perceptions of elements required for effective leadership development in the twenty-first century", Leadership & Organization Development Journal.

Ellsberg, D. (1961), "Risk, Ambiguity and the Savage Axioms", Quarterly Journal of Economics.

Esposito, E. (2013), "The structures of uncertainty : performativity and unpredictability in economic operations", Economy and Society, vol. 42.

Ferrari, J. R. et Mautz, W. T. (1997), "Predicting perfectionism : Applying tests of rigidity", Journal of Clinical Psychology, vol. 53, n°1.

Festinger, L. et Aronson, E. (1965), "Eveil et réduction de la dissonance dans les contextes sociaux", dans Lévy A., Psychologie sociale. Textes fondamentaux anglais et américains, Paris, Dunod, pp. 193-211.

Fillol, C. (2006), "L'émergence de l'entreprise apprenante et son instrumentalisation", Thèse de doctorat en sciences de gestion, Université Paris Dauphine.

Fischer, G-N. (1996), "Les concepts fondamentaux de la psychologie sociale", 2e édition, Dunod, Paris.

Fishburn, P. C. (1970), "Utility theory for decision-making", Wiley, New York.

Fleisher, C. S. et Blenkhorn, D. L. (2003), "Controversies in competitive intelligence : the enduring issues", Westport, Greenwood Publishing Group.

Fontana, A. et Frey, J. H. (2005), "The interview : From neutral stance to political involvement" dans Denzin, N. et Lincoln, Y. (dir), The sage handbook of qualitative research, Californie, CA Sage.

Forrester, J. (1961), "Industrial Dynamics", Cambridge, MA, MIT Press.

Fortin, M. F. et Gagnon, J. (2016), "Fondements et étapes du processus de recherche : Méthodes quantitatives et qualitatives", Montréal, Chenelière Éducation.

Freeston, M., Rhéaume, J., Letarte, H., Dugas, M. J., et Ladouceur, R. (1994), "Why do people worry ?", Personality & Individual Differences, vol. 17, n°6.

Freyssinet-Dominjon, J. (1997), "Méthode et recherche en sciences sociales", Montchrestien, Coll AES, Paris.

Friedman, M. (1952), "The expected utility hypothesis and the measurability of utility", Journal of Political Economy, tome 60.

Friedman, M. (1976), "Price Theory", Chicago, Aldine Publishing Company.

Friedman, M. et Savage, L. J. (1948) "The Utility Analysis of Choices Involving Risk", Journal of Political Economy, tome 56.

Fry, R. (2016), "Hammerhead six : How green berets waged an unconventional war against the Taliban to win in Afghanistan's deadly Pech Valley", New York, NY Hachette.

Gable, G., Sedera, D. et Chan, T. (2003), "Enterprise system's success : a measurement model", ICIS, Proceedings, vol. 48.

Gardiès, C., Fabre, I., Perget, S., Dumas, M. et coll. (2008), "Éducation à l'information : guide d'accompagnement à l'usage des professeurs documentalistes", Dijon, Educagri Éditions.

Gariboldi, M. I., Lin, V., Bland, J., Auplish, M. et Cawthorne, A. (2020), "Foresight in the time of COVID-19", Lancet Reg Health West Pac.

Garin, E. (1942), "L'illuminismo inglese. I moralisti", Milan, Bocca.

Gavard-Perret, M. L. et coll. (2008), "Méthodologie de la recherche : réussir don mémoire ou sa thèse en sciences de gestion", Paris, Pearson Education France.

Gavard-Perret, M. L. et coll. (2012), "Collecter les données par l'enquête", dans Gavard-Perret et coll. (dir.), Méthodologie de la Recherche en sciences gestion - Réussir son mémoire ou sa thèse, Montreuil, Pearson Education France.

Gazar, S.A (2021), "The World on the Threshold : Liminal Thinking during COVID-19 Pandemic in Select Pandemic Poems", Faculty of Education, Tanta University - Egypt.

Géniaux, I. et Mira-Bonnardel, S. (2003), "Le réseau d'entreprises : forme d'organisation aboutie ou transitoire", Revue française de gestion, vol. 29, n°143.

Guerraoui, D. (2020), "Intelligence prospective des territoires : Regard Africain", dans Guerraoui, D. (dir.), "Prospective et dynamiques des territoires en Afrique", Éditions L'Harmattan, Paris.

Guerraoui, D. et Richet, X. (2005), "Intelligence économique et veille stratégique : défis et stratégies pour les économies émergentes", Éditions L'Harmattan, Paris.

Ghirardato, P., Maccheroni, F. et Marinacci, M. (2004), "Differentiating ambiguity and ambiguity attitude", Journal of Economic Theory.

Gilad, T. et Gilad, B. (1986), "Business Intelligence : the Quiet Revolution", Sloan Management Review, vol. 27, n°4.

Gilad, T. et Gilad, B. (1988), "The business intelligence system : a new tool for competitive advantage", Amacom.

Gilbert, W. et Trudel, P. (2000), "Compléter la formation des chercheurs avec le logiciel NUD*IST", Recherches qualitatives, vol. 20.

Gilboa, I. et Schmeidler, D. (1989), "Maxmin expected utility with a nonunique prior", Journal of Mathematical Economics.

Gillies, D. (2003), "Philosophical Theories of Probability", London : Routledge.

Gilman, D. (2017), "Outsmarting VUCA : Achieving success in a volatile, uncertain, complex, and ambiguous world", Charleston, SC Advantage.

Gioia, D. A., Kevin, G. C. et Hamilton, A. L. (2013), "Seeking Qualitative Rigor in Inductive Research Notes on the Gioia Methodology", Organisational Research Methods, vol. 16, n°1.

Giordano, Y. (2003), "Les spécificités des recherches qualitatives", dans Giordano, Y. (dir.), Conduire un projet de recherché : une perspective qualitative. Éditions Management & Société, Caen.

Girin, J. (2016), "Quel paradigme pour la recherche en gestion ?", Collection Sciences de l'administration, Hermann.

Girod-Séville, M. et Perret, V. (1999, 2003, 2007), "Fondements épistémologiques de la recherche", dans Thiétart et coll., Méthodes de recherche en management, Paris, Dunod.

Giroux, H. (2006), "'It Was Such a Handy Term' : Management Fashions and Pragmatic Ambiguity", Journal of Management Studies, vol. 43, n°6.

Glaser, B. G. et Strauss, A. L. (1967), "The discovery of Grounded Theory, Strategies for Qualitative Research", Aldine Publishing Company, New York.

Glenn, J. C. (2021), "The Futures Wheel", The Millennium Project, Futures Research Methodology - V3.0.

Gneezy, U., List, J. A., and Wu, G (2006), "The Uncertainty Effect : When a Risky Prospect Is Valued Less Than Its Worst Possible Outcome", The Quarterly Journal of Economics, vol. 121, n°4.

Godet, M., et Roubelat, F. (1996), "Creating the future : the use and misuse of scenarios", Long Range Planning, vol. 29, n°2.

Gondran, N. (2001), "Système de diffusion d'information pour encourager les PME-PMI à améliorer leurs performances environnementales", Sciences de l'environnement, École Nationale Supérieure des Mines de Saint-Étienne, INSA de Lyon, France.

Gould, S. J. et Eldredge, N. (1977), "Punctuated Equilibria : The tempo and mode of evolution reconsidered", Paleobiology.

Greenwald, B., Stiglitz, J. E., Weiss, A. (1984), "Information imperfections in the capital market and macroeconomic fluctuations", American Economic Review, vol. 74.

Groshenny, et coll. (2021), "Does Uncertainty Matter for Trade Flows of Emerging Economies ?", Working Paper n°84 publié par le Centre d'analyse macroéconomique (Centre for Applied Macroeconomic Analysis - CAMA) de l'Université nationale australienne, du mois de septembre 2021.

Gruszka, B. et Zawadzka, Z. (1992), "Ryzyko w działalności bankowej [Risque dans les activités bancaires]", Publishing Houseof the Warsaw School of Economics.

Haas, A. et coll. (2020), "La prise de décisions politiques en période d'incertitude : le confinement intelligent avec apprentissage actif", Centre pour le développement international (CRI) de l'Université de Harvard, note de politique du mois de mai 2020.

Hagen, E. et Mays, G. (1981), "Human Factors Engineering in the U.S. Nuclear Arena.", Nuclear Safety, vol. 22, n°3.

Haider, J. et Sundin, O. (2022), "Paradoxes of Media and Information Literacy : The Crisis of Information", Routledge.

Hajkowicz, S, Cook, H., Littleboy, A. (2012), "Our Future World : Global Megatrends That Will Change the Way We Live", CSIRO.

Han, P. K., Zikmund-Fisher, B. J., Duarte, C. W., Knaus, M., Black A., Scherer, A. M. et Fagerlin, A. (2018), "Communication of scientific uncertainty about a novel pandemic health threat : ambiguity aversion and its mechanisms", Journal of Health Communication, vol. 23, n°5.

Hancock, T. et Bezold, C. (1994), "Possible futures, preferable futures", Healthcare Forum Journal, vol. 37, n°2.

Harbulot, C. (1992), "La machine de guerre économique", Éditions Economica.

Harbulot, C., Baumard, P. (1997), "Perspective historique de l'intelligence économique", Revue d'Intelligence Economique, n°1.

Harriet, L. (2015), "L'intelligence économique à la lumière des concepts managériaux : l'étude de cas d'une entreprise du secteur énergétique", Gestion et management, Université de Bordeaux.

Harrison, E. F. (1992), "Perspectives on uncertainty in successful strategic choice at the CEO level", OMEGA International Journal of Management Science.

Hastie, R et Dawes, R. M. (2010), "Rational choice in an uncertain world", 2e édition, Thousand Oaks, CA : Sage.

Hawking, S. (1993), "Trous noirs et bébés univers", Paris, Les Editions Odile Jacob, Poches.

Hayek, F. A. (1945), "The Use of Knowledge in Society", American Economic Review, vol. 35.

Heinonen, S., Karialainen, J., Ruotsalainen, J. et Steinmüller, K. (2017), "Surprise as the new normal implications for energy security", European Journal of Futures Research, vol. 5, n°1.

Henchey, N. (1978), "Making sense of future studies", Alternatives, vol. 7, n°2.

Heuer, R. J. et Pherson, R. H. (2011), "Structured Analytical Techniques for Intelligence Analysts Washington", DC, CQ Press.

Hinssen, P. (2015), "The Network Always Wins", McGraw-Hill.

Hodgson, G. M. (2011), "The eclipse of the uncertainty concept in mainstream economics", Journal of Economic Issues, vol. 45, n°1.

Holland, J. H. (1975), "Adaptation In Natural And Artificial Systems", University of Michigan Press.

Holland, J. H. (1992), "Adaptation in Natural and Artificial Systems : An introductory analysis with applications to biology, control and artificial intelligence", Cambridge, MA, MIT Press.

Holscher, R. (1987), "Risikokosten-Management in Kreditinstituten [Gestion du coût du risque dans les établissements de crédit]", Frankfurt : F. Knapp.

Holton, G. (2004), "Defining Risk", Financial Analysts Journal, vol. 60, n°6.

Horney, N. et O'Shea, T. (2015), "Focused, fast, and flexible : Creating agility advantage in a VUCA world", Indie.

Horney, N., Pasmore, B. et O'Shea, T. (2010), "Leadership agility : a business imperative for a VUCA world", People and Strategy, vol. 33, n°4.

Hubault, F., Noulin, M. et Rabit, M. (1996), "L'analyse du travail en ergonomie" dans Cazamian, P., Hubault, F. et Noulin, M. (dir.), Traité d'ergonomie, Toulouse : Éditions Octarès, pp. 289-309.

Huberman, A. M. et Miles, M. B. (1991), "Analyse des données qualitatives – Recueil de nouvelles méthodes", De Boeck Université.

Hudson, L. et Ozanne, J. L. (1988), "Alternative Ways of Seeking Knowledge in Consumer Research", Journal of Consumer Research, vol. 14.

Hui, T.M (2020), "Living With Uncertainty : A Whole-of-Society Approach to Pandemics", Policy Report, S. Rajaratnam School of International Studies, Nanyang Technological University, Singapore.

Hume, D. (1874), "A Treatise on Human Nature", ed. par Green, T. H. et Grose, T., London, Longman Green and Co.

Hume, D. (1975), "Hume Enquires Concerning Human Understanding and Concerning the Principles of Morals", éd. par Selby-Bigge L. A., Oxford : Clarendon Press.

Hunt, C. et Zartarian V. (1990), "Le renseignement stratégique au service de votre entreprise", Paris, Éditions First.

Huy, Q. (2020), "Four Strategic Priorities for the Post-COVID-19 World", Knowledge Insead.

Ibrahim, N., Angelidis, J. et Tomic, I.M. (2009), "Managers' attitudes toward codes of ethics : are there gender differences ?", Journal of Business Ethics, vol. 90, n°3.

Iden, J., Methlie, L. B. et Christensen, G. E. (2017), "The nature of strategic foresight research : A systematic literature review", Technological Forecasting and Social Change.

ISO 31000 (2018), "Risk Management", Guidelines.

Israel, G. (1996), "La mathématisation du réel", Seuil, Paris.

Jakobiak, F. (1988), "Maîtriser l'information critique", Éditions d'Organisation, Paris.

Jakobiak, F. (1991), "Pratique de la veille technologique", Éditions d'Organisation, Paris.

Jakobiak, F. (1995), "L'information scientifique et technique", PUF, Paris.

Jakobiak, F. (1998), "Maîtriser l'information critique", Éditions d'Organisation, Paris.

Jaouen, A. (2005), "Les alliances stratégiques entre très petites entreprises : un cadre d'analyse", Thèse de doctorat en sciences de gestion, Université de Montpellier I.

Jarrosson, B. (1994), "Décider ou ne pas décider", Paris, Maxima.

Jarzabkowski, P., Sillince, J. A. et Shaw, D. (2010), "Strategic ambiguity as a rhetorical resource for enabling multiple interests", Human Relations, vol. 63, n°2.

Jedynak, P. et Bąk, S. (2020), "Understanding Uncertainty and Risk in Management", Journal of Intercultural Management, vol. 12, n°1.

Jevons, W. S. (1871), "The Theory of Political Economy", London, MacMillan, 5e ed.

Johanning, L. (1999), " Value-at-Risk pour la gestion du risque de marché et l'allocation des actions", Série : Gestion des risques et contrôle financier, Uhlenbruch : Bad Soben.

Johansen, B. (2012), "Leaders Make the Future", Berrett-Koehler Publishers, 2e édition.

Johansen, B. et Euchner, J. (2013), "Navigating the VUCA World : an interview with Bob Johansen", Research-Technology Management, vol. 56, n°1.

Juanals, B. (2003), "La culture de l'information : du livre au numérique", Paris, Lavoisier, Hermès sciences.

Juillet, A. (2019), "Partage d'expérience pour la pratique de l'intelligence économique en Afrique", dans Guerraoui, D. (dir.), "L'Intelligence économique en Afrique, Expériences nationales et partenariats africains", Éditions l'Harmattan, Paris.

Juillet, A. et Racouchot, B. (2012), "le noble art de l'intelligence économique", Communication et Influence, n°42, décembre.

Kahneman, D. et Tversky, A. (1979), "Prospect theory : an analysis of decision under risk", Econometrica.

Kail, E. G. (2010), "Leading effectively in a VUCA environment : C is for complexity", HBR Blog Network, décembre.

Kant, I. (1781), "Critique de la raison pure", trad. fr. par Tremesaygues, A. et Pacaud, B., 3e éd., Paris, P. U. F., 1963.

Kauffman, S. (1969), "Metabolic Stability and epigenesis in randomly constructed nets", Journal of Theoretical Biology.

Kay, J. et King, M. (2020), "Radical Uncertainty : Decision-making for an Unknowable Future", Londres, The Bridge Street Press.

Kemp, P. S., Froese, R. et Pauly, D., (2020), "COVID-19 provides an opportunity to advance a sustainable UK fisheries policy in a post-Brexit brave new world", Marine Policy, vol. 120, 104114.

Keynes, J. M. (1921), "A Treatise on Probability", Macmillan.

Keynes, J. M. (1936), "The General Theory of Employment", Interest and Money, Macmillan.

Keynes, J. M. (1937), "The General Theory of Employment" The Quartely Journal of Economics, vol. 51, n°2.

Kingsinger, P. et Walch, K. (2012), "Living and Lleading in a VUCA World", Thunderbird School of Global Management, Thunderbird University.

Klibanoff, P., Marinacci, M. et Mukerji, S. (2005), "A smooth model of decision making under ambiguity", Econometrica.

Knechel, W. R. (2002), "The role of the independent accountant in effective risk management", Review of Business and Economic, vol. 27, n°1.

Knight, F. (1921), "Risk, Uncertainty and Profit", The Riverside Press Cambridge.

Knight, F. (1940b), ""What is Truth" in Economics ?", vol. 48, n° 1, The University of Chicago Press.

Knight, F. (1947), "Freedom and Reform", Indianapolis, IN : Liberty Press.

Knight, F. (1957), "Risk, Uncertainty and Profit", 4th Edition, Chicago, IL : University of Chicago Press.

Knuth, D. E. (1968), "The Art of Computer Programming", Fundamental algorithms, vol. 1.

Koenig, G. (1993), "Production de la connaissance et constitution des pratiques organisationnelles", Revue de Gestion des Ressources Humaines.

Kooiman, J. (2002), "Governance : a social-political perspective", dans Grote, J. R. et Gbikpi, B. (dir.), Participatory governance : political and societal implications, Opladen, Leske + Budrich Verlag, pp. 71-96.

Krakauer, D. C. (2019), "InterPlanetary Transmissions : Genesis Proceedings of the Santa Fe Institute's First InterPlanetary Festival", The Santa Fe Institute Press.

Krause-Jensen, J. (2011), "Ideology at work : Ambiguity and irony of value-based management", Ethnography, vol. 12, n°2.

Kreim, E. (1988), "Zukunftsorientierte Kreditentscheidung [Décision de crédit tournée vers l'avenir]", Wiesbaden : Gabler.

Kreps, D. M. (1988), "Notes on the Theory of Choice", Boulder, Westview Press.

Kreps, D. M. (1996), "Markets and Hierarchies and (Mathematical) Economic Theory", Industrial and Corporate Change.

Krickx, G. A. (2000), "The relationship between uncertainty and vertical integration", The International Journal of Organisational Analysis, vol. 8, n°3.

Krippendorff, K. (2004), "Content analysis : An introduction to its methodology", Philadelphia, Sage.

Laffont, J. J. (1991), "Privatization and Incentives", Journal of Law, Economies and Organisation.

Laliberté, F. (2020), "Les téléphones intelligents et l'économie circulaire au Québec", Savoirs UdeS, Université de Sherbrooke.

Langley, A. (1997), "Stratégies d'analyse de données processuelles", Recherches qualitatives, vol.17.

Laprie, J-C. (1995), "Guide de la sûreté de fonctionnement", Édition Cépaduès.

Larivet, S. (2009), "Intelligence Économique : Enquête dans 100 PME", Paris, L'Harmattan.

Laroche, H. (1995), "From decision to action in organisations : decision-making as a social representation", Organization Science, vol. 6, n°1.

Larson, H. (2020), "Blocking information on COVID-19 can fuel the spread of misinformation", dans Monnier, A., Covid-19 : de la pandémie à l'infodémie et la chasse aux fake news, Recherches & éducations, 2020, Quelle éducation avec la Covid-19, Hors série.

Lauriol, J. (2003), "La recherche doctorale en management stratégique : quelques propositions pour définir et apprécier une 'bonne thèse'", cahier de recherche n°03-08, Centre d'études en transformation des organisations (CETO), HEC Montréal, Canada.

Lawrence, K. (2013), "Developing Leaders in a VUCA Environment", The Power of Experience, UNC Executive Development, UNC Kenan-Flagler Business School.

Lawrence, P. R. et Lorsch, J. W. (1967), "Organisation and Environment", Harvard University.

Lawrence, W. W. (1976), "Of Acceptable Risk", Los Altos : William Kaufman Inc.

Lazzeri, J. (2014), "Vers une traçabilité totale des supply chains, Le cas de l'agroalimentaire en France", Aix-Marseille université, école doctorale de sciences économiques et de gestion.

Le Coadic, Y-F. (2007), "Le besoin d'information : formulation, négociation, diagnostic", Paris, ADBS Éditions.

Le Moigne J L. (1990), "Épistémologies constructivistes et sciences de l'organisation", dans Martinet A. C. (dir.), Épistémologie et Sciences de Gestion, Economica, Paris.

Le Moigne, J. L. (1995), " Le constructivisme", Tome 2 des épistémologies, ESF Éditeur, Paris.

Le Moigne, J. L. (2001a), "Le Constructivisme", Les enracinements, Paris, Harmattan, vol.1.

Le Moigne, J. L. (2011), "From Jean Piaget to Ernst von Glasersfeld : An Epistemological Itinerary in Review", Revue Constructivist Foundations, vol. 6, n°2.

Lecoq, T. (2021), "Faire la guerre. Chercher la paix. Ni la guerre ni la paix. Maîtriser l'entre-deux", Les Cahiers de la Revue Défense Nationale, Sorbonne Université et Panthéon-Assas (Paris II).

Lehmans, A. (2017), "Données ouvertes et redéfinition de la culture de l'information dans les organisations", Communication et organisation, n°51.

Leitch, S. et Davenport, S. (2005), "The politics of discourse : Marketization of the New Zealand science and innovation system", Human Relations, vol. 58, n°7.

Leplat, J. (1985), "Erreur humaine, fiabilité humaine dans le travail", Edition Armand Collin.

Leplat, J. (1989), "L'erreur humaine en question : Analyse cognitive, incidences psychopathologiques", Rev. de Méd. Psychosom, vol. 20.

Leplat, J. (1993), "Intention et erreur : contribution à l'étude de la responsabilité", European review of applied psychology, vol. 43, n°4.

Leplat, J. (1996), "Introduction de la journée l'erreur humaine : question de point de vue ?", Edition Octarès, vol. 3, n°10.

LeRoy, S. et Singell, L. (1987), "Knight on Risk and Uncertainty", Journal of Political Economy.

Lesca, H. (1991), "Fennec : logiciel expert pour l'évaluation de la veille stratégique dans les PME-PMI", Direction et Gestion des Entreprises, n°132-133.

Lesca, H. (1994), "Veille stratégique pour le management stratégique de l'entreprise", Économies et Sociétés, Série Sciences de Gestion, vol. 5, n°20.

Lesca, H. (1994a), "Veille stratégique pour le management stratégique, état de la question et axes de recherche", Économies et sociétés, série science de gestion, n°20.

Lesca, H. (1998), "Veille stratégique : concepts et démarche de mise en place dans l'entreprise", Distrib, Paris.

Lessard-Hébert, M., Goyette, G. et Boutin, G. (1997), "La recherche qualitative. Fondements et pratiques", Montréal, Nouvelles AMS.

Lewis, C. I. (1922), "A pragmatic conception of the a priori", Journal of Philosophy.

Lindley, D. (2014), "Understanding uncertainty", Hoboken : Wiley.

Lorenz, E. (1972), "Predictability : does the flap of a butterfly's wing in brazil set off a tornado in texas ?", AAAS Section on Environmental Sciences, New Approaches to Global Weather : GARP.

Luhmann, N. (2007), "La confiance", Paris, Economica.

Luhn, H. P. (1958), "Business intelligence system", IBM Journal, October 1958.

Madhar, S. (2016), "Corporate Gouvernance et Performance des Entreprises : Cas des Émetteurs Marocains", Laboratoire de Recherche en Management (LAREM), GROUPE ISCAE.

Mandelbrot, B. (1975), "On the geometry of homogeneous turbulence, with stress on the fractal dimension of the iso-surfaces of scalars", Journal of Fluid Mechanics, vol. 72, n°3.

Marchal, V. (2022), "La pandémie d'une crise propice au changement ? Une découverte de Martin et de sa famille", AIFRIS, Écrire le social n°4, pp. 22-32.

Marine, P. (2015), "Obsolescence des systèmes d'information : quels sont les facteurs à prendre en compte après l'identification de l'obsolescence dans le domaine des systèmes d'information ?", Gestion et management.

Markowitz, H. (1952), "Portfolio selection", The Journal of Finance.

Markowitz, H. (1959), "Portfolio Selection. Efficient Diversification of Investments", New Haven : Yale University Press.

Marsaud, A. (1999), "De l'intelligence économique à l'appui stratégique", Revue d'intelligence économique, n°4, avril.

Marshall, C. (2001), "Measuring and Managing Operational Risk in Financial Institutions", Singapore : John Wiley & Sons.

Martinet, A. C. (1990), "Epistémoloqies et sciences de gestion", Paris, Economica.

Martinet, B. et Marti, Y. M. (1995), "L'intelligence économique, les yeux et les oreilles de l'entreprise", Paris, Les Éditions d'Organisations.

Martinet, B. et Ribault, J. M. (1989), "La veille technologique, concurrentielle et commerciale", Éditions d'Organisation, Paris, 2e édition.

Martre, H. (1994), "Intelligence économique et stratégie des entreprises", Rapport du Commissariat Général au Plan, Paris, La Documentation Française.

Masson, H. (2001), "Les fondements politiques de l'intelligence économique", Thèse de doctorat, Université Paris-Sud XI, Droit-économie-gestion.

Maturana, H. R. et Varela, F.J. (1992), "The Tree of Knowledge : The biological roots of understanding", Boston, Shambhala.

Mbengue, A., Vandangeon-Derumez I. et Garreau L. (2014), "Construire un modèle", dans Thiétart R. A. (dir.) Méthodes de recherche en management, Dunod.

Menger, C. (1871), "Principles of economics", éd. par Dingwall, J. et Hoselitz, B. F., "Grundsätze der Volkswirthschaftslehre", New York/London, New York University Press.

Menou, M. (2008), "Culture de l'information", dans Cacaly, S., Le Coadic, Y.F., Pomart, P. D. et Sutter, E. (dir.), Dictionnaire de l'information, 3e éd., Paris, Armand Colin.

Méric, J., Pesqueux, Y. et Solé, A. (2009), "La société du risque : analyse et critique", Economica, Paris.

Metzger, J-P. (2006), "L'information documentation", dans Olivesi S. (dir.), Sciences de l'information et de la communication : objets, savoirs, discipline, Grenoble, PUG.

Miles, I., Keenan, M. et Kaivo-Oja, J. (2002), "Handbook of Knowledge Society Foresight", Manchester, Press.

Miles, M. B. (1979), "Qualitative Data as an Attractive Nuisance", Administrative Science Quarterly.

Miles, M. B. et Huberman, A. (1994), "Qualitative Data Analysis : An Expanded Sourcebook", CA Sage.

Miles, M. B. et Huberman, A. M. (2004), "Qualitative data analysis : An expanded sourcebook", 2e édition, Thousand Oaks, CA Sage.

Miles, M. B. et Huberman, M. A. (2003), "Analyse des données qualitatives", 2e édition, Paris, De Boeck.

Millar, C. C. J. M., Groth, O. et Mahon, J. F. (2018), "Management innovation in a VUCA world : Challenges and recommendations", California Management Review.

Miller, S. H. (2009), "Competitive intelligence", Encyclopedia of Library and Information Sciences, Third Edition.

Milliken, F. J. (1987), "3 types of perceived uncertainty about the environment - State, effect, and response uncertainty", Academy of Management Review, vol. 12, n°1.

Mintzberg, H. (1973), "Strategy-making in three modes", California Management Review, Vol. 16, n°2.

Mintzberg, H. (1979), "Structure et dynamique des organisations", Paris, Éditions d'organisation.

Moinet, N. (2009), "Mythes et réalités de l'intelligence économique : Analyse d'une dynamique à la recherche de ses concepts opératoires", Habilitation à Diriger des Recherches en sciences de l'information et de la communication, Université du Sud Toulon-Var.

Moon, A. et Nelson, L. D. (2019), "The Uncertain Value of Uncertainty : When Consumers Are Unwilling to Pay for What They Like", Management Science, vol. 66, n°10.

Mootee, I. (2013), "Design thinking for strategic innovation : What they can't teach you at business or design school", N.J. John Wiley & Sons Inc.

Morfaux, L. M. (1980), "Vocabulaire de la philosophie et des sciences humaines", Paris, A. Colin.

Morin, E. (1973), " Le Paradigme Perdu : La nature humaine", Seuil, Paris.

Morin, E. (1988), "Le défi de la complexité", Revue Chimères.

Morin, E. (1990), "Introduction à la pensée complexe", Seuil, Paris.

Morin, E. (1999), "La tête bien faite. Repenser la réforme. Réformer la pensée", Seuil, Paris.

Morin, E. (2004), "La Méthode 6", Éthique, Paris, Seuil.

Morin, E., Ciurana, E. R. et Motta, R. D. (2003), "Éduquer pour l'ère planétaire : la pensée complexe comme méthode d'apprentissage dans l'erreur et l'incertitude humaines", Balland.

Morin, J. (1985), "L'Excellence technologique", PubliUnion.

Morin, E. (1982), "Science avec conscience", Fayard, Nouvelle édition remaniée, coll. Points, 1990.

Mouhli, K. (2016), "Management de la reprise par un tiers : le cas des TPE saines", thèse de doctorat en sciences de gestion, Brest, Université de Bretagne occidentale.

Mouhli, K. (2019), "L'entrée dans la TPE du repreneur externe : un changement équivoque à l'origine d'un processus de construction de sens", Revue internationale P.M.E., vol. 32, n°1.

Mucchielli, A. (1996), "Dictionnaire des méthodes qualitatives en sciences sociales", Arman Colin/Masson, Paris.

Mucchielli, A. (2005), "Phénoménologique de groupe (Méthode d'analyse)", dans Mucchielli, A. (dir.), Dictionnaire des méthodes qualitatives, 2e édition, Paris, Armand Colin.

Mukamurera, J., Lacourse, F. et Couturier, Y. (2006), "Des avancées en analyse qualitative : pour une transparence et une systématisation des pratiques", Recherches qualitatives, vol. 26, n°1.

Musca, G. (2006), "Une stratégie de recherche processuelle : l'étude longitudinale de cas enchâssés", M@n@gement, vol. 9, n°3.

Muth, J. F. (1961), "Rational Expectations and the Theory of Price Movements", Econometrica.

Musca, G. (2006), "Une stratégie de recherche processuelle : l'étude longitudinale de cas enchâssés", M@n@gement, vol. 9, n°3, pp. 153-176.

Myers, M. D. et Newman, D. (2007), "The qualitative interview in IS research : Examining the craft", Information and Organisation, vol. 17.

Nakagawa, J. (1993), "Intelligence in Japan", dans Prescott, J. et Gibbons, P. (1998), "Perspectives on competitive intelligence", Alexandria, Society of Competitive Intelligence Professionals, pp. 59-67.

Neboit, M. (1996), "Erreur humaine et prévention : le point de vue de l'ergonome", dans Cambon De Lavette, B. et Neboit, M., "L'erreur humaine : question de point de vue ?", Édition Octarès, pp. 23-35.

Nefzi, A. (2012), "Évaluation économique de l'impact du changement climatique sur l'agriculture : étude théorique et application au cas de la Tunisie", Thèse de doctorat, Économie de l'environnement et des ressources naturelles, l'université de Tabuk, Arabie saoudite.

Newell, A., Perlis A. J. et Simon H. A. (1967), "Computer Science", Science.

Nicolet, J. L. (1989), "Catastrophe ? Non Merci !", Paris, Masson.

Norman, D.A. (1981), "Categorisation of action slip", Psychological Review, vol. 88, n°1.

Okamoto G. 2020, "Knightmare uncertainty", Finance & Development, vol. 57.

Oliver, G. et Foscarini, F. (2014), "Records management and information culture : tackling the people problem", London, Facet publishing.

O'shea, T. (2017), "Ready to SHIFT Your VUCA to VUCA Prime ?", Agility Consulting.

Osman, M. (2010), "Controlling Uncertainty : Decision Making and Learning in Complex Worlds", Chichester, UK : Wiley-Blackwell.

Ouashil, M. et Ouhadi, S. (2017), "Contrôle des Établissements Publics marocains : État des lieux et perspectives", Public & Nonprofit Management Review.

Oury, J. M. (1983), "Économie politique de la vigilance", Éditions Calman-levy, Paris.

Paillé, P. (1996, 2004, 2009), "Qualitative (analyse)", dans Mucchielli A. (dir.), Dictionnaire des méthodes qualitatives en sciences humaines et sociales, Éditions Armand Colin, Paris.

Paillé, P. et Mucchielli, A. (2012), "L'analyse qualitative en sciences humaines et sociales", Paris, Armand Colin.

Pantin, F. (2005), "La conduite du processus d'internationalisation par l'équipe dirigeante : entre compétences stratégiques et compétences opérationnelles", XIVe conférence de l'AIMS, Angers.

Parthenay, K. (2020), "Crises en Amérique latine", collection Objectif Monde, Armand Colin.

Pasieczny, L. (1981), "Encyklopedia organizacji i zarządzania [Encyclopédie de l'organisation et du management]", Warsaw : PWE.

Pateyron, E.A. (1998), "La veille stratégique", Éditions Economica, Paris.

Perret, V. et Séville, M. (2007), "Fondements épistémologiques de la recherche" dans R.A Thiétart et coll., Méthodes de recherche en management, Paris, Dunod.

Perret, V., Girot-Séville, M. (2003) "Fondements épistémologiques de la recherche" dans Thiétart R. A. (Coord) "Méthodes de recherche en management", Chapitre 1, Dunod, 2003, 2e édition, pp. 13-33.

Perrett, H. (1986), "L'analyse de faisabilité sociale dans les projets d assainissement à faible coût", Note Technique n°5 du TAG.

Piaget, J. (1962), "Play, dreams, and imitation in children", London, Routledge Kegan Paul.

Piaget, J. (1967), "Biologie et connaissance", Paris, Gallimard.

Piaget, J. (1967), "Logique et connaissance scientifique" Paris, Gallimard.

Piaget, J. (1970), "L'épistémologie génétique", Paris, Presses Universitaires de France.

Pleyers, G. (2021),"Pandémie et changement social : Interpréter la crise pour en sortir", Futuribles n°440 janvier-février 2021, pp. 35-50.

Pope, E. M. et Brandão, C. (2021), "In the Face of Uncertainty : Opportunities, Challenges, and Solutions for Qualitative Researchers", NTQR vol. 6, Qualitative Research : Practices and Challenges.

Popper, K. (1991, 1999), "La connaissance objective", Flammarion, Paris.

Popper, R. (2008), "Foresight methodology", dans Georgiou, L., Harper, J. C., Keenan, M., Miles, I. et Popper, R. (dir.) The Handbook of Technology Foresight : Concepts and Practice, pp. 44-88. Cheltenham, UK Edward Elgar.

Portal, T. (2009), "Crises et facteur humain : Les nouvelles frontières mentales des crises", De Boeck Supérieur.

Porter, M. E. (1979), "How competitive forces shape strategy", Harvard Business Review, vol. 57, n°2, mars-avril.

Porter, M. E. (1980), "Choix Stratégiques et Concurrence, Techniques d'Analyse des Secteurs et de la Concurrence dans l'Industrie", Economica.

Porter, M. E. (1980), "Competitive strategy : techniques for analysing industries and competitors", The free press, New York.

Prescott, J. E. (1995), "The evolution of competitive intelligence", Rethinking Strategic Management, Hussey D., Éditions John Wiley & Sons.

Prévost, P. et Roy, M. (2012) "Les études de cas : un essai de synthèse", Document de travail, Université de Sherbrooke.

Prigogine, I. (1969), "Structure, dissipation and life", dans Theoretical physics and biology, M Marois, Amsterdam, North-Holland.

Raghuramapatruni, R. et Kosuri, S. (2017), "The Straits of Success in a VUCA World", IOSR Journal of Business and Management.

Raiffa, H. et Luce, E. S. (1957), "Games and Decisions", New York : John Wiley and Sons.

Ramsey, F. P. (2003), "Logique, philosophie et probabilités", Librairie philosophique J. Vrin, Paris.

Ramsey, F. P. (1926), "Truth and Probability", in Ramsey (1931), "The Foundations of Mathematics and other Logical Essays", Ch. VII, pp. 156-198, edited by Braithwaite R., London : Kegan, Paul, Trench, Trubner & Co., New York : Harcourt, Brace and Company.

Rasmussen, J. (1980), "What can be learned from human error reports ?", dans Duncan K., Grunuberg M. et Dallis D. (dir.), Changes in Working Life Wiley, Chichester, pp. 97-113.

Rasmussen, J. (1982), "Human errors : a taxonomy for describing human malfunction in industrial installations", Journal of Occupational Accidents, vol. 4.

Rasmussen, J. (1987), "The definition of Human Error and a Taxonomy for technical system design", dans Rasmussen, J., Duncan, K. et Leplat, J., New Technology and Human Error Wiley John & Sons, pp. 23-30.

Rasmussen, J. et Jensen, A. (1974), "Mental procedures in real-life tasks : A case study of electronic troubleshooting", Ergonomics.

Reason, J. (1990), "Human error", Cambridge University Press.

Reeves, M. et Love, C. (2012), "The most adaptive companies 2012", Bcg perspectives.

Regda, G. E. (2007), "Principles of risk management and insurance", New York : Prentice Hall.

Reix, R. (2004), "Système d'information et management des organisations", Edition Vuibert, Paris.

Rescher, N. (1998), "Complexity. A philosophical overview", New Brunswick, NJ, Transaction Publishers.

Revelli, C. (1998), "Intelligence stratégique sur Internet", Éditions Dunod.

Richard, J. S. (1997), "The learning army-approaching the 21st century as a learning organisation", USAWC Strategy Research Project.

Rispal, H. M. (2002), " la conduite d'études de cas encastrés : Lorsque le chercheur se livre à un jeu d'assemblage ", Revue internationale de psychosociologie.

Rispal, H. M. (2002), "La méthode des cas, Applications à la recherche en gestion", Bruxelles, De Boeck.

Ritter, T. et Pedersen, C. L. (2020a), "Analyzing the impact of the coronavirus crisis on business models", Industrial Marketing Management, vol. 88.

Rizzo, E. (2020), "Décider face à l'incertitude. L'exemple de la crise sanitaire « COVID-19 »", École des hautes études en santé publique, Rennes, France.

Robert, S. (2016), "Entre étalement et densification : une approche fine de l'urbanisation littorale sur la côte Bleue", Provence, Cybergeo, European Journal of Geography, vol. 764.

Robinson, J. B. (1990), "Futures under glass : A recipe for people who hate to predict", Futures.

Romelaer, P. (2005), "L'entretien de recherche", Dans Roussel P. et Wacheux F. (dir.), Management des ressources humaines, Méthodes de recherche en sciences humaines et sociales, De Boeck.

Roseman, A., Antoniou, A. et Jose, P. (1996), "Appraisal determinants of emotions :

Constructing a more accurate and comprehensive theory", Cognition and Emotion, vol.10, n°3.

Rostaing, H. (1993), "Veille technologique et bibliométrie : concepts, outils, applications", Thèse de doctorat, Université Aix-Marseille 3.

Rouach, D. (1996), "La veille technologique et l'intelligence économique", Paris : PUF.

Rouach, D. et Salmon, R. (1999), "La veille technologique et l'intelligence économique", Éditions Presses Universitaires de France, Paris.

Rouse, W. B. et Rouse, S. H. (1983), "Analysis and classification of human error", IEEE Transactions on systems, man and cybernetics, vol. SMC-13, n°3.

Russell, B. (1948), "Human Knowledge : Its Scope and Limits", London, New York.

Russo, S. (1966), "L'information, source de pouvoir", Economie rurale, vol. 69.

Salam, G. (2013), "État des lieux de la pratique de l'Intelligence Économique dans les équipementiers automobiles du Maroc : Vers une Supply Chain intelligente", Thèse de Doctorat en économie et Gestion, FSJES-Mohammedia.

Saleh, A. et Watson, R. (2017), "Business excellence in a volatile, uncertain, complex and ambiguous environment (BEVUCA)", TQM Journal, vol. 29, n°5.

Sandron, F. (2005), "Population et environnement : le paradigme de la complexité", Travaux et Documents, n°2, Programme 4D, Institut Catholique de Madagascar et Institut de Recherche pour le Développement, Antananarivo.

Sardar, Z. (2010), "The Namesake : Futures; futures studies; futurology; futuristic; Foresight-What's in a name ?", Futures, vol. 42, n°3.

Saunders, F. (2016), "Different disciplinary perspectives on uncertainty", The University of Manchester.

Savage, L. J. (1954), "The Foundations of Statistics", New York.

Savoie-Zajc, L. (2004), "La recherche qualitative/interprétative en éducation", dans Karsenti, T. et Savoie-Zajc, L. (dir.), La recherche en éducation : étapes et approches, Sherbrooke, Éditions du CRP.

Schmidt, K. (1996), "The Costs and Benefits of Privatization : An Incomplete Contracts Approach", Journal of Law, Economics and Organisation.

Schumpeter, J. (1954), "History of economic analysis", New York : Oxford University Press.

Sean, C. et Kohler, K. (2021), "The Law of Neutrality in Cyberspace", The Center for Security Studies (CSS), ETH Zürich.

Sevilla, J. et Meyer, R. J. (2020), "Leaving Something for the Imagination : The

Effect of Visual Concealment on Preferences", Journal of Marketing, vol. 84.

Shen, L., Fishbach, A. et Hsee, C. K. (2015), "The Motivating-Uncertainty Effect : Uncertainty Increases Resource Investment in the Process of Reward Pursuit", Journal of Consumer Research, vol. 41, n°5.

Shen, L., Fishbach, A. et Hsee, C. K. (2015), "The motivating-uncertainty effect : uncertainty increases resource investment in the process of reward pursuit", FEN Exp, Finance, vol. 41.

Sicard, C. (1987), "Pratique de la stratégie d'entreprise", Hommes et Techniques.

Sierpińska, M. et Jachna, T. (1993), "Ocena przedsiębiorstwa według standardów światowych [Évaluation de l'entreprise selon les normes mondiales]", Warsaw : PWN.

Silberzahn, P. (2013), "Lean startup : Le compagnon idéal de l'effectuation ?", Cairn.info, Entreprendre & Innover, vol. 3, n°19.

Silberzahn, P. (2020), "Effectuation. Les principes de l'entrepreneuriat pour tous", Pearson.

Simon, H. A. (1955), "A behavioural model of rational choice", Quaterly Journal of Economics, february.

Simon, H. A. (1960), "The new science of management decision", Harper & Rox Publishers, New York.

Skidelsky, R. (2009), "Keynes : The Return of the Master", London, Penguin Books.

Smith, A. (1759), "The theory of moral sentiments", éd. par Raphael, D. D. et Macfie, A. L., Oxford : Clarendon Press, 1976.

Smith, A. (1776), "An Inquiry into the Nature and Causes of the Wealth of Nations", éd. par Campbell, R. H. et Skinner, A. S., Oxford : Clarendon Press, 1976.

Smithson, M. (1989), "Ignorance and Uncertainty : Emerging Paradigms", Springer Press, New York.

Smithson, M. (2008), "Psychology's ambivalent view of uncertainty", dans Bammer, G. et Smithson, M. (dir.), Uncertainty and risk : Multidiscplinary Perspectives, Londres : Earthscan.

Snow, A. (2010), "Ambiguity and the value of information", Journal of Risk and Uncertainty.

Sonenshein, S. (2010), "We're changing – or are we ? Untangling the role of progressive, regressive, and stability narratives during strategic change implementation", Academy of Management Journal, vol. 53, n°3.

Spiegelhalter, D. (2017), "Risk and Uncertainty Communication", Annual Review of Statistics and Its Application, vol. 4.

Stabryła, A. (2006), "Zarządzanie projektami ekonomicznymi i organizacyjnymi [Gestion de projets économiques et organisationnels]", Warsaw : PWN.

Stiglitz, J. E. et Weiss, A. (1981), "Credit rationing in markets with imperfect information", The American Economic Review, vol. 71, n°3.

Stiglitz, J. E. et Weiss, A. (1983), "Incentive effects of terminations : applications to the credit market and labour markets", The American Economic Review, vol. 73, n°5.

St-Pierre, J. et Labelle, F. (2017), "Les PME, d'hier à demain : Bilan et perspectives" Presse de l'Université du Québec.

Strauss, A. et Corbin, J. (1990), "Basics of qualitative research : Grounded theory procedures and techniques", Newbury Park, CA Sage.

Strong, D., Lee, Y. et Wang, R. (1997), "10 potholes in the road to information quality", Computer, vol. 30, n°8.

Sullivan, J. (2012), "VUCA : the new normal for talent management and workforce planning", Ere.net.

Sun Tzu (1972), "L'art de la guerre", 5e siècle av. J.-C., traduction parue dans la Collection Champs, Éditions Flammarion, 2e édition 1992.

Sutcliffe, K. M. et Zaheer, A. (1998), "Uncertainty in the transaction environment : an empirical test", Strategic Management Journal.

Sutton, H. (1988), "Competitive Intelligence", Research Report n°913, New York, The Conference Board Inc.

Swain, A. D. et Guttmann, H. E. (1983), "Handbook of human reliability Analysis with Emphasis on Nuclear Power plant Applications", U.S. Nuclear Regulatory Commission technical report NUREG/CR, 1278.

Swanson, S. E. (2019), "Generating a Vision for Smart Sustainable City of the Future : A Scholarly Backcasting Approach", European Journal of Futures Research.

Swarbrick, A. et Stearman, C. (2012), "When It's VUCA, who do you call ?", Training Journal.

Taleb, N. N. (2007), "The Black Swan : The Impact of the Highly Improbable", London, Penguin Books.

Taleb, N. N. et Bar-Yam, Y. (2020), "The UK's coronavirus policy may sound scientific. It isn't", The Guardian, 25 mars.

Thiétart, R. A. (2000), "Management et complexité : concepts et théories", Cahier n° 282, Centre de Recherche DMSP.

Thiétart, R.A. (1990), "La stratégie d'entreprise", Éditions Mac Graw Hill, 1984, 2e édition.

Thiétart, R. A. (2007), "Méthodes de recherche en management", Dunod, 3e édition, Paris.

Thiétart, R. A., Allard-Poesi, F., Angot, J., Baumard, P. et Blanc, A. (2014, 2003, 1999), "Méthodes de recherche en management", Dunod, Paris

Thom, R. (1975), "Structural Stability and Morphogenesis : An Outline of a General Theory of Models", Selected papers : Addison-Wesley, London.

Thompson, J. D. (1967), "Organizations in action", Mc Graw-Hill, New York.

Thorén, K. et Vendel, M. (2018), "Backcasting as a strategic management tool for meeting VUCA challenges", Journal of Strategy and Management, vol. 12, n°2.

Tint, B. S., McWaters, V. et Raymond, V. D. (2015), "Applied improvisation training for disaster readiness and response", Journal of Humanitarian Logistics and Supply Chain Management.

Tracy, K. et Ashcraft, C. (2001), "Crafting Policies about Controversial Values : How Wording Disputes Manage a Group Dilemma", Journal of Applied Communication Research, vol. 29, n°4.

Tuckett, D. (2018), "Conviction narrative theory and understanding decision-making in economics and finance", in Beckert J. and Bronk R. (eds.), Uncertain Futures : Imaginaries, Narratives, and Calculations in the Economy, Oxford, Oxford University Press, pp. 62-82.

Uyemura, D. G. et Van Deventer, D. R. (1993), "Financial Risk in Banking Management : The Theory and Application of Asset and Liability Management", Irwin : Burr Ridge.

Van Delft, L. et Lotterie, F. (1993), "Torquato Accetto et la notion de "dissimulation honnête" dans la culture classique", dans L'honnête homme et le dandy, Tübingen G. Narr, pp. 35-57.

Van Elslande, P. et coll. (1997), "Scénarios types de production de l'erreur humaine dans l'accident de la route", Problématique et analyse quantitative, Rapport INRETS n°218, juin.

Vayre, J. S. (2019), "L'intelligence des machines et l'esprit du capitalisme", Communication, vol. 36, n°1.

Villain, J. (1989), "L'entreprise aux aguets (information, surveillance, propriété et protection industrielles, espionnage et contre-espionnage au service de la compétitivité", Éditions Masson, Paris.

Villemeur, A. (1988), "Sûreté de fonctionnement des systèmes industriels", Collection de la direction des Études et de Recherches d'EDF, Paris, Éditions Eyrolles.

Viviani, J. et VO, T. (2016), "Peut-on arrêter de jouer au "maillon faible" dans la chaîne logistique ? Le financement collaboratif du BFR dans la chaîne logistique est-il possible ?", dans Bironneau, L. (Dir.), Collaboration et réseaux : approches transversales en management, Rennes, Presses Universitaires de Rennes.

Volz, K. et Gigerenzer, G. (2012), "Cognitive processes in decisions under risk are not the same as in decisions under uncertainty", Frontiers in Neuroscience, vol. 6.

Von Foerster, H. (1984), "On self-organising systems and their environment", in Observing Systems, Intersystems Publications.

Von Foerster, H. (1992), "Ethics and second-order cybernetics", Cybernetics et Human Knowing.

Von Glasersfeld, E. (1988), "Introduction à un constructivisme radical", dans Watzlawick, P. (dir.) L'invention de la réalité, Paris, Seuil.

Von Neumann, J. (1966), "Theory of Self-Reproducing Automata", Urbana, University of Illinois Press.

Von Neumann, J. et Morgenstern, O. (1944), "Theory of games and economic behaviour", Vol. 60, Princeton University Press Princeton.

Wacheux, F. (1996), "Méthodes qualitatives et recherches en Gestion", Paris, Economica.

Wadbled, N. (2020), "L'imaginaire du tourisme de ruine : la présence de la nature plutôt que de l'histoire", Téoros, Revue de recherche en tourisme, Nulle part ailleurs. Repenser les espaces marginaux et leur attractivité, vol. 39, n°2.

Wakker, P. P. (2010), "Prospect Theory : For Risk and Ambiguity", Cambridge University Press.

Walras, L. (1874), "Elements of Pure Economics, or, the Theory of Social Wealth", traduit par Jaffé, W., London : Routledge, 2003.

Wanner, L. C. (1989), "L'homme dans la sécurité des systèmes pilotés", La Recherche, n°212.

Ward, S. et Chapman, C. (2003), "Transforming project risk management into project uncertainty management", International Journal of Project Management, vol. 21, n°2.

Weick, K. E. (1979), " The Social Psychology of Organising", New York, Random House.

Weick, K. E. (1988), "Enacted sensemaking in crisis situations", Journal of Management Studies, vol. 25.

Weick, K. E. (1993), "The collapse of sensemaking in organisations : The Mann Gulch disaster", Administrative Science Quarterly, vol. 38, n°4.

Weick, K. E. (1995), "Sensemaking in organisations", Thousand Oaks, CA sage, Publications.

Weick, K. E. (2005), "Managing the unexpected : Complexity as distributed sensemaking", Berlin, SpringerVerlag.

Weick, K. E. (2009), "Making Sense of the Organisation", The Impermanent Organization, Chichester, Wiley, vol. 2.

Wiener, N. (1948), "Cybernetics or Control and Communication in the Animal and the Machine", Paris, Hermann et CIE, Technology Press.

Wilding T., et coll. (2022), "Investir dans un cycle rapide", Pacific Investment Management Company (PIMCO), Perspectives Cycliques du mois de janvier 2022, p. 2.

Wilensky, H. (1967), "Organisational Intelligence : Knowledge and policy in government and industry", New York, Basic Books.

Wilkinson, D. (2006), "The ambiguity advantage : What great leaders are great at ?", London, Macmillan.

Wilson, R. et Crouch, E. A. C. (1982), "Risk - Benefit analysis", Cambridge, MA : Ballinger.

Winter, G. (1984), "Deux méthodes d'investigation irréductibles, mais complémentaires", Cahiers de l'Organisme de Recherche Scientifique et Technique d'Outre-Mer, Série Sciences Humaines, Institut de Recherche pour le Développement (IRD), Paris, vol. 20, n°1.

Wittgenstein, L. (1969), "Grammaire philosophique", Ed. Folio essais, éd.1980.

Xu, H., Chen, Z. W., et Mao, J. (2020), "Inhibition or Facilitation ? A Review of Research on the Effects of Uncertainty Stimuli on User Psychology and Behavior", American Journal of Industrial and Business Management, vol. 10.

Yin, R. K. (1988), "Case Study Research. Design and Methods", Newbury Park, Londres, New Delhi, Sage.

Yin, R. K. (1989), " Case Study Research. Design and Method", Beverley Hills, Sage Foundation.

Yin, R. K. (1991), "Applications of case study research", Washington DC, Cosmos Corp.

Yin, R. K. (1994), " The role of theory in doing case study research and evaluation", dans Chen H.T. et Rossi P.H. (dir.), Theory-driven evaluation in analysing policies and programs, Greenwood Press, Westport.

Yin, R. K. (2003), "Applications of Case Study Research (Applied Social Research Methods)", Sage Publications, Inc.

Yin, R. K. (2003), "Case study research : Design et methods", 3e ed., Thousand Oaks, CA Sage.

Yin, R. K. (2003b), "Case Study Research : Design and Methods", Applied Social Research Methods Series, Third Édition, vol.5, Sage Publications

Yin, R. K. (2009), "Case Study Research : Design and Methods", dans Bickman, L. et Rog, D. J. (dir.), Sage Publications.

Yin, R. K. (2014), "Case Study Research", SAGE Publications.

Zieleniewski, J. et Szczypiorski, S. (1963), "Zasady organizacji i techniki handlu zagranicznego [Principes d'organisation et techniques du commerce extérieur]", Warsaw : PWE.

TABLE DES MATIÈRES

Structures éditoriales du groupe L'Harmattan

L'Harmattan Italie
Via degli Artisti, 15
10124 Torino
harmattan.italia@gmail.com

L'Harmattan Hongrie
Kossuth l. u. 14-16.
1053 Budapest
harmattan@harmattan.hu

L'Harmattan Sénégal
10 VDN en face Mermoz
BP 45034 Dakar-Fann
senharmattan@gmail.com

L'Harmattan Cameroun
TSINGA/FECAFOOT
BP 11486 Yaoundé
inkoukam@gmail.com

L'Harmattan Burkina Faso
Achille Somé – tengnule@hotmail.fr

L'Harmattan Guinée
Almamya, rue KA 028 OKB Agency
BP 3470 Conakry
harmattanguinee@yahoo.fr

L'Harmattan RDC
185, avenue Nyangwe
Commune de Lingwala – Kinshasa
matangilamusadila@yahoo.fr

L'Harmattan Congo
219, avenue Nelson Mandela
BP 2874 Brazzaville
harmattan.congo@yahoo.fr

L'Harmattan Mali
ACI 2000 - Immeuble Mgr Jean Marie Cisse
Bureau 10
BP 145 Bamako-Mali
mali@harmattan.fr

L'Harmattan Togo
Djidjole – Lomé
Maison Amela
face EPP BATOME
ddamela@aol.com

L'Harmattan Côte d'Ivoire
Résidence Karl – Cité des Arts
Abidjan-Cocody
03 BP 1588 Abidjan
espace_harmattan.ci@hotmail.fr

Nos librairies en France

Librairie internationale
16, rue des Écoles
75005 Paris
librairie.internationale@harmattan.fr
01 40 46 79 11
www.librairieharmattan.com

Librairie des savoirs
21, rue des Écoles
75005 Paris
librairie.sh@harmattan.fr
01 46 34 13 71
www.librairieharmattansh.com

Librairie Le Lucernaire
53, rue Notre-Dame-des-Champs
75006 Paris
librairie@lucernaire.fr
01 42 22 67 13

www.ingramcontent.com/pod-product-compliance
Lightning Source LLC
LaVergne TN
LVHW080928071026
849535LV00013B/4129
* 9 7 8 2 3 3 6 4 9 9 1 2 3 *